至尊宗喀巴大师传

（修订本）

法王周加巷 著

郭和卿 译

青海人民出版社

图书在版编目(CIP)数据

至尊宗喀巴大师传 /法王周加巷著；郭和卿译. —3版. —西宁：青海人民出版社，2004.5（2021.12 重印）

ISBN 978-7-225-02582-7

Ⅰ. 至… Ⅱ. ①宗… ②郭… Ⅲ. 宗喀巴（1357~1419）—传记 Ⅳ. B949.92

中国版本图书馆 CIP 数据核字(2006)第 034071 号

至尊宗喀巴大师传(修订本)

法王周加巷 著

郭和卿 译

出 版 人 樊原成

出版发行 青海人民出版社有限责任公司

西宁市五四西路 71 号 邮政编码:810023 电话:(0971)6143426(总编室)

发行热线 (0971)6143516 / 6137730

网 址 http://www.qhrmcbs.com

印 刷 西宁东宝印务有限责任公司

经 销 新华书店

开 本 720mm×1000mm 1/16

印 张 25.75

字 数 370 千

版 次 2004 年 5 月第 3 版 2021 年 12 月第 9 次印刷

书 号 ISBN 978-7-225-02582-7

定 价 68.00 元

目　　录

译 者 前 言

藏传佛学传至宋末，邪说纷纭，佛教仅存形式，已至没落的时期。幸赖阿底峡尊者来藏后，加以整顿和繁荣，使藏传佛教又复兴起来。故此振兴藏传佛教，当从阿底峡尊者算起。二百年后，藏传佛教戒律废弛，显密水火不容，又使佛教临到没落的时候，幸赖宗喀巴大师依据阿底峡之学说，并兼取西藏诸大德的译著诸籍，取其精华形成发扬光大，成大师所倡导的完整无缺之学说。这样的显密兼备,完整无缺的宗喀巴之学说，自明代至于今日，已近六百余年，流行于东亚而未衰。究其何故而有如是之力量？部分有偏私成见者说，“格鲁派喀巴之教义，能遍兴于西藏和其他诸方隅，是依赖政权之力而达到的。”这种说法，没有依据，是不依据史实而作的妄论。实际上宗喀巴所倡格鲁派之教法的兴起，及其最盛时期，都在宗喀巴大师住世的时期中。那时，后藏的政权仍有部分归于萨迦派统治，而前后藏的政权归于帕竹派的手中，格鲁派无政权可言(后从五世达赖始才有政权)。故正直无私的说法应是：宗喀巴大师不忍藏传佛教之没落，力挽颓风，首先振兴佛教之根本——在戒律的基础上，倡导闻、思共通道(显教)经论要义，实践修学净治身心，然后导入不共通道(密宗)，使应化有情能迅速达到成佛之果。尤其是大师以身示范，如本传所载的善巧、戒严、贤善，以及讲说、辩论、著作和修行成就诸功德的感召，使蒙、藏、康、青、汉地等诸方信众，大都衷心地自愿接受格鲁派的教法，大都虔诚地尊崇大师的德风。甚至其他宁玛、萨迦、噶举等派的住持教政者，亦感觉若仍守颓风，即有失去群众信仰，归于灭亡的趋势。由这种自然的趋势，使其他各派的领导人，也来依止于宗喀巴座前，听受其学说，学习其德行，然后对各自宗规，作适当的改革。所以说当时格鲁派的宗风，各派无不尊崇！特别是宗喀巴大师利益佛教和众生的事业之广大，除释迦佛世尊能与媲美外，确无他人，因此诸方都赞大师为第二佛陀。由这样改革已衰之佛教和德风德行之善举，而形成格鲁派普遍繁兴于各方之势力。此为研究藏学者不能不作细研之课题，亦为研究西藏政治和史学者不可不学之珍贵资料。欲达到此目的，则本书中具有实际的答案和翔实的资料，愿治藏学者读之。

本书作者为善巧精通十种明处，并能广说雄辩一切经论要义的法王周加巷(此名系按照 1981 年青海民族出版社所出本书藏文版原译名而写的)。他系清嘉庆和道光年间人，其所著本书有四个特点：一、记载翔实，所有宗喀巴传记不下三十余种，无一有如此书广泛周密的；二、本书所记宗喀巴大师的德行宗风，无一出自作者杜撰，全部史料都根据西藏诸大德的著述而来，可谓集一切宗喀巴传记之精华于此一书中；三、本书除引据本宗派克珠杰和多敦·绛伯嘉措的著述外，大都引据宁玛、萨迦、噶举等其他各派的领导人士所著论述或宗喀巴传中，对宗喀巴大师作出实际的最高评价等，这样不仅避免了本宗派自赞之嫌，而且能杜绝其他宗派由偏私忌妒的动机，对宗喀巴妄作非议之口；四、作者于散文断句处，增加中间赞颂，更使本书词藻华丽，锦上添花，尤其是作者所作的中间议论，理论精湛，阐明显密教义之奥秘，确非一般佛教徒所能企及。

但是在藏文铅印本第二章第三节所分出的七项标题，每项都是从原文提出以作标题后，复在正文结束处，重叙与标题一般无二的文句。这显然是原校订者为了对原著不减字句而作，是可以理解的。然而在汉译的文章结构上，若仍照藏文译出，则犯重述标题之过。故当从略，特此申明，并非漏译。另外，本书全部注释均为译者所加。

此一空前巨著，详述宗喀巴大师的史迹而无遗，全文为颂词与散文相间体，这是印、藏文学的风格，在西藏对于此种文笔评价很高。因此，全部史册，几等于一部巨大的长篇史诗，而且内容涉及显密教法，十种明处，行文艰深，可想而知。译者虽已是八十老叟，对于佛学仍如愚昧无知的孩童，才疏识浅，错误难免！何况我在译此巨著过程中，旧有心脏病，前后复发二十余次，休克八次，每次都是心急跳，手麻木，竟不能写一字，竟不能思一事，头脑昏昏，心思茫茫，只好中断译笔！但是我夙愿人生的价值，当为社会人类做贡献！愿在手执译笔的当中，呼吸停止而死去，死神于我何惧之有哉！赖此精神支柱，并思及如上所说宗喀巴史迹的重大意义，待得心情平静，手指灵活，我复重上征途，继续战斗。今幸从生死搏斗中，完成此全部译事。对此全部译作之质量，虽不敢云为上乘，然而我确是全力以赴，费尽了我的体力，流尽了我的心血。尤其是在译完此稿后，抄稿亦须我亲手抄写。在译抄竣事时，我即病倒，不思饮食，精神萎顿，大泻肚、腹鼓胀、腿脚肿。经北京市朝阳医院用声、光、电器细查，确诊为近年来因劳伤肝，使肝硬化，现无可治之药，亦不能动手术。只有善自保养，心情愉快，丰富营养，以求延缓恶化的时间而已！既是如此，我确为译此宗喀巴传，积劳成疾。但愿读者悯我此情，珍惜此书，则我死亦瞑目矣！八十老叟从此搁笔，告别译坛，谨述此衷肠，希所有贤达，多加谅恕！

译者　郭和卿

1985 年 12 月 11 日于北京

序　　言

一、礼赞和求神扶助事业

诸佛悲智力，表现红花衣（即僧衣），
圆明相好中，戏化现佛迹。
彼与妙吉祥（彼指宗喀巴，妙吉祥即文殊），美名怙主身
无别具德师，请赐福善齐❶。

往昔多劫摧四魔❷
现证十力❸佛位尊，
一般观感为再来，
现十二业此土生❹。
后继难调诸有情，
赞如白莲胜导师，
释迦狮子❺佛尊前，
三门❻虔诚作礼敬。（以上为礼赞释迦佛）

谁为佛之首要徒，
说即弥勒与文殊，
现菩萨相完佛事，
二圣应是礼敬处。（以上礼赞弥勒、文殊二圣）
龙树、无著开车轨❼，
深观与及广大行，
此土空前如日月，
普称圣前应礼敬。（以上礼赞龙树、无著二圣）

圣天以及佛护等，
世亲、方象与法称，
庄严赡洲诸班、珠，（指印度诸班智达与大成就者）
缅怀稀有顶上尊。（言应观想在顶上而作尊敬）

能以正法白昼光，
改变藏土为净场，
是昔法王诺、班等，（诺指译师，班指大德）
来藏诸师前赞扬❽。

缘起无欺现幻“有”，
自性为“空”不相仇，
以此离边中观见，（离常断二边而住于中道之见）
与深密道究竟义，
光明、幻身、双运等，
若知取作修佛用，
顿时能解显密法，
难要网结尽全收。
由此空前语甘露，（语甘露指宗喀巴的著作教言）
重开佛教千叶莲，
念师善慧名称❾恩，
第二佛前札百周❿。

师尊显密之教法，
犹如纯金无垢杂，
讲、修以扫益净洁，
开显赡洲放光华。
从彼两大弟子起，（两大弟子即贾曹与克珠）
直至格鲁派⓫法统，
所有现未到来师，
顶敬依止遍无涯。（以上颂句为礼赞格鲁派诸师）

遍主不动金刚佛，
以及能怖、胜乐尊，
度母文武诸尊前，
胜共悉地⓬祈速生。

怙主及内外阎摩，
玛索、却嘉五明王⓭，
摧坏魔军金刚力，（金刚力为护法神名）
请作四业⓮事永扬。（以上两颂为求神扶助事业）

【注释】

❶以上为礼赞与文殊体性无二无别的具德宗喀巴大师，请师赐给福善。

❷四魔：蕴魔、烦恼魔、死魔、天子魔。

❸十力：处非处智力、自业智力、种种胜解智力、种种界智力、根胜劣智力、遍趣行智力、静虑解脱等持等至智力、宿命随念智力、死生智力、漏尽智力。以上十力，唯佛具足。

❹现十二业此土生：十二业指从兜率下降事业、入胎事业、诞生事业、学书习定事业、婚配赛艺事业、离俗出家事业、行苦行事业、誓得大菩提事业、降魔成佛事业、转法轮事业、从天降临（即为母说法后复降临此世界）事业、示涅事业。以上十二事业，为释迦牟尼在“此土”娑婆世界的功业。

❺释迦狮子：释迦牟尼的别号。

❻三门：指身、语、意。言身、语、意都当虔诚而作礼敬。

❼车轨：言深观与广行两派如车行的轨道，此轨道为龙树与无著所开，众皆随行。

❽是昔法王诸、班等：来藏诸师前赞扬，此为礼赞西藏诸王、译师，及从印来藏诸班智达和大成就者。

❾善意名称：宗喀巴大师的名讳，藏语“罗桑扎巴”，译意为“善慧名称”。

❿第二佛前礼百周：言宗喀巴大师为释迦佛以后再来此世成佛者，媲美佛陀，故称第二佛。念其恩德，故当顶礼百遍。从“能以正法白昼光”句起，至“第二佛前礼百周”句止，总括其义，是说者知采取宗喀巴大师以“显”教的离二边中观中见，配合甚深“密”道的究竟教义——光明、幻化身，双运身等

最重要的言教甘露(即诸论著)，作为修成佛道之用。则顿时能解开所有显密诸法中的难处网结，由大师的言教甘露的灌溉，重开出如千叶白莲花的佛教。这种功德，只有与佛媲美的第二佛陀宗喀巴才能做得到，故当百遍顶礼。

⓫格鲁派：“格鲁”译意包括有善律、善理、善宗规等意思。为宗喀巴师徒所创藏传佛教新噶丹派之别名。汉俗以此派所着衣帽尚黄色，故称之为黄教，这一称法不大妥当，但已在汉土中流行。

⓬悉地：为梵语，译意为成就。有殊胜和共通两种成就。

⓭从“怙法”起至“却嘉五明王”：皆为护法神之名，“玛索”意为退敌母。五明王，指身、语、意、事业、功德五种护法神——明王。

⓮四业：指和息、增长、权怀、诛灭四种事业。

二、保证著此传记

堪礼胜田❶大宝前❷
接受敬信之礼品，
愿以具义善妙语，
妙化美鬘饰顶严❸。

【注释】

❶胜田：上师和三宝被称为“最胜福田”。

❷大宝前：是说大宝上师的座前。

❸这一首颂词为著者保证著此传记的誓愿。第一句是说在值得礼敬的最胜福田——大宝上师(即喇嘛仁波且·意希尊追)的座前。第二句是说接受了敬信大众，因请著此传记送来的哈达、曼遮等礼品。第三句和第四句是说：因此，我誓愿以具足大义的美妙词语，如妙花美鬘供于诸上师的顶上，以作庄严。

三、教导听教者

是谁负荷三世中，(过去、未来、现在三世)
所有导师事业担，

除说持教传奇师，（指宗喀巴）
何须演说余外事。
但见普遍诸人士，
由于愚痴成目盲，
大德功德如日光，
亦成隐暗难显扬。
尤其偏私鱼虾类，
以彼恶劣之动机，
胡说各种增损语❶。
犹如疯人妄言奇。
辨别善恶力薄弱，
愚昧诸人随附从，
无尽可怖恶趣❷门，
如赶畜群入其中。
今以难忍增上心❸，
引出传记如明月，
普显奇影犹笑容，（奇影指月中兔影）
对此彼能悦意生。
谁为具慧虔信人，
如其心中所记持，
传记之音杜鹃声❹，
如诵经忏适可听。

【注释】

❶增损语：即诬蔑和歪曲，颠倒有无，如说无过为有过，有德为无德。

❷恶趣：佛书说有三种恶趣，为地狱、饿鬼、畜牲。

❸今以难忍增上心：“难忍”是说对诸愚痴者，造诽谤恶业，入恶趣门而生难忍悲心，所以生起“增上心”，即高尚的发心（即动机）而作出传记。

❹杜鹃声：对美妙的文章、词句和诗歌，西藏学者常以“杜鹃声音”来赞扬。

四、当前的论述

在前面先将“礼赞”和“保证著此传记”，及“教导听教者”等颂词说毕，以下应说何者?如克珠·格勒伯桑(译意为“妙善吉祥贤”，以下只用名，译意不赘)的著述中说：

“二资伟行❶东山顶❷，
佛子勇士月轮升❸，
照开君陀教祥瑞❹，
至尊上师心神清❺，
善慧语音拥吉祥，
名称鼓声响十方，
师之足下我(克珠)顶礼，
具德智者齐拜仰。
最胜禁戒❻善戒行，
观察大小诸经义，
详细辨别无伦比，
一并全修喜最精。”

如上所说成为值得赞颂的神圣对象，他是一切人、天众生未熟识的大亲友，发心独自负荷起拥有具德十力❼的诸佛所有事业，而且达到壮志的彼岸，并且对于如来所有显密教证之政教能自在地转法轮的大法王；他对于如所有和尽所有的“所知境界”具有极广博的智慧❽；尤其是能以“无缘大悲”❾对所有众生，如母亲爱护其独子那样，昼夜六时都以清净慧眼常作普视的悲心大士，特别是在此浊世❿时，他佛教教法上，如释迦再来此世，能以诸种与佛陀相同而不随附他者的讲、修法门事业来阐明和光大佛教，使佛教如白昼的太阳一样光辉。因此，在人、天世界中，“第二佛陀”(即宗喀巴)的美称，巍然而显耀。

大师的真实名讳虽是“名难言说，因事和需要而说”时⓫，应说是至圣具德上师与能仁大金刚持体性无二无别的文殊怙主法王东方宗喀巴·罗桑扎巴(意译为“善慧名称，以下只称名，意译不赘)。如是美称的白色伞盖遍布于“有寂”(轮回与涅槃)境界的至圣宗喀巴大师的三密事迹和稀有卓越的诸史事，是当前应说的主要事项。其中首先述说前言后，分列出说明写作此传记的原因，述说此传记的正文，以回向和发清净誓愿而作结束共三章。

【注释】

❶二资伟行：这里是说宗喀巴大师过去的转生中积集福慧二资粮和作伟大的菩萨行，而获得诞生在具足十善地方——东方宗喀。又一讲是说宗喀巴所积二资粮和伟大行，都达到东山顶峰一般的高度。

❷东山顶：指东方宗喀的山顶。

❸佛子勇士月轮升：是说佛子勇士宗喀巴如皎洁的月轮升起于东方宗喀的山顶。

❹照开君陀教祥瑞：喻宗喀巴功德如月光，能照开如君陀花的佛教，使现奇境祥瑞之相。君陀花即睡莲，月出则开，日出即合。

❺至尊上师心神清：言至尊上师宗喀巴内心皎洁除灭一切黑暗，神志清朗。

❻禁戒：是修显密诸法应禁止的诸行，大师善以诸禁戒作戒行。

❼十力：见第3页注❸，十力唯佛具足，这里指宗喀巴的“力”德如诸佛。

❽广博的智慧：文殊菩萨具有极广博智慧。这里是指宗喀巴的智德如文殊。

❾无缘大悲：观世脊菩萨具有先所缘而遭及二切的大悲心。这里是指宗喀巴的“悲”德如观音。

❿浊世：言烦恼粗重，寿命短促、见解颠倒等浊垢横流的世间。

⓫名难言说：因尊师之故，对上师的名讳是难子说出的，只在因事及必要时，始可称上师之名。

五、说明写作此传记的原因

总的说来，所谓诸圣贤大德的传记，不管是写其往昔历代转生的本生故事，或是写此生之史事，都必须写其较其他一般普通人士更为殊胜超越，及其稀有的身、语、意功德，尤其是必须述说他对于佛法所作闻、思、修三者的清净事业的情况，以及依此三者而获得善巧之功德，即精于讲说、辩论、著作三者。还有戒严之功德，即不违越“三律仪”❶所制定的界限，以及成就之功德，即地、道的殊胜证达在心中生起的情况。其次为贤善之功德，即以善巧和成就对佛教和所有众生，作出了如何伟大的成熟事业的情况等。《赞颂语义解释》中说：“必须能使凡是见、闻的应化有情众生心中，生起真实信仰和礼敬，从而辗转增上，并依于此(信敬)使诸应化有情亦即对此种传记所说的情况，能做到发愿效法。这样的传记嘉言，才能认为是传记。”除此之外，其它传记中如说一般普通人士在此生中所作摧伏敌人，爱护亲友，以及由经商谋利等而发财的情况，对其所作一些相似的善事，以附会虚构的词句来作夸饰。这不过是使世间人们产生惊奇的方法，仅属于传说、稗史之类，怎能进入传记之林。不仅如此，写作传记的对象，虽然应当是圣贤大德，然而由于写作者具有不详细考虑的作风，没有广泛地写出大德的功德如善巧、戒严、贤善等功德，而主要述说该大德从某地到某处为徒众讲说，由某处到某地安住，允许哪些人谒见，收到哪些供物等。仅用这样的述说是不能使徒众心中生起极大敬信的，这些述说虽然可充作传记之数，然而并未具备传记的真实意义。若问这是为什么?应知所谓传记的真实意义，必须是依靠所说的意义和表达的言词，使见闻的徒众们获得一种能成为解脱和一切种智的因素。因此，后世的诸人士若是想到应该为各自的上师服务，虽然在写作中难免有虚构和夸大的成分，然而必须以如上所说的那些功德作为主要内容而进行写作。否则仅以许多“无记”(无善恶可言的)言词来充塞，是否能为上师服务?！显见它成为何种（因素)不能确定。但是现在由于时逢劫运，佛教面临坏灭的时期，所有众生亦福德大减而追随着非理的思念转动。因此对佛法和说法者，能生敬信之人亦寥若晨星！由于如是因缘，善巧、成就二者兼备的大德出现于世，亦是罕见。虽有一些大德出现于世，但是由于我们自己随着恶劣的思想而转动，因此对于诸大德的身、语、意功德，见不着想不到之时，除不遗余力地作各种歪曲和毁谤，而造积恶业外，对于大德能生起或信或敬或著作或编辑其传记的愿望者亦极其罕见。有一些人士由于信念与痴想相混杂而起的动机，可以断定他们大部分人仅达到主劝臆说的阶段。因此，在这样的时间中，虽欲多说，也犹如说乌鸦是白色的一样困难，不仅徒劳无益，而且将成为佛殿中的蜂蝗石子❷。对此只说到这里，不想多说。

当前应说的主题是至尊宗喀巴大师。依了义来说，他是三世一切诸佛的智慧摄集为一的性体——至尊妙吉祥(即文殊)舍去顶上的靛蓝发髻，而如愿成为僧人德相。不仅诸佛、菩萨、平和与威武本尊，就是真正善巧，有成就的许多大德也对他一再赞扬，就一般应化众生来说，也能见到他具有的善巧、戒严、贤善三德。他成就的功业在任何方面都是无与伦比的。对于佛教来说，宗喀巴大师真如释迦牟尼再世，他的任何门道都与佛陀相同。这不是虚言假语，奉承阿谀。这不仅在赡州(即此世界)所有中边范围内的贵贱诸人士中真实普遍地传颂，就是在一切智者克珠杰·格勒伯桑(宗喀巴两大弟子之一)的论述中也说：

“师之名称大坚毅，
名声等同诸菩萨。”

大师确是十方诸佛的刹土中被普遍传颂的一位大德，这不是仅仅按照自己内心中显现起的大师的一些事业的表现痕迹而说的。因此之故，法王洛迫勒桑所著的《宗喀巴大师传》中也说：

“具信法器遍广幅，
大悲四水灌充足，
真具信慧求义者，
为开二种悉地库，
极密大宝故事鬘，

一心利他作论述。”

这是说成为最胜福泽法器的人士，是具有广大的能入于正直智慧中的功德的。对于这些具信而精勤求学的大德们来说，从他们正直地述说至圣宗喀巴大师如此三密功业的、稀有的传记大宝鬘中，决能泛起广大的敬信的海潮。依此(敬信)因缘，彼具智诸人的心灵，进入了至圣宗喀巴大师的悲心和加持，因此能渐次阻止一切非理的思想和行为，而追踪步迹于大师的清净传行之后，油然而生起敬信和喜悦，并能对于诸佛所称赞的显密正道如理修行，能知此道是为了容易成就自己和他人的暂时和究竟的大利乐，尤其是现世人众，大都被“无明”❸眼病损其慧眼而成为盲者。因此辨别道与非道、正士大德与非正士大德的智慧，亦成为空中骄阳，睁眼难睹。由于业力和烦恼障强大之故，他们对于与我们信解相合的诸导师的功德，能知为功德的信念，已如莲根极为细弱。至于诸佛、菩萨的身、语、意三功德甚深不可思议。广大诸功德，能否得知，就更不待言了。又由于从无始以来，恶业的习气强盛，积福薄弱，因此，时常随依那些靠不善而转动的恶人，以及诸不正师友的恶劣言说，以及诸人的恶劣行动。因此对于与真正佛陀相等的诸正士大德，以邪念恶意的动机，而说许多歪曲诽谤之语，由此在各个刹那刹那之间积下非福的严重恶业，而长久流转于无边恶趣(地狱、饿鬼、傍生)的可怖境域的众生为数极多。我(著者)于是想到，为了连根拔除彼等诸人心中的邪知恶念之网，并给彼等播下敬信的种子，从而使他们祈愿，愿今生和一切转生中，也受到如是的无上导师现身或化身摄受护佑，从而使他们对于佛教清净正道如理修学，断除恶趣之门，而开解脱和一切智慧之门，使彼等能达到获得两种悉地(成就)的愿望的顶峰等，为写作这样的传记而服务，或广泛地印行，或为他人讲说等，都是具有极大意义的事业。因此对于这样的事业，必须努力从事。对于此种情由，有些人士认为这样的想法，虽是可能，然而为什么如你所说至尊法王宗喀巴大师等同佛世尊再来此世间，成为普遍传颂的没有争论的至圣大师?而且他(宗喀巴)的传记，已有首要弟子如克珠·格勒伯桑、多敦·绛伯嘉措，以及后来不分教派的新旧善巧而有成就的许多人士所著广，略《宗喀巴大师传》，已有多种。那些传记中没有不明的情况须重新写作，则你并无可写之内容；而且过去卷帙已造就的诸本，若重复再造，除了成为如(因明中)成立完成之因(言仍是已完成的因由)外，没有任何其他不同的意义。回答此问题，应如“细哇拉”(意译“寂天”)菩萨所说：

“前所未有此不说，
我亦非善于诗文。”

又说：

“熟悉善故我信力，
以此暂作诸论述，
愿他与我同缘者，
见此诸论成有义。”

像我(著者)这样的人，由于生在极恶浊世斗争时❹之末，往昔出现于世的善巧成就诸大德，我大都未能获得亲近其足下的机会，因此缺乏亲闻大德亲口所说的论述嘉言而生的智慧，而且与生俱来(秉赋)的智慧不厚，锻炼而得的功德(本领)也薄，所以对诸大论的意义和传奇故事等详细考虑之智，亦小如针孔；又因缺乏修习的缘份，生起自力神通等就更谈不上了；最低限度在梦中也没有得过由上师本尊等指示应舍应取和一些方便的悬记(即预言)机缘。以我这样一个随时随地都在由烦恼的动机来造恶以度日的人说来，想做出较过去一切智克珠·格勒伯桑等贤士大德所著的论述更为殊胜稀有的史事新著，确实没有什么可以再说的，这是真实的情况。不仅如此，又由于对于诸大论的意义和诸明处❺等，亦仅凭片面知识，如饿羊吃草般吞咽未能达到彻底的闻、思。因此也未考虑到要使智慧读者之心生喜悦，当用教、理、修辞、诗律等装饰词句。没有写作能力而著作出如此的著述，显然将是厚颜胡诌，贻笑大方的。虽是如此，然而正如阿阇黎“达里扎”所说：

“概括昔日诸论述，
亦能表明诸结合，
愿尽所有能作力，
我当作诸美词章。”

又说：

“然而构思诸原稿，
往昔诸师已明示，
为增雅语于彼文，
我愿全负此辛劳。”

若以昔日一切智克珠大师等人所著《宗喀巴大师传》来说，如上所说，传记中写出了宗喀巴大师善巧、成就二者全具的事业，无论从哪一方面，在此大地上都无与伦比，成为普遍传颂的美誉事业。由于见到不能像上述那样写作，所以通常的宗喀巴大师传记中，除主要写大师对于佛教所作闻、思、修三者清净的事业情况，以及大师用教语事业摄受徒众的情况，并对大宝教法祓除了所有不晓和邪知的垢染，而使教法心要如昼日光辉，明显朗耀等事业外，对于集会世间徒眷(似指在家俗人)和收集财物供品等，在一切智法王宗喀巴的事业中，似未曾具有，而传记也未详作记录，其所撰写诸种庄严史事，也都是为使所有尊卑众生都能通晓而能播下广大的信敬种子，未用雅语诗词等加以润色，亦未广作教、理的美饰庄严。显然是以易知和不难深入，及略摄汇编的方法来著作的。尤其是宗喀巴大师的心中生起无量殊胜的内证地道诸功德的情况，以及亲见许多诸佛、菩萨、和平威猛本尊、印藏诸班智达和大成就者，并获得指示悬记的情况等所有不共的史事，虽由贾曹杰、克珠杰二大弟子和多敦·绛伯嘉措等人听得，而且十分熟悉，然而至圣宗喀巴大师总是说：

“当隐我之诸功德，
应传他者之功德。”

大师效法法王仲敦巴❻的传行，主要是不仅隐秘自己不共的现证诸功德，而且对诸弟子也作了极密的保密指示，因此不能广泛地笔之于书。只有一世是对一切智克珠杰等人特别开禁而说，但也是以密迹另提的方式而写’出少部分外在普遍传颂的《广传》等书中，是未记载的。在一切智克珠杰所著论述中，一些未明示者，由至尊绛伯嘉措、勒领、衮嘎、邓勒、桑桑勒仁哇·奇麦饶杰、喀纳译师等人以零星书篇方式而撰出，也未作归纳的编撰。因此，普遍传称的《宗喀巴广传》，由于各种各样的原因，词句不多，而使诸愚者和不具思考的人，总想见到篇页多的传记本，认为其中有更广大的事业。他们确实这样说道："我们见到其他前代上师的传记，都是有极丰富的内容和足够大的卷帙，而至尊宗喀巴大师的传记，只见着一种篇页很少的版本啊！"言下之意，自然地流露出宗喀巴大师没有极为广大的事业的想法。著者想到诸如此类的情况，而联想到自宗"日窝格鲁派"❼的住持教法诸大德所著的论述(传记)，也有的由于使智慧浅薄的人们看到篇页不多的传记，而胡思乱言，积下了非福的罪业。著者为了阻止这类的过患发生，尤其是自知至尊一切智(即佛)宗喀巴大师的事业，量等虚空，无至宽广，犹如西藏雪山丛中所有住持佛教诸师头上的庄严顶幢，确是一位极为殊胜卓越的大师。因此，为令众生对大师增加敬信起见，必须著作一部既详且广的传记，我也就勉强地承担了此一著作任务。关于上师指示等情节，详见后面正文的章节。此外宗喀巴大师秘密行传等稀有事业，虽有各种零星抄本但没有刊印版本。由于各种因缘，在(密行资料)大都尚未成为公开可见可闻之境的情况下，至尊一切智宗喀巴大师的主要愿望和事迹是：如往昔大悲释迦佛世尊对具足缘份已成为胜乘密宗法器(受法根器)的诸人，真实建立密续部海(海言广大)曼荼罗(即坛场)和曼荼罗主尊，并真实现示曼荼罗来转无边密宗法轮(即演说密法)。虽是如此，在一般众生看来却是：见释迦从示现现证圆满佛陀起，直至未示现涅槃之间，唯一示现殊胜化身——比丘之相，与其侍眷菩萨僧众和声闻僧众共同安住而次第三转法轮，由此令大宝佛教成为所有人、天大众的福田。如是事业史事，宗喀巴大师任何方面都与佛陀相同。以外界一般众生的视野说来，见其(大师)主要守护菩萨(戒)和毗奈耶(即戒律)的粗细学处，所有制戒，是不犯细微罪过染污的净行外，任于何时，也不作自认为是密咒师(或密教徒)就对毗奈耶(戒律)轻蔑，作狂妄暴行。他修习密教诸法，确是名符其实，由极端保密之门而精修，并对具足密教根器诸人，除由极为严慎保密之门而宏法外，不作公开讲演。特别是大师心中虽已生起生圆二次第❽道之究竟证达，然而决不随便显示真实证道像征和神变等。新旧宗派中许多傲慢者不知宗喀巴大师确实是一位完全以“外护声闻行，内喜修密集”的教义为其作风，使佛教能长久住世的大德。他们的想法是：宗喀巴大师除拥有对中观、般若、毗奈耶、俱舍、因明等学说善巧精通的功德，在这样的基础上聚集了戒行清净助善巧、戒严、贤善三德外，并不是一位获得密宗最高证达的大师。他们生起了妄认阳光为萤火的邪分别(错乱想念)，由此动机而藐视说“日窝格鲁派”没有密宗的修法；有一些人说可能仅有一些密教，而没有即身成佛的甚深教授。诸如此类的各种说法，其无知的真实原因和根由，显见是未知一切智宗喀巴大师如实的三密(身、语、意)诸行传。此外还有其他一些人，是自己没有丝毫辨别法与非法之智慧，仅以萨、格、宁玛、噶、主❾等名称和红，黄帽的颜色而区分宗派的愚昧而勇悍的人们，由恶劣的动机而说各种罪恶语言，积下了难忍的罪业者，其数目亦有不少。对于如是罪业者，萨迦班智达❿如事前想到那样作出判词说：

“恶者如何作改造，
本性亦难成善好，
黑炭虽勤作洗涤，
其色怎能变白净。”

诚如所说，这类恶者，除了认为他们极其可悲之外，多说亦难改造。这样的人不仅有之，而且其他诸人，因恶劣势力的牵引而进入今后两世的善愿全毁之境者，显隐明暗各类情况中，昔日也就出有不少，现在仍然见有此类。为了阻止如是大、中、小三种邪分别(错乱想念)起见，就现实说来，必须著作一部详广的宗喀巴的传记。但是现今一些住世的善巧、成就二者具足的大德们所持的态度，如至尊文殊对宗喀巴所说：

“对于粗野难调众，
虽说亦难获大益，
因此静处精勤修，
可得自他如意道。”

如上所说之义，他们极为意乐而厌烦此恶世。因此他们只在内心持清净作风，将善巧事业(即说、辩、著等事)弃置不管。除此种人外，其他大部分尊卑人士的情况，如萨迦班智达所说：

“在愚者中喜而戏，
处智者前惧而避，
颈无垂肉项无峰，
依然有牙黄牯牛。”(喻如同四不象的动物，其作用不大)

持有如上态度的人，确是为数不少。因此如我尚未全具所有善巧(讲说、辩论，著作)之功德(即才能)，仅仗着以上诸大德上师的恩德而得到一些浅薄的辨别如理和非理之智，以及略知片段措词用字的本领，就要从事著作，如同“让牧羊狗赶牦牛，没有雄鸡驴报晓”(喻滥竽充数)，必然要冒犯许多学者。然而这样的写作任务，当前已到了我应该去做的时候。正如上文所引寂天菩萨所说的那样，想到“对于与我同缘的其他渚人，无疑将有饶益”，我开启语喉而略作称颂。我主要是以一切智克珠杰所著共通和不共通的诸种宗喀巴传记作根据，再将至尊绛伯嘉措等许多善巧，成就诸师所作的传记归作为一，进行编纂。在此基础上再以优美的诗律修饰词加以装饰，显然是能圆满我自己广大福德资粮的因素。但是由于看到时逢劫运，众生多半难懂雅语，一切智克珠杰以易懂为主，我亦考虑到为使普遍的尊卑诸人易懂，播下敬信的种子，我在编写传记正文诸词句时，是以易懂为主要原则。此外又想到克珠杰仁波且等大德所著诸种论述，是发心和加持的法流，所以有时在引证教言和正文诸节时，随其所宜，或广或略地引录之。并在初、中、后三个阶段中，凡所写出的各节，务必使人能生敬信；当引据教言和理论以肃清邪说时，我亦顾及各个方面，尽力点缀而装饰之。在前后(节段)之间，以优美的诗词风格。写出联接的中间插颂使文章层次分明。惟愿自他宗派中，任何一宗，凡是爱我为善的人们，舍除偏私和嗔恨的恶心，而生起敬信法事，听我所言。于此作中间插颂说：

一切诸佛卓越智，
爱众同仁大悲心，
量等虚空诸事业，
合一怙主宗喀巴。
尊是众生唯一眼⓫，
能除痛苦之甘露，

能开教莲之阳光，
亦是如意摩尼珠⑫。
尊与真佛无二身，
十方界中美名称，
充满存现稀有徵，
何须撰述徒劳神。
然以此处能见心，
业力烦恼久染熏，
大德之德遂难见，
认宝为石人众增。
为除邪知垢秽尘，
传记犹如净天水，（言如同天之甘露净水）
流降正直讲说台，
为洁信颜可仰身。（言可仰身而接受净水洗洁具信颜面）
前代智者赞论中，
虽不重视用谚语，
石粉月照能显白，
总有一些明显容。（言用一些谚语，总有一些明白之点）
为使未知得晓通，
焚掉恶语荆棘丛，
并祓邪思诸痛苦，
亦用教理之火烽，
福德台来诸取用，
以及智者生喜因，
传记所有美饰词，
并作颂词缨络珍。
大德等舍印结分，
愚者牯牛持戒行，
如是情况隐匿时，

我得略说之缘份。⓭

【注释】

❶三律仪：密乘、菩萨和别解脱三律仪。

❷蜂蝗石子：系牧民用以驱赶牛羊的一种石子。用一条中间有一小兜的毛绳，放入石子双折抡舞乘势松其一端，将石甩出，能射及远处。这里是说如果多说，则将遭祸，像甩掷蜂蝗石子般被赶出寺外。

❸无明：无知愚昧，不明事理。佛书中称为烦恼的根本。

❹斗争时：佛书说人世间的道德、财富、享受和安乐四者之中，能具其一的时代，称斗争时或争时。

❺诸明处：指大五明和小五明处。大五明处即工巧明(工艺学)，医方明(医学)、声明(声律学)、因明(正理学)、内明(佛学)；小五明处即修词学、词藻学、韵律学、戏剧学、星相学。

❻仲敦巴：为阿底峡的弟子，开创迦当派，1056年宋仁宗嘉元年倡建热振寺。

❼日窝格鲁派：宗喀巴大师和门徒创建的显密兼之的新迦当派别名。因该派衣帽尚黄色，汉族人称之为黄教。

❽生圆二次第：即密宗无上瑜伽部的生起次第和圆满次第。

❾萨、格、宁玛、噶、主：“萨”指萨迦派；“格”指格鲁派；“宁玛”意为旧密派，俗称红教；“噶”捐噶玛噶举派；“主”指主巴迦居派。

❿萨迦班智达：系萨迦派五祖之一，1182年生于后藏，著有《萨迦格言》等。

⓫唯一眼：言宗喀巴大师是观察众生的唯一慧眼大德。

⓬如意摩尼珠：传称如意宝珠置于幢顶而祈祷时，能如意成就诸事。

⓭此颂的“大德等舍”句是说诸大德持“等舍”(即弃置不管)态度，如挽“手印”结解开放下时(即不持等舍之态)，“愚者牯牛”句是说愚者如牯牛粗暴行者也知持戒行时，“如是情况”句是说持弃置不管和粗暴行等情况都隐匿不见时，“我等略说”句是说我著者畅所欲言获得著作传记的缘份时。

至尊宗喀巴传记的正文

此传记的正文，是分三章来说的。第一章：识别显密经教中许多悬记的根据，即幻化事由等；第二章：就共通的现象，略述(宗喀巴大师)往昔转生中的史迹和未来情况；第三章：特别详述(宗喀巴大师)此生的史事。

第一章　识别显密经教中许多悬记的根据即幻化事由等

克珠杰·格勒伯桑(宗喀巴两大弟子之一)所著论述中说："我们的具德先师(宗喀巴大师)，是佛教的大宗师；对一切世间(有情)虽无因缘，亦具有一视同仁的慈爱天性，在久远时间以前，他即已达到佛大菩萨行之彼岸；因至尊妙吉祥(即文殊)的心中光明使其智莲(即内慧)开放，而具有亲见一切'曼荼罗'的慧眼，其如宝库般的心中，充满着共与不共的现证功德大宝资粮(即福慧)。这位名难赞说(对师无故不能称名)的至圣大师，在无量劫以前，就圆满了十地❶功德，并在诸不净世间中，或示现转轮王❷，或示现国王，或示现帝释❸、梵天❹之身，有时亦示现在家菩萨身和出家身相等，随其适应的有情，变化无量身相。此如虚空中一轮明月，照耀于大地的各江河湖海中，任运地(不待人力造作)同时显现月影那样的情况。可以说大师对于我们诸人，是意乐受生为与我们自己和众生同类的有情，而示现为善知识相来做一切事业。这种无可怀疑的事，是可以理解到的。对于这种情理，我(克珠)自己有可靠的史实根据，而且也听说过这类的故事。"确如克珠杰所说，至圣宗喀巴大师在了义上说，在无量劫以前，他早已是一位真实获得无上智慧甘露、以作净浴而证得圆满佛陀的大师。这将在下面次第引用教据和理论来证明，而达到知晓。因此之故，真实现证的诸佛，从众生的视野来说，只能明白地各别见其"身"和"语'的庄严，而其"意"证得无漏大乐(烦恼已尽的空乐)空性一味的心境，由于无可各异分别，因此说一化身即一切佛的化身，或说一切化身，其幻化根本即一佛的化身，随说何种，都无矛盾，全是此与此种的化身，而不是除此之外的其他化身。不应执著一边的狭隘见解，而应如我昔日所编辑的其他贤士大德的传记中所写的令人可信的教言引据那样去理解。因此，应知我等之一切智宗喀巴大师，他是所有广大无边十方一切诸佛的智慧、悲心、事业的能力合而为一的化身，或说是其本来面貌。这不是仅凭虚构之词，而是有决定之义存在的。当知这是应由获得如是决定之门而作（与信愿）合一的祷祝。若随顺一些众生的敬慕，而要识别大师个别的幻化事体，仍然应当知道怙主宗喀巴大师是诸佛之智慧聚而为一的合成体。这正如普遍传称的那样，有无垢教理可以证明之。如佛（释迦牟尼）亲口所说的《妙吉祥根本续》（“续”即密教经典）中说道：

“我（佛）于世间涅槃后；
此间大地成空无，（言无教法作饶益）
由汝示现孺童相，
能作诸佛之事业，
彼时大寺名报喜，
建在雪域疆土中。”

这是明白地指示处所在“雪域”（西藏的别名）中的预言，“噶（意为‘喜’）寺”即指噶丹寺❺，“汝”即指妙吉祥（文殊即宗喀巴）。又在《空行秘密续》中说道：

“文殊化身名罗桑，（宗喀巴藏语名讳‘罗桑’，意为‘善慧’）
能宏佛教具稀有。”

详细说来，往昔一切智克珠杰·格勒伯桑于印度受生为班智达·日比库鸠（意为“智鹃”，以下不赘）时，具德达哇扎巴（意为“月称”，以下不赘）为了祓除其（智鹃）执边见的缠缚起见，有一次对他指示悬记说：“至尊宗喀巴文殊示珂比丘相，如愿受生于边地，汝亦将受生于其地。汝当完成其教诲和宏扬佛教。”又帕巴拉（意为“圣天”）、桑杰迥（意为“佛护”）和细哇拉三师来到日比库鸠面前指示悬记说：“将有至尊宗喀巴文殊前往边地，宏扬佛教。汝亦是彼特别教化的有情。因此汝应顶礼于至尊宗喀巴之足下，彼任说何种，汝应接受，作为修学的心要。”又有一次，克珠杰往昔受生于印度时，至尊文殊前来对他说：“边地的有情愚昧而不知应取应舍之处，实为可悯！他们流浪于轮回，由无明的起因，而走入邪道中。我（文殊）为了令诸人获得解脱，并安置于一切种智（即佛）之果位起见，我将随顺俗人的意想而示观为比丘相，前往其地，汝亦是我的应化有情，汝应前往其地。”又有一次至尊弥勒菩萨前来对他(克珠杰)说：“此间南赡洲中，为了令诸真实佛法，特别是难得的释迦牟尼的教法，如白昼般明朗兴起，将有一位至尊文殊的化身，他如诸菩萨的美妙颜容和心中精华,汝应宏扬彼之教法。”以上各种悬记出自智王·却敦饶觉所著《克珠杰大师传》中。其他贤哲大德们所撰颂词中也说：

“克珠法王盛名称，
由彼前生大悲力，
印度圣地利众时，
一次文殊来彼前，
示说可怜边地众，
由心执实❻流轮回，
彼无辨道非道智，
大都勤修恶趣❼因。
我为摄受彼等故，
将于未来五百年，
化为比丘往边地，
阐明佛教如昼日，
尔时汝亦往彼土。
又有弥勒所劝说，
未来文殊一化身，
悲心极念无边众，
如愿将往边地中，
尔时汝亦生彼土，
当作彼之教法事。”

有如是广大悬记，此外还有种种可信的悬记，所有的悬记，将在下面次第写出。本题仅引此看悬记来说明。

因此应知至尊文殊，就一般应化有情的视野说来，仅只是持十地菩萨❽自在之相。但是在其他经教中，如《健行三摩地经》中说：“在无量劫以前，文殊即于名为‘平等刹土’(即世界)中，现证成佛，名为‘龙种最胜如来’，而作转法轮等圆满究竟的佛事业。”又在《圣宝积经》中说：超越七恒河沙数劫以前，于名为“生起妙善刹土”中，当圣妙吉祥(即文殊)成为转轮王名“虚空”时，于“龙音王”如来前发菩提心，得如来授记说，将于“无尘积刹土”中成佛，名“普观如来”，如所授记学习菩萨行而获得“无生法忍”。之后又经六十四恒河沙数劫，再次受生，虽已圆满成就如来十力，但仍住持菩萨之相，并在一些世界中，现在亦示现佛陀之相。又在《利益指经》中说：“从此往北经十二恒河沙数世界，有名为‘常喜爱悦胜解’刹土中，有如来薄伽梵正等正觉圆满佛陀，名‘胜解极喜藏宝积王’，现时住在彼土，正安养生息。彼刹土中，无一切声闻、缘觉；除有一乘❾外，无它乘之名，无老、病、苦；具足一切安乐，该处诸有情寿命无量；威光和色彩无量，该世界中无可比喻、缘由、作者，而常于喜乐、胜解，无比喻中，有如来薄伽梵正等正觉圆满佛陀‘胜解极喜藏宝积王’，现时居住，正安养生息。于彼如来前，大王！汝当合掌恭敬而生随喜。彼如来实非他者，即是文殊童子所转变。”有如是许多显密经教中的广大宣说。因此应知由于宗喀巴大师与至尊文殊同一心识，因此在无数劫以前，宗喀巴大师早已成佛，是由这些教(包括悬记)、理所证明的。而且上面所引的一切智克珠杰所著论述所说：“对于这种情理，我(克珠)自己有可靠的史事理由，而且也听说过这类的故事。”这种说法也是想到各种各样的经典中的史事而说的。以上是略说当识别各别的幻化事由的情况。至于文殊的广传，住昔的各种传记史事中，已有详明的记载。因此若在这里繁琐写出，不仅掩盖宗喀巴传记的正文，而且凡是一个自豪地认为是住持内道佛教宗派的人，不可能有一个不认识至尊文殊是具量(合格)的菩萨，因此(著者)也不想多说。于此联接之处，作插颂道：

拥有十力诸佛尊，
一切种智之自性，
彼无分别异相生，
认识一体谁能行。
示解脱道众生眼，(即具慧眼导师)
为是诸师为三世，

诸佛悲、智、力合成，
一体自身是真情。
仅依见境幻事根，
识别虽异不相违，
与此情同决深信，
宗喀文殊之化身。
非同偏私愚想生，
形形色色故事情，
而是从佛世尊起，
合量教言(悬记)作赞称。
尚有教、理各多篇，
如美花寞悦耳丹，(耳闻可悦之金丹)
成熟庆筵依次开，(著者言还有许多教言悬记在下面次第写出)
智者齐欢舞翩翩。

【注释】

❶十地：一、欢喜地；二、离垢地；三，发光地；四，焰慧地；五、板难胜地；六、现前地；七、医行地，八、不动地；九、善慧地；十、法云地。

❷转轮王：此王身具三十二相，由天感得轮宝，转其轮宝，而降伏四方，故名转轮王。

❸帝释：三十三天界之主。梵语称“憍尸迦’，或“因陀罗”

❹梵天：系色界之初禅天。此天离欲界之淫欲，寂静清净，故名梵天。

❺噶丹寺：拉萨三大寺之一。在拉萨河南岸旺姑山上。公元1409年明永乐七年己丑，宗喀巴大师所创建，为格鲁派的祖寺。

❻执实：“执”着一切事物为不待缘起和合，自能生起的“实有”。

❼恶趣：指地狱、饿鬼和傍生三恶趣。

❽十地菩萨：指证得第十地“法云地”的菩萨。

❾一乘：言成佛唯一之教。《胜经》中说：“至道无二，故称为一，运用自在，目之为乘。”

第二章 就共通的现象，略说往昔转生中的史迹和未来情况

至尊宗喀巴大师，依了义说来，他与至尊文殊同一心识。不仅如此，若就不了义——应化众生的视野说来，他也是在多次转生中，由至尊文殊真实化现为胜乘的善知识是专一勤奋而作利益众生事业的一位大师。此种情况，在一切智克珠杰所撰《清净雪山篇》中说道：

“师于往昔转生中，
成为文殊首要子，
拥有咒、辩、定、神通，
慧眼观诸法真容。”

这就是说，在往昔无量劫以前，有如来名“王顶”出现于世，在海一般宽广的徒眷大会中，转动成为胜乘即金刚乘的广大法轮。那时至尊宗喀巴大师即已是至尊文殊的首要弟子，是一位具足陀罗尼、辩才、神通、三摩地(即定)，真实照见二谛(真谛、俗谛)的清净智慧等功德的不可思议的大师。此后至尊文殊同其徒眷等来到转金刚乘法轮的王顶如来近前而安住肘，薄伽梵王顶佛世尊发出梵音妙语说道：“所有一切菩萨谁能于无数不净世界中，不顾身命地作宏扬甚深中观见(即离断常二边的见解)与金刚乘相结合的妙道，彼菩萨即成为诸菩萨的伟大行海中的最卓越、最尊胜者。”佛陀发出如是狮子吼音时，与宗喀巴大师同一心识的大菩萨勇气大振，即从徒眷会海中，迅速而起，以无惧声音而宣言：“从现时开始，我愿不顾身命，在无数不净世界中，宏扬甚深中观道与金刚乘相结合的妙道。”王顶如来等十方诸佛子为其作证而立誓，同时传播如是誓言之声。尔时，王顶如来等十方一切诸佛同声赞颂道：“善哉！汝是大志菩萨。”如是劝慰已，从此以后十方一切佛土中，昔遍传称这与宗喀巴大师同一心识的大菩萨之名。称为“大志菩萨”。继而王顶如来从身中放出无量光明，面现微笑而说道：“如汝所立誓

言，从现时起，汝在无数不净世界中，宏扬显密正法，最后在‘稀有殊胜庄严刹土’中成佛，名‘狮子吼如来’。”佛作了如是悬记。

这些情况，为决定之真实义。如善巧成就大德多敦·绛伯嘉措在他心里无碍地常时现起至尊文殊的身、语加持。他在文殊身前，再三祈祷而启问至尊宗喀巴大师的史事，及往昔转生中的本生故事和未来成佛的事业时，至尊文殊向他指示的悬记，是具量而无欺的语教。此类事情，在一切智克珠杰所撰《清净雪山篇》中，是作有偈颂的。这即是现在色拉、哲蚌、噶丹三大寺僧会中所念诵的那段诵文，除将偈颂改作长行散文外，其意义完全和上面所写的(颂句)没有区别。由于想到全部录出有引文过多之嫌，故未转录。若欲详知，应在哲蚌寺法行(一种宗教活动，如记诵本之类)中，详细阅读即可知晓。洛扎大成就者勒季多杰(意为“羯摩金刚”，以下不赘)向秘密主启问至尊宗喀巴大师何时成佛?秘密主说：“何时成佛我不说，已由文殊、观音作悬记。”这样的说法，也是想到有(以上)的那些事情而说的。诸善巧大德所说，都是很合理的。还有人主妙吉祥桑杰嘉措(意为“佛海”❶所著《噶丹教法史》中，在引证如上诸根据之后，加上按语写道：“按以诸种根由，可以认定至尊宗喀巴大师在许多劫以前,早已现证无上菩提(即佛位)。在王顶如来出现于世时,凡是住于密道的成就者,及凡夫等都必须获得四种灌顶❷,如果不退失誓言和戒律,虽未经修行,在浊世的十六生中，仍决能获得金刚持位(即佛位)。这是以诸密续部中所说的不变(坚定)的教、理证明过的说法。”

如上所说，不仅在定义中，能证明(宗喀巴大师)在许多劫以前早已成佛之理，而且在根由中，此以诸(因由)亦能得到证明。这样，宗喀巴从在王顶如来前发心并立誓起，在不净诸世界中，大宏与甚深中观见相结合的金刚乘，而由种种无边显现身相庄严之门，刹那刹那间也都在令其增广。如此稀有的一切事业，是超越言说境界的。即以娑婆世界❸来说，过去诸佛都是由示现无边化身之门，而作利益众生的事业。尤其是在释迦牟尼佛的教法中，至尊秘密主向大成就者勒季多杰所指示的悬记中说：

“罗桑扎巴无等伦，
释迦佛前发胜心，
此土显密教义兴，
从此往生兜率天，
妙吉祥藏弥勒子，
速证如来佛果成。”

与此相同的情况，至尊文殊也向喇嘛邬玛巴(意为中观者，以下不赘)指示悬记。一切智克珠杰所著《宗喀巴大师密传》中说：“喇嘛邬玛巴童年时代，在坝康地区作牧童时，从胸间发生有‘阿惹巴扎那’(文殊心咒)嗡嗡之声，同时发生一股力量，使全身汗毛竖起，似乎到了心不能持的地步。由于他时常和至尊文殊见面，遂向文殊启问至尊宗喀巴大师前后生等情况。文殊向他指示悬记说，“往昔佛(释迦)住此世间时，此师(指宗喀巴)于印度诞生为婆罗门之子。尔时他与着比丘装的菩萨名为‘牟比洛卓’(意为信解智)相见，他使彼菩萨生喜，并跟随菩萨作侍从，而听受许多教法。菩萨领他到导师释迦牟尼座前谒见时，他发菩提心。尔时，他以一纯洁无垢的白晶百粒珠串供于佛前而发愿。即由此而播下通达全无颠倒的真实空见的种子。”佛世尊亲自所说《传授教授王经》中也明白说：

“阿难(佛近侍弟子)：现在于我前，
供品珠鬘童，
能兴我教法，
未来浊世中，
‘止’区交界处，
建寺具‘格’名，
罗桑(宗喀巴名)其人出。”

依这些悬记，大善巧成就者绛央却杰扎喜伯敦(意为文殊法王吉祥具德)所著《密传颂词》中也说：

“往昔金刚座❹佛前，
以百晶珠作供养，
发起殊胜菩提心，

成为正见证达缘，
诚祷具德师座前。”

又作格地区善巧师绒哇·却扎嘉措(意译为“法称海”，下不赘)所著《宗喀巴大师传妙花束》中也说：

“金刚座前由彼师，
导至金身佛座前，
以如月晶之珠鬘，
数有百粒诚供养。
以从有海(即轮回)救众心，
世俗菩提心❺发生，
胜义菩提❻心发愿，
通达正见种子生。”

那么，(宗喀巴大师)往昔于王顶如来前，发心并立誓宏扬显密教法，次即学修菩萨行。再次又在此间重新发心的说法显见前后次序不一样，而且两次发心，成为重复之过错。答：这样是无过错的。虽是从无量劫以前，已经发菩提心，然而由于就应化众生的视野来说，再次示现发心的情况也是有的。譬如大悲佛世尊也是在生为“有光王”时，由于听着驯象师的言词而发菩提心，后又于“释迦牟尼如来”(释迦未成佛以前的另一古佛名)前供糜粥而发心等的说法，也是多次发心。它与诸如此类的情况是相同的。又由汉文译成藏文的《楞伽经》中说：“薄伽梵佛世尊座前，无热恼龙王以一白色海螺供佛时，佛以海螺授与目犍连(佛大弟子之一)而说道；‘汝将此螺藏于廓巴日❼山中，于未来世，将由比丘白玛安敦(意译为“具莲香”言持戒清净如莲香)从秘藏库中取出此螺以作殿堂用螺。由秘藏库之神哲乌树来守护’。”又至尊文殊所作《授记明镜》中说：“于灵鹫山中佛世尊座前，无热恼龙王以海螺供佛，暂时作法螺用，后来佛世尊徒众前往‘克什米尔’时，佛对阿难说：现在的弟子名比丘白玛安敦未来于西藏赤面疆土中，成为比丘名罗桑扎巴(宗喀巴名讳)，彼能宏扬般若波罗蜜多与显密相结合的教法。”命阿难手持原来海螺运用神变而前去卓·日窝伽山中的秘库中，托付错达财宝神中的哲乌树守护着。那时从拉萨至其地，仅一俱卢舍(印度长度单位，约250市尺)，显然说的是噶丹寺。这种说法出自《噶丹教法史》中。除藏螺者目犍连与阿难略有不同外，其余都与上文相同。而实际上佛世尊座前，还有比丘白玛安敦。在乌金大师白玛迥勒(意译为“莲花生”，以下不赘)所著的《催促牌记》中也说：

“有敬信王如是听，
佛在世时优波离，(佛大弟子之一)
入涅槃时乌故巴。
坝哇坝扎诸城称，
东方邻近汉土处，
比丘罗桑将降生。”(罗桑扎巴为宗喀巴古讳，以下不赘)

此诸情况，在喀纳译师所著《宗喀巴大师传》中解释说：“在佛世尊座前虽现身为比丘白玛安敦，然而优波离，是其身(所化现)之庄严异象。‘乌故巴达’是‘乌巴故巴达’之讹误语，此梵语意为‘阿罗汉近隐’，由他指示出第二佛陀(指宗喀巴)的史事。所谓‘坝哇坝扎’，意为‘本性善妙’。宗喀巴大师的前生为克什米尔的班智达，名‘玛底坝扎’，藏语为‘洛卓桑波’，意即‘智善妙’。此师有徒众五百人围绕其座。这是金刚手向大成就者朗喀绛称(意为‘虚空幢’，以下不赘)所说的。”因此揣测是彼师(玛底坝扎)之别名，或许是讹误语。此中有所谓“白玛昂楚”之名(意为“莲花本性”)。这在最胜善巧者阿里释迦准·昂旺绛央尼玛敦比绛称(意为“语王文殊日教幢”)所著《宗喀巴大师传具缘莲花盛开之日》中也说：“此师(宗喀巴)曾受生为圣迦叶尊者(释迦之大弟子)的弟子沙弥❽白玛昂楚。此与上面所说比丘白玛安敦二者是否为出家受沙弥戒阶段与成为比丘时的名称有别而实系一人?不仅如此，在法王衮却晋美旺波(意为“宝无畏王”，下不赘)所著《格鲁教法史摩尼枝鬘》中又说：“在佛世尊座前，供白晶珠鬘的童子，于其处出家受比丘戒❾时之名为比丘白玛安敦。”总之，在佛世尊座前供白晶珠鬘的童子，或比丘白玛安敦，或优波离等，都是时间相同，而示现许多不同的身相。诸如此类不同之相，是出现过不少的。不仅如此，在《宗喀巴大师传具缘莲花盛开之日》中说：宗喀巴大师与古代绛秋生巴诺桑（意为“宝贤菩萨”）同一心识。其事的根源是：由堪钦·汤萨巴向至尊不动怙主（又称不动明王，密宗本尊名）启问时，所得答复说：“宝贤菩萨与罗桑扎巴全无分别（言是一体）。”证明此一事实的详细情况，在下面还须再说。此外（宗喀巴大师）幻化所有印度和西藏地方的班智达，或大成就者等相的情况，在《洛扎大成就师勒季多杰密传》中说：当大成就师向秘密主（本尊名）请求赐一种那怕是愚蠢的牧牛童也能记持其言，通达其义，而且词少易明，意义广大，迅速即能证得佛的法身之法门。此是玛底坝扎西向我请求。现在复由我勒季多杰向本尊祈请开示一种不共通的教授。尔时有一种不共通（特殊的）味从我（勒季多杰）齿缝中流注于舌上而旋转，即刻咽下喉去了。这似乎是上师您（指宗喀巴）的大悲加持。当不现身而以无畏语声（指本尊）赐我（勒季多杰）以诸佛菩萨等的密意合一的教授时，勒季多杰复向秘密主（本尊）启问：“罗桑扎巴大师的心识究向何种?何时成佛?由何本尊作摄受?前生诞生于何处?”秘密主（本尊）答道：“这位罗桑扎巴，是积集广大的二资粮（福慧）的人士。他七生中都作班智达，作了无边的利益众生的事业。他此生的前一世诞生在克什米尔的赤敦地方中，作班智达，名‘玛底坝扎’，聚集有美满的徒众五百人，以凡夫的视野说来，传称他是住于‘加行道’⑩的大德。即使是我金刚手（本尊自称）也难量其功德。本尊和内外佛母都村他作摄受，三帖主（文殊、金刚手、观音）也对他作摄受，而且是（他的）本尊。我不示说他何时成佛，由于文殊和观音已示有悬记。由于他是见、闻、触（指见他或听他说法或他的名字；及他一接触之下，如摩顶）都能决定得（他的）饶益的人，所以他的心识他人不能衡量。”（金刚手）又作颂句说：

“罗桑扎巴无等伦，
作班智达有百生。”

大善知识乍阁·浇绛巴（学位名称，等于博士）所著散宗喀巴大师传稀有悬记之音乐》中说：“至尊文殊对喇喇邬玛巴说，此师（指宗喀巴）从在释迦生前谒见起直到现在以前，有十七生中，受生于印度，其中三生为大班智达，两生为小班智达，在西藏地方不计此生在内，过去受生三生为善知识，此中有一生为班智达可以计入其中，而且唯一是为对佛教作极大利益而诞生。又有一生是受生为天神，其余生中似乎是受生为普通凡夫。”因此，诸如此类悬记中，有说七生，或说十七生，或说百生等。总的说来，这种一一详明的说法，以前从未见得，因此不敢臆断设想而写出之。(著者)只能就成为合量(即合理合格)的悬记，以及自所知晓、普遍称作无有争论的诸智者、大成就者所说的共与不共的一些情况，我(著者)以不定次第的方式而略说。如《一切智克珠杰传记》中说：“如上文所说，克珠杰于印度受生为‘日比库鸠’时，龙树前来对他指示甚深正见的要义，而袪除其执实有⓫之根。那时龙树对他说，我印度的智者和大成就者都是依止至尊文殊的。这种原由，也是由于发现经典中有一极细微而难解的要义时，是向至尊文殊祈祷而观察甚深之义的。汝亦当依止文殊(对师称依止，即依靠之意)。又诸本尊中最为殊胜者亦是文殊，我(龙树)也是依止文殊而获得无颠倒地通达缘起之义。”又龙树(对日比库鸠)说：“我(龙树)亦发愿于未来世在雪域(西藏别名)作利益众生事业?尔时汝亦将成为我最初徒众中最殊胜的弟子。”由这一悬记(的佐证)能使宗喀巴大师与龙树的心识成为一体的事实得以成立。又在《宗喀巴大师传具缘莲花盛开之日》中记载《华严经》的悬记说：

“宝贤诸宝常固子，
遍觅菩提行贤士，
我之座前来者善，
善来成为悲自在。
汝欢喜藏除有暗⓬，
弥勒悲油注法器，(言合受正法根器的人)
以彼无垢菩提光，
法之明灯使炽燃。”⓭

这一悬记是预示宝贤菩萨于西藏疆土中，化现成为噶哇·枳麦窝(意为“无垢光”)和柳敦却坝(意为“法炽”)。由于以弥勒及其悲心之油注于具法器的徒众，遂使正法之明灯炽燃起来了。噶哇·枳麦窝于藏传佛教前弘期⓮，前往印度迎请诸班智达和大成就者。诸师来到西藏，用梵语讲解诸教法，经他译成藏语而使佛教宏扬起来。因此，他对西藏全体都有最大恩德。柳敦却坝是藏传佛教后弘期⑮人，是因竭陀尊者（十六尊者之一）的化身，继后成为博多哇大师的首要弟子，他使迦当派⑯的教法如白昼般光显起来。由他的语教而出生的弟子有卓隆巴、香泽邦哇、色季布哇·却季绛称（意为法幢）、热穹·多杰扎巴（意为‘金刚称’）、色杰哇·吐杰绛称（意为悲幢）等。博多哇大师对柳敦却坝所示的悬记是：在柳地区建立伯敦乍阁大寺。柳敦却坝享寿六十三岁，于龙年正月三十日圆寂。火化后，二十一节脊椎骨上都有许多自然现出的佛像，有舍利的网络以连接。其颅骨内面现有胜乐金刚像，颅骨外面现有二十一度母像，肩胛骨右边有白色不动金刚像，左边有观音像，心、舌，眼上面生有无量舍利等意想不到的稀有瑞相。柳敦却坝大师又是喇嘛妥哇衮钦、达玛生格（意为宏盛狮子）的弟子，据说他是拉日·德洛正巴（意为三藏法师）的化身（活佛）。总的说来此师具足教证功德，是以胜乐为专修的本尊。因此，有一次他在放施垛玛（水施食子）的盘中水泡上面看见胜乐本尊的圆满身相和坛场，他心中生起可惜所见之相略小的念头时，刚放下脚来安坐时，即刻见着这面和对面所有地方。此外他无疑地亲见许多本尊，并且是一位拥有本尊身相和语音常时不断显现生起等不可思议功德的大德。此师后来再转世受生为衮钦·措纳哇大师。这一故事是：当拉日·德洛正巴圆寂后火化时，从灵堂中腾空升起一雄鸡大小光圈，往措纳上区他父母的住室方面而去，其他人也都亲眼得见。其母于梦中，也梦见有一雄鸡大小光圈从她的头顶而入，顿时身心生起无量安乐。因此一切大众都认为措纳哇大师真是德洛正巴的转世。关于此史事在《宗喀巴大师传具缘莲花盛开之日》中所引《华严经》经文说：

“寂静大宝胜洲中，
三界海中生此雄。”（“海”藏语“措”预示受生处“措纳”）

又说：

“敬礼善坚慧师前，（措纳哇名协饶桑波，意为善慧）
众生愚痴无明重，
失去慧眼成盲从，

如此方中有师力，

成为众生善舵手。”(此颂句中预示善意之名)

以上颂句预示“措纳”之名，两次明示措纳哇出家时命名为协饶桑波(意为善意)。实际是明示宝贤菩萨化现为衮钦·措纳哇的情况。《华严经》中还预言说：

“以彼慧日之光明，

照众烦恼海涸竭。”

以上颂句预示措纳哇大师所著的《日光疏》等能使众有情的烦恼大海全都干涸。以上诸种说法，揣想确实真有其事。此外昔日柳敦却坝大师为继承(先德)事业的遗迹，他去到乍阁大寺中作出广大的得上益佛教事业。又拉日·德洛正巴的著述中说：“我逝世后二十年到二十二年间，教法如死灰而复燃。”这也是对措纳哇大师的预言。后来的事实是，德洛正巴逝世后二十二年时，措纳哇大师已届二十一岁，他不仅复兴了佛的教法，已废失的毗奈耶(戒律)教法将得以恢复，成为无与伦比的事业。上面所引据的史事的剩余部分在《拉日·德洛正巴传》中说：

“当我生为卓弥师，(卓弥金刚师是印度大成就者之一)

林中饥兽来迫害，

我解衣带施自身。”(施身饲兽)

译师玛尔巴⑰也说：

“我忆前生游林中。”

达波拉杰⑱说：

“变极可怕骷髅相，

卓弥金刚是我声。”

达波拉杰对自己的徒众说：“野兽吃完肉后剩下为骷髅，其主者即是我达波拉杰。”以上所说的卓弥金刚、译师玛尔巴、达披拉杰诸人都是拉日·德洛正巴大师所化现。又于《柳敦却坝大师传》中说：“柳敦大师亲口承认，自己是那哇巴⑲的化身。”拉日·德洛正巴·洛卓生格(智狮子)也承认自己是那吐巴的化身。诸事当知同为一事。同一书中说，这位大师受生为鲁哼巴(古印度大成就者之一)时，桑钦巴也受生为具德萨惹哈⑳。尔时婆罗门大师萨惹哈发心愿受生于西藏成为一位能使佛教宏昌的大德时，鲁哼巴也说，我亦愿受生于上师所住地，成为能宏昌上师事业的大德，并愿成为能作炽燃教法明灯者。在此阶段中所说的大师即是衮钦·措纳哇。桑钦巴是为措纳哇传授比丘戒的亲教师，在其传记中说：“如所发愿，当婆罗们大师(萨惹哈)受生为克巴·洛卓窝(意为智光)时，鲁哼巴化现的衮钦·措纳哇也已转生为噶哇，枳麦窝。继后师徒二人(师桑钦巴徒鲁哼巴化现的措纳哇)往生于兜率弥勒的座前，尔时(鲁哼巳化现的)措纳哇名叫‘峨热泽哇’(意为光明鬘)；又上师(桑钦巴)化现受生为曲弥巴大师时，措纳哇则受生为邓坝·玛尾生格(意为言说狮子)。此间所说的上师即是桑钦巴，以此此师显然与上面所说的妥哇衮钦(名达玛生格)是同一心识。又此师诞生于尼泊尔的扬布地方，后由他修建钥昌察日塔，尼泊尔人都对此塔作供养。当上师(桑钦巴)受生为(妥哇)衷钦达玛生格时，措纳哇大师则受生为德洛正巴。所谓达玛生格即妥哇衮钦。又达玛生格受生为达玛索朗(意为宏福)时尹所谓大师即措纳哇。因此达玛索朗显然是桑钦巴之名。此外此叫传记(指《柳敦大师传》)中，诸如此类的说法记载很多，而且其中增加许多诠释字句，原本中错字太多，校正本极不易得，其中又加有他人臆断杜撰之杂质。因此我(著者)未完全录出。上面所写诸种，是比较准确的。由以上史事根由可以佐证上面所说印度大成就者卓弥大师、那哇巴、鲁哼巴，以及西藏的译师玛尔巴、达波拉杰诸师和迦当派持教规大师邓坝·玛尾生格诸人，都是衮钦·措纳哇的幻现受生戏舞之象，那么，既然有根据可以证明诸师为措纳哇的化身，为什么又说措纳哇与宗喀巴大师是同一心识?拉日，德洛正巴悬记说：

“拉日东方措纳等，

共通乘规取受生。”

这里真实指示出措纳寺，还指出其范围为东方的宗喀地方。较此更明显的记载还有衮钦·却交桑波著的《措纳哇传祈祷文》：

“宝贤勇士东方宗喀等，

幻化受生利众事愈明。”

这是说由前世柳敦却坝修建乍阁大寺后，衮钦·措纳哇来到寺中，作出利益教法的事业，后至尊宗喀巴大师也多次来谒见堪钦，却交巴，遍习无边的显密教法。仅以这些事实也可确定(宗喀巴)是措呐哇大师的转生。而况主要是加上引据至尊不动怙主所示教言既已证成宝贤菩萨与至尊宗喀巴同一心识，则自然能得知所有宝贤的化身，都是至尊宗喀巴大师的示现化身。因此没有繁冗赘述的必要。

又有一种说法是：法王阿底峡帝邦迦惹尊者与至尊宗喀巴大师同一心识。总之，如上面刚说到的堪钦·却交巴在宗阁仁钦岭寺中闭关时，发誓说从入关起，若不获得“不退失”的成就相，决不出门栏一步。由此闭关精修四十年，有一次在梦中见一个自称是具德阿底峡班智达的人。他头戴红帽，身穿赤黄色披风前来说道：“明日有一位能原原本本传授阿底峡教言的上师将来此处，你应向他请教诸教法。”到了天明，宗喀巴师徒四人前来谒见堪钦，近侍(堪钦的近侍)迎入正厅中。堪钦问来者是谁?答：法王宗喀巴罗桑扎巴前来谒见堪钦。堪钦命设置两层缎制坐垫及靠垫迎请入小室中。至尊宗喀巴大师坐于缎制垫上，堪钦坐于破旧垫上。至尊宗喀巴向堪钦启问显密诸法时，堪钦逐一明白回答，宗喀巴大师心中生起极大的定解。堪钦亦向宗喀巴大师启问许多显密教法，也获得宗喀巴大师一一明白答复。堪钦如梦中所见对宗喀巴大师生起了认为他确实是阿底峡的观念。不仅如此，就共通的视野说来，宗喀巴大师此生中，七岁时即亲谒具德坷底峡的颜容(现显的)。从任何方面说来也能证明他们是同一心识。《在迦当宝籍》中无垢上师预言说：

“我曾伏魔往其地。”

这是指阿阇黎莲花生[21]而言。

又说：“有一化身游圣地。”(圣地即印度)

这里说的是阿底峡尊者。

又说：“又一化身往多康。”(多康即宗喀巴诞生地)

这是为宗喀巴大师而作的悬记。还有许多具量(合格)的大德说过与此相类似的悬记。依照诸种原由，一切智格敦嘉措[22]也作颂说：

“持明成就莲花生，

五百师首燃灯智[23]，
金刚持王善慧称[24]，
我礼各师化现身。”

这一颂证明了诸师同一心识的道理。此外《宝籍金刚歌》中有颂说：

“燃灯智亦于此土，（指西藏）
分现度母诸化身，
特现无贪化缘者，
以美妙音作祈祷，
四方有缘咸来归，
由彼能宏供会兴。”

人主绛伯央于其所著《噶丹教法史》中对于上面颂句之义作广泛解释说：“具德燃灯智(即阿底峡)倡建迦当派的教法，复分现许多化身，其中最主要的(化身)是：毫不沾染八风[25]之繁扰，唯依无贪的化缘行(出家人以乞化为生)为生的宗喀巴大师出现于世。由彼(宗喀巴)事业之力，使四方有缘众生——汉、藏、蒙古诸人士都来归入其教法之下。尤其是他兴建大愿法会[26]等，在释迦双尊[27]前愿百劫中常兴供养会海。”又在《宗喀巴大师传具缘莲花盛开之日》中也有与此相同的说法。以这些教言说来，也可以证明一切智宗喀巴六师是无垢上师(阿底峡的尊称)，阿阇黎莲花生的化身。在《噶丹教法史》中说：“无垢上师、海生金刚有一化身出现于多康下部(即青海宗喀)。”这里所谓“海生金刚”即是莲花生。在大成就者恰那多吉(意为金刚手)所著《宗喀巴大师历代降生史悬记》中说：“前世转生在克什米尔的至尊洽多哇，成为班智达(大博士)敦约多杰(意为不空金刚)时，你受生为班智达玛底坝扎，你曾前往拜谒而研习三藏教法，并听受一些密宗经教和求授灌顶。”这里所说的玛底坝扎即是在上面说的那位大德。同书中还说：“在你(宗喀巴)的前三世时，有一名为杰准巴的仙人出世，尔时你受生为婆罗门女子，名叫‘萨敦’(意为地坚)，具足诸功德。仙人向你传授了许多密乘‘事部’和‘瑜伽部’的法门。杰准巴仙人也向你求授了许多瑜伽部法门。你前四世时转生在印度岗迦巴达地方的杰准巴王族中，是佛寺的领头人。尔时你名为纳嘎惹乍，在传称为龙树化身的沙弥细哇桑波(意为寂贤)的座前求授了许多龙树的教法，杰准巴向你也求授了龙树的诸教法，你也向杰准巴请求传授了《现对》诸法。”诸如此类有许多共与不共的示现化身的情况。这里我是依自己考虑到的诸史事合一而撰出的。至于宗喀巴大师此生大部分悬记，将于下面写出之。

现在，为了消除对于上述情况的怀疑和误解，应该这样来分析：在如上所说历代受生那样的事记中，有一些人将产生这样的怀疑：在这些历代受生中，从往昔许多新旧大德的明白事纪看来，有一些也见于其他大德的历代受生史事中。因此，彼一切大德是否部承认其与宗喀巴大师同一心识?如果不承认是同一心识，则任何一种受生(化身)都不应说是某人与某代受生(化身)。产生这样的想法时，应知如此这般的出生，在诸大德的历代受生史事中，可能是很多的。那些情况是否合理，当作如是分析——当知宗喀巴大师任何一种示现，以利己来说，都是断证功德到达究竟；以利他来说，都是如愿化现而受生的。如上所说的诸大德，以一般众生的视野来说，只能见其为不同的各别身相；以了义来说，由于法身、大乐一味(即空乐不二)的原因，一化身示现许多大德历代转生的情况，这在何时也不会矛盾，而且是绝对合理的。这不仅是只就不共通之理来说的，以共通之理来说也如此。《俱舍根本颂》中说：

“一切佛世尊，
积福与空慧(即法身)，
行利众生事，
皆为平等性，
受生种与身，
非其真实身。”

这是说诸佛世尊对于应化众生能见的视野除示现受生、种姓、身躯等各别不等的情况外，其他如示现积集二资粮(福与慧)为平等性(言没有不同的)；证得法身之果为平等性；以及行利益众生的事业为平等性，这世平等性示现，虽未真实示现诸佛同一心识，然而实际是示现同一心识。为什么这样说呢?应知所谓“诸佛行利益众生事业为平等性”是由于某一佛作某一种利益众生的事业，而不作某种利益众生的事业，这样的分别是没有的，而是示现为一视同仁的一体性。在众生的视野中，则不是如此，而是示现各别不同的心识。正因为是这样，事实也如这样而决定。那末，一切智格敦嘉措所著论述中说：“了义妙吉祥智慧勇识(密宗三种勇识之一)，即是一切诸佛无二无别智；不了义的妙吉祥智慧勇识，即为利益应化众生而现起的妙吉祥本尊轮(即本尊坛城)。”类似这种说法，如说至尊妙吉祥是一切诸佛之“智”合而为一的本体；圣观世音是(一切诸佛之)“悲”合而为一的本体，秘密主是(一切诸佛之)“力”合而为一的本体。这是新旧诸宗派一致普遍传称的。但是这些合而为一的情理，应如何说呢?依彼诸原由，就了义说，应说圣者三怙主(文殊、观音，秘密主)也是同一心识。如《迦当宝籍大宝天王本生事纪》中说：

“彼三怙主中，(文殊，观音、金刚手称三怙主)
怎能成各异，
眼观诸众生，
此为慈悲种，
我是大悲性，
我称观世音。
三门(身、语、意)静妙故，
众生亦吉祥，
无违妙吉祥，
是佛大智种。
不计千只手，
独勇持金刚，
我是降难伏，
无违金刚手，
彼为猛勇种。
彼三三怙主，
同类性亦真。”

如上所说，应承认三怙主同一心识，而且是彼三者的化身，皆能等同(而不相矛盾)。(依次类推)其他诸佛，亦复如是，没有不能成立之原由。

又有一种说法是：就一般应化众生的理解说来，只看见因心识各异而呈现的那种景象，就以为事实也应如所见那样而存在。还有就愚痴顽固者的思维来说，也认为是同一化身示现许多大德的历代转生，这是不矛盾的。如《金光明经》中说：

“诸佛难思议，
如来常住身，(法身报身是常住不变的)
为利有情故，
示现种种身。”

又《究竟一乘宝性论》(弥勒所造五论之一)中说：

“如彼诸众生，
一切水器中，
佛日之影像，
无量顿时现。”

这是说,好像一个太阳,照于许多不同的盛器中,所有盛器中都显有日影那样。一个基本化身，在不同的众生的视野中，示现许多不同境相。不仅佛是如此，即使证得初地(欢喜地)的诸菩萨，亦复如是。《体严经》中说：

“百三摩地见百佛
往百刹土如日行，
净治百众置法门，
佛子亦示数百种，(佛子即菩萨)
经百劫中现百身。”(“百”言多数)

这是说若获得一千二百种功德，刹那刹那(分分秒秒)间亦能示观数以百计的不同化身。至于圆满证得断证功德的诸大德更不待说了。因此，一些大德示现于其他圣人贤士的历代受生中是没有矛盾的(没有不合理的)。至于彼诸大德不是不能示现一一化身，譬如由于雪域西藏是圣观世音的应化刹土，往昔和现在的许多圣人贤士的根本化身都来自圣观世音，历代转生者也是同出于一源。这是人们所见闻的事实，谁也不能否认。如果懂得如是观察的情理，则能从被愚痴偏私鼓动的狭隘恶意的束缚中获得解脱，而能对于诸大德；自然地生起无偏私的清净观念。

又一些人有如此的想法：那么，忆持受生的大德，若是登地(言初地欢喜地)的圣者，或住于资粮道和加行道(五道中前两种)的菩萨，彼之根本化身和转主，需佛(菩萨)等前来引导，是否合理?答：对如此诸人说来，实际上佛和任何有情，我们凡夫不能知其心量，是很难下断语的。但是实际上如果是一个未成佛的有情，怎能与佛同一心识。虽是如此，但是由各别的应化有情信解为诸佛菩萨的幻现化身而作祈祷加持时，由于诸佛菩萨的悲心无碍的原因，(有情)得入于彼(佛与菩萨)的加持中。就应化有情方面而言，作如是信解不仅是可以的，而且是必须有那样的心行。这由依止善知识法的教诲中也能得知。就上师方面来说，由于自心是不能成为隐秘的，自己肯定能知自己的心量。因此，除与自心相适应外，如弟子所信解的那样(视师如佛)，自己也想我(为师的)或许是那样，而抱着现行的我慢(即自矜)，这即是入于险处可怖之门!

不仅如此，由于现今时逢劫运，仅获一喇嘛之名，而由侍仆和施主等愚想，为了欺骗他人，遂说(我们的喇嘛)为某与某些最善大德的化身，而且公然排列其代数，这只不过是浊世的狂澜本相而已，不需在此说其是否合理。但希望具有观察力的人从分辨善、恶、中庸(不善不恶)三者中，对此诸人，不难透知于心中。

因此，应知至圣宗喀巴大师，确是多劫以前早已成佛，此生自身现证双运果位㉘的圣者。从任何方面说来，(宗喀巴大师)的史事都像以手掌不能遮盖的日光那样(显明)。很显然，他是唯一的担负起诸佛菩萨的事业重担的一位大师。这是一切正直者共同一致的观念所判明的定论。他不是那些仅凭一些转生代数排列出来就成为大圣大贤的人。由于有这些原因，一切智克珠杰等人所著的《宗喀巴大师》各种传记中，仅只写了化身根源及历代转生等事实(而未广写)。这在愚昧者随其顺应的思想中，认为日窝格鲁派诸人随自己的私愿除仅说宗喀巴大师是至尊文殊的化身外，似乎没有诸佛菩萨、本尊、上师等作为佐证的历代转生史迹等。由于见到有如是诸人，我(著者)为了利益此诸人起见，我不是仅采取传说的故事，而是述说以成为合理可信的经教悬记作为佐证的一些历代转生史事。在此诸史事中也明白地说，有一些其他宗派的贤士大德韵幻现化身诸史事，说此(他宗)史事之目的，也是由于他们不知宗喀巴大师主要是住持无伤佛意的显密清净教法，而且除唯一发心宏教外，没有丝毫对自己宗派的迷恋，对他派嗔恨的意图。他一心思念大宝教法，而作出清净的见解和宗派史绩之意义。以此，其他宗派一些人们的心中，认为大师(宗喀巴)是一位对于他们诸宗嗔恨而作伤害者，他们如是认为，是对圣神福田，积下了非福的罪业。因此我(著者)是为了利益如是诸人而写出(他宗大德的史事)的。

断除了如是一些怀疑之后，在这里所说(宗喀巴大师)历代转生诸史事，统共写出的有：龙种最胜如来、胜解极喜藏如来、至尊文殊、大志菩萨、宝贤菩萨、在释迦佛世尊座前供养白晶珠鬘而发心的童子、比丘白玛安敦、阿罗汉优波离、阿罗汉近隐、阿阇黎白玛迥勒(莲花生)、怙主龙树、卓弥大师、那哇巴、鲁哼巴、噶哇·枳麦窝(无垢光)、兜率弥勒座前的俄热泽哇(菩萨光明鬘)、救护主具德阿底峡、译师玛尔巴、柳敦却坝、塔波拉杰、邓坝玛尾生格、尼泊尔扬布地方的供施处(言供施对象)守持菩萨律仪者拉日·德洛正巴(三藏法师)、达玛生格、衮钦·措纳哇大师、诞生于印室岗噶巴达的纳噶惹乍、婆罗门女子萨敦(此女的前世为克什弥米的班智达玛底坝扎)等诸师。还有的悬记中说(宗喀巴)是弥勒的化身。也有的说是毗若扎那和贡巴·楚臣林波的化身。所以上文说有七次转生为班智达，以及从在佛座前(发心)起至现今转生十七次的情况，是随应众生应该理解的。此外，在其他书中还说光是转生为班智达即有百次受生情况等。所有这些，是超越一般凡夫的言说境界的。关于这些历代转生的悬记等，除一些明白的史事已在上文概略写出外，还有一些史事，其详细的根据尚未觅得，其他著名的班智达和大成就者的史事，别的书中已有明白的记载，因此，在这里恐繁文累篇而未写出。于此作中间插颂说：

成佛仍现菩萨相，
随时作业事千桩，
如同虚空难知晓，

诸稀有中最奇相。
或现如来庄严容，
或现登地菩萨装，
罗汉成就班珠等，（班为班智达之缩写，珠为大成就者之缩写）
各种化身广难量，
如百容器中月影，
任运自然皆现朗，
合众生机作幻舞，
所有皆为佛主张。
文殊化现宗喀巴，
即文殊故悲智业，
若以佛道作衡量，
与真文殊无别样，
此情尊卑众普扬。
譬如完成复赘作，
想望依此受生史，
修成大德岂敢商，
但为利益掘智门，
寡闻本性暗未央，
未见未闻因作祟，
生起邪知诸人故，
可信合量宝悬记，
无垢理论作饰装，
结合具义诸史话，
略开我喉歌史扬。

现在述说宗喀巴大师来生中的情况。于此阶段就程序说来，显而易见应先写完此生传记，然后再写关于未来转生中诸悬记。然而悬记大都将往昔和来生中的史迹一并顺序地述说下去。如《噶丹教法史》也是一并顺序地述说。其他诸传记中，也有以先后不定的方式(即往昔与未来史迹前后程序不定而说)叙述的。不仅如此，大都对来生中史迹只粗略述说，而不繁述。因此，在这里我(著者)也一并顺序地写完(往昔和来生的情况)后，继后详述(宗喀巴大师)此生的史事，并按照容易导知和广略有条不紊的方法而撰出之。

说到宗喀巴大师来生的情况，先是由喇嘛邬玛巴向至尊文殊启问至尊一切智宗喀巴大师的前后生中等情况时．文殊指示的悬记说：“宗喀巴的下一世当转生兜率天[29]，在弥勒说法近前饱享大乘无量法味，名妙吉祥藏菩萨。”将这一史事问于宗喀巴大师时，大师也亲口说，关于我此生的后一世将转生往兜率天，这是我的上师邬玛巴和上师恰多哇(意为金刚手)等异口同声说过的，实际也是如此。至于上师恰多哇所说的情况是：至尊洽多哇向秘密主启问罗桑扎巴后一世将往生何处?秘密主回答说“将往生兜率天，在弥勒近前，名为妙吉祥藏菩萨。此后为利益有情，将转生于赡洲(即此世界)他处(言西藏以外)为一法王，作无量利益众生事业。第三世转生于赡洲印度东方的布日扎寺，成为班智达，名杂纳西，聚会徒众二千人，诸徒众尽都是住于资粮道和加行道(五道中前两种)者。”又在至尊洽多哇所著《密传祓除邪见与黑暗》中说，有一次(洽多哇)向本尊祈祷并供献曼遮[30]而启问：我的弟子修行达到究竟者能有若干?请明示此诸悬记。此时秘密主前来指示说：“羯摩金刚(师对弟子的称呼)！你的应化弟子中，将有若干修行成就者，你自己也能知道。但是在关键之处能继承师传的弟子将有很多，其中情况如下：

罗桑扎巴无等伦，
释迦佛前发胜心，(胜心即利益有情，愿意成佛的菩提心)
于此振兴显密教，
此后转生兜率天，
妙吉祥藏弥勒子，
迅速得成佛世尊。”

又在秘密主的悬记中说：

“舍此身时生兜率，
弥勒身前闻教法，
妙吉祥藏是其名，
彼将究竟十地位，(第十地法云地菩萨)

慈悲一切诸众生。

此外《莲花遗教》中说：

“文殊化身教法主，
罗桑扎巴持显密，
宏扬显密经八代，
此土逝后弥勒前，
一生成佛继传承，
自然大劫出现中，（弥勒将到此世成佛时的大劫）
证得罗汉定无疑。”（那时宗喀巴为弥勒佛前的大阿罗汉）

又，竹钦桑杰以‘净相’（定中）前往邬仗那（古西印度一地名），在阿阇黎（莲花生）座前启问道：“西藏疆土中，法王罗桑扎巴有大名声！他是何时发心?逝后往何处?阿阇黎答道：

“释迦座前发胜心，
一切生中利众生，
因一大愿千万众，（因大愿法会，许多嫉妒者对宗喀巴讥毁）
对彼菩萨作毁名，
呜呼众生实可悲！
结合具义有志者，
三藏师徒众绕围，
护兴佛陀正教法，
浊世时中堪叹惊！
禁避邪秽曜魔类，
寿命将生灾障时，
勤修顶髻尊胜母，
诸尊灾轨免灾生。
暂往弥勒之座前，
金花菩萨名遍称。”

“金花菩萨”与“妙吉祥藏”同一义，这是《噶丹教法史》中所说的。此等悬记与许多新旧悬记都相符合，有一些还须在下面次第述说其意义。正由于宗喀巴大师在今生之后转生兜率天，在等候成佛的弥勒怙主座前，名妙吉祥藏菩萨，饱享大乘正法甘露，因此一切智克珠杰所著《吉祥三域篇》中有偈颂说：

“佛之近前菩提行，
兜率妙吉祥藏称，
雪域此间善慧名，
首要佛子前祈请。”

又，妙音法王扎喜贝丹(意为吉祥具德，以下不赘)
所作偈颂说：

“兜率弥勒法王前，
妙吉祥藏佛子名，
由文殊与秘密主，
明示悬记指师尊。”(扎喜贝丹称宗喀巴为尊师)

此后之情况，在诸悬记中，明示有真名者，如上文所引“将受生于赡洲他处为一法王……之后生于赡洲印度东方，成为班智达，名杂纳西”等说法。真名不显者(指不显说受生后之名)，如密秘主的悬记中说：

“羯摩金刚持密子，(本尊对弟子称呼)
从昔与你常亲近，
罗桑扎巴此贤人，
彼是诸佛之化身，
受生班智达身后，
宣说显密教义明，
迅速成佛决定真，
印度汉地尼泊尔，
卫藏多康诸方隅，
彼皆前往去受生，
引导众生解脱道，
至尊文殊是本尊，
妙音佛母作业印，(密宗手印)
唯一决定证菩提，

集会徒众皆圣称。”

转生的地方虽然全是赡部洲，但地区有印度，汉地，尼泊尔等，西藏内部，又分卫、藏、多康等。此诸处，示现无边智者和大成就者而作利益众生事业。不仅如此，在《迦当宝籍》的《祖师问道语录》二十六篇之一中，仲敦巴所献的供养颂词中有未来悬记，说：

“有一大德我化身，
暂时化现比丘僧，
彼于其土作抚育，
有时化现孩童身，
有时复现乞丐相，
时化鸡犬畜生身，
时现祈祷美妙音，
时化陀罗尼字形。
具有声名之比丘，
教法住时彼常来，
被与传承系同等，
彼由具戒得加持，
获得三士大义真，
体验其事经百次，
能于彼土修禅定，
于彼亦略正见损，
欲魔信号时发生，
禅定贪嗔等失尽。
但由化身所加持，
天及人等供施处，
定成堪受崇敬人。
总之于彼诸胜地，
最初掌管恤扎寺，
后来二千五百僧，
具足三学[31]释迦学，

成为众生怙主尊，
于此诸方及方隅，
集会僧伽无量数，
遍满十方有缘人。
外部诸海量同等，
百川流注亦难满，
若干时中不减盈。”

这一悬记的“具有声名之比丘”一句，显然是说一切智宗喀巴大师的真实名讳。言其化身直至佛教能住存于何时，常常乘愿而来，而且以不定的各种身，语、意的形态出现。依靠这些大悲和加持，对于三士道能作闻、思、修的有情，数有千百，渐次集会更多的徒众，而形成日窝格鲁派教法，并广大兴盛起来。但是一些其他宗派由于难以容忍而对(格鲁派)的见行教理，进行诽谤和责难，而许多信徒依然对福田(上师为最上福田)虔诚敬奉，(格鲁派)的一些闻思者和断离世务者懈怠了闻、修之业，入于放逸和爱憎之流，虽然也有可能降到如此地步，但是由于至尊宗喀巴大师的加持和事业之力，所集会的徒众仍能一心专注多闻，依照戒行精修者，对于人天众生福田，圆满供养而不减退。从“总之于彼诸胜地”句以下是说：总是指以色拉、哲蚌、噶丹三大寺为首要的诸方和方隅的僧院寺庙，以及内部的大寺和上下密院等。这些寺院中，最初仅四部分(小僧团)，渐次广大，渐次众多起来，到后期诸僧寺和扎仓中，多至八千或九千人，最少亦有二千五百人。这些僧众对于三学道、三藏教法和四部密续㉜之讲说和听受，都能合一勤奋修学。由此成为众生的唯一救怙主。而且由于这样的美誉名声和事业，遂使汉、蒙，藏等诸方求学闻、思、修大义的人士犹如鸭群齐集莲池，难以数计。此诸人士获得丰富众多的闻、修之宝，犹如到达宝洲觅得珍宝而各还自乡。从此带动其他诸方，广大宏扬黄帽宗风，来往会集如流不断。如是等同大海，百川流注，亦难见其有增减之象。由教法之门说来，这实际是预言(宗喀巴)各种化身的无尽无边幻现，由如是化身而作利益众生之事业。这仅是在此世界示现的情况，其他广博无边的十方佛土中，亦示现如是的化身和事业，直至轮回尽时

（轮回是无尽的，化身和事业亦无尽期）。所有此种情况，即是一切智佛也难以详说，如《华严经》中所说："超越恒河所有尘沙数量的各个世界中，所有如来的身前，皆有圣文殊住坐并发胜心。"

又，一旦依照应化有情的信愿，再现成佛事业的情况，正如玛吉诺尊[33]的悬记中所说：

"女子汝问彼菩萨，
彼是贤劫第七佛，
现是大志菩萨名。
浊世藏土邪行出，
现称楚增扎巴名，
他方成佛狮子吼，（宗喀巴将来在他方成佛，名狮子吼）
威慑坏戒邪行类，
戒律废弛整戒行。
首创善规持教印，
能显佛教比丘僧，
无边密续彼自在，（能自在通达于无边密教中）
为令有缘皆饱满，
续部[34]海中取精英。"

此中说的是贤劫第七佛成佛情况和狮子吼佛成佛情况。由于宗喀巴大师与至尊文殊同一心识，悬记中还讲到宗喀巴大师成为普照如来佛的情况。其中第一是就在此娑婆世界（即此世界）贤劫中示现成佛而说的。几次成佛，若按人主绛伯央所著《噶丹教法史》中的说法，则是："所谓未来时间中有名'宝积清净无尘积世界'与所谓'稀有超越庄严世界'，二者实际是一。如来阿罗汉正等正觉圆满佛世尊'普照'与净相中出现的狮子吼佛，揣想二者是否也应是一事。"如其所说，作为一事，也不矛盾。如果作为各异的事实说来，就应化众生的视野来说，示现多次成佛的情况，是很多的。譬如以我们大悲的（释迦）佛世尊来说，如《宝积十六会父子相见经》中说："往昔无量劫以前，在此世界上，全部恒河沙土成为合一佛国，我们的导师释迦狮子，成为圆满佛陀名'王顶'，示现十二种事业。"以及《妙法莲华经》中说："从百千俱胝无量劫以前，我虽已现证圆满菩提成为圆满佛陀，但我有时为调伏诸有情，而示现如是诸善巧方便。我于此土全无诳言。”举例作广大解说后，薄伽梵(即释迦牟尼)复广示其义，当时作如是偈颂说：

“百千万劫难思议，
其量何时亦无尽，
殊胜菩提我证得，
我亦常时说法义。
我复正持菩萨名，
建立彼诸佛智慧，
我于俱胝多劫中，
成熟无边诸有情。
亦复示现涅槃相，
为调有情说方便，
彼时我不入涅槃，
此为我将广说法。”

此外，《父子相见经》中说：

“八十俱胝诸佛中，
虽已示现成佛相，
亦无满足之思想。
佛心亦入胜菩提，
三千世界六十一，(六十一个三千世界)
诸佛刹土作事业。
能仁如何善方便，
佛世尊前普敬礼，
尚示最初发胜心，
彼与彼处普示现，
导师世尊复再再，
示现许多佛陀身。”

这是说往昔多劫以前，虽已成佛，尚须多次示现成佛情况。就小乘之例规说来，也是说于俱胝刹土(世界)中，示现俱胝化身，而作圆满成佛等十二事业[35]。至尊弥勒实际上也早已成佛，但一般应化众生的理解是仍住持菩萨相，于未来时期中示现成佛。又如同说怙主龙树证得初地(欢喜地)后，转生极乐世界。但又说他此生获得双运位[36]。又说他于未来时期中，于清净光世界佛土中成佛，名为“智生光明如来”。因此应知至圣宗喀巴大师也是往昔早已成佛，名为“龙种最胜如来”，然而在一般普通有情的理解则是住于至尊文殊证得十地(法云地)的自在菩萨果位中按浊世不净众生的理解则是示现三思[37]上师金刚持着袈裟身相，于“中有”(死有和生有的中间阶段)示现现证双运身[38]而成佛。后来于此贤劫中成为妙目如来，又于他方世界成为狮子吼佛和普照如来等说法，也与调伏众生的善巧方便而示现的幻化神变是不相矛盾的。

上述玛吉诺尊的悬记中所说的第七佛，不是从拘留孙佛[39]算起的第七佛，而是从弥勒佛算起的第七佛。若从拘留孙佛算起则为第十一妙目如来。这是《宗喀巴大师传使具缘莲花盛开之日》等书中所说的。又于《贤劫经》中说：

“妙目如来在俗时，(在俗家时)
彼于十妙如来前，
敬供重楼妙室已，
初发菩提最胜心。”

这是说发心情况。至于其父母、种姓、会集徒众等特别情况，在《贤劫经》中说：“妙目如来诞生地名桑界，种姓为婆罗门，身光(身中发出光明)有十二由旬[40]，父名仁波且(意为大宝)，母名色哇(意为明显)，子名居噶嘉波(意为行星王)，智慧第一弟子名洛卓塔意(意为智慧无边)，神通第一弟子名生格卓(意为狮子步)。第一次会集声闻众三亿人，第二次会集二亿八千人，第三次会集三亿六千人。其寿量为七万岁，正法住世时间为三万万年，舍利(即佛骨)将不断增长。以前十佛从第一佛起所作的所有成熟有情的事业，妙目如来一人完成诸佛的事业。”

又，“于稀有卓越庄严佛土中，成佛名狮子吼”，这不仅有上文所引的那些悬记，此外还在前述阿阇黎莲花生所著《催促牌记》的附注中说：

“由彼佛子名扎巴，

改变释迦为报身[41]，
彼以父续[42]深瑜伽，
离四边[43]理之正见，
解救善缘众有情。
彼于此土示寂后，
往生稀有卓越刹，
狮子吼佛现证成，
从佛手中大灵塔，
放射俱胝大光明。”

以及《传授教授王经》的“教法清浊分辨品”中悬记如上文所引之余篇中说：

“出现有名罗桑者，
会集徒众有多人，
彼常建立十法行[44]。
有树叶柱[45]佛殿中，
于我(佛)身像有两尊[46]，
敬献五佛庄严冠，
如佛经义善宣明。
以和雅音作祈祷，
于我善作祈愿文，
教法长住一千春。
从此逝世往东方，
卓越庄严世界中，
成佛名为狮子吼，
彼之胜刹极圣超，
对彼虔信彼刹生。”

有这样的许多悬记之语。至于狮子吼佛的身量，为一由旬寿量为无量劫；身光为许多由旬；身色青绿，如绿玉色；右手为说法手印；左手为入定印之上捧有盛满甘露之钵，甘露之色较其诸色殊胜妙好，其中有由甘露的光彩所成之大灵塔，中间微高，普遍放射各种光明，与甘露同一色彩。彼佛土中，“上根”诸有情一见灵塔，立即自然生起与清净正见相结合的密教(或咒义)通达，存在于心中而成为真实甘露的加持；其“中根”和“下根”诸有情仅由(佛)语所示清净正见结合密教之力，遂能现证地、道之通达。总的说来，其一切侍眷会众都是依于清净正见与密道相结合而成佛的。这些情况出自至尊文殊向多敦·绛伯嘉措所示的悬记如上文所引的余篇中明白记载。一切智克珠杰对于这些情节，作有《清净雪山篇》偈颂，说：

“狮子吼佛之寿量，
彼之寿数无量劫，
身量由旬绿玉色，
具多由旬之光明。
右手说法左定印，
捧持盛满甘露钵，
其中甘露具光塔，
放无量光极耀明，
彼刹上根诸有情，
一见彼塔即刻顷，
胜乘妙道心中生。”

所说(颂句)与上文情节相同，之后他(克珠杰)又作祈愿颂文说：

“我愿不顾身与命，
受持密乘教法根，
狮子吼佛证觉处，
最初侍眷能得成。”

又喀纳译师赞颂说：

“罗桑良师成佛身，
如以绿玉山饰成，
无量光围显明耀，
狮子吼前作赞称。”

复作祈愿颂说：

“难计佛刹聚吉祥，

稀有卓越庄严刹，
愿生其中佛喜悦，
狮吼首徒成堪夸。”

一切智格桑嘉措[47]亦作祈愿颂说：

“东北稀有卓越刹，
狮子吼佛之足下，
愿生初眷学显密，
以闻思修度生涯。”

有如是许多圣者大德所作无边无数的赞颂和愿文。

普照如来于圣文殊之庄严佛土“宝积清净无尘积世界”中成佛的情况，如《大悲妙法莲花经》中所说：往昔大劫[48]中，在此四洲[49]中，有转轮王名辐边出现于世。彼有子名眼不眨等一千人，并拥有小王八万四千人。王之近前有首要近臣名婆罗门海尘，有子名海藏等八十人，门徒一千人。其中海尘离俗出家而成佛，名为宝藏如来，婆罗门海尘多次运用善巧方便鼓动转轮王辐边王子一千人发菩提心，王子等人于宝藏如来前各各受持自己之佛土，并发大菩提心，婆罗门子八十人及门徒一千人等都得如来悬记成佛，名观照和顶髻等。婆罗门海尘及学习吠陀[50]者一千人得到悬记，将来成为我们的导师释迦王佛等贤劫中一千零五佛。转轮王辐边得到悬记，于极乐世界中成佛，名无量寿，长子眼不眨成为观世音，成佛后名光明普照吉祥积王佛，次子辐边童子成为大势至，成佛后名极坚功德宝积王佛，三子根圆满成为至尊文殊，成佛后名普照如来，广详地为千子示说了悬记。其他经中的说法可能略有不同，但其意义则一样。当时，至尊文殊所发胜心和受持佛土情况如上述经文《莲花经》中说：“于是婆罗门海尘仍如前对诸子鼓动，而对第三子根圆满说毕，第三子合掌恭敬于宝藏如来前，作如是言：‘薄伽梵世尊！我愿以我于佛世尊及比丘僧伽等身前以一切资具所作尽所有承事供养；以及我以身、语、意作尽所有诸善行；以及随喜此诸行为，具足尽所有福德，此诸一切功德我皆用以回向(愿成)无上正等圆满菩提(即成佛)。彼佛土中，具烦恼者，彼不得现证无上正等圆满菩提(即不得成佛)，亦不得急速得证。我(文殊)愿在尚未现证无上正等圆满菩提成佛时，我于彼时仍行菩萨行，祈请其他十方一切世界中诸佛为作见证；我愿行菩萨行时，随何佛世尊赐我最初受持正等菩提，并于随何佛世尊前最初得发菩提胜心，而能在最胜地建立菩提心，愿随何佛世尊赐我能清净受持诸般若波罗蜜多，并能进入其中，愿随何最胜庄严佛刹的佛世尊赐我能受持正等菩提，于彼诸佛刹土乃至所有恒河沙极微尘数佛土中，诸佛说法时，我以天眼皆能观见；愿我行菩萨行时，作如是诸佛事业，并愿直至何时，我于彼诸佛土中，受生为任何有情时，皆愿如是作——譬如受生为梵众天[51]人时，我亦作净治彼诸有情之心而行菩萨行，无论如何我愿圆满修习所有三千大千恒河沙土合而为一之佛土的功德庄严，并愿佛土诸墙垣高达有顶天界[52]，而且遍布珍宝，以各种珍宝而为庄严，愿彼佛土纯以吠琉璃为其地基，无尘土、石块、瓦砾等，全无污秽混杂其中，愿彼佛土中无妇女甚至无妇女之名，愿彼一切有情皆由变化而受生，愿彼诸有情不以饮食为食；愿彼一切有情具足喜食(以禅乐为食)和法食(以法乐为食)；愿彼佛土无声闻和独觉甚至此种之名亦无；愿彼佛土远离灾害、垢染、嗔恨、隐罪(盖覆罪过)，而且全是住清净梵行之菩萨遍满于其间；愿其中一切菩萨皆薙发着红黄色僧衣；愿于彼佛土受生立即具足大光明；愿彼诸有情之手中皆有宝钵其中充满百味，愿刚一生起百味即作如是想——我等皆有情不以饮食为食，并愿我等去到有佛住在的其他世界中，对其中生活诸有情，供此喜食和法食，对诸声闻和受苦诸有情，亦布施此喜食和法食，也去到诸饿鬼住处，对彼受饥渴痛苦，以致身体炽燃之诸有情，亦布施此喜食和法食，愿如所想念获得成就，愿菩萨摩诃萨(即大菩萨)都能如是刚一发心，即能获得具足不可思议行三摩地(即定)。’”说如是等愿毕，继发愿道：“愿我之菩提树[53]，成为七宝庄严，华光灿烂，其周围有摄四洲座位，墙垣周边范围有三千世摄界十倍宽广；愿菩提树之香气和光明遍布于一切佛土；愿菩提树前有各种珍宝以为庄严之金座；由最寂忍智所发放之香气名为清净专注，其所达范围约四、五洲之广，其所达高度有八万四千由旬；愿我菩提树前金刚座处，结跏趺坐时顷刻即现证无上正圆满菩提而成佛；愿我直至示现涅槃之间，不解开跏趺坐，并于菩提树前不起立和下坐；愿我住于菩提树前，正在金刚座处时，我幻现诸佛菩萨之化身分散于其他难以数计的世界中；愿每一佛于一上午为诸有情说法，并于彼上午中，赐无数有情能受持所有无上正等圆满菩提，获得最胜安置，并得安置于不退转(已得功德不再退失)；愿如是诸菩萨之化身，亦作菩萨之事业，愿我证得菩提时，其他难以数计的十方世界中，亦有我身于其中。”菩萨(文殊)发起如是甚深和广大宏愿时，薄伽梵佛世尊说道；“大士，善哉!善哉！汝是善巧明智、内心聪慧者，汝已发下极为善妙之愿。善男子！由于汝极能具足功德，极为具足智慧。是为何故?是为利益一切有情之故，而作如是最胜智慧吉祥，并受持佛土之最胜庄严功德。以此之故，善男子！汝名为妙吉祥(梵语文殊)。妙吉祥汝于未来时间中，经两恒河沙数无量劫，而到第三无量劫时。南方另有一世界名为宝积清净无尘积世界，彼世界中，娑婆世界(即此世界)亦摄于其中，成为属于彼土范围之内。妙吉祥汝当于彼世界中，现证无上正等圆满菩提而成佛，名为普照如来的阿罗汉正等圆满佛陀。汝之菩萨眷众亦能成为如是圆满正果。”佛世尊作了如是悬记。在《宝积经》中所说，也大都与此相同。与此至尊文殊如何发心，及如来给文殊开示如何的悬记相同，至尊宗喀巴大师亦决定示现成佛的事业，因为实际上宗喀巴大师与至尊文殊同一心识，由于无二性体决定能成，因此不须观待悬记等始能成－立(其事理)。但是为了令一些愚昧者生信之故，我(著者) 也写出明显的悬记情况。如《密集续最胜诗篇》中也说：

“未来北方生，
名首有‘慧’字，
‘善’行兴佛教，
普遍扬‘名称’，(这是指宗喀巴名讳，汉译为‘善慧名称’)
往生文殊处。”

此一(密集)密续之梵本，系由阿阇黎莲花生运用神变，从西方邬仗那地区取出。据说现在仍存在于桑耶寺[54]中。这些说法出自绛央尼玛敦贝坚赞所著《宗喀巴大师传使具缘莲花盛开之日》。这样的能作成立(事理的佐证悬记)还有许多，但无需全部写出之。由上面所说诸节，即能得知。以上是略说宗喀巴大师未来转生中的情况。于此断句处，作中间插颂说：

虚空无边普周空，
无边劫亦思难通，
如是有情界与数，
亦超衡量境界中。
如众生界之本性，
大师受生土事相。
功德一二亦难量，
无余史迹何待商。
弥勒尊前吉祥藏，
赡洲出现班珠等，
未来化身如流常，
贤劫千佛中如月，
照映影象数无量。
妙目如来示现证，
无上圆满成佛业，
稀有超越世界中，
狮子吼佛示圆成。
以甚深见合密乘，
安置众生永无退，(功德稳固而不退失)
文殊所有事业刹，
世界名为净无尘，
亦示‘如来普照’体，
成佛之迹示现证。
多劫前虽证菩提，
尚须再再示成佛，
胜方便调诸众生，
认为重复则乱真。
超越思量之功能，

忆念稀有生信诚，
若能赞颂而祈祷，
似彼之果无疑生。

【注释】

❶桑杰嘉措：第五世达赖时，西藏执政第悉名。五世达赖圆寂后，秘不发丧，掌握政教大权。康熙帝严厉谴责，始立第六世达赖。康熙四十四年乙酉，被拉藏汗杀死。

❷四种灌顶：宝瓶灌顶、秘密灌顶、智慧灌顶、句义灌顶。

❸娑婆世界：意为“堪忍世界”，佛书说此世界(即地球上)有诸痛苦，然而此世界的众生都不能被除其苦而忍受下去，故称堪忍。

❹金刚座：又称菩提道场。即释迦牟尼证觉成佛的古印度菩提伽耶城。

❺世俗菩提心：这是对胜义菩提心所称的，胜义属于究竟了义的为利有情所成佛的心，世俗则非究竟了义，仅限于不彻底的世俗中。

❻胜义菩提：如上所说是究竟了义的发心，而且是通达发心之体性非实有，自性去空。

❼廓巴日：拉萨三大寺的噶丹寺所在山名，在今达孜县境。

❽沙弥：佛教中男子出家受三十六戒者。

❾比丘戒：佛教中男子出家受二百五十三条戒者，又称具足戒。

❿加行道：佛教道果中，有五道，第一为资粮道，第二为加行道。加行道中有四位，即煖、顶、忍、世第一。

⓫实有：言对于一切法(事物)，认为能自立地实在成立而有，而不是依因与缘和合而有，即称实有。执著如是的见解，即执实有。

⓬除有暗：这里所说的“有”指世间，言除世间所有黑暗。

⓭法之明灯使炽燃：这句是嵌名诗句，是将“法炽”二字嵌入句中。

⓮前弘期：指自藏王松赞干布至藏王惹巴巾卒年间，佛教在西藏昌盛的一段时间。

⓯后弘期：布敦·仁钦珠以公元973年宋太祖开宝六年为后弘期之始年。仲敦巴以公元978年宋太宗太平兴国三年为后弘期之始年。密法则以仁钦桑布译师以后为后弘期。

⓰迦当派：标榜以全部佛语作为修行要诀的教派。系阿底峡的首要弟子仲敦巴所创建。

⓱玛尔巴：即西藏佛学六师玛尔巴·却吉洛卓(公元1012—1097年)，他三赴印度，学习佛法，听受密教，回藏后收徒讲学，创立藏传佛教噶举派。

⑱达波拉杰：藏传佛学大师，本名索朗仁钦(意为福宝，公元1079—1153年)，从弥拉热巴学法。弟子甚多，形成塔波边居派。

⑲那哇巴：印度大乘佛教中观师之一，此师常衣毡衣故名。

⑳萨惹哈：生于婆罗门种姓中，系印度最初宏扬大乘密教者，是龙树的上师。

㉑莲花生：藏语“白玛迥乃”，公元八世纪中叶，藏王赤松德赞由印度迎请来藏的一位佛教大师。

㉒格敦嘉措：第二世达赖喇嘛，生于后藏，明正德四年(1509)创建顷科杰寺。

㉓五百师首燃灯智：燃灯智为阿底峡尊者名讳，言印度五百班智达大师都对阿底峡如头顶上庄严的珍宝般尊敬和崇拜。

㉔金刚持王善慧称：释迦宣讲密乘时，身现金刚持王佛相。密教说上师即金刚持，所以把宗喀巴当作金刚持王佛。“善慧称”即宗喀巴名讳。

㉕八风：亦称世间八法，即利、衰、誉，毁，称、讥，苦，乐。

㉖大愿法会：俗称传大召。公元1409年藏历正月，宗喀巴为了纪念释迦牟尼，在拉萨大昭寺里倡建了一次讲论佛经、发愿祈祷的宗教法会，每年举行，成为常例。

㉗释迦双尊：指拉萨大昭寺及小昭寺内的两尊释迦牟尼像，分别由唐朝文成公主和尼泊尔赤尊公主带到拉萨。

㉘双运果位：密宗金刚乘究竟佛位，又称大乐空慧双运果位。

㉙兜率天：意译为“喜足天”，为弥勒菩萨住处。

㉚曼遮：梵语“曼荼罗”之变音。意为坛城，佛教所用供品之一，表示将此世界中所有财富受用尽供于上师三宝。

㉛三学：即戒学、定学和慧学。

㉜四部密续：佛教密宗的事部、行部、瑜伽部、无上瑜伽部。

㉝玛吉诺尊：系元代藏传佛教瑜伽女修士中有大成就者。

㉞续部：即四部密续。

㉟十二事业：释迦牟尼示现一生十二件大事。兜率降世、入住母胎、圆满诞生、少年嬉戏、受用妃眷、离俗出家、行苦难行、趋金刚座、调伏魔军、成正等觉、转妙法轮、八大涅槃等。

㊱双运位：佛教密宗成佛究竟之果位，即证得空乐双运果位。

㊲三恩：佛教显乘指授戒、传经和讲经的上师；密乘指灌顶、讲密法和传授秘诀的上师。

㊳双运身：同双运位。

㊴拘留孙佛：贤劫第一佛，七佛之第四佛。

㊵由旬：古印度长度单位名，约合二十六市里许。

㊶报身：佛的三身之一。三身指法身、报身和化身。

㊷父续：佛教密乘中以方便为主的瑜伽修法，皆为父续。

㊸离四边；须远离执常边、执断边、常断俱执边、执非常非断边等四边，始能证得中观见。

㊹十法行：缮写、供养、布施、听闻、朗诵、记忆、演说、默念、思维、修习。

㊺树叶柱；拉萨大昭寺释迦殿前一柱名。

㊻两尊：指拉萨大昭寺和小昭寺内大小两尊释迦牟尼佛像。

㊼格桑嘉措：第七世达赖喇嘛，1708 年诞生于康区理塘，1757 年圆寂。

㊽大劫：佛经谓成、住、坏、空之四期为一周，为八十增减之量，新译谓八十中劫，即称为大劫。

㊾四洲：佛书中所说四大洲，谓东胜身洲、南赡部洲、西牛贺洲、北俱卢洲。

㊿吠陀：梵语，意译为“明论”，指古印度古典宗教文化书籍。

51梵众天：佛书谓色界之初禅天众，分三级，下级之天众，称为梵众天。

52有顶天界：佛书谓色界之第四处，本名色究竟天。此天在有形世界之最顶，故称有顶。

53菩提树：即释迦成佛处之菩提树，亦称菩提道场，其处即金刚座，古印度菩提伽耶城。

54金座：即金刚座。

55桑耶寺：西藏山南扎囊县境内一古寺名。唐代吐蕃赞普赤松德赞时所建，为西藏修建最早的正规佛寺。

第三章　特别详述宗喀巴大师此生的史事

如一切智克珠杰的著述中的偈颂所说：

“春季雨云增音韵，
春光美布妙花璎，
孔雀童子作嬉戏，
如是世间咸奇惊！
智者坚定意气雄，
贤士超行故事丰，
福耳采取宣史事，
能者心中悦意隆。
童年出家离尘俗，
为求大义奋勤苦，
获得诸佛所喜位，
此诸传奇是序幕。”

如是以身、语、意之传行及稀有卓越之功德来充实空前嘉言之史迹，当开此史事庆会时，应列其节目如下：

1. 宗喀巴大师在美满的地方、时间、父母种姓中降生，从童年时代即取得贤士大德的优越功德的情况。2. 宗喀巴大师从削发出家而进入佛门，渐次到前后藏地区，对显教诸法作广大闻、思的情况。3. 宗喀巴大师受具足戒，学习金刚乘密法，以及从诸大德听受正法甘露，依所闻教义而修行，并对其他应化有情传授的情况。4. 宗喀巴大师以一切教证功德，首创教法之心要——说、修清净宗规，作出伟大的利益佛教和众生事业的情况。5. 宗喀巴大师的一切事业中的主要事业：讲说、辩论、著作三种事业，善巧、戒严、贤善三业；以及从获得成就地位而作利益佛教和众生事业的情况。6. 宗喀巴大师在此世间暂时完成今生化度众生事业后，为提醒执常见诸人明白诸法，而示现圆寂的情况。7. 述说受大师言教的弟子大众的情况。

1 宗喀巴大师在美满的地方、时间、父母种姓中降生，从童年时代即取得贤士大德的优越功德的情况

关于至尊宗喀巴大师前后历代转生的悬记，虽然大都在上文说出，但是还有未清楚的地方。只就大师今生的悬记而言，还是有许多悬记的，在此一并写出。如《妙吉祥根本续》的《功德过失之能力广博开承三十六》中有悬记说：

“名有‘坝’字戒严称，
其中与它有‘惹’字，
初字为‘坝’有名称，
佛之身像作大义，
具慧初字为‘玛’字，
如彼戒严生信仰，
示现多相说戒严，
尔时出现广无边。
一切戒严普传宣，
佛陀教法能明显，
尔时佛教于此土，
已衰而且光暗淡，
佛之身像将改变，
成为悦意定无疑。
一切悬记证菩提，
佛之菩提能证成，
成为世间供施处，
能断三有❶之边际，
能勤咒与密续部❷，
应知持名为名称。”

以上悬记有一些前代的人士认为是对阿阇黎世亲(藏语‘英

业’，英字根为‘坝’字)指示的悬记，这是不合理的。如《噶丹教法史》中说：“前代的诸人以‘坝’和‘玛’字翻译之特点来认为是对世亲的悬记。然而在世亲酶时代，佛教尚未衰颓(悬记是说佛教已衰)。后来西藏朗达玛❸等摧毁佛教，并使佛教戒法成为一息将灭。幸赖至尊宗喀巴大师出世，而使教戒重现光明，并在导师十二岁时身量的释迦牟尼像上供献圆满受用报身的悦意装饰(如头戴五佛冠等)等。以这些事迹来说，是明白无误地对宗喀巴大师明显指示的悬记。”又在《宗喀巴大师传使具缘莲花盛开之日》中也说：“有一些人说这一悬记是对世亲指示的悬记，字首的‘坝’字虽是类同，然而有‘应知持名为名称’的语句，这在世亲的名字中，没有‘名称’二字出现，因此是明白无误地对宗喀巴大师指示的悬记。”还有应知“名有‘坝’字戒严称”及“初字为‘坝’有名称”这两句悬记是指示一切智宗喀巴大师的名讳(藏语)为“罗桑扎巴”(意译为善慧名称)，其名先为“罗”字，其字根为“坝”字，并明示名尾为“扎巴”(意为名称）。又所谓“其中与它有‘惹’”字，及“具彗初字为‘玛’字”，这两句悬记是对贾曹杰·达玛仁钦指示的悬记，而且是以颠倒上下句隐语的方式作出的。为什么说是隐语方式?因为下句“具惠初字为‘玛’字”，这表示(贾曹杰)名字的前半截有“达玛”，及“其中与它有‘惹’字”，这指示名字的后半截为“仁钦”，“仁”字的字根为“惹”字。在这两句之后，从“如彼戒严生信仰”句起至“佛陀教法能明显”句，共有五句是对宗喀巴大师的其他首要弟子指示的悬记。其中“如彼戒严生信仰”句中的“信仰”(三信)是数目“三”字之异名。因此它(三)是表示贾曹杰、克珠杰和杜真仁波且等首要的三位弟子。又所谓“示现多相说戒严”，这是对有清净悬记的七位弟子而言，以及“示现多相说戒严”等三句是表示此外还有如善巧和修德二者兼备的弟子，是无边无量的，这一切弟子也都作出了大宏清净教法心要的事业。此诸(悬记的)句义，是就善于观察而易知的诸人来作的启示，所以昔日无须明显写出。然而后期中有才智者日渐稀少，这是略使明显而写出的。至于所出诸弟子的详细情况，当在本书末尾述说。还有悬记中“尔时佛教于此土”以下诸句，从上面所引《噶丹教法史》的教言中，即能得知其意义。

此外的悬记，如《无垢天女所问经》中说：

“北方雪山一带地，
格鲁派之地方中，
正法将能大宏扬。”

又《庄严经论》中说：

“善慧无忧具悲心，
美名胜称知善轨，
此是菩萨极善说，
讲说者中如日辉。”

这一悬记明显地指示出宗喀巴大师的名讳等。又在《国王文集》中，对最后时期将出现如何情况作悬记说：

“教法心要勤修人，
具菩提心比丘僧，
无量功德贤士生。
现证密法比丘僧，
众多大德咸尊敬，
尤其广大作承事，
比丘菩萨东方生。
彼是持密大德身，
由彼藏坚瑜伽士，
改佛容颜作承事，
对彼承事一切人，
皆是圣者大沙门。
对彼诸人崇敬生，
何故彼等名为圣，
对佛作出大事业，
以此彼等为圣人。
如是诸圣出现中，
侍眷善住佛经典，
佛之身像住在时，

日窝功德在其中。”

此一悬记，前代诸人士认其为对贡巴·楚臣林波(意为戒藏)指示的悬记，以及其他各种的说法。然而实际是指示宗喀巴大师将于佛教(住世划分为)十个五百年的“修品”时期中出现于世；并示“东方”为其诞生地——东方宗喀地方，所谓“藏坚”是指宗喀巴大师受圆满优婆塞戒(即居士戒)时之名为衮噶林波(意为普庆藏)；所谓“改佛容颜”及“佛之身像”，这是指宗喀巴大师将释迦牟尼像(奉安颜大昭寺中的释迦化身像)改变为受用报身的装饰；所谓“作承事”是指宗喀巴大师于大神变节日创立大供养法会❹等事业；所谓“日窝功德”是指宗喀巴大师所创建的噶丹寺在卓日山中，以这些前后的一切句义来说，是无误地对一切智宗喀巴大师所作的悬记。又在其它一些《宗喀巴大师传》中也有与此相仿的悬记。《大悲妙法莲花经》中说：“由彼见我(佛)身像及经典，并诸破旧时，彼以黄金作装饰；以伞、幢、幡、铃纲作覆饰。”对这两起悬记也有人认为是对贡巴·楚臣林波和至尊宗喀巴大师两位大德所作的悬记，以及说贡巴·楚臣林波与宗喀巴大师问一心识的说法，也不见有矛盾。至于《国王文集》中所说：

“此后二十五会期，
释迦幻化寺庙中，
由净愿作利他事，
胜会圣者现身容。”

这是悬记于幻化寺(即拉萨大昭寺)中宗喀巴大师创立大愿法会，而作出广大的利他有情的事业。又在《莲花遗教》❺中说：

“名为噶丹圣寺中，
成最善巧显密通，
众生导师指路者，
现金刚持开密宗，
彼名善慧大德出，
胜业金刚密号雄。”

在另一悬记中说：

“我心化现大悲尊，

毗若一分之光明，（毗若遮那为首藏一大译师名）
不同形等饰一体，
毗若遮那有一生，
出现卫地格敦(即格鲁)名，
菩萨善慧有名称。
桑杰耶协有一生，（桑杰耶协意为佛智，是西藏一大德）
菩萨侍眷生受生，
金刚手是近侍名。”

此外还见有出自秘藏之类的许多悬记。在《迦当宝籍》中祖师问道语录二十六品中说：

“最后教法成余烬，
名扎巴者作复兴，
许多利乐彼能成，
彼是胜地圣者身。”

又说：

“名中名称大宝珍，
名称边善吉祥称，
才慧对他作抚养，
其他遍称最胜名，
多番为众造福宁。”

这完全说出了宗喀巴大师的名讳。所谓“其他”是指(宗喀巴的弟子)杜真·扎巴坚赞等许多最负胜名的后学为众生创造出幸福安乐的事业。

在《祖师问道语录散篇集》中说：

“从东出现美月轮”。

这也是指宗喀巴大师而说的。于《妥乍喀曲圣地解说》中说：

“宗喀地方身诞生，
将于卫地利有情，
显密戒规复显明。”

在《玛吉“厥”法广解》的悬记中说：“与尔时相同的时间中，将有一位能使佛教戒规略现昌明的大德出生，犹如黑暗中出现闪电的光明。”对此悬记索朗敬(意为‘福庄严’)问道：“玛吉，从现在起若干年后他才能出生?于浊世中，国法和教法都将衰颓，那如闪电般一度使佛法略现光明，是否是你。玛吉的慈悲加持而来?或许还有其他什么原因?是由何种因缘而来?那时出现五浊恶世，将有如何征象出现?”玛吉答道：“女儿！你善为谛听！善为记持！我向你讲说，从彼浊世以来度过五百年时期达到中期，那时的浊世中，能使佛教昌明者，不是我玛吉。那位能使佛教昌明的大德，现在住于印度布达山的东南处。那位为利益有情而行苦行的菩萨，是具足殊胜正念，殊胜正知和殊胜志气的菩萨。有时他能在观世音菩萨座前求法，有时在弥勒怙主座前求法，有时在怙主无量寿佛座前求法，有时在怙主文殊和姑姑日巴座前求法。他对作利益有情的事业，发心极大!观世音幻现为忿怒明刀王大黑天——六臂怙主，犹如他的仆役听从驱遣而守护教法。这位菩萨从彼浊世中，将来到此间(西藏)，着比丘装，能使佛教昌明。”玛吉诸尊的悬记中说：“女儿!你所问极为认真！尤其是于浊世中出现能使佛教昌明的比丘，那种问法，极为重要！很好呀！因此女儿你的重要提问，是对佛教崇敬！你静听吧!在国法失宜的时候，将出现一位能使佛教昌叨的比丘，他就是现在说的名讳中有扎巴二字的那位比丘。由那位比丘肃清佛教中发生的许多错乱，而创建正义和清净戒规。于浊世中的西藏出现名有扎巴的比丘，创建教规，是与释迦牟尼在赡洲(即此世界)大转法轮相同的。”复作偈颂说：

“昌明教法胜沙门，
获得无边密续法，
炼取密海法精英，
发扬无垢教光明，
能除无边众生暗，
三学三藏❻等佛经，
能使经义得昌明，
具缘众生满心情。

如上，所引在克珠杰转生为大理鹃(古印度一大德)时，月称论师所作悬记中有颂说：

"未来浊世末，
边地雪域中，(雪域指西藏)
由彼善慧士，(善慧为宗喀巴名)
能使佛教宏，
昌我善妙理。(指中观妙理)
赤面具缘众，(赤面指西藏人)
解脱速成功。"

此外还有许多显密经论中，用各种显隐之门而开示的悬记，此间仅简略地写出一些，尽其所有是写不完的。还有一些，当在下面传记正文的节段中，再行写出之。

一些有偏私怀恶意者，犹如接受了提婆达多❼的恶劣戒法(言受魔祟与佛为敌)，而对此诸悬记全不考虑，并且轻视因果，由可怕的恶意恶行，用粗恶语杜撰编造恶劣悬记等。说有各种诬蔑和歪曲的语句者，虽不乏人，然而这些罪恶的造作，只能自作依赖，生生世世永住于无尽的恶趣中，对于一切智宗巴喀大师的身、语、意三密事业等，想得到以手遮盖暄天丽日的光明那样的机会，是一点也没有的。至于应用清净教理来作驳斥之点，从下面次第将说的理论中，可以得知。

对于那些可信为合理的、无可争论的诸悬记之意义，应如何认识其能如愿利益有情之理?阿旺罗桑嘉措❽所著《文殊怙主上师赞杜鹃歌声》中说：

"净土庄严如海尘，
自慧现成有顶天，
从彼稀有幻戏梯，
菩萨大德乐降临。
所有佛智合一体，
示现文殊戏人间，
如愿幻现诸事业，
贤劫千佛未创先。"

正如所说诸佛世尊示现幻化之事业时，由其自慧现起有顶天界刹土中，示现从受用报身具足五决定❾的体性中，不稍动摇而幻化由无边稀有幻网之庄严境界，此为法性如是。诸佛的智慧总聚如愿幻化为文殊(即宗喀巴大师)戏舞于人间时，也是从佛意无漏法界中，不稍动摇以无胎眼观察美满的地方、时间、父母、种姓、母系血统后，而入于胎中的。此中受生于何地的特别情况是：多康(青康一带总名)上下两区中，属于下区所辖，而且是具足十种善妙吉祥的地方，即著名的东方宗喀。在前代是属于西藏诸藏王所统治的领土，此一地方的优越功德，受有资格的老前辈们相传的史话中所称赞。对于如是地方，(菩萨)作了明显的观察。其父亲是：权势极大的名叫“鲁绷格”的人，出身于美满的“玛”族姓的传嗣中。勇敢而机警，异常坚毅，贤明锐敏。对上师三宝极具敬信，对贫穷诸人极为慈爱，布施信财，极其丰富。常诵《圣文殊真实名称经》等。彼是具足唯一精勤于善法的上流贤良天性的贤人。母亲名叫“辛摩阿却”或“辛萨阿却”，她远离妇女的过失，诚实而本性贤良，对众直言，尤其悲悯贫弱和无依怙者，常作礼拜和绕行塔寺，念诵六字大明咒等，是一位身、语、意都完全精勤于善业以度时日的善女人。菩萨观察了如是父母的特殊征象。父母有子六人，至尊宗喀巴大师为第四子。在《噶丹教法史》中说：“在三子之后诞生”。可见说三子之后，即是诞生在第四之义。仅以与宗喀巴大师同一氏族中所属的人来说，即足够有千人之多，至于七传未断的亲属和血缘亲戚也极其广泛。此诸人众中，多数出家为僧，也都有卓越的戒行，而且都是有广大观察慧眼的著名人士。

关于进住胎中的情况，《俱舍》中说：

“其一如知而进入，
其他知住知生起，
此外一切皆不知。”

如转轮王等只知入胎，住胎和生起则不知；声闻和独觉知入胎和住胎，生起则不知；佛世尊则是生起、入胎、住胎三者一切皆知。从与后者(佛)相同的情况来说，它只能是由随念轮回于生死的凡夫有情而生起的“悲无量心”引生近取(受生)因，并随顺诸有情的信愿，而示现如其信愿的各种身相等，都能通晓于心中，并且真实能知生起、入胎、住胎三者的来去情况。由真实具足如是的正知正念之门而入胎中。而不是如一般凡夫，是由昏昧不知，全不考虑而入胎的。至尊宗喀巴大师即是具足如是(与佛相同)的正知正念者，兹说大师从将入母胎前和刚入母胎的时期起，其父母及邻里诸人有如何的梦兆等殊胜的瑞相情况：于火猴年(元顺帝至正十六年丙申公元 1356 年)末，其父于梦中见到说是由汉地五台山而来的一位僧人手捧着缀满花鬘的法衣，以及与三十三天界的树叶相类似黄绸的僧裙和一部经函而来。僧人说：我向你借一住处。说后只见他往楼上的佛堂中去了。其父想：自己专一地念诵《文殊真实名称经》，因此许是文殊的化身来到。复梦见金刚手菩萨从其居住的宫殿抛掷来的光焰炽盛的黄金金刚杵，入于妻子身中。因此他说是否将生一个壮实的孩子。大师之母于梦中，梦见在鲜花盛开的草原上，有妇女千人的行列，自己亦在其中，只见东方来一白净童子，手捧净瓶，继而西方来一红色少女，右手持一把孔雀尾翎，左手持一大镜。童子与少女相商后，童子指着所有在场的妇女问少女："这位可以吗?这位可以吗?"少女对其他妇女都说出一种过失后，童子指大师之母问少女说："这位可以吗?"少女微笑说："可以。"于是童子向大师之母说道："你沐浴吧！"继以净瓶水倾注于大师之母头顶上，口中念诵"如佛降生时"等句，而作沐浴。大师之母感觉身垢全净，乐意盎然！醒来后仍感全身轻快，心中安乐等许多好处。心想这是何种征相?生起疑问。又，其父的邻居诸乡人于梦中，梦见许多僧众从前藏迎来拉萨的释迦牟尼像，进入其父的房屋中。尤其是真实显现日、月、星三者同时并出，于白昼间天雨瑞花，异香扑鼻，天乐自鸣(空中有乐声)，大地震动等许多稀有征兆，为乡人眼目共睹，普遍传称。

之后，于火鸡年(元顺帝至正十七年丁酉，公元 1357 年)阴历正月初十日晚间，大师之母于梦中，梦见有僧伽等不可思议的许多僧俗男女，手持幢、大鼓以及不同的多种乐器，说是来此迎接观世音，然而向各方观察也未见着菩萨前来。之后仰望虚空，看见云隙中有巍然如山的金身，放出如太阳般的光明，普照诸方。法音悠扬中，传来说是天子和天女，身着美妙服装，为数甚多，皆围绕金身，冉冉下降而来，金身亦渐降渐小直至大师之母头顶上时，成为仅一卡(约五寸)高的极其美妙的金身而进入大师之母的身中，其侍眷和迎接人等也溶入(师母)自身中。其他许多旁观的人众也都向(师母)自身作礼拜、绕行，供养和赞颂吉祥等。从第二天起大师之母，即感神志清明，极生欢乐！从此以后，纵是在没有思考的时间中，也总是想到对我此身不可轻视，而自然地生起精勤爱护和洁净自身的行动。在往昔所有至尊宗喀巴大师的各种传记中，对于大师入胎的年月日时，虽未见有真实明文记载，然而如上文所述大师之母的梦兆那样，后来也都按照那样决定鸡年(丁酉)正月初十日为(大师)入胎时间。在至尊多敦·绛伯嘉措所著的《摄传记正论》中所说的与此稀有梦兆相随顺(即类似)的说法，也都说是火鸡年正月初十日黎明时为大师进入胎中的时间，这是不应怀疑的。应知这一月是大悲导师释迦世尊在舍卫城⑩示现多种神变降伏外道六师⑪的、著名的神变月殊胜的大节时期。其中的初十日又是四大天王⑫供养佛世尊和侍眷等的时刻，佛世尊示现一庄严身相从四天王所属地直至有顶天界。佛身普遍充满，为许多侍眷目所共睹，佛说正法也为大众所闻。因此一切大众皆发无上菩提心。是示现如卓越伟大的神变大节日。因此可以说这一殊胜的大师入胎的月日，及如上文所说邻里乡人梦见许多僧众用车迎接拉萨的释迦牟尼佛像等，这是标志着在末劫中释迦的教法将近衰颓时，(宗喀巴大师)再来竖立起教法不衰落之幡幢，作出使教法如白日宣明朗照的事业。如是宗喀巴大师所有的事业，等同释迦亲自来到而作出的各种稀有事业，还等同释迦佛世尊示现大神变的事业再出现于世间。后来宗喀巴大师在拉萨创立大愿法会无与伦比的大事业等，它是(梦兆)吉祥预兆的实现。至于大师之父于梦中见着说是由汉地五台山(传为文殊道场)而来的僧人一节，这是标志至尊文殊舍去靛蓝色的发髻而示现为具足三衣⑬的出家僧相而来。又梦见由金刚手抛掷金刚杵入于大师之母身中，以及说是观世音来到，我们前来迎接诸节，这应如上文所引《迦当宝籍》中所说：

“我为大悲性，
我称观世音，
三门静妙故，(身、语，意)

众生亦吉祥。
无违妙吉祥，
我是降难伏。
无违金刚手，
彼三三怙主，
同类性亦真。”

这是说三怙主同一心识。由于有如是的意义，所以普遍称颂的祈祷文“弥遮玛”中说：

“无缘悲藏观自在，
无垢智王妙吉祥，(即文殊)
摧尽魔军秘密主。”(即金刚手)

又一切智罗桑格桑嘉措(意为善慧贤劫海)⑭的著述中，也有颂说：

“佛智本质妙吉祥，(即文殊)
悲悯众生观世音，
神力之主持金刚，(即金刚手)
三尊幻化宗喀巴。”

这是说至尊宗喀巴大师不仅是至尊文殊化现而来，而且是三怙主的总聚体性示现而来的。这是从进入胎中而讲说的。至于大师之母梦见巍然如山的金身渐近渐小最后入于顶上一节，这是表示如宗喀巴大师的诸圣贤大士投生时，不是如一般凡夫于“中有’(死有与生有的中间阶段)中，由昔日体态而入胎，而是以较其他特殊圣超的形相而入胎的。因此尔时显然是由具足纯金色的至尊文殊的身相而进入胎中舶。其余迎接者和侍眷诸人之身也合入于身中，这只能说是彼诸人也是至尊文殊分别的化身，一身化现多身之故。决无其他原因。至于从第二天起，大师之母即感神志清明，极生快乐一节，这完全等同往昔大悲释迦佛世尊入胎时，佛母摩耶夫人⑮也有感觉而说道：

“金络善复头顶红，
白色六牙全具足，
色如螺雪一胜缘，

感觉来人我身中，
彼像已入我身心，
空前见闻感受隆，
美妙安善成极乐，
犹如往入禅定中。”

关于大师之母梦见有妇女千人的行列，自亦在其中，有一白净童子和一红色少女相商而作是否可以的观察时的童子，即观世音的化身，少女即度母的化身。这是表示世间的妇女虽多，然而不是任一妇女都可作为入胎的对象，而必须是一位具足种性高贵，本性贤良等殊胜功德的妇女。因此是由无垢观察之门而观母德相。至于童子所捧持的净瓶水，则是智慧甘露，以此甘露作沐浴，能净治胎秽，以孔雀尾翎可拂去垢障和不净，孔雀翎眼虹霓般的彩纹是表示相好庄严的形象，镜中之影像是表身之所有生长处分明园满，各不相杂。对于诸梦兆若作广详的解说，惟恐累赘篇幅，只好如是略说而已。

这样进入胎中后，经九月交十月之际，已临近诞生的时期。至尊宗喀巴大师的诞生时日，虽未见有明确的记载，然而若以明智细察时，如同往昔大悲佛世尊示现入胎、成佛、涅槃三种事业的时间，都在四月十五日那样，至尊宗喀巴大师示现诞生和最后入涅槃(即圆寂)两种事业，也都在阴历十月二十五日。此日是空行聚会的殊胜大节日，揣想这一时日是决定无疑的。《松巴教法史》中虽明说是十月上弦二十五日，黎明启明星出现时。但文有错误。实际之意是下弦十月二十五日(即月之二十五日)。不管怎样，住胎的时间是：从阴历火鸡年(丁酉)正月第十日起算的月数是到十月初十日以前已经九个整月而到第十个月见面的时候。显见这样的时间方才适合。但是由于往昔诸传记中所载时期，不甚明白，因此难于断疑，不便决定其时间确是如是。总之，揣想阴历火鸡年十月二十日至二十五日以内是肯定的。在《教法心之庄严》中所说的一切智宗喀巴大师诞生之年，是释迦佛世尊示现涅槃后二千一百九十一年，阿底峡尊者逝世后三百零二年，恰是元顺帝统治国政时期的藏历第六绕迴[16]的火鸡年(元顺帝至正十七年丁酉，公元1357年)。那时，大师之母在梦中，见有僧众在内的排列整齐的大会群众，手中拿着各种美好的供品，说是前来朝拜佛堂的。问佛堂在何处。此时昔月的白净童子来到，手中拿着一把水晶钥匙。他说道：“佛堂在这里”。当即用钥匙开启在大师之母的胸间的一个黄色小门。取出原先进入母身的那一尊金像。金像略沾染污，原先的那位红色少女前来以净瓶水沐浴金像，并以孔雀尾翎除去秽气，同时歌唱梵语赞词发出营营之声，大会群众也向金像作供养和祈愿。大师之母从梦中醒来，正值黎明启明星灿然出现的时分，圣童安然诞生。如是情况，也与往昔释迦太子“一切义成”(释迦童年时之名)住母胎时，仍不失妙宝庄严佛子行加持，在住胎十月中，圆满受用无漏乐(不再堕入生死轮回称无漏)。同时成熟人天众生，为数有三十三万之多，后于“兰毗尼园’⑰中，太子从佛母右肋而出，刚一诞生，梵天和帝释⑱即以迦什迦天衣捧持(太子)，难陀及优波难陀两龙王请沐浴等情况是相同的。这不是一般凡人的境界，对宗喀巴大师来说，他在母胎中受到自现慧所成的庄严无量宫殿的加持，同时作利益成熟许多殊胜有情的事业，而安住于胎中。诞生时，不是从胎门而出，而是开启其母胸间之门而诞生。他刚一诞生，诸天童子以手捧持圣童(由于是圣文殊化身而来受生，故应称“圣童”。不应写作“神童”。以下不赘)，智根玛等天女以智慧甘露沐浴圣童之身，清除一切胎秽，同时赞颂吉祥，发出营营之声，护持善法的天龙神众以遍满虚空的供品作供养。这样，显然宗喀巴大师之诞生也如佛出世肘出现了吉祥瑞兆一样。尤其是在黎明启明星出现的同时诞生，这也标志宗喀巴如同启明星在金曜行星中成为普遍称扬的圣超大星那样，释迦牟尼在行星般无数持教宗师行列中，如同全曜特别显明，确是无与伦比的伟大导师。至于至尊宗喀巴大师诞生之年，是释迦佛世尊逝世后二千一百九十九年，藏历第六绕迥的火鸡年(元顺帝至正十七年丁酉，公元1357午)，这是《噶丹教法史》中所说的。宗喀巴大师诞生的第二天：该地方住有一喇嘛，名叫顿珠仁钦(意为成义宝，以下不赘)，是一位修薄伽梵能怖金刚获得成就的大德，他以无碍的神通而知圣童诞生之事，他想配合这一殊胜缘起，把以糌粑和甘露做成食子、护身金刚结(用咒加持的绸结)、加持的能怖金刚画像一轴和养护圣童的方法说明书等交给一位具戒的近侍僧人送到圣童家中。大师之父在法王顿珠仁钦座前启问时，法王说：“我于梦中与本尊能怖金刚相见，请本尊加持，尤其是请本尊时常示现真颜时，本尊面观宗喀方向说道：‘明年此时我将来到此村，在此期间你应妥善安排。’我为了细察这是什么原因，住入三摩地(即定中)中，得知原来是说将生一个你的儿子。”从这一情节看来，至尊宗喀巴大师真实是文殊威猛能怖金刚，是不需其他教理即能证明的。在《宗喀巴大师传一百零八稀有故事》中，虽未说明诞生的时日，但就其字句看来，似乎是在春季。如上面所说从进入胎中的时间起算，用时轮算规(密教之一种历法)来算，为秋季之末，肯定是阴历十月。在善巧成就大师嘉木样所著《宗喀巴大师传布绘造仪心宝鬘》中也说：“从猴年(丙申)发现征兆以来，次第出现的境象有如下各种：猴年大师之父梦见文殊化现汉僧相，持经函前往佛堂中。因此揣想孕育的孩子或许是有智慧者。从梦见金刚手菩萨从其住处抛掷金刚杵进入于母身，猜想孩子可能是一具力者转生的。从大师之母梦见草坪中鲜花盛开，有白净童子和空行女作沐浴，邻里诸人梦见迎接释迦牟尼像，日月星同时出现，白昼喜降花雨，空中发出音乐，大地震动，法王顿珠仁钦梦见本尊能怖金刚，请求示现真颜，本尊面向宗喀地方说，约于明年此时，我将来到这里等等迹象。可以知道宗喀巴大师诞生。”从这些情节看来，猴年之末出现征兆，鸡年(丁酉)其母梦见说是迎接观世音，众人手持大鼓及各种供品前往观看，但见空中有巍然如山的金身，放出如日的光辉，同时法音悠扬，许多身着美妙服装的天子天女围绕(金身)，渐次下降进入于母身，并向母身礼拜绕行，作诸供养，赞诵吉祥等，是为进入胎中：的时分。鸡年之末梦见于母之胸间开启晶门，空行母作沐浴，梦醒之后黎明圣童诞生。这是极明显地示说诞生时间是鸡年(丁酉)之末。

至尊宗喀巴大师诞生之后，从一般凡夫的眼光看来，是从剪脐带时滴下的血汁浸入土中，而自然地生长出一株神妙的白檀香树，所有树叶上自然现出狮子吼佛像和“阿、惹、巴，扎，那”(文殊心咒)文字。渐次佛像和咒字增长到足有亿数。因此普遍传为“古本旃檀”(意为亿数佛像檀香树)。后来至尊宗喀巴大师的事业直达彼地，并形成大寺，寺名也普遍传称为古本贡巴(意为亿数佛像寺)。吞服此檀香树的少许树叶，有除秽障、消魔疾、祛不净等效用。直至如今，为众人周知。至于著名的古本绛巴岭(意为亿数佛像慈氏洲)，系后期杜哇却杰(意为持律法王)所建。渐次发展讲说听受之学风，至今仍然兴盛。宗喀巴大师刚一诞生，即有殊胜功德的情况。如一切智克珠杰的著述《宗喀巴大师传诚信之岸》中所说："大师从母体涎生时，其德相是，头如伞盖，额宽广、眉修长而贴近、鼻高丰隆、耳长下垂，四肢粗壮、腰软平匀、天资聪颖、肤色如睡莲花般洁白。世人见之无不惊叹为一位相好庄严、美妙颜容的圣童，同时感觉此孩子拥有接受权统大地的转轮王的宝冠的荣威。"又说："大师童年时代，已远离孩童所有的一切恶劣行为，天生厌烦放逸戏玩等事，秉性严慎，对众和言悦耳，无忿恨，平易近人。对乞求者，不吝布施。对无依怙者，心怀悲悯，诚意忠言。才智无量，求法勤奋。至尊宗喀巴大师不像其他的孩童，从一生下饮奶起一切行事都须教导，而是本性了知，自然合宜。"又作有偈颂说：

"具信正念慎正知，
戒行最胜智无量，
长久熟识同心友，
童叟无别皆睦亲。
最初幼体如新芽，
彼时即开功德花，
无量芳香具心要，
如是稀有谁不仰。"

五世达赖阿旺罗桑嘉措的著述中也说，

"胎中结解离垢身，
依母长养稚童成，
年幼已放德芳芬，
彼是无尽大宝藏。"

就一般众生的眼光看来，至尊宗喀巴大师幼年时，也丝毫不沾染一般平庸孩童的庸俗行动。其身态、语言、思维状况，任何方面都与诸大登地菩萨的本性相同，不能隐匿，自然显露，众所周知。

因此人人都作稀有广大的赞颂说："此子绝对是一尊佛或一大菩萨，发愿在此浊世作教法众生的救怙主，这是无可怀疑的。"从宗喀巴大师住胎以来，诸方境域中，疾病不生，乱事宁息，五谷丰收，财富增长。诸人士也都性情贤善，不起争端，精进善业。如是等情器世间的许多殊胜瑞相，犹如不速之客自动到来。于此断句处作中间插颂：

诸佛悬记再再宣，
具义妙果促成前，
地时父母种血统，
美妙圆满多次观。
文殊童子色纯金，
如意守持妙自性，
由慧所成胎宫中，
所生祥瑞母心明。
菩萨本尊福田中，
成熟徵相妙好容，
如是梦境多番现，
亦与凡夫会众同。
能怖成就菩萨前，
能怖示说于宗喀，
无畏童身我来现。
并示明显之悬记，
是诸人天导师生，
三怙主等及诸佛，
总聚之体决定兆。
再再明现于众中。
由谁加持雨润溶，
地母怀中安住所，
情器功德虽不同，
赛似圆劫⑲无异功。
色身全圆生长成，

从母胸间开门扉，
众生之日诞生时，
天及智根浴胎净。
净居天⑳及慧本尊，
诸护善神同时聚，
赞唱吉祥美妙歌，
同时散花雨降临。
刚一诞生离童性，
所有菩萨摩诃萨，
广大诸行为自有，
定是生生熏习生。
皆言此为众生友，
决是无实众依尊，
尊卑中庸诸有情，
赞说声音震地尘。

【注释】

❶三有：指死有、中有和本有（即受生的生有）。断三有即断生死轮回。

❷密续部：指佛教密宗的事部、行部、瑜伽部，无上瑜伽部。

❸朗达玛：吐番赞普达玛乌冬赞的名号，此王曾毁灭佛教。

❹供养法会：即大愿法会。

❺《莲花遗教》：为莲花生大师在西藏所著。

❻三藏：即律藏、经藏、论藏。

❼提婆达多：梵语音译，意译为“天授”，系释迦牟尼从弟名，常与释迦牟尼为敌。

❽阿旺罗桑嘉措：系第五世达赖喇嘛名。1654 年清顺治九年应召赴北京，1655 年还藏途中，受册封赐金印，遂得正名为西藏等地佛教教主，过问西藏政治。于 1682 年康熙二十一年圆寂。

❾五决定：金刚持五决定特法。即处决定色究竟天密严刹土，时决定乃至轮回未空，身决定圆满报身、语决定大乘正教，眷属决定圣者菩萨。

❿舍卫城：古印度一城名。佛在世时，波斯匿王居于此城，城内有祇园精舍。

⓫外道六师：度六种外道祖师。即即富兰那迦叶、末伽梨拘赊梨子，删阇夜毗昆罗胝子、阿耆多翅舍钦婆罗、迦罗鸠驮迦旃延、尼犍陀若提子。

⓬)四大天王：东持国天王、南增长天王、西丑目天王、北多闻天王。

⓭三衣：出家僧所穿袒衣七衣和五衣。又称三法衣。

⓮罗桑格桑嘉措：同格桑嘉措，见60页注㊼。

⓯摩耶夫人：摩耶，梵语摩坷摩耶之简称，系净饭王之夫人，释迦牟尼之生母，生释迦太子后七日而殁，生于忉利天。

⓰绕迥：藏历六十年周期之名，公元1027年为起算点。

⓱兰毗尼园：为一名胜林园。摩耶夫人游此林园时，以手攀无忧树枝，太子即从右肋而降生。

⓲梵天和帝释：梵天即大梵天王。劝佛所说法以千辐金轮供佛。帝释为三十三天界之主，类似汉地所称玉皇大帝。

⓳圆劫：佛书中说此世界人享受法、财、愿，乐等最为圆满的时代，系远古拘留孙佛出世时。

⓴净居天：天界之一。净居天神，常作护佛事业。

2 宗喀巴大师从削发出家而进入佛门，渐次到前后藏地区，对显教诸法作广大闻、思的情况

如《本生经》中所说：

“俗家如牢狱，
居家病害盛，
所护为烦恼，
所求为苦辛。”

又说：

“若说法行❶误农耕，
居家法行亦不成，
法业本是最寂静，
俗家业务粗暴成，
与法相违有过故，
求利我者谁贪欣。”

如经所言，至尊宗喀巴童稚时，即视俗家如牢狱，又如火坑和蛇窟，家是无穷过患之产生处。由于他心中常怀离俗世而出家的愿望，虽因年龄甚幼未到出家之年，然而急欲进入佛门之心情，使其于土猪年《已亥)年甫三岁时，即在噶玛巴·若比多杰(意为游戏金刚)座前接受全圆优婆塞戒(即居士戒)，命名为衮噶林波(意为普喜藏)。那时，噶玛巴·若比多杰作悬记说：“此幼童将成为第二佛陀，再现于此世。”这是《若比多杰路引》中所说，并出自真正善巧有成诸师的著述中。在这样的童稚时期中，有一次其父迎请法王顿珠仁钦来到家中，法王顿珠仁钦以马和羊等无数财物赠送其父而说到：“请将你的这一孩子给我吧！”其当即应允而大生欢喜遂于土猪年(己亥)将年满三岁的孩子供给法王。从此以后直至去卫藏之前，宗喀巴都安住在法王的近前。最初来法王座前，见有许多人在念诵经典，幼童至尊宗喀巴亦坐其旁边。他阅读经典的方式是：心

略思考，不须教导，自己即能无碍地念诵。在出家为僧之前，法王于“夏琼”寂静地方，设立吉祥能怖金刚、枳布传规胜乐金刚、欢喜金刚、金刚手等曼荼罗(即坛城)，引宗喀巴入坛而为之灌顶。起密法名号为顿月多杰(意为不空金刚)。使至尊宗喀巴入于密宗金刚乘之门中而获得成熟。至尊宗喀巴受得全圆持明戒律和三昧耶(即誓言)后，对诸戒律如爱护眼珠一般而作守护。受灌顶之后至出家以前的时间中，他已将胜乐、欢喜金刚、普明大日如来(即毗卢遮那如来)、阎曼德迦(又称大威德，即能怖金刚)等曼荼罗牢记心中，并且多次勤修枳布传规的“胜乐自入法”。此外还配合勤修“本尊瑜伽”和念诵次第等。尤其遵照上师的指示念修“阿、惹、巴、扎、那”(文殊心咒)很多遍。因此他的住室的石墙上也自然现出许多如同书写成的“阿惹巴扎那”字迹。据说后来有一些不善良的人以各种刀械刮削，以致字迹已不明显了。至尊宗喀巴年满七岁时，一段时间中，每晚在梦中都明显地见到薄伽梵金刚手现身，延续了很长一段时间。尤其是他在梦中经常见到具德阿底峡尊者亲身来到。后来他到前藏时，见到尊者的肖像。他说与梦中所见的一般无二。对于此一情节，一切智克珠杰的著述中说：“梦兆象征后来至尊宗喀巴大师为了复兴西藏已衰的佛教，确如阿底峡尊者再来藏土，开示全圆的显密道次第，使所有应化众生获得成熟和解脱。而成为住持佛教不损之幢的诸师中的顶宝般的大师。这是无可怀疑的。”这种说法是符合实际的。但是这些情节，仅是说梦中之事。此外还有至尊宗喀巴童稚时期亲见本尊和上师，以及听受许多正教法门。如《宗喀巴大师密传祈祷文》中说：

“年届七龄秘密主，
大车轨❷师阿底峡，
经常亲来作摄受，
显现显密皆教授。”

又如一切智克珠杰的著述中说：

“幼年即修佛禁戒，
优越戒律善持行，
生生一贯不放逸，

习力师前我启请。”（“习力”有善良重习之力的上师）

一切智阿旺罗桑嘉措著作中也说：

“世间圆满电闪扬，
苦暗卧处过患张，
轮回黑夜中出离，
初现梵行黎明光。”

这是说至尊宗喀巴童稚之年即能观见世间一切圆满(荣华富贵)都如虚空闪电，刹那闪烁而消逝。难除的三苦❸的黑暗盖覆着正确的功德，正如躺在卧处的众生所生的过患，由来已久。此诸过患若得张明，则意识到凡是轮回处所，任居何处，都无安乐，等同夜黑。从此黑夜中出离而作梵行出家者，即是释迦佛子的无上戒行。三世诸佛也都以取受清净而出家为最上，我自己(宗喀巴)为何不追踪于诸佛清净行传之后！产生这种想法是由于至尊宗喀巴已经过多次良好熏习。由于他心中的良习觉醒，所以乐意出家，犹如进入天界的乐园，生起极大欢喜。他年甫七岁时，即请求拥有教证功海的主宰，无与伦比的法王顿珠仁钦为他作亲教师，请显密全圆的大善知识大元宣努生格(意为童狮)的弟子名宣努绛秋(意为童菩提)为他作轨范师，而正受前节出家戒和沙弥戒❹，命名为罗桑扎巴(意为善慧名称)。如是梵行成为连珠般的行星中的最胜特超的顶上庄严——晶月星王(言如水晶般的月亮成为夜间行星之王)。他对于所接受的戒学的一切粗细诸事，任于何时，都不染丝毫罪过污垢，一切时间中都能精勤守护。关于此诸情节，克珠杰的著述中有偈颂说：

“诸根调柔持戒功，
梵行超仙是圣童，（圣童的清净梵行比天仙更高，相形之下诸天仙亦成了不驯的顽童）
诸仙亦成顽童相，
圣童故成雪域雄。
菩萨童年悲心月，（悲心犹如白净的月亮）
住持僧装袈裟红，
即时抛弃家园乐，
及贪君陀嬉戏风。”（抛弃如月光贪君陀花那样的儿童戏

玩作风）

由于法王顿珠仁钦六师预知至尊宗喀巴将成为大宝佛教的主宰。所以他在宗喀巴幼年时，即将他领来由自己抚育，并传授文殊和妙音母等许多增长智慧的方便法门：授与出家戒，导入金刚乘法门使其成熟，就像培育大宝药树的幼苗那样善为抚养。后来至尊宗喀巴前往卫藏时，顿珠仁钦大师派遣众多的护送人役和管理人员。因此至尊宗喀巴常说，法王大师对他的恩德是极大的。在后期中，至尊宗喀巴大师一旦提及上师的名讳，即刻合掌加额，流下虔信之泪。顿珠仁钦大师圆寂后，至尊宗喀巴大师定期供祀，从未中断，以顿珠仁钦大师为恩德最大的一位上师。

对此法王顿珠仁钦在此略为标示其行迹。如一切智克珠杰的著述中所说，这位法王诞生的地方是在多康东部。童年出家为僧，前往卫藏地区，在涅塘巴·扎喜生格（意为吉祥狮子）等上师座前学习《般若波罗蜜多》及《慈氏五论》❺，成为善巧。继后前往后藏纳塘，在迥敦日饶的大弟子冻敦·日比生格（意为明智狮子）座前听受和研习因明中的《定量论》。那时，他对于理论的破立，略感难明。于是去到夏鲁寺，在自然现出的大悲观音像前，作猛利的祈祷，并且昼夜不断地绕行，直至足破血流。由此生起了最上智能，对于学术明处成为无碍通达者，获有善辩的名声。但因发生顺缘（即生活费用）困难，依靠纳塘的糌粑面糊为生，对经教善为研习。继后他游夏鲁寺辩论场，一切智布顿大师也来到寺中，在僧众会集辩论场讲说经教，他善为记录，获得善巧之名。后来他返回安多，任新衮德色寺（在今甘肃临洮）的堪布。在那一时期中，有使者来迎请他前去担任德哇巾寺（极乐寺）的寺主。他到前藏，虽未得到当寺主的机会，但是获得许多资具财物。他以诸财物对德哇巾和纳塘等地的寺庙和僧众作了广大的承事供养。继后他去到尧却顶寺在大德多敦巴座前专事修行。多敦巴即大德法王桑登巴（意为禅定吉祥），他是亲手创建尧却顶等寺庙的人。那时法王顿珠仁钦将手中所有财物全供于上师（桑登巴）而一心精修。由此生起了寂止（即定）的殊胜修验。此后他返回安多修建了夏琼和夏宗两寺。直至猴年（丙申），他讲说了以《般若波罗蜜多》和《因明》为主的慈氏诸论，以及《二观》和《入行论》等，但是未能如愿得到大饶益。因此他很失意，后到夏宗，推举温波·释迦桑波(为释迦贤)主持寺务。他自己则在夏琼寺中一心专修，获得能怖金刚等本尊真实摄受和加持，亲阅一切极为隐秘的法门并无碍领会，因此他的心中拥有无量现证功德。举例来说，至尊宗喀巴在法王跟前时，法王顿珠仁钦将茶和许多供品命人送往后藏纳塘和德哇巾。在秋季里，法王说："心中记住今天这个日子，纳塘寺中正在供祀我们所供的茶和供品。"至尊宗喀巴将那一天牢记心中。后来送物使者回来时，问询他们，果然如法王所说，纳塘寺在那一天熬了茶。还有一桩事是：法王顿珠仁钦的上师多敦巴在尧寺逝世后，选任绛生巴住持尧寺。绛生巴致书法王顿珠仁钦，并送礼物等。当书信和礼物带到安多后，法王写回信时，在书信上，写的收信人是古汝衮迅巴。近侍启问说："给我们带东西的是绛生巴，回信写给古汝衮迅巴合适吗了"法王说："现在情况发生变化。"带信的人回到前藏时，绛生巴已逝世，那里已选古汝衮迅巴住持尧寺，果如法王所说。如此之类的稀有故事不胜枚举。法王顿珠仁钦将近圆寂时，出现天乐和花雨作为供养。空中传来声音说："他将由此往生北方鼓音如来刹土。"总的说来，法王顿珠仁钦是一位善巧、成就二者兼备的大德，而且是具足无与伦比断证功德的大师。虽然实际上至尊宗喀巴与密集文殊金刚(即上师)是一体，然而一般众生却把他两人看成为师徒。应知此种师徒的联系也是经历多次转生而形成的。

对此情节应作如是赞颂：

"世间圆满(荣华富贵)幻戏浓，
力断本有贪爱欲，
喜入佛教法池中，
急切心情竞业功。
功德之基别解脱，
戒律甘露满心中，
佛教再现救怙主，
天界众亦普称雄。
调柔勤戒枝叶茂，(戒律功德增长如枝叶繁茂)

圆满空前布达峰，
利他甘露瓶透漏，（意为利他众生而洒出瓶中甘露）
成就教证妙林宏。（甘露法水使教证庄严的林园宏大起来）
童年受持显密道，
法轮印相全记胸，
上师本尊坛城海，
真实亲见微笑容。
由义成者大宝师，（藏语顿珠仁钦意为义成大宝）
取为所有言此童，
是众生主如苗护，
观知未来事业宏。
实际文殊金刚慧，
体性虽成一味中，
一般境界见为二，（见其师徒二者）
稀有幻戏各现容。”

至尊宗喀巴继作如是思念——大哉！我佛世尊所善说的正法毗奈耶（即戒律）中说出家后应做的事有二：一、当读经而闻思；二、当舍离（世务）而修禅定。此二事中，最初应作何事？如《经庄严论》中说：“此中最初依于‘闻’而生起如理作意（作意即思），由如理作意中而生起通达正义智慧。”如经论所说之义，至尊宗喀巴心中生起亦知最初须勤奋依止善巧的善知识（即师）闻思佛经的密意大海，而妥善地解决疑团，从而研习修验，始能对一切正、反、取、舍的要点领会于心中。如果不是这样，如愚昧教徒矜骄成性，不加思考地盲修，则如盲者进入不识的道路中，无有进度还将堕入歧途和险处。因此必须彻底研习显密经典。而且亦知在此具足吉祥的雪山围绕着的卫藏疆土中，最初是由往昔次第而出的法王、菩萨和译师、班智达、善巧成就诸大德对于佛教作出了犹如普照明灯般的昌明事业，中间复由善巧、成就二者兼备的诸大德作出了如日月般的光辉事业，因此使佛教不衰而宏昌。从如是恩德中，直至现在（彼前后藏）仍然存在完善而无错谬的佛教法流，因此此土成为出生上千成万善巧成就大德的地方。因此至尊宗喀巴的心中不断地生起思念：对这样殊胜的疆土，无论如何必须做到自己的足迹亲履其地，作清净的闻、思、修学，而使佛教如白昼般昌明起来。他不考虑难以忍受的长途跋涉之苦，对于寻求正法，其急切、勇敢、坚毅的精神，与常啼菩萨(远古一菩萨名)毫无差别。那时上师顿珠仁钦也对至尊亲喀巴加以策动，于水鼠年(壬子年)至尊宗喀巴年届十六岁时，犹如鹅王游入莲湖生起猛利的喜悦，开始了卫藏之行。那时法王顿珠仁钦说："我当向你讲说一法，你意乐何法?"至尊宗喀巴答道："请师赐我以有益的一种教诲，使我牢记于心中！"上师顿珠仁钦当即运来其预知未来的神通力而指示出未来悬记的训诲——最初当闻、思用此种教法；继后当作此种次第；再后当修如是诸教义；最后应当安置众生于成熟解脱之门，使佛教宏昌起来。法王将此训诲作成偈颂传授于至尊宗喀巴。所有教诲的意义，至尊宗喀巴不仅都谨记心中，并且将所有偈颂都记录下来。后来到前藏时，记录遗失，此偈颂大都忘失，但是偈颂的全部意思始终记于心中。至尊宗喀巴大师开示说，后来他所作的闻思等事业次第，都与(法王顿珠仁钦的悬记教诲)相符合。这些教诲偈颂的部分语句还记在心中，兹录如下：

"童子善慧称，(藏语罗桑扎巴意为善慧称)
宿习善业净，
前生法甘露，
饱餐习气存。"

又说：

"般若广中略，
最初当学习，
现观庄严论，
彼论善巧时，
粗通教法情。
亦当暗记心，
继应学菩萨，
道和伟大行，
及经庄严论。
善巧诸友分，

开示轮回根，
涅槃诸法性，
辩法法性论。
远离初边际，
示现中观道，
参辩中边论，
心之净法性，
本有诸众生，
彼即如来藏，
宝性论中分。
此慈氏五论，
能作善巧铠，
广学释量论，
中为定量论，
略则理滴论，
三论如本体，
因滴与关系，
悟他与争理，
四论为支份。
此集量七注❻，
出自师法称❼，
赡洲佛教明，
誉如日月辉。
继学此诸论……”

此间有一些颂词，宗喀巴大师说，已经遗忘。

又有颂句说：

“以汝妙善智，
正见离边分，
若有信解时，
龙树所著作，
中观诸论等❽，

追踪步后尘……”

此后还有余颂，宗喀巴大师说，已经忘记了。至尊宗喀巴大师以这些教训作为教授来讲说的时候，不沾少许尘世间事务情况、事业措施之类的话，而是纯粹讲说佛教，并且不是讲说一般法语，而是在一些偈颂中，对于显密要道之全体，摄略所有闻思修三者作法之要点来讲说的。至尊宗喀巴大师对于法王顿珠仁钦教训的意义，凡是听到的和略为了解的意义，他心中都遵照实行。这样的师徒清净行传，真是令人略一思念即增长信仰！确是思考之后能立刻产生信念的正因。至尊宗喀巴大师住在法王顿珠仁钦近前的时候，研习显密教法的情况，已如上述。此外他还听受了《金刚界顶最胜吉祥》、《法界语灌顶》、《九髻不动金刚》、《五部陀罗尼》及下三部密续❾的经典，而且都能领会于心中。又听受了《黑敌阎曼德迦》、《能怖金刚》、《红色阎曼德迦三法门》、《鲁、纳，枳三师传规》、《金刚手大轮》等许多无上瑜伽部法门，而且都能真实通晓。上师顿珠仁钦教示宗喀巴说：“保护你不受违碍侵犯的本尊为金刚手大轮，使你生起智慧的本尊为文殊及其‘阿惹巴扎那’心咒，使你延寿之本尊为无量寿哲达日，使你成就顺缘(生活费用等)之本尊为多闻天王，在人、非人等的灾害中救护你并使你成就悉地(各种成果)之本尊为智慧怙主六臂明王(又称大黑天)。以上诸本尊也是我的本尊，现在我传授给你，你应当闭关念修这些本尊和不断地供献垛玛(密法中的一种供食)。”至尊宗喀巴依照上师所说，最初的一年中，如实修习，但是继后在前往卫藏的途中，及在德哇巾和察寺求学期间，有时中断。因此最初进入学习法相对，即遇到受用贫乏，有时多灾多病。至尊宗喀巴大师说：“这些灾厄，是由于按照次第对多闻天王、六臂明王、秘密主(即金刚手)等本尊闭关念修和供朵玛回向祈愿等修法中断，未能如上师所说而作的缘由引起的。”此后他就对以金刚手大轮的自入念修为标志的诸本尊法从未间断地精修。在此当知，对至尊宗喀巴大师说来，退失这样的修持，以及因此而有灾害的侵入等事，实际上是不会有的。只是宗喀巴大师为了教导后世众生，如果不按照上师教语去实行，则灾厄就会浸入，因此必须郑重地按师教实行。

这样，法王顿珠仁钦对至尊宗喀巴亲自传授了许多教训，并赐给无数的顺缘财物等。另外，那时法王顿珠仁钦为了护佑至尊宗喀巴起见，特设会供轮⑩，在空行护法前祈求加持。特别是当法王将青稞放置到曼遮盘上时，青稞转变成浮现出一颗发光焰的大宝的形相。因此法王极为欢喜并指示悬记说："你将成为佛教之主宰。"于是在师徒彼此难舍的时刻，至尊宗喀巴郑重地求得上师保佑，而于鼠年中起程前往卫藏地区。那时，至尊宗喀巴从法王上师身前迈步上路起，就由于常时念诵的习惯之力，口诵《文殊真实名称经》而行，骤然思念上师，眼泪如雨水般不断下落，朝上师所在的方向观看时，口中正念到"不还不复来"一句。后来至尊宗喀巴大师曾说："很显然，这是我再不能还乡的缘起。"那时，至尊宗喀巴旅途中的扶助者，是"止贡特哇"的献供官敦玛·仁钦伯，是由他来迎接宗喀巴的。这是《摄传记正论》中所说的。并且《传记信岸》中也说："是同许多安多的客商，还有两位舅舅结伴而去的。"虽是说得不甚明确，但是细察至尊宗喀巴前往卫藏时，最初是来到止贡，迎接他的扶助人主要是"止贡"的献供官，附带也有安多的客商和两位舅舅。对于这些情节，五世达赖喇嘛作有赞颂说：

"童年持有老成心，
由彼发扬佛教志，
前往前后藏疆土，
作闻思修真超群。"

此后，至尊宗喀巴虽经长途跋涉，但是由于他专注寻求三法的猛利愿望，而使他感觉不到丝毫疲劳之苦。他所取的旅途，不是从北道前往，而是从多康南方一带的道路前往的。他在"坝康"一带的"昂曲"（澜沧江上游一支流）与"咱曲"（澜沧江上游）的汇合处，即是现在昌都寺所在地，住过一夜，亲见十六尊者⑪，又在现在寺所在地，亲见贡波（怙主明王）等到来。他预言说："此处将来会有一座大寺庙建立起来。"正如他所预言，后来，果然由他的嫡传弟子即边区宏法的六位宏法大师中的多麦·绛生协饶桑波（意为菩萨智贤）建立寺庙。此即著名的昌都绛巴林寺。至尊宗喀巴渐次前行，于水牛年（癸丑年）年届十七岁的秋季来到止贡吉祥林寺。那时，他亲谒住在止贡寺的法王京俄仁波且，并在法王座前听受大乘发心仪轨，以及大手印五法。《摄传记正论》等书中说，“那时，宗喀巴大师听受了止贡派大多数的教法集要，以及《金刚鬘》和《那若六法》等许多甚深法门。”又如《宗喀山赞颂》中说：

“诸友劝师于贡塘，
求学医药学术时，
未多用力不久间，
宗喀巴获名医位。”

至尊宗喀巴最初的志愿，是为求学诸大经论而来藏地。但由于一些友人的劝说，他前往察地方著名医官衮却加布(意为三宝救护)的近前学习《医法八支论》，牢记于心中，继而钻研印、藏许多善巧有成就医师所说的医规和技艺等。为时不久，他即成为精通医学者。因此在后期中，他患病时，虽延请了十七、八位医生会诊，但据医生们说，关于何症用何药，以及配制药方和凉热等类的一切区别，他们都是请问于宗喀巴大师后，才加以实施的。一些负有盛名的医生都说，由于当时西藏没有比法王宗喀巴更精通的医师，所以他们都到大师的座前，学习配制药方。听到大师所讲的许多药物分类后，他们心中升起了比过去学习多年医学都更大的才智。至尊宗喀巴大师在其地(贡塘)未住多久时间。如他所著作的《本生善愿篇》中说：

“诸取舍处辨不清，
正闻明灯复不明，(不多闻则如灯不明)
若不识途欲前往，
侈谈达到解脱城。
以故当于慈氏论⑫，
六严二胜⑬诸论述，
片面粗略不为足，
一切钻研应细分。”

这是至尊宗喀巴对弥勒怙主和三大车轨论师等在印度成为美妙庄严此世界的大善巧诸师所著的论著，作切实解疑的钻研。最初至尊宗喀巴去到德哇巾大经院中，在德哇巾寺的大宝师涅塘巴·扎喜生格(意为吉祥狮子)和法台格公巴两师座前作结缘的听法(即不作广大听受，仅一两座结下法缘不断而已)。继由大善知识云丹嘉措(意为能海)作主要的诵读教师?大阿阇黎乌金巴作附讲师，而使至尊宗喀巴对于讲授般若波罗密多的论著——《现观庄严论本释》作了很好的研习。仅学了十八日，至尊宗喀巴已将论释所有的字句极为熟习地领会于心中，并且听受了《绛嘉注解》，都能熟练了达。所谓“绛嘉”即是伍由巴的弟子多德伯的嫡传弟子南喀伯(意为虚空吉祥)。宗喀巴大师研习加行等法类未用多大精力，为时不久，对于《般若波罗密多》(指现观庄严论)所有句义，已成为最善巧通者。阿阇黎和一切学友也都惊叹其智力之广大！对于《大乘经庄严论》，至尊宗喀巴过去住在安多地区的时候，虽已熟记心中，但新的讲说等仍须学习，于是去到德哇巾寺。此寺中的绛仁巴上师是一位精通《慈氏诸论》的大善知识。他就在此师的座前，很好地听受《经庄严论》等慈氏论著，而且领会于心中。至尊宗喀巴大师在德哇巾寺中钻研经论时，有一段时间，文殊的化身示现为人王的具德上师索南坚赞(意为福幢)亲莅寺中，至尊宗喀巴获得谒见的机会，并在师座前，听受文殊阿惹巴扎那(文殊心咒)的随许灌顶和枳布传规的胜乐身曼荼罗灌顶，以及宝帐怙主随许灌顶等。仅经过两年的时间，他对于《般若波罗蜜多》(指现观庄严论)的句义，已成为善巧精通者。在木兔年(乙卯年)至尊宗喀巴年届十九岁时，他遍游桑浦和德哇巾等处的辩论场，其才智和教语，在长久的时间中，获得圆满的美誉名声，而成为诸善巧大德心中挂念关怀的对象。这些情况，在《宗喀巴大师传妙花束》中有赞颂说：

“如是两年般若精，
彼诸大德经百劫，
所研之慧师已成，
恰值年届十九春。
桑浦涅塘学源地，
现观庄严作辩论，
诸经合一而讲说，
肃清邪辩教日兴。”

继后，至尊宗喀巴大师想要前往后藏地方，他原想经由仁蚌峡谷直入大路而前往萨迦。由于同路人当中碰巧有一位觉敦人，于是一起经过仁蚌后方的喀普山，经年楚河上游的寨口而来到夏鲁尔，谒见住持布顿仁波且的教政事业的寺主译师堪钦仁钦南杰(意为宝尊胜)。在此师座前，至尊宗喀巴听受了《麦枳胜乐十三尊灌顶》和《红阎曼德迦五尊灌顶》等法。之后他来到了具吉祥萨迦大寺，在萨迦还未举行定期法会的期间，至尊宗喀巴去到萨桑，在班钦·玛底哇·洛追坚赞的座前，听受了各种经教。到了举行法会的时候，他在萨迦寺中辩论《般若波罗蜜多》(指现观庄严论)。接着在该处法会停止期间，他又去到拉堆北方，广游达桑达寺、昂仁嘎绒寺等各辩论场。作辩论后，他去到觉摩隆，在法王·劫勒南杰(意为尊胜诸方)的近前，听受《瑜伽六支导释》等法。前往博冬时顺路去吉窝特寺中，在堪钦巴的近前，听受了《噶丹道次第》的教诵授。继游唉大寺的辩论场后，又去到纳塘。由于昔日绛嘉大师所著《般若波罗蜜多注解》(指现观庄严论注解)中，引用了很多《俱舍》中的段落，难于精读。因此，至尊宗喀巴大师听受了一次《俱舍》后，才获得极大的心得。他又在纳塘的善巧上师邓桑巴的座前，听受了《桑让注解》中讲的关于《俱舍论》的教义。由于至尊宗喀巴的智量宽宏，仅听一次意犹未足。那时，纳塘的一位格西手中有一本《现观庄严注释》，至尊宗咯已得阅此本，对照过去的《绛嘉注解》极为明了而得以通达，因此他心中极感欢悦！并想在梁温巴的近前，听受一次《现观庄严论》的讲说。由于梁温巴的注解中，凡涉及到有关《俱舍论》的内容，都讲得极为清楚。因此他意识到“现对法”——《俱舍论》也应有最善的讲义，他考虑到此点而前往年楚河上游。他在勒宁住了一段时间，并在勒宁寺僧众修陀罗尼法会中，游寺中辩论场，作《现观庄严论》的辩论。至尊宗喀巴年届二十岁的时候，于火龙年(丙辰年)夏季法会中，到哲钦寺，在智王梁温巴·衮噶伯哇(意为普庆吉祥)的座前，听受一遍《现观庄严论》详解，由于梁温巴内心详明，观察锐敏，而且讲说透达，因此有能使听法的有情感动等无量善巧之功德。至尊宗喀巴心中也十分喜悦！那时至尊宗喀巴请求梁温巴讲一次《俱舍论》，梁温巴说：

“我本能讲好，但因此前没有请求此教义者，因此须得作一些准备。又兼我的身体不大健康，必须迅速讲说的《现观庄严论》和《因明》也不能完成。想到我有一位具才智的弟子仁达哇，是一位善巧精通《俱舍论》者，你到他那里去听讲，最为适合。即使不能详广地讲说和听受，那怕是指授(逐字逐句说)一遍也是很好的。”这样，经梁温巴再三谈说，加上梁温巴的弟子中有过去在仁达哇近前生活过的诸人的介绍，至尊宗喀巴在夏季里仁达哇从萨迦来到哲钦的时候，前往听受了《俱舍论》的指授。由于仁达哇不是仅依文句讲解，而是善为贯通论体全义，能使人了知其中的重要性。因此至尊宗喀巴对仁达哇生起了极大敬信！仁达哇所讲的一切教法，至尊宗喀巴只须听一遍，即能完全领会所有句义，而且对诸难点，善作探问。因此仁达哇对至尊宗喀巴也十分欢悦而说道：“对你作指授，必须很好地集中精力啊！”(言稍不注意，即被问出破绽)须知这两位大德，是从过去无量劫以来，直至浊世中，都共同发愿善为住持佛教所有正法，而建树起敦法必要的不陨之幢。他们宿世诸生中，不止一次地信守无上乘三昧耶戒清净香风感得《妙法莲花经》中所说的历代长久受生为上士中的领导者。由于他们彼此如连环套般的连系从未中断的缘故，从一开始，两人即成为最亲密的师徒。

至尊仁达哇大师之声誉如白莲花在三世间⓮中广为流传。他的殊胜功德正如一切智克珠杰的著述中所说：“此师尚未成年时，已圆满了成熟善行的能力。因此如蜂蝶嬉戏般戏论世间八法⓯之烈日已没，如枭乌夜行时憎恨之黑暗已明，扶持佛教之雪山狮子般体力已足。而且他能如寻香城⓰一样观三有，是一位幻现菩萨行者。此师童真出家，对于佛的一切教法，善为研习。除听受灌顶、经教外，他不像现今的格西那样完全依赖他人之口，而是对任何显密经释，只须细阅一遍或两遍，即能连贯论著本释整体之义，各不相混，领会于心中。而且能无碍地引据所有道理以教导他人。尤其是中观和因明的一切理路，后期湮没，名亦不存，在这时期中，他以自己之力开启中观和因明的理路之轨，成为北方诸智者之上首，其所说教语令人获得苏息成为大车轨范。”

关于此师的现证功德；“此师的增上戒行是，远离一切罪行染污，在一切持律长老中，如金山环绕中的须弥⑰巍然高耸。爱他人胜过爱自己的真实菩提心经常存在于他的心中，因此他爱众生如爱独子，想到对其他有情能饶益时，他视地狱猛火如莲花，乐入其中受苦而无畏惧！对于为自利而成就的圆满受用，他视如梦中庆筵，不可凭依。这是他拥有的、一般仅生随喜的凡庸菩萨亦难作到的、卓越菩萨的勇气。而且他获得吉祥密集和胜乐轮的生起次第和圆满次第的极为稳固的三摩地（即定），因此他的共与不共的现证功德，是无与伦比的。由此功德之力，他感得在佛眼前承许誓戒的全不动摇的特殊护法，以及护持善法的诸神前来亲近服侍，并以善哉祈愿词句而对他赞项。当他意识到已临近对他人勤作说法事业的时候，有一天晚上，他真实看见虚空中，有圣龙树和无著等开启大车轨诸师击打四大法⑱鼓之声，响彻世间的稀有征相。此师具足这样的语言难以描述的崇高功德，而至尊宗喀巴最初开启佛经辨了不了义的大车轨范，即中观和因明的理智门路，也是从这位仁达哇大师处获得的。因此仁达哇大师确是无与伦比的师长中的首要师长。”

至尊宗喀巴在这样的上师近前，听受了《俱舍论》的句义指授，没有比这意义更为殊胜的。按照现在的法相师们闻法和说法之规，也是听受一遍。在哲钦的夏季法会之后，在秋季里，尊胜上师师徒(徒即宗喀巴)二人来到年楚河上游的桑领寺习法，至尊宗喀巴在上师座前，听受了一遍《入中论》。上师在讲说中观之前曾经住在这里。那时，获得成就瑜伽自在、善巧五明⑲的堪钦译师绛曲哲谟(意为菩提顶)来到前藏，听说译师将在冬季吉学布达拉(即拉萨布达拉宫所在的红山)讲说《阿毗达摩集论》的消息，而且译师又是当时阿毗达摩教法的论主。因此宗喀巴想无论如何必须前往听受《阿毗达摩集论》。于是至尊宗喀巴于秋末由年楚河上游起程前往前藏，来到布达拉后，请求译师讲说《阿毗达摩集论》。译师应允由极端保密之门(言绝不公开)讲授。但因译师年事已高，须急速返寺，方为合理。在僧徒侍者们劝请之下，立即从前藏动身去后藏。至尊宗喀巴在译师西上之时，正在却仲谒法王上师肖像，虽未能如愿求得《阿毗达摩集论》教法，但也听受了一些随缘传法。在那一年冬季法会期间，至尊宗喀巴来到德哇巾寺中安住。此后去到著名的觉摩隆寺的堪布，名叫洛色(意为智明)的善巧精通《毗奈耶》和《俱舍论》的大师近前。这位大堪布四论师，是往昔诸持律论师中拥有如日光般的美誉名声的大持律师，是住持善知识塔玛巴的大弟子坝底罗阿汉的讲说传承的寺主。由于此师对《毗奈耶》极为善巧精通，因此至尊宗喀巴想从此师而求得最善的讲戒缘份。于是在此师座前听受了《律经根本》和律本释及所有支分等。不仅将此师心中拥有的毗奈耶说规无余地领会于心中，尤其是已生起对毗奈耶的通达。那时，至尊宗喀巴在听经之余，每日不断地从篇首起诵读有箭杆长的篇页的《律经根本广释》十七页，熟记于心中。在这些时间中，至尊宗喀巴在僧众供来斋僧茶[20]的时候，诸僧伽念诵《般若经》时，他念诵《般若波罗蜜多》(智度)，念到“一切法现有而无实之义”，入于等持(即入定中)，而对于僧众念诵的法行和除魔等只字也未记住，一切粗份思流，顿然遣除。入于空明无轨的境界中，一心专注。这样延续到斋僧茶结束，生起了不须用功自然入定的现象。关于此种情景，一切智克珠杰的著述中说：“西藏的为取得成就而修习的人们，其所谓心中生起了最善的究竟通达。但是如与领会一切经义的至尊宗喀巴对比，那样的通达，仅只是心中生起了住心(即定)之善妙感觉——共通的三摩地(即共通定)。须知至尊宗喀巴所通达空性的不共三摩地，不感丝毫颠倒垢染的那样证达，才是为智者所欢喜；而且是难量的功德。”这种说法，真是合理的评论。但是此间西藏许多唯重成就的住持宗派，照他们看来，这话显然有讽刺之语，然而实际上不是那样的。总的说来，获得成就，有共通与不共通两种，仅依寂止(即定)的三摩地，以及互依靠药物和明咒等生起的神通和神变，是属于与外道相共通的成就。因此纵然获得此种成就，如果离开通达空性的智慧，任其定力如何善妙，对生死轮回之根——我执(执有实我)丝毫也不能摧毁，因此它不是最胜的成就。所以至尊宗喀巴大师的著述中也说：

“仅依专注于禅定，(一心专注)
未见能断生死根，(生死即我执)
止(定)道若与智慧离，(智慧即空性慧)
任列未除烦恼生。

真实究竟之智慧，
跨上不动定马身，
是以离边中观剑，
斩断一切执边境。(执著常断等边见)
如理观察之广智，
通达空性智广增，
我亦如是作精修，
盼汝亦能如是行。”(嘱弟子语)

又说：

“住定如空之空性，(住定如虚空之空性与后得如幻之空性二者)
后得如幻之空二，(“后得”从定而起后未住定之时间)
方便智慧能双运，
赞到彼岸菩萨行。
如彼通达片面道，
不能满足善缘程。”(片面之道不能满足具善缘者之规程)

如是开示，是说修得寂止(定)后，须生起通达空性之胜观(即中观)、二者双运(即止观双运)的三摩地，以此来排除我执的贪着境，而开显出空性，于此性中，一心专注(即住定时)。以及从定而起的后得中(即未住定时间中)，随观一切皆如幻想。由修学这样的“住定”与“得”之瑜伽(意为泰然相应)，经久熟习，最后由修习所成慧现证悟空性之义。这才是证得圣道位[21]，即以如是的现证来安立为不共通成就，并且是以依于如是现证所生起的神通和神变等，才能算是获得成就的真正象征。往昔印、藏一切无可非议的大成就者也是如是而证得果位的。除此之外，如果仅依寂止(定力)以遮除粗份的思流，住于明了的定境中，这样的定境，认为是究竟证达，是不合理的。但是后期众生(修习的)大都远离显密经教的闻、思，以及上师教授的了知。有些人虽然承认上师，但自己无修习经验，都是如盲引盲，他们仅修寂止(定)，对任何亦不作意(即不思想)，任何亦不记持，心直住于明了境中。而认为这是通达真实，修到究竟。诸僧徒也以如是之修为是，师徒携手共同跳下危崖险处，这种情形比比皆是！因此一切智克珠杰是为了解救此辈起见，而开示教言的。那些人认为(任何亦不作意)修到究竟是不合理的。昔日无比上师塔波拉杰未拜谒米拉日巴之前，能住于乐明无别的三摩地(定中)十三日之久。后来他谒见米拉日巴，述其有如此这般的善妙三摩地时，米拉日巴对他说："仅以这样的修法，任何地步也不能到达。你修我的脐轮阿通火法㉒，才能得见心之本体。所谓"得见心之本体"即是说通达心之真实空体，面不是说仅能认识心之"明了份"。如是还有帕木竹巴㉓未拜谒塔波拉杰之前?已有住于三摩地一流相继中十四日之久的功能。他来到塔波拉杰的座前，陈述了自己有善妙修法的情况时，塔波拉杰问他道："对于这些修法，你真心认为是修行么?"答："这种修法是由诸师介绍而修炼，当然是修行。"塔波拉杰一手攥拳说道："你那种修法，还不如一把糌粑可喜啊(言无用，还不如糌粑食而有用)！"由此可见，昔日所谓善妙修炼，已成为完全破灭(坏灭)的故事，然而(那种修法)在后世诸大修士中，不仅仍然享有盛名，还有许多的追随者。看来所谓"不知即是痛苦"的话语，正是彼等的写照。又如至尊萨班也说："后期中著名的大手印，是与和尚㉔之宗相同的。"显然此语也是想到此种(全不作意修法)而说的。尤其是现在(著者当时)为极浊恶世之末端，无私清净的佛教，大都衰颓，幸赖至尊一切智宗喀巴师徒的发心和事业之力，而使现阶段中，能有以色拉、哲蚌、甘丹三大寺为代表的一些寺院，对于制戒范围的宽严，以及显密经教讲说和听受的风格等，尚能不衰而常存。并于寂静修持中，也有一些能将所闻教义，如理而修之士存在。除此而外，其他自宗他宗的自命为佛教徒者，大都是为追求此生衣食、利养恭敬、美誉名声、经商谋利等。诸寺院也各存爱憎和争论，仅以帽之红黄及不同的念诵法来认识其宗派，至于教法之主张和三律仪教轨均已弃置，是完全与俗家无别而行之时代，再现于今日，不用说去深山修行者不多，就是家住在山林的修行者也不多得。纵有一些人长年住在山中，但修善者亦仅见少许。有一些略修本尊法，重复念诵数次后，就不断地受到招请去俗家念诵经忏。不用说精修止观和生圆二次第等，已到了连说法的一缕清烟景象也不见的时候了。因此还说得上什么在修习中发生颠倒的错误和险处的疑虑，他们可以坦然心安。设若碰巧生起那样的修验(指不合理的)，大概是善妙的成就，是否修到究竟，也不可能有谁来谈论。因此真是可以自骄！但愿他们取持这“最善修法”(以上系著者感叹而作的讽刺语)！

再说至尊一切智宗喀巴大师，对于那样修验的三摩地，虽不作重视，然而他对于闻、修二者不趣向于一面，从闻、思的阶段中，其所听受之“止观”等教义，能如理而修，清净安住。这确是(闻、思、修)一并精勤而作之清净象征。对于那些一生住在山中装作修行之辈说来，单单不须励力的三摩地也难生起。已为现实所证明(言不是造他们的谣言)。因此应知至尊宗喀巴这种将闻、思、修一并精习而成功，确是优越之功德，极为稀有之处。这不过是以插叙方式来略释疑虑而已，最后仍然书归正传来说。那时，至尊宗喀巴大师已将《毗奈耶广释》四十余卷完全领会于心中，由于灾障，上身发生重病，他去到堆垅河谷一位精通乌金念修法的人那里，求得秘诀而修习，未能见效，又去到德哇巾寺，尽量治疗，亦未奏效。由于德哇巾发生诉讼和乱事，使至尊宗喀巴心生伤感，他同一些僧人，遂前往后藏。他原想前往萨迦，由于途中遇到严寒气候，长途跋涉，极为辛劳，只好经欧弥的山沟来到勒宁。至尊宗喀巴那一年冬季住在勒宁，有一些在勒宁的求学者和一些前来服侍的人殷勤启请大师说法。在这以前宗喀巴大师虽未专门阅读《阿毗达摩集论》，但是那时他仅略阅其文句，全文意义顿然显现于心中，他遂按照阅读次第对他们传授一遍《阿毗达摩集论》。

至尊宗喀巴大师二十二岁时，土马年(戊午)的春季里，经纳塘而来到萨迦。那时，上师至尊仁达哇在萨迦寺中听受《道果法》，师徒相会，从此至尊宗喀巴就在萨迦仁达哇近前住了十一个月的时间。尊胜上师(指仁达哇)在听受《道果》等教法的同时，对至尊宗喀巴认真地讲说了一遍《阿毗达摩集论》。除此之外，当时至尊宗喀巴主要研习《量释论》，同时也听受了《入中观论》等的讲解及《律经》等的诵传(不讲说，诵经文一遍而作传授)。在上师多杰仁钦(意为金刚宝)的近前，听受了萨迦传规之《喜金刚续第二品》的讲解。又在由尊胜上师所介绍的夏尔拉章的一位精于教授秘诀的密宗老格西近前，求得秘诀。又去到仁钦岗宫的后面，念诵中性字“哈’音等法门，念了数遍后，即将过去所患的上身病痛，从根祓除。继后师徒诸人从萨迦去到拉堆北方的昂仁寺院中，春夏两季也都安住昂仁。尊胜上师写作《阿毗达摩集论广疏嘉言海》，当依次著完时，至尊宗喀巴也将广疏领会于心中。他又请求上师详细讲解大论《量释论》，很好地听受了一遍，此外他还听受了《密集根本续》的讲解和《五次第》的导释等许多教法。

在那年秋季里，至尊宗喀巴听到从家乡进藏的客商捎来了供他生活的各种资具的消息，为了收纳这些物资，他就从昂仁经萨迦而回到前藏，收纳了寄来的诸物。那时，因友伴和许多一同学法的人劝说，加上大师之母从安多也再三捎话请求他还乡一晤。因此至尊宗喀巴生起了回安多家乡之念头，来到墨竹拉隆地方，练习一些安多地方需要的秘诀教授，一时间至尊宗喀巴突然想到这样做是没有必要的，现在我要立下决不前往多康和家乡的誓愿。他这时生起了猛利的厌烦心情，立即决定不去安多地区。

在写这些史事时，有一段情节虽不见于诸传记书本中，然而是前代诸大德流传下来的说法，“大师之母从安多再三请求大师必须回乡，最后一次，大师之母寄来如海螺一样雪白的一缕白发并附言说：你应当想到我的年岁已经这般老迈，求你必须回乡！至尊宗喀巴回信说明回乡障难大而意义小，因而不适宜于回乡的理由，同时附寄了一轴大师自己的画像。寄到家乡后，大师之母刚一展开画面，其像即发出‘阿妈’叫声。因此大师之母的心中，生起了如同亲见至尊宗喀巴的敬信和无量欢喜！”揣想这是合量(即合情合理)的说法。

此外，一切智克珠杰作有如是赞语：“总的说来，上师(宗喀巴)的天生现证功德之体(先说有天生的功德之体)，从其难以数计的枝叶繁茂的大檀香树上滴下来的全是与生俱有的芳香，而不沾一点造作因缘，能涤除生死轮回烦热的龙脑露滴(其次有诞生地自然生出的功德之树)，每一露滴接触心闻，都能开出稀有传奇的灿烂花朵(继后出现的功德史事犹如灿烂花朵)，仅一朵花亦能作用线串连的美丽耳饰(耳饰喻名声，言每一事业功德都能传名千古)，同时对功德林苑生起信毛竖动之花穗(对功德林起信时，汗毛亦竖动起来，如花穗之动摇)，能排除坚定意志之退失(具信意志才能坚定)，由诚信之力而成的赞颂，决非随便而能成。由于这样的现实的因素，(要写全面的赞颂)是难以想象的。”又说：“特别想到至尊宗喀巴大师对于利养恭敬、美誉名声，以及世间的任何圆满受用(荣华富贵等)，甚至梵天、帝释的美满享受等，不仅没有生起过贪恋之心，就连现前得到的任何圆满受用也毫不动心，他将那些受用最后变为最大的除尽贪爱之力而作修道之助力。这是诸大德依赖于正知正念之钩以制服心中狂象修行时，最难作到之处，这在大师虽是事先丝毫未作思量，但是别人对他所作利养恭敬、美誉赞说，以及以广大的殊胜财富而作供养等，任何圆满受用，他都由那些受用最后生起‘诸行无常’(一切活动没永恒性)的思想。尤其是对于一切无救助者他常怀救抚的悲心。至于对一切佛子作利养恭敬的诸信士，犹如彼此竞赛争相周济。大师对于其他贪爱和随顺贪爱之事，均视为不合理，而且也无增长的机会。这是大师生来具有的功德，而不是此生用‘对法治’(如以慈心对治嗔恨)新生的。”大师曾说，别人对我陈设妙好的座位以及任何的利养恭敬，在不须专为此思想的时间中，我想这一切都是无常的，不可信赖，犹如幻术的诱骗，从内心生起一种猛利的厌烦而视之为账债。这种长远的思流，是我从最初就具有的。

“这种极为高超的殊胜证悟，纵是一少部分，亦非西藏许多著名人物所能与之比拟的现证功德。法王佛世尊观见必须截断‘有漏的’(有烦恼有生死称有漏)世间圆满受用的贪爱洪流，因此想到‘对治’彼流，才多次地开示大小乘诸经教。除佛以外的其他诸人更何待言(言更应截断此贪流)，应知对诸比丘来说，最低限度在必须坐于宝座上时，亦应当想到用无常‘对治’等学处(即教育)制规之门，而进行其事(受用其座)。所以说这种超行，是能使诸智者生起喜悦的最稀有超越的传奇。”以上克珠杰大师的说法，确是决定意义的真谛。又如其他书中说：“在此浊世中，由于众生大都追随无益之事，因此对于一些潜在的碰巧而获得的通达，以及一些与魔术相结合的小神通和对他人表演出一些有益或有害的功能，如是种种凌乱的小成就，尤其是如果来一个能嘘嘘作响者，如是等人常吹嘘为高超的现证。许多贵贱人等都被迷惑而受骗。实际上所谓‘现证’是说他们甚么也不认识，纯粹是愚昧无知的表现。应知所谓‘现证’是说内心的现证殊胜功德。因此这样的现证功德：主要是在自己所承许的三昧耶和从未抛弃戒律的基础上，由修验生起出离心、菩提心、清净正见三者。在现今时代中，最低限度，只能生起真实的(不待造作的)出离心，也可以算得最好的现证。为什么这样说呢?由于心中生起完全合格的出离心，也必须对一切‘有为法’㉕知为无常(无永恒性)，对一切‘有漏法’(有烦恼有生死的)知为痛苦，而能领会上自‘有顶’㉖下至无间地狱(痛苦无有间断)所有生死轮回之处都视如猛火炽然的深坑，而对于世间轮回中的任何美满受用，决知其无丝毫意义，从心中深处反倒其贪恋(生起厌离)而常时不断地生起希求解脱之心。”因此至尊宗喀巴大师也曾说过：

“对于世间诸美满，(荣华富贵)
刹那迷恋亦不生，
昼夜希求解脱心，
生时即为出离生。”

关于心中生起出离心来说，设若如我(著者)一样，心中不能产生依据对治法专思生死轮回的过患，以及还未努力由猛利祈祷上师和三宝，而作广大的积集资粮，忏悔罪过，更说不上必须抛弃从无始以来习染的恶心。至于尚须生起菩提心和清净正见，其中的困难，是语言难以尽述的。总之，应在“道之三要”(出离心、菩提心、清净正见)的基础上，努力修共通的止观法门，以及修不共通的(密宗)生圆二次第。这些修验生起通达辗转增上时，才能认为是具足证达和获得最上成就。但是对于后期中狂妄地自称为最上现证者和粗鲁妄为者来说，如果不加细察，或许可以认为有个别人有出离心、菩提心和通达真实的智慧(即正见)等，然而若从根细究，这些的体性，以及最初心中生起之方法和生起之量等，如果问于彼等，能否从头到尾说得出大略记事过程时，他们大概不过如谚语所说“不须走到达隆寺(达隆迦举派祖寺)，旧衣底下能看见(言不合事实过程的胡说)”而已。假设对此情理和过程都不知晓，说修而能使心中生起通达的话，那真是兔角的同宗(言与说兔有角同是一类的话)。当知即以世间诸人来说，欲得秋收，也须作好春季的农务。因此连出离生死轮回的情理也不能知的通达，任它怎样高超，也属于轮回众生的通达，而不是较此更完善的通达，这是合量的理智所决定的。至尊宗喀巴大师，是一位不仅执著于高超的证达，而且秘密隐潜其现证功德的圣者。虽是这样，然而如至尊萨迦班智达所说：

“圣者功德虽潜隐，
世间普见其光辉，
豆蔻花开虽掩遮，
芳香之气仍四溢。”

至尊宗喀巴大师具有多生修行重习之力，所以连一般应化有情的眼界，也能看出他不像其他诸人须依对治法而专修?就能真实地领会一切有为法皆是无常?因此对于任何世间美满受用，他视如毒窟之窟。无须用力就经常自然而然地生起真实的(不待造作的)出离心。这是他人所难以比拟的卓越的现证功德。这些功德，决不是如上所说那些自命为最上的证达者所能比量其百分之一或千分之一的。这是追随于一切智克珠杰的言论的情理，而作一些说明，仍须书归正传来说。

继后，在那年秋季里，至尊宗喀巴在墨竹拉隆寺的上师索朗扎巴(意为福称)的近前，听受了许多经教。中间有一段时间，他闭关修持，在修持的空隙中，阅读《量释论》的《解说理智库》，阅读到第二品中开示“道之建立”的情况，因此对于法称论师的学说和理路，猛利地生起了不可抑制的无量信仰!据说在那一年秋季安住的时间中，他一阅读《量释论》时，油然生起信仰，汗毛竖动，止不住信泪长流!这在宗喀巴的《本生事记》中有颂说：

“此间北方因明学，(此间北方指西藏)
习与未习同声张，
量与七注[27]著作中，
有无修行道次第?
文殊开示于陈那[28]，
著此量论于未来，

将成众生之目光，
所示教盲亦成量。
见得说理极卓越，
尤其观察彼理时，
集量论中礼赞义，（《集量论》为陈那论师所著）
由顺逆次量中扬。（顺次宣说十二因缘，逆次还灭十二因缘支）
探求解脱之义中，
我佛开示成立量，（以量成立解脱之义）
彼中唯示解脱岸，
获得决定于二乘，（对于解脱之义获得决定）（大小二乘）
道要全融理路倡。
善作超出获欢喜，（由理路中脱颖而出）
思此情已有主张，
至尊智藏恩难忘。”（至尊智藏即文殊）

应知昔日此间雪域西藏，对于《集量七注》诸论学说之建立，做抉择时，仅认为是一般共通的论义而已。贤愚人士大都一致同声宣说它（量论等）不是开示趣向解脱和一切智的道次第的理论。但是一切智至尊宗喀巴大师以清净无垢观察智对因明学说总纲和内容，如具德陈那所著《集量论》，及法称论师所著《量释论》等著作，细究观察时，他心中领会到从诸论理路中完全无误地开示有修行大小二乘的道次第。因此他对于著作论本的师徒（师陈那，徒法称）诸人，生起了真实的（非造作的）猛利的信仰！这显然是说因明学说不仅只是解决外面的见闻，而且是修行的教授，那时至尊宗喀巴心中深处已对此生起决定。这些情节在《宗喀巴大师传鲜花束》中有颂说：

“一切说理师，
顶宝师法称，
对其论理路，
无量信仰生。”

又在那年冬季法会中，至尊宗喀巴住在德哇巾寺中时，有一位蒙古皇帝的皇子致书大师并供献礼品等，至尊宗喀巴大师复信说：

“身当思及为利他，
非为豪华美丽装，
耳应听闻嘉言说，
非为金环美饰样，
手为进行布施用，
非图美镯响叮哨，
谁能胜彼由百福，
成就崇高之人王。
无过智海从底出，(从心底深处)
福善金垣绕全场，
王如四洲须弥山，(如须弥山在四洲中巍然尊严)
无量功德炽威光。
邦君为思利他众，
热情致书来藏疆，
善为请求妙语流，
流入众牛耳海扬。
尔时运用政教理，
邦君热忱如是说，
负荷置众于安邦，
稀有语言胜他强。
吉祥俱胝灿烂星，
为除天空盖覆云，
恭敬虔诚而祈祷，
如愿能满之本尊，
王以慈心对民众，
所有如法治政情，
愿如高阳不堕陨，
乃至如月上弦升。

兹于蒙古皇帝皇子之驾前，罗桑扎巴(宗喀巴大师名讳)敬上复书及聊表礼物之白净帛绫一匹。详细情况，由格西索朗嘉哇(意为福胜)详陈。十二月二十七日，由德哇巾大寺谨上。”那时，元帝妥贴睦耳虽已逝世，宗喀巴大师以洁白柔软的净帛一整匹聊充礼品，预示着至尊宗喀巴大师的教法将遍宏于蒙古疆域的缘起。这是至尊宗喀巴最初寄往蒙古区域的书信和白绫礼品。

在春季法会未到以前，至尊宗喀巴想要周游各辩经场所，因此阅读了一些经论。年届二十四岁时，岁次金猴年(庚申)他前往后藏，来到纳塘。上师译师邓桑巴(意为义贤)著有一部《量释注疏》，命至尊宗喀巴无论如何必须听受一遍，至尊宗喀巴遵命听完此疏。在夏季法会中，至尊宗喀巴在纳塘作《量释论》和《上下对法》及《根本论》等的巡回辩论。那时，纳塘最初有翻译论本的设置。在那一时期中，至尊宗喀巴在至尊仁达哇的上师、大乘法王、衮噶扎喜(意为普庆吉祥)的近前，听受了《萨迦传规的上师瑜伽》和《萨迦毗哇巴的甚深护持法》，又从无等上师朗喀南交钦波(意为虚空大瑜伽师)近前，听受了《苏噶悉地法门》等。这些情况，出自《宗喀巴大师传黄金鬘》。继后，至尊宗喀巴听到上师仁达哇大师秋季法会时将来到博冬寺的消息，遂去到俄尔寺，在上师译师朗喀桑波(意为虚空贤)的近前，听受了《诗镜》的解说等。主要在尊胜上师座前，听受中观、因明、对法、现观庄严论等。又在杰准巴座前请求能听一遍《现观庄严论》和《毗奈耶》以满殊胜愿望的缘起，得到上师允诺，听受了一遍。那时，除有《入中论》的讲说外，至于《中论》等中观诸论，尚未发现有听受过他人的讲说者，只有从纳塘堪布衮噶绛称(意为普庆幢)那里听受中观诸论的论文诵授(不讲只念论文作传授)。由于这位堪布的大辅座，是过去曾任中观辅导师的人，因此说他有中观传承。又在德哇巾寺的上师绛仁巴的近前，听受过中观诸论的论文诵授。显然绛仁巴是从至尊上师近前听受的。据说至尊上师的中观诸论的诵授是从章谟伽寺主上师却协巴近前听受得来的。而却协巴又从纳塘·协生座前听受而得此诵授。总之，那时至尊宗喀巴大师师徒等人，不用说听受中观诸论的讲解，就连听受中观论文诵授的地方也极稀少。当知现在各人求学教义的时候，到处有无碍求得中观讲解和诵授的地方。这些仍然是至尊宗喀巴大师的慈悲心的遗译流芳！仅此恩德亦是难以衡量的。

继后，至尊宗喀巴师徒一起来到萨迦，宗喀巴大师在萨迦作如上所说的诸大难论的巡回辩论。那时虽有可以辩论其他十多部经论的场所，然而那时当地的诸辩论场，还未有提倡辩论其他经论之规，因此未开许辩论其他经论。于是至尊宗喀巴立即往前藏，在春季(三月)初十日从贡塘开始，次第周游桑浦寺、哲寺等诸大辩场，由于早已辩论完《现观庄严论》(以此代表般若波罗蜜多)，只好作其余四部难论的巡回辩论。那时，前后藏诸大寺院中，所有如大海般广泛的善知识、三藏法师们，也都从至尊宗喀巴大师的智库中，领赏其嘉言新宴，而心满意足(言其教言如新设美宴，令一切智者饱尝而满意)。从其智慧妙臂的手中伸展出具力的理智和手爪，其威力令难调服诸人，心惊胆战(言其理智可以驯服矜骄难调的人)！其深广的智慧大海中，早已调柔平息矜骄我慢之浪潮(智到深时意气和)。因此，人们普遍对他生起信仰而汗毛竖动(衷心生信时汗毛亦竖立起来)！一切世间人等当时都在惊服其稀有的教语而开欢喜庆宴，其美誉名声之幡，广泛飘扬于三域[29]”之中。

关于这些情节，一切智克珠杰著有赞颂说：

“志如满月是师心，
佛教甘露吉祥成，
正论途中开智步，
由师布置无息停。
万善之本师正论，
我已全见如日辉，
彼是正法甘蜜幢，
贤缘受用来蜂群。(具贤缘者如蜂群咸来受用)
观见轮回诸美满，
犹如毒蛇舞舌锋，
贪恋乡土之缠缚，
与出胎网同解松。(言天生无世间乡土等之贪恋)
如贪美乳妙容颜，
少女媚眼弄姿容，
夺取能仁正论蜜，(释迦牟尼经义如蜜)

师心亦如贪蜜蜂。
理智锐爪破诸方，（言以理智破驳诸方邪说）
获得休息象顶上，（如以锐利爪钩制服狂象而得安息于其顶上）
以师广智观全场，
一切所知亦少量。（言智大感觉不知的事物不多）
师之善名如美璎，
美女项饰增光荣，（喻美德诸人尊师如宝贵项饰）
结合赞师此世间，
一切往事如佛成。”（愿作诸事如求取成佛那样）

起初这些功德，主要是从波罗蜜多乘(即显教)开始，其次广泛地寻求多闻，这仅仅是从主要的粗略的方式而作安排。然而决不是认为仅凭信这一些即可满足，还要运用广详而深细的智慧再三地作观察和理解。这在下面将次第详说。至于至尊宗喀巴大师对于诸大经论进行闻思的情况，则与现在的求学者如我(著者)和与我相似的诸人的一切情况完全不相同。我们求学的规则，大都是仅记持各自宗规的总义和辨析，依靠所阅读的书本。与他人争辩时，主要是以缺乏意义而且纠缠在字面上的一些枯燥无味的陈词滥调来破斥敌方(即对方)。自己立宗(即立论义的主张)时，主要注重保持前后的许诺不相矛盾，在任何立宗辩论时。全不重视对论义的了解。而且对于印、藏诸大论典,阅读过的人也很多,有一些人对于至尊宗喀巴师徒(徒指贾曹杰和克珠杰)的全集等,装作阅读过的样子，然而由于论集的语义深刻，他们大都未能真实懂得，因此畏缩而怠惰。以后一见书本，就感觉恐怖而毛骨悚然！又有一些心思锐敏者，仅能片面了解，就以此为满足，而不努力作彻底的通晓。他们是在这样的情形当中，消磨岁月。某一时间，他们提出一个或大或小的命题，获得格西(学位名)之名以后，自己便臆度已达到闻海的彼岸，遂对经论教义，连观察一下之心思也没有了。本来显密二者，应当互为助益，但是他们求得一密法而引为自豪时，便揣想显教的一切闻思都不需要，将其抛弃。不仅如此，对于闻、思显密经论的成绩说来，是必须将所闻之义，皆作为教授而作实修。若舍离此途，其闻思之果，不过是追求今生的名位、声誉、受用等。此种情况，显然是我们大多数人的传统作风。因此，以我们所闻思的那些教义，最后目的只求达到在心中种下少许智慧法身的习气，自己已成为任何奇特的东西也未学习、任何知识也不知道的人。这样要想能成就暂时解脱轮回的方便，其长进也是极端困难的！既是这样，更何况现在已成为恶劣浊世之末，所有闻、思、修三者的事业更为衰败，其他一些宗派，连戒行和闻思之名也已没落。就算有一些人胡涂地修习一下，也不过是像主巴法王阿旺桑杰多杰(译意为语王佛金刚)所说的那样：

“勉强修要所得果，
修验亦是黑昏昏。”

除此之外，以应舍和应取之处来说，仅粗略的理趣，多数人也都迷惑不解，在这样的时候，我们对于闻思经论，仅进行一些影像的习染，这也算是极为幸运之缘。现在还有的这一点修行，若不是从至尊宗喀巴大师的恩德而来，其他又有谁来作呢?此种情节若以正直心来观察，是能懂得的。所以应知至尊宗喀巴大师所作闻思的情况：从最初发心的阶段，他即涤除了对于大宝佛教不了解和颠倒思维的垢染，而意识到必须阐明所有清净教法的心要，使其如太阳一般光辉灿烂。由于他经常拥有如是勇猛的誓愿的毅力，对于任何一种经论进行闻思时，他不是仅满足于一些零散的经论的解释，而是对属于该经论的印藏智者所著诸论，尤其是导师佛世尊自己所预言过的以大车轨为表率的赡洲六严二胜等印度诸师所著一切大论，正确地阅读，经过多番思察而领会于心中。

以他研究般若波罗蜜多的阶段为例子来说，他对于《二庄严》(即现观庄严论和庄严经论)、《二辨》(即辨了不了义论和辩法法性论)、《宝性论》、《般若释疏》、《般若八千颂摄义》、无著所著《自性决定论》、世亲所著《二万五千颂般若释》、圣解脱军所著《八品》、大德解脱军所著《二万五千般若释》、狮子贤所著《般若明义》、《八千颂广释》、《八品摄义》、佛智所著《般若注疏》、辛底巴所著《般若正义》、《八千颂释》、无垢友所著《般若心经释》、莲花戒所著《金刚经释》、世亲所著《庄严经论释》，大德无自性所著《现观庄严论释》、克什米尔连纳西所著《现观庄严论释摄义》、安惠所著《释论》及《辨中边论释》、《辨法法性论释》等各种论典，并对与之配合的诸贤者的论文和论文解说等，都特地和具足观察力的诸人一起辩难，由详察细省之门，而作抉择，并且不混杂西藏各别的异才所粉饰的讲规，清晰地领会于心中。

以他研习《对法藏论》为例子来说，他对于《俱舍论指导》听受过五、六次，对于《俱舍论自释》以及佛子名称友所著《俱舍明义论》、满增所著《俱舍论广释》、《随相论》和《阿毗达摩杂集论》等听受和研习过许多遍，尤其是对于《上下对法》的共通与不共通的所有分别，都极为善巧精通。

其次以他研习开示教法内藏——别解脱戒的法类为例子来说，他对于结合《律经根本广释》的讲解，听受过许多遍。并对法友所著《律经广释》、功德光所著《律经略释》、妙友所著《律事广释》、阿阇黎律天所著《律分别句义释》、戒护所一著《阿笈摩杂事注》、无垢友(亦称净友)所著《别解脱经广释》、罗汉氏宿天所著《别解脱经花鬘贯释》、释迦光所著《沙弥颂释》、律天所著《沙弥五十颂》等所有印、藏的律典之义，关于遮止、成立、开许三种制规，以及遮戒、守护戒法、悔改法(即犯罪补救法)等任何论典，他都已消除不解、误解、怀疑和臆造等一切垢染，而获得彻底的定解。

其次以他研习因明学来说：他对于《因明藏论》、《集量七注》、《量论自释》和《集量论自释》(以上二论系陈那自著)，《量释庄严论释》、天、释迦、婆罗门三者(按原文译出，作者不明)所著《因明入正理论释》、《量决定论释》、法胜所著《因明正理一滴论释》等论典，以及此诸论的自释、讲义和指导等论著，他经过多番听受，肃清了一切邪说。所有智者悦意的正论要义，他都能领会于心中。

对于这些研习的情节，至尊宗喀巴大师自己也作有偈颂说：

“尤其目睹诸事物，(旧译‘诸有法’)

抉择其性唯一门，

正理论中之难处，
多番勤奋屡研深。”

继此又有人作偈颂说：

“显密经论虽屡习，
若说实修深义时，
未学正见成无知。
未经久时从见理，
得见龙树论义旨，
深微理路作分析，
引申正见要扼质，
善为研习断疑系。”

这是说至尊宗喀巴大师观察到若不善巧精通远离二边的中观道，不仅不能趣入一切智佛位，而且亦不能掘除生死轮回之根。因此抉择真实空性，成为最大之要义。然而它必须依靠怙主龙树师徒所造的理论。于是他对于《中观六论》、《四百颂》、《四百颂释菩提巴里达》、《中观心要自释》等，以及《思择焰论》、《般若灯论》、禁观所著《般若灯论释》、《入中观论自释》、《中观根本明句释》(后二论系月称著)，乍雅阿南达所著《中观论释》、《二谛论自释》、《入行论》、《集学论》(此二论系寂天所著)等梵文藏译本，对西藏方面写作的一切属于中观论的密意解释的文句意义，他都不厌烦地作听受和思考。尤其是对于抉择中观“应成”和“自续”两派的一切区别，及其中“应成派”不共(不同于他宗)的主张，以及一切真实究竟的理义门类等，他都很好地领会于心中。而且他思索这些大论时，不是仅仅粗浮地读一两遍论文和了解一些所记持的句义，而是对于直接和间接开示的一切要义，以及辩论时发出智理的情况，立论与论义不相矛盾的情况，实修时与心相合的情况等，那怕仅仅是一句之义，当发生了怀疑和猜测时，也不轻视而弃置，而是向诸智者探问，并以辩论和研究来作出抉择。他特别向与本尊无别之上师祈祷，请求加持，以求彻底了解真实义于心中。尤其是至尊宗喀巴大师在研习显密经论时，对于经论彼此所联系的释论等，他每日不断地阅读十七页每面有长行十行的经籍，牢记于心中，所记持的文句，从不忘失。这样的智慧锐利、精进不懈和具“不忘陀罗尼”（系一种密咒，修成后能不忘一切）的功德，是难以衡量的。如上所说，至尊宗喀巴大师在桑浦和德哇巾等前后藏诸大寺院中，作巡回辩论，非止一次。这不是为了夸耀宗喀巴大师的智能功德，而是如格言中所说：

“水流大海不厌足，（喻不自满能容百川）
宝藏王库非夸富，
妙欲受用不厌足，
智者格言不厌够，
格言虽从愚者出，
彼诸智者安接受，
若能发生妙芳香，
兽脐麝香亦应取，”

还应想到，由诸智者所说的空前论著，是怎样产生的？很显然是由闻不厌足的本性而来的。因此之故，一切智克珠杰也作赞颂说：

“对于佛经说句义，
是以无碍观察智，
常勤寻求其善说，
广大智藏前祈祷。（广大智藏即文殊宗喀巴）
不以语泡为满足，（语泡即空话）
俱胝智者难知处，
是以微细无垢理，
普照诸法我祈祷。”（“普照”指至尊宗喀巴大师）

因此，应知仅以至尊宗喀巴的闻思史迹来说，我们虽经数世努力，也只能学得其少部分，这是量（论理）所决定的。对于如是美德，应由衷地生起敬信，发愿“于未来一切转生中，能得文殊怙主宗喀巴上师亲作摄受（即护持之意）。依止于怙主上师，追踪其史迹，能如理学习。而且不是空言，并能极勤奋地常作祈祷。”《松巴堪布佛教史》等著述中说：“德哇巾金刚瑜伽母所作悬记说，班智达帽变金色（班智达帽原为红色，帽顶尖长，左右有飘带）。”这些情节前后都与卢梅大师[30]等往昔持律诸师的史迹相同。尤其是从

"戴金色帽"语句说来，对于凡是至尊一切智宗喀巴的宗风，普遍传称为"住持黄帽冠冕者"的说法，是从此而来的。

于此断句处，作中间插颂说：

众生时暂永，
得安药王树，（能使众生暂枣时间中，得安乐者为药王宝树，能除一切痛苦意，即是佛的善妙经典。）
彼即佛妙论。
但被浊世蛇，
缠缚正道果，
害被噬吞，（大鹏金翅鸟为杀灭毒蟒之王，喻宗喀巴大师）
大鹏见王已，（喻宗喀巴乘愿而来）
盛气突来临。
正当年少如初月，
有志美女皎月魂，（喻白净善法）
十五兔影亦竞争，（月中兔影喻争相求法者）
大德师是教莲亲。（睡莲亲友即月光，喻宗喀巴是佛教之月光）
大宝教法作扫净，
知须依赖闻修业，
先须多闻细思导，
急切寻求善妙论。
庄严安多如莲尊，（能庄严安多地区如莲美洁的尊师宗喀巴）
为采善巧成就蜜，
现见佛日吉祥城，（卫藏是现起佛教如日光辉的吉祥地方）
安抵卫藏净土境。
般若理论之三地，（这是指大乘圣者三地菩萨）
以观察步同时行，
轻易量知美名声，（宗喀巴大师具有不须努力即能量知其理的美名）
超越周匝众山城。
对法难处如网结，

详细分析理指明，
能得解结智无伦，
皆说世亲再来临。（赞宗喀巴为世亲第二再来此世）
律经句义宝鬘论，
皆说世亲再来临。
律经句义宝鬘论，
三量观察㉛严智喉，（以三量观察如庄严项饰般重视）
师与持律优婆离，
细思确是无区分。（宗喀巴与优婆离无区别）
运用破立微细理，（以能立和能破之理）
能断邪说之树林，
能说因明多种论，
一致赞师比法称。
谁能摧坏执边山，
离边中观理智峰，
拥为我有是龙树，
获得安息法界中。（是龙树获得中观理智于空性法界中得安息）
昼夜寻求妙论丛，
全无疲厌精进中，
所有功德能容器，（指宗喀巴所有功德）
三千世界亦难容。
对于一句一字义，
未作轻视不放松，
多番观察诸法义，
获得无畏权位功。（宗喀巴通达法义如狮王无畏》
善妙嘉言狮吼声，（宗喀巴之论说如狮吼声）
智者群中传威风，
尔时邪说狂象群，
心裂舌僵同命终。（同时丧亡而无一存）
还有多闻不厌足，

常求正法无怠容，
犹如大海能归纳，
百川细流入其中。
如是怙主师事业，（宗喀巴大师之事业）
彼此敬赞相竞踊，
再再思时信由衷，
心与喉声续赞同。
师之事业虽少份，
此生亦难学习中，
但愿来生师摄受，
追踪史迹步德风。

【注释】

❶法行：详见第 60 页注㊹。

❷大车轨：义同车轨，详见第 3 页注❼。

❸三苦：痛苦、坏苦和行苦。

❹沙弥戒：男子出家应受的三十六戒律。

❺慈氏五论：相传为弥勒对无著所说《现观庄严论》、《庄严经论》、《宝性论》、《辨法法性论》、《辨中边论》等五论。

❻集量七注：系古印度因明论师法称发扬陈那（即方象）所著《集量论》的七部注释。即《释量论》、《定量论》、《理滴论》、《因滴论》，《关系论》、《悟他论》、《诤理论》。

❼法称：印度大乘佛教瑜伽行派论师，主要著作有《集量七注》。

❽中观诸论：指龙树所著《中论》、《回诤论》、《七十空性论》、《六十正理论》、《细研磨论》和《宝鬘论》。

❾下三部密续：指行部、事部和瑜伽部。

❿会供轮：藏传佛教密宗供养仪式之一种。每于节日盛会，备办各种酒肉食品，集信徒共同举行的供养活动。

⓫十六尊者：受释迦牟尼之命，长久住世住持佛教之十六罗汉，即因竭陀尊者、阿氏多尊者、伐那婆斯尊者、迦里迦尊者、伐阇罗佛多尊者、跋陀罗尊者、迦罗迦尊者、跋黎堕阇尊者、巴沽拉尊者、罗怙罗尊者、注荼半托迦尊者、宾度罗跋罗堕尊者、摩诃半托迦尊者、那迦希尊者、苏频陀尊者、阿秘特尊者。

⑫慈氏论：即《慈氏五论》。

⑬六严二胜：六严即龙树(或称龙猛)、圣天、无著、世亲、陈那(即方象)、法称等六大论师，称为赡洲六庄严(言能庄严此世界)。二胜即古印度两位戒律师功德光和释迦光，称为赡洲二胜。

⑭三世间：天世间、人世间、龙世间。

⑮世间八法：亦称八风，详见第59页注㉕。

⑯寻香城：即海市蜃楼。喻幻现有象，实际为无。

⑰须弥：即须弥山，意译妙高山。佛书说此山为世界之中心，其东南西北各有一洲，又各有二小洲。

⑱四大法：即苦、空、无常、无我等四法。

⑲五明：分大五明和小五明。大五明即工：巧明(工艺学)、医方明（医学)、声明(声律学)、因明(正理学)、内明(佛学)。小五明即修辞学、词藻学，韵律学、戏剧学，星象学。

⑳斋僧茶：藏语为“芒加”，即布施给僧众之茶饮。

㉑圣道位：佛教所说大小乘证得见道以上的地和道的果位。

㉒脐轮阿通火法：系密宗一种在脐轮脉中生火修法。

㉓帕木竹巴：名多杰嘉波(意为金刚王)，系宋代西藏帕竹噶举派创始人，为塔波拉杰的弟子。

㉔和尚：指吐蕃藏王赤松德赞时，由内地到西藏的一位大乘和尚，名摩珂衍那。

㉕有为法：“有为”即有造作。凡由因缘所生之事物，皆是“有为”，能生之因缘，是造作所生之事物，所生之事物，必有此因缘之造作，故名“有为法”。

㉖有顶：即“有顶天界”，详见第60页注52。

㉗量与七注：“量”指《集量论》系陈那所著。“七注”指《集量七注》系古印度法称论师发扬陈那所著《集量论》的七部注释。即《量释论》、《定量论》、《理滴论》、《因滴论》、《关系论》、《悟他论》、《诤理论》等。

㉘陈那:又名龙域,印度大乘佛教唯识派论师,主要著作有《集量论释》。

㉙三域：指天上、地上和地下。

㉚卢梅大师：名崔臣协饶(意为戒慧)，宋太宗太平兴国三年(公元978年)在青海丹斗寺，从贡巴饶色受具足戒(即比丘戒)，后回藏宏传戒律。

㉛三量观察：指现量观察、比量观察和矛盾观察。

3 宗喀巴大师受具足戒，学习金刚乘密法，以及从诸大德听受正法甘露，依所闻教义而修行，并对其他应化有情传授的情况

至尊宗喀巴大师在诸大寺院中作巡回辩论的那些时期中，自于他的善巧、戒严、贤善的功德引发人们由衷的猛利信仰之力，对他祈愿，而且听受他所说正法，承认是他的弟子者，有三藏法师察柯温波·阿旺扎巴(意为语自在称)等许多弟子。这些主动求善诸人，是意识到依止这样的怙主大师，才能获得所希求之处，并不是由于其他之缘故。于是又在至尊宗喀巴大师的近前，承诺做他的仆从。这正如功德无比的阿底峡尊者所说：

"由佛如来所示说，
别解脱律七种❶中，
承认比丘诸律仪，
彼是梵行德高峰。"

至尊宗喀巴大师把比丘律仪看作佛教的内藏——别解脱七种律仪中的最上律仪，犹如幢顶，特显高超。而且意识到接受以下两种律仪(菩萨律仪和密乘律仪)之身，也以比丘身为最优越。教法之所以能久住于世间，也主要依赖于比丘律仪。于是他在雅隆朗嘉寺中，请求继承未来第三佛克什米尔班智达行乞大德释迦室利坝扎的戒师传承的大僧会堪布·楚臣仁钦(意为戒宝)做亲教师，切章僧团的堪布上座大持律师喜饶贡波(意为智慧怙主)作羯磨师，切章僧团的精戒领经师索南多杰(意为福金刚)作屏教师，并从两僧团之比丘中，补足合法之数二十人作为具信僧伽，正确领受近圆戒——比丘戒。他以全圆增上戒学的天界之净水满注于自心的妙瓶中，真实建立起人天世间中无比的福田(有戒德者为应供福田)。这并非仅对受戒的姿态而言，而是因为宗喀巴大师从受戒以来，对于比丘制戒的所有极细小的开、遮在内的制规，他都如守护自己的眼珠一般精、勤守护，直至晚年。这些情节，还要在下面详说。

此后，宗喀巴大师来到丹萨梯寺中，谒见京俄仁波且·扎巴绛曲(意为名称菩提)，供上自己的著述作为礼品，并呈上自己写的书信。法王京俄仁波且观看著述后，生起猛利的敬信而油然下泪！继后京俄大师向他的近侍徒众说："宗喀巴这样年轻就拥有这样的功德大宝藏，赠送给我这样的礼品！"一再地说出这般有所感动的话。这是由于法王京俄大师也是善巧成就的大德，所以对于宗喀巴大师的功德，才能生起稀有的敬信，而散布赞扬的花朵。对我们自己说来，分析贤愚的观察智一点也没有，对贤士大德的功德，是很难将其视为功德的。如文殊萨迦班智达所说：

"智者之中智者美，
愚者怎能知智人，
檀香胜过黄金价，
愚人将其作炭烧。"

这确是说尽世间人情之言。那时，宗喀巴大师在京俄仁波且的近前，听受了《道果》等全圆教授，以及《那若六法》，法王帕木竹巴和止贡·久典贡波(意为世间怙主)❷全集和诵授。总的说来，听受了所有达波噶举派的一切法类，而且实修，生起了彻底的证悟。这些情节，明显地记载于至尊多敦·绛伯嘉措所著《宗喀巴大师传附录嘉言集》中。又如当前的《宗喀巴大师传敬信之岸》中明显记载说："那时，由京俄大师迎请来上师诺扎哇朗桑(即朗桑泽师)，宗喀巴大师极愿在译师近前听受一次《声明粉板字声论》全部讲释，由于发生了一些违缘而未成其事。"那时虽未契合时机，但显然后来是听受到的。这在《宗喀巴大师传附录嘉言集》中明显地说："宗喀巴大师在沃噶等处，在博冬声明学者朗桑近前，听受了《迦罗波》和《旃陀罗》等声明典籍，虽已善巧精通，然而实际上未作亲口承认。"又说："复于彼译师近前，听受了《诗镜》等词章的典籍，经研习后，成为最善巧者。那时，宗喀巴大师所作的《妙音佛母赞》中的'莲花容颜耀明眸'……等词句，是为大众所称道的最有修词韵味的词章。"又说："在那里的第二年，京俄·扎巴绛曲大师逝世，正教统治者和俗家居民的官吏等人前来请求宗喀巴大师撰写一本《京俄大师传》，大师应请撰出《京俄大师传悟解妙高山》，普遍称赞为没有比此著作更胜的修饰词章。”在其他《宗喀巴大师传》中也明显地记载宗喀巴大师精通“声明”等学问。总的说来，宗喀巴大师对于声明、修词学、诗律学，医药学、星算学等共通的所有大小明处，都曾很好听受并领会于心中，然而他主要是对于佛的教义——显密经典之旨义，作闻、思修习，对于善巧精通共通的大小明处，他不十分重视：这是心中领会所有一切大小经典要义的正果的象征。如后来时期中那些全不知晓经典之内容、仅知一些零星片面的明处(如声明修词学等)的人，那些任何知识也不知晓的愚夫们认为他们是智者权威，他们自己装做是一位智者的顶峰人物，而歪头作势，显出骄态如井中之蛙，禁居修行。对这些人们来说，宗喀巴大师的作风，确实是他们万分之一也不及的卓越史迹啊!宗喀巴大师经过前后这些心境通达后，他念修妙音佛母至五千万遍时，在桑浦亲见妙音佛母。这一情节，出自善巧成就的嘉木样协巴著《宗喀巴大师传布绘造仪心宝鬘》。还有与此著作类似的《宗喀巴大师传嘉言集》中说：“后来宗喀巴大师修妙音佛母法，于桑浦亲见妙音佛母后，常时不断获得佛母摄受(即护持)，因此他作出了极为广大的讲说、辩论和著作三种事业。尤其是所撰写的瑜伽和无上瑜伽的护法神的悠扬曲调、道情短歌和正法歌词等，极为典雅而悦耳动听，较他人所著尤为超群！特别是他所作的瑜伽诸大曲调，更显得极端的威严壮丽！”这是说宗喀巴大师亲见妙音佛母容颜后，经常获得佛母摄受。因此他对于任何经典著作和明处学术的讲说、辩论和著作，获得全无阻碍的权位。此后宗喀巴大师去到温区的格汝却温寺中，为察柯温波等许多三藏法师讲说《般若波罗蜜多》、《因明》和《中观》等许多教法。之后大师前往吉学地区(即拉萨河下游)，住于察寺中，详细地阅读所有西藏翻泽的经典和佛经注释。以此他对一切经论，生起了许多寻思考虑。宗喀巴大师年届三十二岁时，他写出《现观庄严论的广释》，简称《嘉言金鬘论》。那时，著名的善于记忆的岭冲麦巴、多麦·绛央扎喜和释迦珠三人同宗喀巴大师比试记忆力之大小，宗喀巴大师从太阳出现在山头时起，到阳光刚照射到察寺正殿的金顶止，他能阅读并背诵过去从未读过的四页新书，书长有一箭杆，每面九行字，岭冲麦巴能阅读熟记两页半，其他两人，每人只能阅读熟记一页。

有一时期中，宗喀巴大师率领察柯温波·堪钦阿旺扎巴作他的随从，来到拉萨，他们在天成五聚一体的大悲观音像❸前，修习了许多遍禁食斋戒法。那时，有一天晚上，师徒两人作猛利祈祷后，观察梦中所见征象。察柯温波于梦中看见有二只大白螺，从天上降落到自己的衣兜中，随即二螺合而为一。他用手取螺而吹，发出无量宏音。据说后来察柯在嘉谟绒大宏佛教，作出了极大的事业，似乎是他所梦之征象。至尊宗喀巴大师在梦中，梦见涅塘的上谷口有一叫扎达果的形似箭门的险峻山岩，他爬上山岩，见一极细腻柔滑的白石板上盛开的一朵青莲花，色彩明朗，花瓣未萎而带有花柄，就取花持于手中。大师心念此花为至尊救度母手中所持物，这是否为受教度母摄受的征象?有一人说，这次不是那样，而是寿征。大师所说，虽仅如此，然而仔细寻思时，一种行相是此生事业广大的象征，这是无可怀疑的。但是似乎并非仅此一种。应意识到这主要的意义是：登上险峻的岩山，这表示从轮回越出而来到解脱道上。极细腻柔滑的白石板，是表示不被只为自利的想念污垢沾染，而且已远离烦恼的粗行而成柔妙，即标志原来具有文殊(文殊译意即柔妙吉详)的心识。盛开的青莲花，色彩明朗，是表示观见如所有和尽所有一切法理的不相混杂的妙观察智盛大开展而且明朗。花瓣未萎是表示以卓越智慧的功用涤除对教法无知和邪念的垢秽，而重新开展佛教心要，并住持纯金般的宗风。带有花柄是表示教法住世并非短暂，而是直至长久时间中，都能成为众生福田而住世。宗喀巴大师取花持于手中是表示这样的清净教法，将大宏而长久住于世间，并且这必定是由一切智宗喀巴的悲心和事业成为手中物一般而来的(教法大宏能长久住世)悬记。

继后，宗喀巴大师再次去到察寺，在冬季法会期间，他从察寺前往德哇巾，对求取教义的会众讲说了许多经论经法。在次年春季法会期间，他前往前藏上部甲域地方，为七十位善友传授《现观庄严论》、《因明》、《入中论》和《阿毗达摩集论》等的注释诵授。他又返回察寺，在德哇巾继续撰写《现观庄严论广释金鬘论》的未完部分。宗喀巴大师在察寺的一位名叫多敦·意希坚赞(意为智幢)、精通许多显密大小经论、尤其善巧精通《时轮》支分的著名大德座前，请求讲说《时轮》法门，多敦大师应允讲授。师徒两人住于觉摩隆寺中，宗喀巴大师听受了《时轮广释无垢光明论》的详细诠释，并且研习时轮的正因算法(包括历法)和传统修法等，成为善巧精通者。宗喀巴大师在觉摩隆寺中，又为许多三藏法师讲说了大小经论。在第二年的夏季法会期间，宗喀巴大师住于德哇巾寺中，对大海般聚集的僧会大众，讲授了许多经论的诠释。在那一年冬季里，宗喀巴大师住在堆垅措麦寺和昂噶寺中，极为勤奋地修习《时轮》法门，并为许多善友讲说了不少的经论。继后，宗其·扎巴仁钦(意为称宝)从前即对宗喀巴大师有坚固的信仰，他多次邀请大师前往，大师应请前往雅隆地区，走到森波山时，贡噶·贡巴却嘉也对宗喀巴大师虔诚信仰，郑重地请求大师前往，大师应请于春季前往，住五佛寺中，为七十余名三藏法师讲授《现观庄严论》、《因明》、《律经根本》和《入中论》等。贡噶也对大师作了无量的承事服役。之后，大师去到雅隆，驻锡门喀寺中，讲授了许多经论教典，并由宗其·扎巴仁钦供养一切需用资具。这样，宗喀巴大师前后不断地讲授了无数的经论教法，并在中间空隙时间里，依止于上下密续诸上曼荼罗(坛场)中，为具缘应化有情灌顶，以成熟其根器。此外，还传授了许多本尊的随赐灌顶和经教诵授，以及教授秘诀等，他以随所适宜之法成熟了无数众生，使其获得解脱。尤其那时宗喀巴大师获得了妙音佛母授予的美誉名声，因此传授随赐灌顶等任何一切法，都自然地聚集起许多受法的有情众生。有一天晚上，宗喀巴大师坐在卧褥上谈说了西藏的诸多善巧成就者的各种史迹之后，继续说：“据说昔日四论师协生(意为智狮子)在一次定期法会中，能讲十一种经论，后期西藏有谁于一期中能讲那样多的经论?”格西侠敦等人当即请求道：“那么请求大师从此也于一期中，讲说那样多的经论。”大师说：“努力一下，似乎能讲说那样多的经论。”因此大众请求大师无论如何也要讲一下。经过郑重地启请后，大师应允讲说。于是大师从那月的初十日起直至月底，闭门阅读典籍，月底的那一天，他将一切典籍卷帙卷束起来(藏文书本看后须包扎起来)。本来他许诺从初一日开建法会，由于从桑浦等地寄来许多三藏法师请求参加听讲的信，只好延缓几天。过了三天后，先讲玛尔巴❹和米拉日巴❺等师的一些零散教言。从初五日起，在每一天同一时间中，首先念诵十五页梵语(每种卷帙的首页都为梵语……由于从梵文译成藏文之故)以作为法会的开始。从此他每日从黎明到黄昏，说教法十五次，未曾断缺。在十五种经论中，有两种略本卷帙，首先讲完时，再以两种略本来补替续讲，所讲典籍计有：《量释论》、《现观庄严论》(原文般若波罗蜜多，实际指《现观庄严论》)、两种《上下对法》、《律经根本》、《慈氏五论》中的后四论❻、《中观五论》❼、《入中论》、《四百颂》、《入行论》等共计十七种大论著。在讲说时，他对于一些大论的难处，在以西藏的大注疏作为根据的基础上，又以其他释论中破非立是的说法来作抉择，并且在讲说其他诸论时，大都根据各自论典的释本来详细地讲说所有大小论典。历时三月，全部(十七种论典)讲完。那时所有人士都说，这样的成功，一定是获得了本尊的加持，必定是一位获得陀罗尼(如不忘和智利萨罗尼)的大菩萨。否则他人不可能有这样的成功。由这般的惊叹和敬信的动机而发出的赞扬之声，传于所有方隅。桑桑勒仁巴所著《宗喀巴大师传》中说："宗喀巴大师在一日时间中，从梵语说名……开始讲说《现观庄严论》和《因明》等梵文藏译论典二十一种，都是在一日间开始讲说，同时在一日中讲完其事(即每种的首页)。"这一说法，并非上文所说(讲十七种)那一阶段，似乎是另一段时间。不仅如此，在《宗喀巴大师传嘉言集》中说："由于仁达哇鼓励宗喀巴大师努力讲说和听受，大师在德哇巾等处，约有七年的时间，勤作讲说和听受事业他安排了十种论典，并依各自论典的论义主张，每一论典连贯两三种释论来作讲说，这样的做法，作过多次。尤其是大师来到甲哲时，结合二十九种论典卷帙而作讲说，成为众所惊叹的奇迹!"从这样的情节看来，很显然是讲说过许多次的。对于上文所引桑桑勒仁巴的说法中说："在一日中开始讲说，同时在那一日中讲完其事。"有些粗鲁轻狂的浅知者，认为那或许是说，宗喀巴大师对那些论典只讲说了一日，而大生怀疑。实际并非如此，而是说那些经典在同一日开始讲说，也是在同一日讲完的。实际上深透渊博的讲经一直进行了数月。应知这样的情节，确是获得现证不忘陀罗尼和无碍辩才的不可思议的大菩萨地位的象征。这不是那些仅获得一般普通神变者们所能及得上一点的功德。在那一年夏季里，宗喀巴大师在雅隆唉噶岩寺，谨严闭关，一心专修薄伽梵胜乐轮本尊念修法及四座瑜伽法门，同时也多次修炼了“自入法”(即自身生起本尊)和“尼古六法”的各种所缘法门。在善为修炼中，他每一天修脐轮气息瑜伽，每种都修炼百次。由此脐轮等处的修持也生起了很多的善妙的修悟。

此后在秋季里，宗喀巴大师前往吉学，至尊仁达哇也来到前藏却温，师徒二人驻锡在布达拉，互相讨论了很多有关正法，并且对应化有情赐予嘉言礼品。之后至尊仁达哇去了后藏。宗喀巴大师那年冬季，驻锡在觉摩隆的岩寺中，为许多大三藏法师讲说《时轮》、《现观庄严论》、《因明》和《现对法》等经典。

宗喀巴大师年届三十四岁，金马年(庚午)的春季到来时，他对所有密续的讲解和灌顶作法及教授秘诀，想作一番全面的探讨。为此必须和上师至尊仁达哇作一些商谈。他去到后藏，住在绒区的鲁布却隆，僧会时在堪布仁波且·扎巴喜年(意为名称友)的近前，听受了《五次第法类》等各种经教诵授。那时，在宗喀巴大师近前有先后到来的服役近侍本波·索朗扎及格西喜饶扎二人，他俩前往丹却顶寺，谒见住在寺中的乌玛巴·尊追生格(意为中观师精进狮子)，求得法缘。彼此谈论时，上师乌玛巴说：“我要在你的阿阇黎座前请求传授一次妙音佛母的随赐灌顶。”宗喀巴大师答应他的请求而与他相会，乌玛巴在宗喀巴大师座前，求得妙音佛母的随赐灌顶。那时，彼此在详细谈论时，乌玛巴详述他在多康放牧时，经常发现至尊文殊的身像和语声来到他近前的情况。对此情况虽是请求过(他人)详细地观察，但是我对此仍然还未获得彻底的定解。因此请求大师关怀，作一正净的观察。此次也是文殊现身对我亲口吩咐，急速来到你的近前，求赐妙音佛母随赐灌顶的。至尊宗喀巴大师意识到以中观正见等诸法之甚深要义，由试问接触之门，妥善考察，定能察知。如是观察后说道：“此种情况，不需怀疑，当作猛利的祈愿。但是至尊文殊之身、语本相，并非现在强求而可得见的。它是以本尊身作信依之相，现起于心识中的一种现象。我对于文殊的修法教授等，有极大的求知之心。虽是应当请传如是法门，然而这次上师仁达哇已去达仓，我们师徒必须在预定期间相会。因此匆忙，不能如愿完成。但愿以后无论如何凑合此一因缘。”因此应知喇嘛乌玛巴大师，如下文将说的那样，他不仅是有文殊亲自来作善导师的一位无与伦比的大德，而且他对于至尊文殊的那些身、语现象，以前已作过多次的考察，但是他还要殷勤地启请宗喀巴大师作考察。宗喀巴大师也从多种门类详细地作了考察。关于这些作风，以宗喀巴这样的大德来说，魔事灾殃等少许乱事，也不可能发生的。(他们)是为了教诲后世众生而这样作的。为什么这样说呢?应知对于这些本尊的身、语现象说来，是有各种魔灾之相发生的，如果对它不作考察，凡是一见本尊现象，都认为全是合量的真实的上师本尊，而追踪步迹于那些本尊所说法和所示悬记之后，以致掺合邪法而成杂染。并由损害教法的各种妄行，使自他许多有情都遭衰损。所有这些，都是从往昔直至现在已发生和将发生的事情。所以说这是以大悲心教诲后世众生，凡是具有观察理智的人们，对于发现那样的现象，不应当认为是合量(合理合格)的，而应该由猛利地祈祷上师本尊之门，多次详察。若不如是，则将堕入于极大险处！但是现在自矜为教徒的人们，如我(著者自谦语)和与我相似者，大都随时随地进入天子魔❽和烦恼魔❾的掌握下，以致诸魔假昌为诸本尊。虽未见其专施灾记与祸殃，但招致福德减低，仍如灾记之可恨！而且还有增无减，难保不再发生这类不幸之事。所以应该随时随地一心虔诚地向上师三宝辛勤祈祷为宜！

继后，宗喀巴大师来到达仓宗。那时，亲自来到这里的大德有：堪钦译师扎巴坚赞(意为名称幢)、至尊仁达哇大师、喇嘛译师邓桑哇(意为义贤)和宗喀巴大师，还有为诸师服务的许多圆满受持三藏的善友们，加上原来住有的僧伽大众等，成为殊胜对境的人众，得到现前齐集会合。他们所需用的各种法器、食物和住室卧具等，都由佛子大持律师、博通经论、履行禁戒使教法永不衰落者——法王译师嘉却伯桑(意为最胜救怙主)主要负责供应，并由他从中联络，而使那些如鹅王般的最胜善巧诸师，在佛教莲池中发出欢畅的法音，饶益具有善缘的大众。那时，由扎巴坚赞大师讲说《现观庄严论》，由法王嘉却伯桑讲说《喜金刚第二品》，至尊仁达哇大师讲说他自己撰写的《量释论庄严注疏》，宗喀巴大师听受了这些讲解，师徒二人对诸难点进行了辩驳和争论。之后，师徒二人在法会间隙时来到坝乌坝业寺院，宗喀巴大师在至尊仁达哇的近前，听受了一遍《密续之王吉祥密集金刚根本续》（“续”即密经)的解说。那时宗喀巴大师意欲在贡松德钦巴的上师却吉伯哇(意为法吉祥)的近前，听受一次《时轮》教法。有一天晚上，他在梦中，听见有人说，却吉伯哇在布顿大师座前，听受《时轮广释》十七遍之多。后来他和却吉伯哇会面时，请闻却吉伯哇大师在布顿大师座前听受《时轮》多少遍?大师答说：“听了十七遍。”显然与梦示宗喀巴大师的清净悬记是相符合的。那时至尊仁达哇对宗喀巴大师说：“仅探寻这些密教，费了很长久的时间，不如你现在讲说经论，有广大的利益。因此你暂时作讲说，是否更为适合?”宗喀巴大师答说：“我对于密宗方面，有极猛利的喜乐愿望！因此我仍须先行探寻密法。”此一情节，在其他《宗喀巴大师传》中说：

“趣向圆满佛陀位，
总有密乘与显乘，(密乘亦称金刚乘，显乘亦称波罗蜜多乘)
密乘比较诸显称，
应说最为特殊胜。
许此语为真实语，
如日与月普传称，(密如日，显如月)
如何说彼甚深乘，(甚深乘即密乘)
若不探寻负智名。
如彼亦名为智者，(言未探讨密乘，不能成为智者)
除此无他是钝根，(言只有空负智者，才是纯根人)
极为难迁无上道，(无上道即密宗道)
此若舍弃实惊堪!
以此之故佛胜乘，
较佛更稀金刚乘，(较佛更难值遇)

二悉地藏彼为深，(共与不共两种成就仍以密乘为得成就的深法)

应多励力久练精。”

以上所说之义，那时宗喀巴大师已经常思念于心中。关于这些情理，一切智克珠杰的著述中说：“现时对于闻法探求的人们，大都是趣向显乘方面的经典著作，对显乘略有意趣时，则对于密宗的典籍，自己也就不乐意进入其中。听受自己言说的人们，也以许多方法随声附和。有些人对于密宗生起信解时，以此作为理由，而对于波罗蜜多乘(显教)的经典论著，认为意义小而加以贬低。因此自他的意向都随声附和，造出极为难忍的谤法罪障，并且形成剧烈的痛苦。这样的人们早已倾心接受(罪障和痛苦)。对于认为自己本质善良的人们来说，他们既不采取偏向于一方面(指密宗方面)的态度，也不说谤毁(密宗)之言。乐意从一切佛教门中作受持，并普遍积集善业者，已寥若晨星，虽有少数亦难目睹。对于以前西藏的大善知识们来说，拥有超越片面的法眼者，显然也极稀少。”以上说法确是符合实际之言。对于这些情理，有许多论据将在下面依次说出，是可以得知的。至尊宗喀巴大师由于从往昔长远时劫以来，即有卓越的发心——愿承担宏扬全部佛教(显宗与密宗)的教法。因此对于密宗方面，他愿作全面的听受和精修。这种意向也是他从童年时代就具有的。宗喀巴大师曾经说：“我对于密宗，不须由他人来作策动，从幼年时即有极猛利的求知愿望；并且从一开始即有应当全面学习一切密续(密宗各部经典)的思想。”继后至尊仁达哇起程前往萨迦，至尊宗喀巴大师按照过去所商谈的，为完成余事，前往绒却隆和喇嘛乌玛巴相会。再说乌玛巴大师如上文所略说的那样，他从童年在多康地区作牧童时起，他的体腔内从心间发现有“阿惹巴扎纳”(文殊心咒)的呜呜咒声，此声每起，则全身汗毛竖立，似乎心不能忍受。有一次发生这样的情况，以致昏倒，待到清醒时，亲见前面有一黑色的文殊身相。之后他听受了随赐法和修法，而勤奋地闭关念修，未经多大努力，即多次见到文殊身和语的真相。但是他对于这些现象，心中仍未作定定。

继后，乌玛巴前往前藏，到桑浦求学，阅读《现观庄严论》，加以研习，以此发生美满的说法语言，他就想一游辩论场。本尊文殊对他说：“所有资具都由会中发放。”他对本尊说：“得不到求学的必需品。”本尊说：“有一秘藏可以掘出。”他在那里由僧会中给予一切资具后，他请求本尊准许现在掘出秘藏时，本尊吩咐说：“现在你应当决心作避世修行的教徒，当作善行。”他依照本尊的鼓励，去到工布地区作避世修行者，求得噶玛岗昌的《大手印法门》等进行修持，由此获得较前更为明显的本尊身、语真相现起，而且更为稳定。之后，他在桑耶寺多敦措噶哇的近前听受了《瑜伽六支》，因此他发现明显而稳定的无量的本尊变化现象。他想以此情景问于多敦师，将是如何?问于本尊，得指示说，不须问他。他问可否聋巴日哇的上师宣嘉哇的近前求问时，本尊说可以，遂求问于宣嘉哇，喇嘛宣嘉哇以《道果》中所说的教授四灌顶的所有示意来作开示，他观察到(乌玛巴所询疑难时)有如通过问答而说的那样。因此请求(乌玛巴)说《问答观法》，而且说你对于此法是一位纯洁者。本尊说道：“对于‘示意’来说，各种手印以意思维也就可以。是不须身的表态的。然而他(宣嘉哇)却不知此理。”继后，乌玛巴意欲前往后藏，那时坝、贾两师名声最大。因此间于本尊去到谁的近前较为适合?本尊说：“你去到绷措冻的狭路处，将遇到一人，你按照那人所说的去做吧。”他来到狭路处，遇着一位僧人，向僧人问当往何处去宁僧人说：“往坝惹哇金去吧。”他依照所说来到了坝惹哇金座前，求得《大手印》等法门。这位坝惹哇金大师是一位有厌离心者。由于此师之感染之力，乌玛巴生起了出离和极猛的厌离心，对于贪恋此世之心，极力地压制而使其减弱。因此本尊指示说：“当有此心。”那时，他启问本尊坝惹哇金大师所开示的《胜观》(即《中观》)是否合格?本尊说：“一定是合格的。”之后他依照本尊的悬记去到萨迦，在至尊仁达哇的近前，听受了《中观》和《毗奈耶》。继后他去东方驻锡绒却隆时，和宗喀巴大师相会，在大师座前听受了一遍《入中论自释》。总的说来，因至尊文殊作他的善知识(即导师)，于每日黎明醒来时，为他说法一偈，从不中断，并亲口教导他“出离心”、“菩提心”和“正见”等各种缘念及一切修法，又教导他心中各种烦恼炽盛的对治法。临时的身、语、意一般行动及所有一切应行应止，均由本尊对他指示外，不给他随便行动的自由。乌玛巴无比勤奋的修持情况，以及因此心中生起地道和殊胜证达的情况，是其他人士难以思量的。在那些时期，至尊文殊教授乌玛巴的教法中，有名为《有寂平等性正见指导金刚词句》一书。书中是如此开示的：

依于各种缘起法，
本性如何应示宣，
皈依积福与净障，
缘起顺逆次第观。（由顺次和逆次观十二支缘起）
以身语意之本性，
与及甚深诸教导，
具缘修行菩提者，
三摩地中等住安，（等住即住于定中）
身语意三诸蕴聚，
任何我未在其间，
此外其他亦无我，
具缘修行菩提者，
此无我义应知观。
蕴界与及诸生处，
现空轮回与涅槃，（“现”可见部分，“空”无实质部分）
任何缘起无自性，
生灭存住皆离远。
有，无、是、非超言说，
离戏无别此深湛，（此离无实戏论不可分别的甚深湛寂之解脱法）
谁能通晓证涅槃。”（证涅槃即获得解脱果）

以上所说的真实情况，包含有无量的稀有行传。乌玛巴示圆寂后，荼毗（火葬）时，火焰和浓烟有如善巧画师所画的剑和莲花形象，连续不断出现，渐如淡影向空而消逝。在那里大众共同所见的形象，正是至尊文殊手中所持的器械形象。又发现有如水晶般的透明，色如红花的无数舍利，而且成为增生舍利，即有一部分是许多细小舍利从一粒增生一粒，又有许多成为六轮形状，有轮脐轮边等，极为美妙稀有。这是现出文殊心间的咒轮的形象。显然这实际上是标志他与文殊的身语意是无二无别的。

在这样的断证功德无与伦比的极为崇高－的喇嘛乌玛巴大师的近前，宗喀巴大师与他会面后，请求传授了许多文殊法门。那时，由乌玛巴作译师，宗喀巴大师作为问法者，在至尊文殊近前，启问了许多教义。宗喀巴大师心中的密意是，若未觅得甚深中观见，则不能获得道之命脉，而且寻求时也极难获得。因此若颠倒受持，其错误和过患较他者为大！这是圣者师徒(指龙树与圣天)所说的。因此宗喀巴大师意识到必须求得无误的中观见，并将此事常时挂念于心中，有如常啼菩萨求法那样辛勤。所以他在至尊文殊近前，大都是启问正见之理。那时他问至尊文殊道：“现在我的正见，在应成和自续两派中，属于何种?”文殊说：“任何一派也不是。”由于那时宗喀巴大师的心中，仍然是承认“一无所有”(任何也没有)，任何也不可取执的见解，心中安然存在。之后，他对于正见法门，作了许多启问和辩论，至尊文殊对他说：“现分(现象，可见部分)与空分(空性，智慧)二者，根本不可偏私(有爱、憎之分)，尤其是必须重视现分。文殊再三地作了这样的指示。后来宗喀巴大师驻锡噶哇东时，文殊仍然这样屡次示说。总的说来，是由名言量(准则)成立，于无所安立中，仅说错误方面而安立于对方而已。以自宗来说，认为任何无所安立的见解，是对因果无端诽谤的最大断见。受持最胜中观见者是必须破斥(否定)这种见解的。此为至尊文殊所作的极为重要的指示。宗喀巴大师这样作了许多问法和辩论，至尊文殊对他开示了应成和自续两派的差别，由俱生和遍计两种我执是怎样执我的情况，以及因(实相)所破的粗细之量(准则)，通达正见之量(准则)，并且结合开示应成的正见之规，对安立世俗相的情况等开示了作详细考察的原本，而且开示了密宗和显教的共与不共道的区别，并对吉祥密集的圆满次第五次第之体性(本质)、次第、数目决定等的不共要义，极巧妙地结合起来作了开示。宗喀巴大师有时向本尊启请说：“仍有不懂之处。”本尊说：“勿忘这些教言，从笔记中可以得知。尤其是应在与本尊无别的上师近前，祈求加持，并闭关念修，努力地做积福与净障，而且对于经论的教义，应以理智详察细思，将此三者结合进行实修。勿轻易地认为已经满足，当延长时间不断地善作考察。待到时机已至，由于我(文殊)现在给你播下了这些种子作为增上缘，你将会迅速地获得善妙的通达。”由于宗喀巴大师对于圣龙树父子宗规的《中观》和密集金刚法类有极大的求知愿望，因此他向本尊问道：“探寻这些法类，在西藏的上师中，以谁为最善?”本尊说：“没有比仁达哇更为善巧的。但是他仍不能最后完全解决你所希求的全圆知识，还是由乌玛巴作译师，由我对你讲说，这是最好的。然而乌玛巴必须尽快前往多康地区。因此现在不作讲说，你作避世修行者，到寂静之地，按照以上所说三者结合实修，并善为努力地修养各种所缘法门，不久你将会通达这些教义。”此外，关于教法之甚深要义，应依何种典籍而作研讨，本尊也对他作了广大的指示，并且开示说，在印度的诸善巧班智达，也有一些著作，不可认为完全无误。这种例外，仅是少许。宗喀巴大师又问，“那么，解释圣龙树密意的著作，是否可以认为阿阇黎月称的著作是完全无误的?”本尊说：“月称系在上方世界佛土中一位如来的身前观察智力最胜的一位菩萨。他为了阐明圣龙树的教法心要，依誓愿而降生于此土。因此他所释的圣龙树的密意，不管是在密宗或显教任何阶段中，都是没有丝毫错误的。因此你对他的著作应当随时随地坚持认为是唯一可以信依的。”那时，乌玛巴向文殊启问宗喀巴大师的历代前后转生的情况，文殊回答说：“这详见于以前所说关于他前后转生的广大悬记的记事之中。”那时，宗喀巴大师对于略作讲说和闻法的事业，也极有兴趣。喇嘛乌玛巴的心中也对大师的意向表示同意。于是乌玛巴向至尊文殊请求说：“对于这样年轻而有极大智慧的宗喀巴来说，如果仍然作讲说和闻法的事业，显然对教法会带来极大的利益。况且能如此大兴讲说和闻法事业的人停下来去作避世修行，我(乌玛巴)也将遭受到众人的责难。因此请许可他暂时仍作讲说和闻法。”至尊文殊说：“对教法与有情，何者能有利益，你不能知。对于责难，你就容忍吧!若不在寂静地进行修持，他的寿命将不会长久(指宗喀巴)，仅能有一些相似(不真)的利益。因此还是去作避世修行最为合适。”依据这些指示，宗喀巴大师就寻求密宗法类的各种修习，迅速寻得后，不久即决心前去修行。如此这般的不共通的稀有传记，但见于一切智克珠杰所写的附录中。而未记入普遍传称的广传。其中的原因是，那时，这类情况一切智宗喀巴大师仅对一二个具缘者示说过，极为保密。他不喜欢公开地向大众宣说，因而未列入广传中。不仅如此，所有不可思议的稀有秘密史事，都必须获得宗喀巴大师的亲目开许才能笔之于书。除此而外其他人如一切智克珠杰也必须按照宗喀巴大师的旨意来记之于书。他未开许者，则在(克珠杰所作)密传中所记录。其中也这样说："不共通的身语意的无上秘密史事，最胜智者们也难以计其数量，仅对具缘者略说少许。获得允许示说诸事，我(克珠杰)仅就心中所知的一些，于此讲说。"所以纵然是能笔之于书的那些秘密史事，一切智克珠杰也仅对一些具誓(戒)者宣说，除此未见有普遍流传之事。后期虽有对一切智宗喀巴大师持不恭敬态度的人，也只不过是一些偏私的不正思想者而已。其他宗派的一切无偏私的人士，无不将宗喀巴大师作为顶饰而真实崇敬。所以衮噶德勒仁钦(意为普庆吉祥宝)为了能使普遍的尊卑人众增长信仰而写作的《宗喀巴大师传》中，将克珠杰所作密传中的诸种述说与正文一起撰出。与此相同的其他传记中，也随其所适应的事迹，作了显明的记载。尤其是绛央却杰扎喜伯丹(意为文殊法王吉祥具德)所著《宗喀巴大师密传》中的那些祈祷颂词，现在色拉、哲蚌、甘丹三大寺为表率的所有中央和边远地区的日窝格鲁派的一切大小寺庙，无不在僧会中常作讽诵。另外，在拉萨大愿法会中，在不分宗派构成千上万的僧俗大众集会中，也讽诵此颂词。因此我(著者)所作的这一广传中，也将密传中的诸史事，分初、中、后三种事业，依照时间先后结合正文一起撰写出来。由于想到要使本书能成为后世应化有情增长信解的因素，并能有益于一切智宗喀巴大师的教法，这或许不成为泄密的罪过，因而撰写出来。祈愿一切智宗喀巴师徒给予护持，使如是(著作)不成为罪过。

此后宗喀巴大师暂时在乌玛巴的近前，听受教法。为了求学密宗方面的教法，他希望去到年楚河上游(今江孜地区)德钦巴·却吉伯哇(意为法吉祥)的近前求学。由于那时听到帕木竹巴的大军将返回后藏的消息，在军事尚未解决的那一个秋季里，大师驻锡绒区的仁隆普寺。等到秋末才到年楚河上游的贡松德钦，与一切智布顿大师的徒众中最精于《时轮》法类并富有密宗经教和无数传统修法及教授秘诀等才智的却吉伯哇大师相会。在会面的当天晚上，宗喀巴大师的近侍以黄绸一匹供献给却吉伯哇大师。在第二天献问安茶饭，同时供献鹦哥绿上等缎一匹，请求讲授《时轮广释支分》等法。那时却吉伯哇大师已讲完《时轮广释》第一品。因此却吉伯哇大师说道："缘起甚善！昨天供的黄绸符合地界收摄次第(黄色表地界)，由此看来，将会很好完成圆满次第。今晨所供的绿缎是表空界(绿色表空界)，与生起次第符合，由此看来，将会圆满完成生起次第。尤其是刚好讲到第二品之首，当说'为成熟诸大人'句义的时候，这又是最为妙善的缘起。因此当圆满讲授此一法类。"于是十分喜悦地应允讲授此一教法。这是对宗喀巴大师指示的悬记，暗示宗喀巴大师能将所有时轮内、外、他三种要义完全领会于心中，而且如密续中所说的那样所有生圆二次第的修悟功德，也能圆满地生起于心中。于是从第二品之首开始起讲，继后再从第一品之首起，重讲一遍。宗喀巴大师在那里从秋季起一直住到第二年春季法会之前，听受了续释的讲解，作法指导、瑜伽六支的修法指南等全圆教授。此后宗喀巴大师意欲听受所有瑜伽(部)的经教讲解，但希望在这之前，练习瑜伽的传统修法。于是迎请夏鲁寺中昔日布顿大师的主要"却约"(即主管供祀的侍徒)、最精于瑜伽传统修法的瑜伽师泽旺的弟子扎巴和瑜伽师贡桑前来，大师与他们一起住在年楚河上下游交界处的泽扎康寺中，熟练地学习了金刚界和吉祥最胜顶等所有瑜伽部大曼荼罗(坛城)绘画弹线、舞姿、音调、曼陀罗仪轨的汇编、挽结手印等法。有一天晚间，大师在梦中，见一高大座位上，坐有一位年老的喇嘛，头戴佛冠手持铃杵，说是名叫穹波特巴。大师也坐在他的前面，那老喇嘛起而以金刚步的步法右绕宗喀巴大师三匝，从珠鬘发出"唉嘎巴积嘎巴"的咒音，他手持铃杵置于大师的头顶上说，命名"噶玛班遮"。说后仍坐于座上。至尊宗喀巴梦醒后思考，以前自己的密号为顿月多杰(意为不空金刚)，而"噶玛班遮"(意为羯摩金刚)也相同于不空成就这一种性之名。

继后，宗喀巴大师又来到德钦寺，从春末起经过夏季直住到秋初，在却吉伯哇的大师近前，听受了金刚鬘的灌顶经教指导解说，以及舞姿、弹线、音调三者传统做法的教导。对于金刚鬘三法门，精研而成为善巧。此外还听受了薄伽梵金刚手大轮的灌顶经教、教授秘诀等许多深广的教法。此后宗喀巴大师想去到夏鲁寺穹波特巴的近前，听受瑜伽部法类。有一天晚间，梦中见一高座上，有一老年喇嘛以自然善妙的姿态坐着，说是名叫仁波且穹波哇。宗喀巴大师自己也坐于喇嘛的座前。喇嘛用两手解开衣服，出示胸间，命大师观看，大师看见喇嘛的胸间有长行咒鬘围绕多层而成为咒轮，咒字晃耀，对所有咒文都念了一遍。宗喀巴大师说，后来他和喇嘛会面时喇嘛的身相与梦中所见的一般无二。这样的梦兆第一是说：喇嘛将金刚乘四部密续的所有灌顶甘露完全交付与宗喀巴大师，命名为噶玛班遮，此预示大师将成为大宏佛教事业的主宰。梦兆的后段，表示因作如是灌顶次第，已成熟了大师的身心。喇嘛自己胸间的咒轮是对宗喀巴大师明显地指示，(喇嘛穹波哇)自己的心中拥有怎样的金刚乘的经教和修行教授，经教诵授和所有现证功德等。并悬记宗喀巴大师拥有如所明示的那样的一切功德。宗喀巴大师的心中完全领会的，都将会成为现实。这确是特殊的象征啊！果如梦中所见那样，不久宗喀巴大师去到夏鲁寺，从那年的秋末起经冬季及第二年的春夏两季，在持密大师金刚持(对大师的尊称)穹波特巴的座前，听受了以瑜伽部诸大曼荼罗为表率的诸下部密续(指除无上瑜伽部的以下三部密续)部的经教，即现在西藏所有的清净灌顶法流从未中断的全圆教授，并听受了薄伽梵胜乐轮鲁哼巴和纳波巴的传规等无上大密的无数经教。总的说来，喇嘛穹波特巴所拥有的金刚乘经教和教授秘诀，如瓶泻水，全倾于大师，宗喀巴大师尽量听受后，完全充满于心中。那时，宗喀巴大师以会供轮及经常承事服役等供养喇嘛穹波特巴，而使喇嘛心生喜悦！其诚信之钩，使得众人心生感动。当时，至尊穹波特巴每传一种灌顶至结尾时，他无论如何都要开示说：“此法由某某上师极为喜悦地传授给我。后来一切智宗喀巴大师也开示说：“密法一切悉地(成就)的主要根本，唯一依赖于上师心生喜悦。因此，传授灌顶的一切时间中，应是上师正生喜悦时，随其传授。”显然这种说法，是有其所指的。在圆满传授完如是诸经教时，喇嘛穹波特巴说：“现在法已交付法主，以此我无可懊悔！”以上是表示梦兆的余义等也获得圆满完成。

昔日一切智布顿大师和喇嘛穹波巴二人在衮钦·帕窝巴(意为遍智圣光)的座前，在同一会供轮供会的行列中，听受衮钦大师讲说吉祥密集及瑜伽等各种大曼荼罗的灌顶时，衮钦大师说：“至尊玛尔巴所说，太阳出现立大柱⑩若译其含义，即是说：‘太阳出现立大柱’这句话，是对你穹波修士说的吧。”这故事也是在那时传说的。这是显然意识到至尊穹波特巴从衮钦帕窝巴和一切智布顿两师求得如大海般的密法教导，其全未退失加持力的金刚乘全圆教法，交付于至尊宗喀巴大师的手中，因此成为此土中一切众生的利乐之本而说的。如是，宗喀巴大师从至尊穹波特巴座前想要听受的诸经教，都获得圆满成功之后，他再次去到驻锡白朗(今日喀则专区白朗县)帕巴日山中的喇嘛德钦·却吉伯哇的近前，听受了《金俐心要释》、《金刚手上集释》、《那若法门广释》以及许多时轮支分的教法，并听受了布顿大师所著的两种传规的《密集》经教解说等许多教法。之后，宗喀巴大师前往德钦寺，他迎请帕巴日寺中精通夏鲁派⑪瑜伽法类的大德法师坚赞扎巴前来校正瑜伽部法类的舞姿和音调等传统作法，并且在法师的近前，听受了各种适宜的教法，尤其是听受了布顿大师所著《金刚生起广释》、《瑜伽根本续摄义》、《释续金刚顶》、《吉祥最胜》、《净治恶趣续》等，以及《现见自性》、《果夏那庄严续》、《吉祥最胜广释》等续及释续和无量的印度经典著作的经文诵授，而成为富有如大海般的金刚乘教法的大师。正如克珠。玛微尼玛的著述中说：

“明咒经典大海中，
四灌顶浪起汹涌，
二次如涛现变化，（“二次”指生起次第和圆满次第）
成就俱胝宝藏丰。”

又说：

“多闻具足千慧眼，
福寿才智饰辫端，

胜乘甘露权统者，（“胜乘”即金刚乘或说密乘）
愿成佛教主尊严。”

宗喀巴大师对于密续经典，不管是印度的论著或西藏的著述，不是只学习少部分或片面的，而是对所有的经典经过细研和决疑加以熟习精通。如以下三部密续部⑫为例来说，宗喀巴大师在自著论述中说：

“不知下三续部道，
以此无上瑜伽续，
虽是诸续中最妙，
仅有立誓无他道。（不知下三部则对无上瑜伽仅有立誓之言而已）
见此总续与善成，（见此理已对总续与妙善成就续）
妙臂问经、禅后续，
三种事部总与别，
久习诸续熟教要。”

又说：

“第二续部诸行部，
毗卢现证为主尊，
净治身心行续精，（主要净治身心为行续部之精要）
所有皆如此决定。（所有行部决定是以净治身心为主）
第三续部瑜伽部，
主要吉祥续集续，（主要为吉祥密续和自性集续）
释续金刚顶熟习，
瑜伽部宴得欢庆。”（熟习以上诸密续，则可欢庆瑜伽部法宴美满）

如上所说，表明宗喀巴大师对于《秘密总续》、《妙善成就密续》、《妙臂问经》、《禅定后续》、《妙吉祥根本续》、《最胜明慧续》、《金刚手威猛续》、《摧坏金刚续》、《毗卢现证》、《吉祥最胜》、《吉祥最胜释》、《果夏那庄严续》、《根本续自性集续》、《释续金刚顶》、《金刚界》等许多下部密续经典的要义，以及各别的曼荼罗、灌顶修法、舞姿、有相和无相瑜伽的作业及其补充部分，各不相混之处，对于密续部各自的特点及附加庄严作法等，都能善巧掌握，而且达到熟练程度。

不仅如此，以无上密续为例来说，宗喀巴大师的著述中说：

“第四无上瑜伽部，
普称父续之密集，
及母续之喜金刚，
如日与月众赞扬。（无上瑜伽之父续和母续印度智者赞如日与月）
胜乐本续释续等，
其他显密中说规，
不同车轨时轮续，
熟研彼论无垢光。”（时轮无垢光明释论）

这是说一切无上续部中，犹如幢顶，特别高超，被印度智者称赞为日与月的（父续与母续的经典）是《吉祥密集根本续》，此本续的释论有阿阇黎月称所著《明灯论》，嬉戏金刚所著《序分注疏》，夏惹达噶惹哇玛所著《七庄严释论》，枳鲁巴所著《释论大宝树》，枳麦坝巴所著《释续释论》，多杰谢巴所著《释论》，辛底巴所著《本文注释合编掌中花》、《行摄要》、《集要》、《合集》，衮噶领波所著《四天女问经释》，弥底尊者所著《释续略解》，鲁绛所著《智慧金刚摄义》、《次第建立》、《密意悬记释》、《五次第摄要明解》等。总的说来，所有智足论师与圣传（指龙树）两宗说规之要义等，宗喀巴大师都加以探索，对于吉祥密集的主要规范以及由此类推的父续总纲等一切要义，都努力地作了精研。

其次以胜乐法类为例来说，宗喀巴大师对于《胜乐根本续》、《阿毗达磨续》、《空行海续》、《瑜伽母威仪》、那纳多杰所著《胜乐上集释》、《胜乐总纲生起》，噶敦扎巴所著《胜乐金刚释》、楞伽丹却所著《释论》，坝哇班遮所著《金刚空行释》、巴俄多杰所著《难义释显示空性》售白玛班遮所著《胜乐注疏》，班智达诺桑所著《空行海续释》等，所有一切总摄轮（胜乐的别名）的本续、释续、教授秘诀等的句义，他都确定地领会于心中。

再以嗔恨方便续的阎曼德迦(意为阎摩敌，又名大威德，或称能怖金刚)法类为例来说，宗喀巴大师对于《红色阎曼德迦续》、《黑仇阎曼德伽续七品各节释》以及拉里达、顿月多杰、细哇意希、措杰多杰等师所译《梵本藏译释续》，惹译师、柳译师、伯正等许多西藏善巧成就译师所著的一切关于阎曼德迦续义及其支分等进行听受后，都能通达其教导的一切要义。

再以欢喜金刚法类为例来说，宗喀巴大师对于以萨迦说规来作解释的《欢喜金刚第二品全部解说》、《金刚歌秘释》、多杰领波所著《释论》、措杰所著《具莲释论》、弥吐达哇所著《桑布枳释论》、辛底巴所著《释论珍珠鬘》、《那若广释》、《六法》、绛秋旺波所著《宝帐难义释》，季麦迥勒所著《教授花穗》、《金刚空行》、《金刚宝帐》、共通的《桑布枳释论、不共通的《释续正本》、各种新解开示的《瑜伽母密续教义》、吉祥呼金刚(喜金刚别名)的所有甚深要义，都能善巧而且熟练。

再以吉祥时轮法类为例来说，宗喀巴大师对于《时轮本续一万二千颂释六万颂》，时轮略续三万颂系具种(香拔拉国的王族名)，妙吉祥称的不共说法花鬘诗体指导，这一略续的广释即白玛噶波所著《广释无垢光明论》，以及索玛纳塔所著《释论》、《瑜伽六支指南》、《那若法门广释》、《金刚手上集释》、《金刚心要释》等广释的支分及其附注补遗，都进行彻底研习，成为善巧精通者。

此外，宗喀巴大师还对圣白伞盖佛母的许多法类、光明母法类、寒林(即尸林) 法类、大孔雀明王法类、大千轮法类、叶衣母法契、独髻母法类、颦眉度母法类、救度母法类、尊胜佛母法类等多种密法及木动金刚法类、古汝古里法类，妙音佛母法类、马头金刚法类、金刚手法类、摧坏金刚法类、秽积金刚法类、大鹏金翅鸟王法类等许多忿怒金刚法类，无量寺佛法类、妙吉祥(即文殊)法类、弥勒和观世音等许多法类，金刚空行母、狮相佛母等无量的文武本尊、十三尊大怙主明王、内外密三种丹坚却嘉(具誓法王)、四臂怙主明王、故谢(护法)法类、尸林主、吉祥天母的许多法类，红黑两种持弯刀护法、持杖护法、伯哲护法、十二女护法等许多男女护法、毗沙门法类、象鼻金刚(财神)法类，藏拔拉(财神)法类等许多财神法类，此外还有大轮王、不动佛，药师佛、能忏除罪业的三十五佛，十六尊者等显密经典中所说的佛、菩萨，本尊、护法等的灌顶，随赐灌顶、传经、诵授、教授秘诀等传承来源可信而且传统做法正确的法类，大都全圆听受而且掌握如是法类。此如《一切智宗喀巴大师传一百零八稀有史事》中说："大师闻法的情况，如上所说诸节，在逐一列出之后，总的说来，凡属诸佛、菩萨、本尊、护法等之灌顶法类、随赐灌顶法类、传经法类、经文诵授等新旧教语、上下迦当派、萨迦、噶举、主巴、蔡巴等派的教法传承情况，各译师译本的差别，适应各自传统作法的法规，从堪称合量的自他宗派传承而来的诸师彼此耳传，互相接受之诸法类应有尽有，大师无不掌握于心中，而且通达调伏众生的许多不同之门，并知对本尊和诸神有各种不同的连结缘份。"这是说佛世尊金刚持的密意，由印度诸智者作解释而著出的如大海般的密宗论典，其中所有一切甚深要义，宗喀巴大师都自己进行实修，并为其他有情宣说，获得无所畏惧、善巧方便之权威地位。所有自他宗派的一切粗细要义，大师也都领会于心中，而成为不染邪法毒泉垢秽的灌顶，经教、教授秘诀等清净的教导甘露的无尽宝藏。因此，大师真正成为无与伦比的全圆教主。

于此断句处，作中间赞颂说：

以教心要七断戒，(七种别解脱戒)
心中之宝作宝樽，
其中充满戒光明，
照破邪暗无踪影。(毁戒的邪暗)
共通智理恒河女，
妙智恒河掬以饮，
于此大地演五明，
无缘法性有情生。
文殊密教法流水，
流入勇金刚耳瓶，(耳如宝瓶)
充满中边智器中，
倾注令心安乐生。

文殊如母对爱子，
教导取舍诸要时，
游浪歧途各种根，
于师皆成如日明。(对于宗喀巴大师来说，皆成为如日光明)
所有诸佛密藏意，
金刚乘之要义深，
以细且博之智行，
无难受持赖慧心。
密续能熟甘露精，
师自精修对众生，
勤行法施无倦形，
除师任何密师尊。(除宗喀巴大师外的)
谁能于此浊世末，
以其悲智日光明，
照耀密教莲苑兴，
美名‘窝敏’⑬亦堪惊!
达到自他宗海岸，
甚深教导意充盈，
圆满教主除师外，
绍隆佛种谁堪称?!
所有智者应作法，
领会精修专注中，
由彼文殊作劝请，
随面生喜示此情。

继后，宗喀巴大师于猴年秋季同喇嘛乌玛巴一起前往前藏嘎哇东寺，去到拉萨(大昭寺)释迦牟尼佛像(即文成公主迎至拉萨的释迦像)前，作虔诚祈愿后，复返嘎哇东寺中。当师徒二人妥善地闭关专修时，在同大众一起饮茶用餐的阶段中，由喇嘛乌玛巴作翻译，大师在至尊文殊近前，听受了许多教法，并启问了无量的疑难的要点。那时宗喀巴大师在喇嘛乌玛巴的近前听受了由文殊传授给乌玛巴的“修定所缘”后，大师依法精修。有一时间，宗喀巴大师想到从现在起勤苦祈祷至尊文殊，闭关专修，似乎意义极大！遂将此意告诉喇嘛乌玛巴。喇嘛说：“那样作当能周延(即应无例外)。”于是大师昼夜都在与至尊文殊无二无别之上师前，勤苦祈祷，并闭关专修。未经多日，有一天他明显地真实看见有一座面积适中的曼荼罗，中心的颜色如用上好的靛青涂抹面出的那样鲜艳，而且极为莹彻，久看不厌！坛体为圆形，周边有如五彩虹光构成光网，在其面积适合的青色中心点上，明显现出一尊结跏趺坐的至尊文殊，(胸间现有)色如红花的“阿惹巴扎那”咒文，久看亦不厌足。此种情况，宗喀巴大师虽未向喇嘛乌玛巴说出，而乌玛巴却向大师说道：“你似乎已亲见本尊身像”，正符合事实。宗喀巴大师亲口说：“这样的本尊身像，若欲谒见，一作启请，即能出现在眼前。从那时起，大都经常不断地显现。”因此之故，绛央却杰所著《宗喀巴大师密传启请文》中也说：

“色如蓝宝极鲜青，(如蓝宝石般鲜青)
美妙如虹网光明，
圆形之中文殊身，
至尊法王亲见明，
具德上师前启请。
从此欲见文殊尊，
随时能见常听受，
密集，般若教义深，(密集金刚与般若波罗蜜多经典)
至尊法王宗喀巴，
具德上师前启请。”

那时，由喇嘛乌玛巴作翻译，至尊宗喀巴大师在本尊文殊前听受了“文殊独勇能怖金刚法”及无上瑜伽法等，以及护法神阎摩法王外、内、密三种的随赐灌顶和加持法，以及三摩地四灌顶等法。而且在传授独勇能怖金刚随赐灌顶时，至尊文殊亲自现为独勇能怖金刚身而进行传授。在传授内修和密修等灌顶时，独勇能怖金刚立即变为双身像(双身能怖金刚)。在传授护法随赐灌顶时，又即刻变为薄伽梵能怖金刚而对阎摩法王命令差遣，在刹那之间示现这样的稀有神变。此外，文殊传授给乌玛巴的作业诸法，及所缘修习次第等许多经教，宗喀巴大师是在乌玛巴的近前听受的。此后宗喀巴大师遵依文殊的指示，决心专修。他问本尊文殊应带领怎样的侍徒前去修行?文殊指示可以带领阿黎绛嘎哇·伯敦桑波(意为吉祥贤）、多敦·绛生哇(意为菩提狮子)、勘敦·仁钦坚赞(意为宝幢、勒敦·桑迥哇(意为善护)，此为前藏四徒。又有喇嘛多敦·绛伯嘉措(意为文殊海)、格西喜饶扎(意为慧称)、辂西绛伯扎喜(意为文殊吉祥)、格西伯迴(意为吉祥护)，此为安多四徒。继后，由于喇嘛玛巴将往多康，护送的人已来到拉萨，师徒二人须暂时离别。因此，宗喀巴大师意识到应趁此未离别之际，请求一修行摄要之法。师徒二人商决后，遂在拉萨大昭寺“阳托顶玛”的南边，镀金屋顶飞檐下，陈设供品，而作猛利的祈祷，以此获得本尊文殊开示一些修行摄要偈颂。那时，宗喀巴大师按照本尊文殊所说次第，笔之于书。并从乌玛巴座前圆满地听受了密集不动金刚的四灌顶法。此后，喇嘛乌玛巴就往多康方面去了。宗喀巴大师则去到觉摩隆。大师在秋末，为大众讲说了许多教法。将近冬季，临到猴年的十月，大师年届三十六岁，他领着纯正的八大弟子，从觉摩隆起程去作离开尘世的修行事业。

在这些时期中，一切智克珠杰的著述中说：“尤其是由于至尊宗喀巴大师从无始以来，善妙精修种习之力，已达到圆满成熟。因此他在闻、思、修习经论等所有一切事业中，完全未沾染丝毫为今生的利养恭敬、美誉名声、谋求侍众美满等，以及追求自己较他人特超等动机的秽垢，而且也未有少许只为一己成佛之打算，而情不自禁地故显其言词妥当，实际是想较其他智者所说更为突出，以及想在广大会众中，成立自宗，使他人不能逾越，对他者之所承许，用各种方法破斥而始心满意足等诸如此类的行动，大师是丝毫也没有的。因此意图自我尊胜，贬低他者，以及由自矜为智者的傲慢，为了想在他众中出名起见，而作讲说、辩论、著作等这样的心行，大师从最初勤作闻、思起，直至现在，任于何时，想说出在某一时间，作过那般心行的话，凡是正直者，谁也找不出一次。凡属心中趋向于正法者，谁也是以正直心来作思考的。所以对大师的心行，确是令人情不自禁地生起敬信，认识是大德稀有行传！?尤其是大师抉择经论等教义时，对于一切趣向解脱和一切种智之道，想到应如佛的密意，及应如诸大车轨的经教而作。大师心中牢记此要点而作考察，使不会落到其他边际，而获得定解。大师以渴者急欲求饮的那样心情来勤求经论之义。至尊宗喀巴大师曾经亲口说，“对现在西藏算作究竟上智和善知的人们来说，他们对于经典和释经论典等，大都仅一阅读，便能想到此义在其中，不用费力地明明白白地显现其义，对他人开示也能使人极大了解，令其心境中安然明亮地现起。这样的功能，我(宗喀巴)从前即已具有。但是对此功能不可信赖，应知以细微理智来考察时，最初经常是似乎获得了解，但是原有的了解大都归于破灭。因此，以清净的细微理智来作考察，直至考察尚未圆满之间，纵然对其义已能下断语，仍旧是归于虚假之言。那时宗喀巴大师意识到对于圣龙树师徒的究竟密意的正见，以及密集五次第道中的幻身极难了解。若知晓则成大义，若不知则有堕入邪途的极大险处！而且所谓修习空性和依无上密宗道而求成佛等，仅有言说而已。因此宗喀巴大师曾经说：‘能无误地开示怙主龙树师徒密意的善知识，印、藏、尼泊尔三地和卫、藏、康三区等不论何处有，如得其根源，为了寻觅彼师，宁舍身命，甘受任何困难，现在必须立即去寻找的猛利心情，那时我已经具有。’因此之故，大师和喇嘛乌玛巴会面时，以译事请托于乌玛巴，而在至尊文殊座前，启问了中观正见，以及显密的差别，还有无上密宗道的诸大扼要，并五次第的程序和数目决定(如决定其次第为五)等无边教义。为了决疑起见，完全由辩论而作启问，是其主要的方式。”这些决非假言虚构，完全是本质正直，成为合理合格的语言。凡属心存正直、具有观察智的人，对于这些情节，略作观察，无疑地会从内心知道至尊宗喀巴大师是无与伦比的伟大主宰。

此后，大师年届三十八岁，于木狗年(甲戌)离开尘世去专修时，先前都是由细喀勒乌仲巴很好地作承侍服役，专修时也由勒乌仲巴承办服侍供养。师徒九人乘船顺水来到沃卡。在那一年冬季和次年的春季里，都驻锡沃卡却隆寺。从此以后，沃卡哇父子等人对大师生起极大信仰，愿作施主而作出四满的承事供养。大师在这里驻锡期间，他意识到最初以积资忏净最为重要，师徒诸人努力完成具备四力的积资忏净法，至尊宗喀巴大师由于经常不断地修忏罪法，结合百拜顶礼和供养曼遮等，以致指端裂缝。由于用的是石曼遮，肘部虽已磨穿，但仍未在意，发起难以计量的猛勇精进力。那时，大师每修一次忏罪法，结合百拜顶礼，三十五佛的身像就不断地真实显现。尤其是如善知识卓隆巴大师的著述中所说："若不译出《华严经》，西藏的诸菩萨如何能学菩萨行?"这是说应详细地阅读《华严经》等开示伟大的菩萨行的诸经典。宗喀巴大师也说"如往昔诸大菩萨所学那样，广大增长大乘种姓之力的优越方便。那种菩萨的意志和佛于行，是极为伟大，具有无边行相。现在和未来的诸大菩萨也当学习和将要学习如无边经典中所说的那些，我(宗喀巴)也从现在起进入学习，根本不生畏惧，而且发生猛利的欢喜！对于出自经典的佛子的意志和菩萨行和所有伟大的事业，都不断地一一当作修心的目标。最初虽略有阻难，然而往后修习熟练，不需努力，就会生无畏而猛利欢喜之力，自然地进入于卓越的难以衡量的佛子的意志和菩萨行中。"仅以大师这番话来说，也是对于求学大乘诸有情的卓越教授。但愿明智诸人对此难以衡量的大师行传，一再地合掌礼敬，努力祈祷求加持为要！

宗喀巴大师在沃卡驻锡时，有一段时间，他亲见至尊弥勒怙主，身如纯金，诸宝庄严，说法手印持着花柄，于宝座上结跏趺坐，身极高大。又亲见释迦牟尼佛、药师佛身着黄色僧衣，如弥勒善妙坐式，出家服装上披着祖衣，手持那伽树枝，以净瓶为标识。此外，还亲见无量寿佛等许多佛尊身像。这种情节，在《宗喀巴大师密传启请文》中说：

"人天导师释迦王，
药师以及无量光，
于彼侍众会海中，
大师明显见诸佛，
具德上师前启扬。"

由于所见之这些景象属于心境现象，所以大师心中未作十分肯定，不以此作最高的估计。那时，喇嘛多敦·绛伯嘉措确是真实无误地见到至尊文殊身像，得闻文殊语教。文殊对他说："宗喀巴所见之景象，大都不是普通的内心现象，若经猛利地祈祷，可以得见真实，对将来是有殊胜缘起的。”至尊宗喀巴大师对于多敦·绛伯嘉措所见之景象，也屡次作了观察，并启问甚深教法之扼要。所得答复，无有错误，因此大师心中生信。在那一年春季里，有请求大师说法者，大师心想是否可以说一些教法时，至尊文殊及时对大师作教导，并鼓励修行而说道：

“粗暴难调诸有情，
说法岂能获大益，
依于静处勤修行，
自他所乐道得生。”

在那年夏季里，宗喀巴大师朝拜了精奇寺的弥勒怙主像，供养众多供品，并发了许多伟大宏愿。之后，在冬季，大师去到塔波麦隆甲索普时，修力大增，并且获得许多不可思议的现证功德。那时，大师屡次明显地亲见至尊文殊身像，高大庄严，美妙圆满！有无数的佛和菩萨围绕。此外，如《宗喀巴大师密传启请文》中所说：

“悉地之源度母尊，（悉地即成就之意）
顶髻、尊胜、光明母，
普除灾障白伞盖，
屡次亲见诸本尊，
具德上师前启请。
佛子龙树与佛护，
圣天以及师月称，
瑜伽自在龙菩提，
诸师亲来常爱怜，
具德上师前启请。
证得三地圣无著，
第二遍智为世亲，
圣者护持陈那师，
诸师亲来常爱怜，
具德上师前启请。

如月论师为法称，
功德光及释迦光，
寂天以及阿坝雅，
诸师亲来常爱怜，
具德上师前启请。
伊扎菩提、萨惹哈，
鲁亨巴及枳布尊，
纳波觉巴、莲本性，（即莲花生）
诸师亲来常爱怜，
具德上师前启请。
对自他众依诸经，
成大饶益为缘起，
文殊明示诸悬记，
菩萨利他任运成，（宗喀巴大师是任运成就利他亭土的大菩萨）
具德上师前启请。”

这是说宗喀巴大师从在该地的那时起，先后屡次亲见薄伽梵圣救度母、顶髻尊胜母、圣光明母，顶髻白伞盖佛母等许多本尊。还亲见圣龙树、阿雅德哇、阿阇黎佛护、龙菩提、具德月称等深观传承的诸班智达，以及圣无著兄弟、阿黎方象、法称、阿阇黎功德光、释迦光、天王慧、庄严师、莲花戒、阿坝雅等广大行传承的诸班智达，以及伊扎菩提王、大婆罗门萨乐和、大阿阇黎鲁亨巴、枳布巴、纳波觉巴等许多印度的大成就者班智达的身像。由于这些所见之景象，属于心境现象。所以大师心想是否有信依之必要？如前次一样，至尊文殊又对他指示说：“这并非普通心境现象，对彼诸尊，应猛利地祈祷，可获得护持。依彼诸尊之论著，有成就自他广大利益的缘起。”这样的悬记，是肯定符合实际的。总的说来，二大车轨等印度诸智者所主张之规和听受、讲说如海般广大的诸经论之规，以及能显见诸经论之密意，皆为修行的教授，而如教授要义成为修行之规，尤其是那些获得成就的瑜伽自在诸师能依照佛世尊金刚持的密意，而作出解释的大海一般的密宗续部之灌顶、经教，教授秘诀及其讲说之规，还有道中生圆二次第的瑜伽修法、行道之法、正果成就法等显密说修之教法，能获得清净纯洁，犹如从上方(指印度)喷出豆蔻的芳香，直至下方织锦大地(指汉土)之间，香风周遍于整个锦绣河山，其间众生皆有随意受用正法甘露之福德。所有这些都是唯由一切智宗喀巴大师的悲心和事业之力而来，这是众所周知的现实境界。又如《宗喀巴密传颂》中所说：

“止观双运瑜伽行，
如上弦月定力增，
亲见能怖金刚面，
面手全具威严身，
具德上师前启请。”

这是说宗喀巴大师在那里驻锡时，亲见薄伽梵能怖金刚，面手全具(系多面多手)，身极伟大，威光炽盛！从那时以后，大师每日都修能怖自入法(即自身生起能怖金刚)，任于何时，从无间断。又如《宗喀巴密传颂》中所说：

“文殊以及上师尊，
从彼胸间慧剑生，
无漏甘露流心际，
俱生大乐妙定生，
具德上师前启请。”

这是说大师亲见如先前所显现的至尊文殊，有诸佛菩萨及许多侍众围绕文殊胸间，从内向外刺出的剑柄，连接宗喀巴的胸间的剑端(扎入文殊的剑柄)，有甘露水流，其色白黄，极为光泽，水流从文殊心间的剑上连续不断地流注于宗喀巴大师的心中。因此大师的身上，普遍生起了不可言说的无量的无漏大乐。大师开示说：那时，有认识和不认识的许多徒众张口而承受甘露，有一些人的口中流入很多的甘露，有一些人的口中只流入少许，也有一些口虽张开，然而一点也未流入。宗喀巴大师的语教中说：

“噶达惹之大城中，
园林景象风光宏，
众多蜂群其中舞，

殊胜甘露饮亦丰。”

这是略示的悬记。其中“众多蜂群其中舞”一句，是指诸应化有情之中，有许多人对于大师如何开示的生圆二次第的修行，努力修习而获得空乐三摩地。这是大师住世时和以后时期中，将会出现何种情形的悬记。至于“殊胜甘露饮亦丰”句，是说将会有许多人获得悉地的意思。除此之外，还有些人虽未获得甘露，然而仍希望能获得。所以张口诸人，是说对于生圆二次第的修行，虽是勤修，然而由于缘份未备，今生未获得空乐三摩地，但在其他世代中，定能获得，最差者也能在卓越庄严世界中，宗喀巴大师示现狮子吼佛成就时，获得甘露。这些情节出自衮钦德勒(意普吉祥)所著《宗喀巴大师传》中。又所谓“噶达惹之大城中”句，揣想肯定是说在此西藏疆土中，由至尊宗喀巴大师的悲力，而始有显密教之重兴，尤其是甚深无上二次第的修道，将来发展的情况，是极为宏大的。又有一些《宗喀巴传》中说：当那些心境现象出现时，至尊文殊开示说：

“任何无所住，
修如虚空心，
并勤诸助缘，
如麟当善居。(喻独居)
远离诸喧声，
内住于禅定，
当获大菩提，
无疑业熟成。
出离、菩提心，
念火常炽生，
六尘如薪焚(六尘：色、声、香、味，触、法)
轮回涅槃法。
任何未缘故，
如空边离分，
境象如空日，
执变如来思，(心的执着变为佛智)，

性成石女儿，（石女本无儿，喻空前来见过的空性。）

即是佛道成。”（此时真见空性）

总的说来，宗喀巴大师在那里发现了那些清净正确的现象。之后，大师依照文殊的鼓动，想到应当培修精奇寺。临到春季，大师到沃卡。原先由冶铸工云丹雍殊在精奇寺中铸造了一尊比人身量略高的弥勒怙主像，极有加持力，美妙稀有，所有殿堂，也都装饰美丽，壁画充满诸佛如来的画像，极有加持力。但是在后来，一切画像都已褪色而破旧，至尊弥勒像亦无人侍奉供养，以致在尘土中等同废品，而且被鸟粪灰尘等不净之物严重地污染。大师目睹此情，心中难忍而坠下悲泪！为了培修起见，首先对殿堂墙壁、屋顶和泥墙地面等工程嘱咐沃卡达哲巴动工改修。达哲巴遵照大师的吩咐，一切工程，都妥善地遵命完成。之后，关于彩画佛像所需的材料，宗喀巴大师师徒开始打算以手中所有财物来完成其事。师徒十二人于中所有财物和放施垛玛（即食子）的工具等，一共仅值白银十二钱，无论如何也不能办成其事。于是想到在毗沙门（即财神）前，供一临时的垛玛，托付此事，却没有酥油。适有一出家人供来酥油一包，遂以此作垛玛供养，而求神扶助完成其事。第二天，即有牧人载来许多酥酪供献于大师。从此以后，渐次送来许多供物，有了财物，手中富裕起来，一点也不感觉有所困难。不仅如此，大师遇到其他对于教法有特别需要时，也在毗沙门前，供献酥油垛玛，而托付诸事业。由此突来许多资具的故事，是不胜枚举的。这是一切智克珠杰所说。以后，从雅隆方面也有许多画师携带彩色颜料前来接受绘画任务。那时，大师对画师们传授了近住斋戒和长净仪轨，才令其作诸彩绘事。而且让其他办事之人也远离一般世俗语，多念诵发愿颂文，来承办其事。那时，至尊文殊对宗喀巴大师劝勉说：“十方一切诸佛对至尊弥勒帖主作大光明灌顶，你须撰写一篇赞颂词。”大师应命而写作《弥勒怙主赞大宝明灯》，又撰写出《往生极乐愿文开胜刹土之门》，以及未来时期任于何处自己现身之地俱成佛之刹土全得护持之祈愿文。这些愿文也是因至尊文殊劝请而写作的。这些情节，在《宗喀巴密传启请文》中有偈颂说：

“往生极乐之愿文，

及赞弥勒正义等，
文殊示彼义次第，
我师措词善撰文，
具德上师前启请。”

关于以上的赞词和愿文的本义和次第等，至尊宗喀巴大师开示说：是由我（宗喀巴）遵照至尊文殊所说而遣词用句撰出的。又如《密传》中说：

“佛像经塔开光时，
智慧尊入真言身，（灵知入于佛像等身中）
凡属加持诸佛尊，
众生福田善妙成，
具德上师前启请。”

此颂之义，是说那时用炭笔素描出至尊文殊庄严佛之刹土时，作一开光法事，亲见至尊文殊身像前来溶入于画中。当晚即在文殊身像前，燃供一盏小酥油灯，从傍晚起直到第二天中午，发现灯油未尽，持久不熄的奇征。如是每一庄严佛之刹土画完，依次举行开光法事后，所供油灯，没有一盏不是经久不息的。大师曾开示说：在作开光法事的阶段中，任于何处，召请智慧本尊来入时，没有不见彼佛尊前来入于彼佛像中的景象。因此，应知那些佛像经塔，是与真佛无二无别的无上供养福田。如《宗喀巴传鲜花束》中所说：

“开光——真言身，
真入——智慧尊，
以此稀有经塔像，
确是供田真佛身。”

那时，开始绘画三十五佛像时，画师们不知诸佛的身色、手印等应如何绘画，请问于宗喀巴大师。大师作启请后，心中显现出与应绘画的三十五佛身像依次相符的身色、手印等，当即按照所见之景象，吩咐画师们应如此这般绘画。这次和以前在沃卡却隆寺所见的三十五佛像，以及所见其他境象，先后合一，在《宗喀巴密传颂》中说：

“当修七支仪轨时，
法王经常见佛尊，

三十五佛真显现，

一一身形与手印，

具德上师前启请。”

这样妥善地完成绘画等事后，建立起文殊秘密曼荼罗。宗喀巴大师自身成为曼荼罗主尊，对于以弥勒佛像为主的一切能依与所依（包括寺庙殿堂及附着于寺中的佛像经塔等）等作广大的开光法事。并在那时由大师给具缘弟子十余人传授了文殊秘密大灌顶。在开光进行的那一天，大师是在未中断经常修法中举行传授的，传授的时间，虽是作了许多常修善法和开光作业等，然而仍比原先估计的时间提早完成。心想此为何故？于是竖立日圭作详细的观察，显然那一天的时间过长。其实历史发生过与此相似的许多说法，如往昔印度大成就师毗哇巴经常估计在中午来到之时能控制太阳不往西沉，两个故事是相同的。总之，随所现象，都是所想如意的清净正确的象征。此外，一些有缘的人们在梦中，得见空行母正在绘画，洛扎堪钦洽多哇（与宗喀巴互为师徒）在梦中，亲见第七佛（即释迦牟尼）等许多佛世尊从虚空中前往北方。当即启问“佛尊等前往何处？”答说：“应请前往精奇开光法会”。后来，大师和洛扎堪钦会面时，计算堪钦所见的时日，恰与开光的日期相符。因此，当知运用三摩地（定）之力，是能真正迎请来诸佛菩萨的。这样的成就，决不是一般普通或等同普通的象征。在庆祝开光圆满的宴会中，各个寺庙的安多商人等供来许多绸缎等物，用作浮雕铸塑的诸佛像的衣饰，以及一切画壁上的挂幔。当时，对于振兴教法和成熟众生来说，确是圆满办成了一桩伟大的事业。

继后，有一白净少女对洛扎大成就者南喀坚赞指示悬记说：“有一受弥勒加持的人士，他与文殊无二无别，并由妙音佛母给以智慧，是一美满无瑕的大德在过去十五次转生中，与你即有遇合的因缘，而且此生中也有互为师徒的缘起(即条件因素)。因此应当迎请他来，毫无保留地传授给他一切教法，并应当向他请求教法。”堪钦洽多哇对此悬记心生无量信解，于是致书于宗喀巴大师：“请你无论如何来我这里，我要向你启问，并备有增寿缘起等物随函附寄。”大师接到来书后，于木猪年(乙亥)年届三十九岁时，经涅区而来到洛扎卓窝寺。再说堪钦洽多哇，他在过去许多转生中，已获得不可思议的断证功德，并且得到金刚手对他真实护持，他亲自承认住于禅定时，能观知过去五百生中之事，在梦中也能无障碍地忆起十六生中之事。他能观见住室内外，及山居的中间边缘等处所有众生行、住、坐、卧等情况。对一些作非法行为者，常作教诲，仅仅诵其名号，也能免除部多(鬼神)的伤害。他确是一位具有不可思议功德的大德。正如本尊所悬记，他和宗喀巴大师二人在多次转生中，生于何处，住于何方，都是一起而来，彼此同一天性，轮流传法，轮流完成愿力，轮流完成承事供养无漏的供会等卓越的结合因缘。据说那时，在临近两师初次会面的日子，堪钦洽多哇的耳中听道"弥勒怙主正要来到"的嘹亮声音。估计那时是一切智宗喀巴大师正行至嘉谟山断崖处的时候。

继后，到了薄伽梵佛世尊转法轮的大节日——六月初四日，宗喀巴大师来到洛扎卓窝寺，堪钦前来迎接时，亲见绚烂的光网中至尊文殊来到。而宗喀巴大师则看见堪钦为真实金刚手，腹形圆而鼓出，如兰吠琉璃透明晶莹，有兰花蟒蛇盘绕。据说这是表利益众生的事业，较前更为宏大的象征。当晚，宗喀巴大师即在堪钦近前，听受了一次上师瑜伽法，师徒二人都看见金刚手真实前来与自身相合。第二天黎明时，堪钦的耳中听说："在弥勒近前，当请说《集学论》"的声音。于是请求宗喀巴大师讲说此论。大师说："也许是本尊说的这番话，我一定讲说此论。"大师遂对以堪钦为首的洛扎僧伽大众讲授了《集学论》等许多教法。在听法时，堪钦看见宗喀巴大师的头顶上住有至尊弥勒，右肩上有白色文殊，左肩上有妙音佛母，及以四臂怙主和六臂怙主为主的不可计数的护法，空行环绕，还有许多喜悦善法的鬼神前来听法。因此堪钦对大师生起比以前更大的特别的信仰。宗喀巴大师对堪钦单独传授了五部陀罗尼灌顶等许多随赐灌顶法。大师也在堪钦近前，听受了大成就师自己著的《全集》和《菩提道次第》两种教言的教授，以及金刚手所说的不可思议的秘密教导、经教、随赐灌顶、金刚手五尊随赐灌顶、金刚问答，欢喜问答之经教和随赐灌顶、金刚手五鹏灌顶和随赐灌顶、普伏凶顽灌顶、独勇三面六臂马头金刚随赐灌顶等教法。在这些时间中，灌顶和随赐灌顶诸种仪轨，都是由扎根玛女护法来进行的，堪钦上师将满盛甘露的颅器递给宗喀巴大师时，颅器中现出三颗泡沫，各有文殊、藏跋拉、毗沙门住在其中，发现这许多征象。

堪钦对宗喀巴大师的徒众，如喇嘛绛噶哇等许多纯洁侍徒们也传授了许多经教。宗喀巴大师师徒对堪钦生起了极大的虔信。大师开示说："由此信力，对我颇生功德"。堪钦对宗喀巴大师传授秘诀时，大师大都看见堪钦头上住有释迦牟尼佛，右肩上有金刚手，左肩有白伞盖佛母。据说这是不生灾障的象征。

此后，在短暂时间中，宗喀巴大师启问上师说："我对于正见法门，尚有一些疑难未解，为了除此疑难，意欲前往印度住在深林中的至尊弥扎大师近前，是否会有灾障生起?"上师问于本尊?所得答复说："关于正见诸要点问于自己的本尊即可解决。若前往印度，虽然你和至尊弥扎可以会面，并且你将作金刚座的堪布，能作出利益众生的稀有事业，然而你的徒众将发生寿障。因为你的这些徒众，大都是住于资粮道和加行道⓮的大士，使他们入于灾障的势力下，实为不善。你自己在印度驻锡后，也再不能返回藏地。因此愿你在西藏努力于利益教法的方便，愿因此而获成功。"大师依此答复而舍弃了赴印度的打算，遵照文殊所说行事关于正见诸要点启问于本尊，获得甘露妙药的教授。并说以此可除玛底坝扎西的疑难，再问："玛底坝扎西是谁?"答说："罗桑扎巴（宗喀巴名）在此生以前的七生中，转生为班智达，作利益众生的事业，在此生的前一生中，转生为克什米尔的座主班智达·玛底坝扎西。"这正如前文所说的那样。此外，宗喀巴大师关于前后世代的许多问题问于本尊后，所获得的悬记，大都正如前文所说的那些情况，是不难得知的。此后，大师遵照本尊的指示，撰写出《精奇寺弥勒怙主赞梵天宝冠》，是以慈悲心眷顾受苦众生而作的祈愿，并以全套出家衣物等供养(于弥勒身像)时，堪钦鼓动说："这样作对于以后佛教的根本——毗奈耶的制戒，有宏大的缘起。"至尊文殊也这样对宗喀巴大师作了鼓动。就这样，大师撰出意义妙好、词句美满的《弥勒赞梵天宝冠》，并以三法衣⓯、锡杖，钵盂、敷具、滤水器等全套沙门的用具，供于精奇寺弥勒像前。由于宗喀巴大师四十五岁时将有寿障的灾记到来，为了消除寿障起见，(堪钦依本尊指示)对宗喀巴大师传授了吉祥大轮甘露精滴的生圆二次第甚深教法。并且指示大师，此次从这里前往扎日⓰和涅区等处朝拜，对利益佛教和众生的特殊方便来说，都有成功的可能。又吩咐说：依止一尊印度大成就者的身像和论典，对于甚深教义，能获得彻底的定解，因此应这样去做。此后，你暂时作讲法和闻法事业，对众生有极大利益。”除以上许多话语外，还有一些将在下面详述。宗喀巴大师对洛扎的僧徒会众，也讲授了许多教法。总计宗喀巴大师在洛扎驻锡七个月之久。堪钦为了增长宗喀巴大师的福泽，向毗沙门(财神)供养朵玛，当天晚上，堪钦亲见金刚摧坏本尊由四尊毗沙门围绕，并开示这一修法和所有仪轨等广博稀有的净相。以上大师和洛扎堪钦相会的史事等，是这样得到的：宗喀巴大师的嫡传弟子善知识衮嘎桑波(意为普庆贤)和多康巴·坚赞桑波(意为幢贤)等拜见堪钦以后，他们在堪钦座前郑重地请求说：“我们的大德上师宗喀巴称呼堪钦你的名讳时，是称无与伦比的南喀坚赞师或称洛扎至尊洽多哇。这样的语言，是对堪钦你的大恩德作稀有的赞颂啊！因此请求你讲说和至尊宗喀巴见面时所见到的稀有境象，以及发现的缘起象征等情况。”堪钦应请而说出的情况，他们简略地笔之于书，这里是从中录出的。应知这些情况，完全属于至尊宗喀巴师徒彼此内部的不可思议的秘密行传，并非一般普通人士的真实行境。然而一经录入其传记，即成为我们见闻之境。当知这也是由于至尊宗喀巴师徒的慈悲心和护持力而生起难能可贵的观念，应当衷心努力面作祈愿!这类的心境现象等，一切智宗喀巴大师对谁也未明白开示过，是由大师的一些弟子请问于勘钦洽多哇后，由堪钦说出的。堪钦的言教中“后来，在一次转轮会中，精通四难论师罗桑扎巴的说·弟子衮嘎桑波以及受本尊悬记的弟子多麦·色敦巴·达扎坝扎等许多善知识前来见我时，他们说：‘我们的大德上师宗喀巴大师称呼你堪钦的名讳时，是称无与伦比的南喀坚赞，或称洛扎至尊洽多哇。这样的语言是对勘钦你的大恩德作稀有赞顷啊！因此，请求你讲说和至尊宗喀巴会而时所见的稀有境象，以及发现的缘起象征等情况。’在他们郑重地请求之下，我略说了一些。这也是我年届七十岁时，有一白净少女对我说：‘有受弥勒护持的人士……’等语句之后，我将和精通四难论师宗喀巴会面时的情况，对他们略说了一些。”所以这些情况，仅是粗略的，显然不包括所有一切。在勘钦的宣说中又说，“发现许多稀有征象，言说难尽。”由此可见勘钦和宗喀巴大师会面时，勘钦至尊洽多哇已七十高龄了。至于上面所说，受本尊悬记的弟子达扎坝扎，揣想是说一切智宗喀巴的嫡传弟子智慧广如虚空的贡汝哇·坚赞桑波。但是智者们对此有所怀疑，由于贡汝哇·坚赞桑波的诞生地，是康区的妥宗。而本传中说的是多麦·色敦巴·达扎坝扎。因此怀疑这似乎说的是诞生在金沙江流域的一位弟子。但是“色敦”纵然属于地名，除说诞生在多康地方外，似乎并非说的是“色敦”(意为有金)河流。不仅如此，在至尊宗喀巴的嫡传众弟子中，不知是否还有除贡汝哇·坚赞桑波以外的人?尚希诸智者考察为祷!有关这类的情况，在多敦巴大师所著《宗喀巴传嘉言集》中说：“宗喀巴大师来到沃卡等地区后，培修了绛巴岭等寺庙。此后，大师心中想到对于西藏现在所有《甘珠尔》[17]和《丹珠尔[18]经论的教授等，应当很好地领会于心中。还应当解除怀疑捏造虚构的过失，尤其是为了抉择中观和密宗法类，分别讲说其中的《密集》和《胜乐》诸法门，大师想前往印度的阿敦达那烂陀等处，亲近依止鲁伊绛曲(意为龙菩提)等大师。师徒十三人观察了征象和梦兆后，结合一致的愿心和缘起，从涅区启程前往洛扎。本拟从印度山林取道前去拜谒大成就者弥扎卓根大师后，再去到摩揭陀。但是来到洛扎和大成就师洽多哇·南喀坚赞会面后，洽多哇说：‘如果去到印度，宗喀巴自己虽然能成为善巧精通十八种明处(即学术)的班智达，将作金刚座的堪布。但是他的寿命将缩短，对诸弟子，难作饶益。因此若住在西藏，向文殊祈祷，能迅速获得护持。’如是说已，并对宗喀巴大师传授了洽多哇他自己拥有的诸种教授秘诀，尤其是开示了显教方面的道次第等噶当派的诸法类，以及金刚手修法及其圆满次第等的修验指导。此后返回涅区。”虽有这样的说法，但实际上一切智宗喀巴大师，由于对于寻求正法精进而无厌足的天性和秉赋，以前在西藏所作的一切听受和修学，都未满足其心愿，故坚决想前往印度。这种意志是过去即已存于心中的。显然这次他也是由于堪钦说必须去到洛扎，而首先去洛扎的。此后，若堪钦未作推延而允诺扶持他上路，他还是会决定前往印度的。以上所说，和洽多哇会面时所见境象等史事相符，这些在《宗喀巴密传》等书中，连简述的也未允许录出。在衮噶德勒所著《宗喀巴传记信岸略本》中，简略地录出一些，然而仍未尽其所有地明显录出。显见这是宗喀巴大师的教令严谨之故。笔录这些史事的流传本也极罕见。因此，我(著者)相信总有一天会成为从地下掘出的秘藏一样！所以我(著者)唯思救助信念，就我眼中所见到的史事，都明显地录出之。但祈求上师本尊及扎根玛护法等赐予加持，使这不成为罪障！因此，如果细思这些情节时，定知至尊宗喀巴师徒诸人，从决定义来说，确是三怙主(文殊、观音、秘密主)等诸佛总聚的本体。这是不须观察其他教理原因就能证明的。

继后，大师依照堪钦所说，放弃了前往印度的意图，又回到涅区，又从涅区去到诺若，在诺若东达住了约五个月的时间，一心专修。在那里大师迎请来大善知识郑勒巴所著《教法次第广论》，恭敬供养。一经详细阅读，知其中将所有佛经的密意，作为一补特伽罗(即人)的修行教授，以及道之体性(即本质)，次第数目决定等都与二大车轨的主张相同，因此生起了极大的定解，而且在那里讲说了一遍《教法次第》。总之，大师前后来到涅区完成的这些事业，在上面说大师过去转生中的史迹时，已简略说过。显然大师和堪钦·却交桑波见过面，这一情节，在《宗喀巴大师广传》中，未有明文记载。在其他传记中，是有记载的。关于大师和却交桑波前后会面的情节，在至尊嘉木样协巴所著《宗喀巴传布绘造仪心宝鬘》中，依其顺序说来，是大师和洛扎大成就师会面以后，去到涅区和诺若，阅读善知识郑勒巴所著《教法次第》，并讲说《教法次第》。此后，大师首先是在涅区扎噶堪钦·却交桑波的近前，听受了《毗奈耶》、《俱舍》、《中观》等经教诵授，以及甲惹哇的《道次第》、《蓝色小册经教根本释》、《入行论》等修心教法，也即是噶当经典派的许多显密教授。依此顺序看来，是大师和洛扎堪钦会面之后，再到涅区初次和堪钦·却交桑波会面的，显然在这以前是未见过面的。但是在绛尼玛丹贝坚赞所著《宗喀巴传使具缘莲花盛开之日》中的说法是：大师在未与洛扎堪钦会面之前，在涅区和堪钦·却交桑波会面的。而且显然说堪钦·却交桑波是洛扎洽多哇的上师。因此在却交桑波近前，大师启问洛扎洽多哇的伟大功德，以此心生极大定解而去到洛扎。再从洛扎堪钦洽多哇著作中以

‘胜乐宫殿乍阁”等句来赞颂柳敦却坝和措纳巴等师的情况看，是明显地记载着后来一切智宗喀巴去乍阁等地的史事的。因此，也许是写作《宗喀巴传布绘造仪心宝鬘》时，为了方便行文，将两次会面合在一起写出。此外，大师未与洛扎堪钦会面之前，途程是经过涅区时，最先和堪钦·却交桑波会面。这些史事，如《宗喀巴传使具缘莲花盛开之日》中所略记的那样。其中又说：当堪钦·却交桑波在乍阁仁钦岭寺中闭关专修，立誓不得到“不退转证悟”，决不走出关门一步时，宗喀·巴大师在前往洛扎的途中，顺便去到涅区拜见堪钦·却交桑波。堪钦·却交桑波在梦中，见到阿底峡尊者前来。第二天他和宗喀巴会面后，交谈显密教法时，真实看出宗喀巴即是阿底峡，这些情形已如上文所述。此后，堪钦·部交桑波以上等缎三方供献于宗喀巴大师请求传法时，大师说，“对如太阳般的大善知识你来说，如萤火一般的我向你说法，能不愧煞?！无论如何为获得瑜伽修法缘起，当先请堪钦对我传法。”由于大师郑重的请求，堪钦·却交桑波对宗喀巴讲授了《道炬论释》、措纳哇的《道次第》全部。宗喀巴大师说：“我那时成了彼师(措纳哇)。”这显然是宗喀巴大师承认他过去曾转生为措纳哇。宗喀巴大师对堪钦讲授了阿底峡的全圆教授。此外，还讲授了密集五次第道诸要点以及龙树师徒的密意要法等许多显密的要义。堪钦·却交桑波对宗喀巴大师讲授了卓隆巴的《教法次第》和措纳哇的《注疏》等。那时，宗喀巴大师问堪钦道；“你的弟子大成就者洽多哇，他接近的上师是何人?他有如何的身、语、意功德?”答道：“最初遇着的上师，为堪钦·嘉色桑波，此师不断地亲见观音现前教说。此后，他亲近的上师是佛陀替身门扎哇·楚臣扎喜(意为戒吉祥)，这一上师有无碍神通，而且精通显密，尤其是善巧‘现对法藏’，等同世亲再来，获得金刚手不断地现前为他说‘五鹏密法’。这位善知识(洽多哇)所有功德。如你所有的智力那样。此外，他还遇着嘉玛仁波且和日生俄巴等上师。金刚手曾对堪钦扎门巴说‘堪钦洽多哇系阿阇黎阿雅德哇和桑杰意希夏的转世化身’。”宗喀巴大师听到这些情节，心生极大信解。之后，立即去到洛扎。至于堪钦·却交桑波，此师原先主要是依止汤萨巴修习正见。因此，他对于宗喀巴大师所讲的中观正见难以理解。他启问于本尊不动怙主说：“法王罗桑扎巴的正见，究为何种?”答说：“是无误的释迦牟尼佛世尊的清净究竟正见。在无上金刚的阶段中，也不能逾越此清净正见，你应当以此为主而修。’又问：“那末，措纳哇的正见，也是这样的吗?”答说：“他也是为了生起龙树的正见而修习的。菩萨宝贤(亦称善财)和罗桑扎巴是无二无别的。”从此以后，堪钦·却交桑波即以一切智宗喀巴大师的正见，作为主要修持。因此，他不久也获得“不退转证悟”。宗喀巴大师和洛扎洽多哇会面的情节，如上文所详述。那时，大成就者洽多哇作赞颂说：

“胜乐宫殿乍阁中，
胜乐轮即那哇巴，(古印度大成就者)
彼师化现为却坝，(柳敦却坝)
能仁足下作礼敬!
复有胜乐轮化身，
即措纳哇遍智称，
菩萨首要之弟子，
与胜乐轮无别身。
根本最胜之上师，
门扎师尊前礼敬!
圣观世音身语意，
摄受加持力实真，
彼即胜乘之导师，
佛子桑波前礼敬!”

此中说出了堪钦·却交桑波的伟大功德。

此后，一切智宗喀巴再往乍阁时，距离乍阁一俱卢舍(约二百五十市尺)的范围内，有一种不可思议的戒香(守戒精严者，身上发出似栴檀的香气)气味，人们吸入鼻中，心想这是谁的戒香呀?那时，堪钦·桑波协哇也住在那里，他向宗喀巴大师请求传授教法。大师应请对桑协哇师徒们传法约一个月之久，每日上午、下午、傍晚三时，各讲一座法。讲授了《道炬论》以及龙树师徒的意旨经教和随赐灌顶等许多教法。在那一时期中，有一天衮钦·却交桑波吩咐其侍者备好马鞍，今天骑马去迎接罗桑扎巴(宗喀巴名)。于是乘马前去迎接宗喀巴师徒。堪钦·桑协哇给宗喀巴大师作侍从来到仁钦岭寺时，宗喀巴大师对堪钦·却交桑波说：“你修持彻底，心中已获得‘不退转证悟’。因此，却交桑波和堪钦·桑协哇等人认定宗喀巴大师已证得无碍神通，生起极大信仰！那时，其他一般人士也在说，衮钦·却交桑波是获得了“不退转证悟”的。待堪钦·桑协哇前往经院后，以前的那种戒香，也随之消失。因此宗喀巴大师得知那种戒香的气味是堪钦·桑协哇所发出的，心生敬仰，作如是赞颂说：

“至尊空行真加持，
善妙戒香周遍中，
消除众生烦恼苦，
戒行究竟礼德风。”

我因此想到，衮钦·却交桑波获得“不退转证悟”后，宗喀巴大师再到乍阁时，这是从洛扎来到诺若东达，住了五个月后，再到涅区去的那段时间。总之，宗喀巴大师承认过去曾转生为柳敦却坝和衮钦·措纳哇，是为了扶持发心和事业的继承，在涅区作宏法利众的事业，住了比较长的一段时间。因此大师和衮钦·却交桑波等见面，不仅只一两次，而是多次，这是无可怀疑的。

此后，宗喀巴大师年届四十岁时，火鼠(丙子)年，大师住在涅区下部色杰冈的雅占寺中，在夏季里，勤修祈祷至尊文殊等修持法时，至尊文殊对他说：“当依印度一位班智达的论著学习，不久即能通达中观正见。”文殊指示大师的这一悬记，是与洛扎大成就者的说法相同的，那时，宗喀巴师徒们缺乏顺缘(生活条件)，想到须得向毗沙门供垛玛，供后，迅即获得美满的顺缘，并亲见毗沙门。此后，大师遵照洛扎堪钦的指示，想前去朝拜扎日神山。师徒三十余人从涅区前往扎日，在山中住了几天，对朝山的人们赐给茶水。拜谒了山中小庙，并修胜乐自入法等，出现许多稀有征兆。这些情节虽载于传中，但不明显。实际上大师已亲见胜乐轮本尊会众以及三界的扎干等许多护法神，这显然是无可怀疑的。此后，大师徒步绕行扎日山，来到一山口。下山时，心中刚生起在此处不作内供等会供轮的念头，即刻脚上突然如刺扎，发生极大痛苦，生起一大块黑色肿块。大师遂择一时，修内供胜乐的会供轮法事。会供轮法事还未完毕，痛苦立即解除而痊愈。这一情节，在《扎日圣地解说》中说："那时，宗喀巴大师的脚部发生疼痛，空行母等真实现身对大师说：'此一圣地，是胜乐轮本尊不共的曼荼罗(坛场)，因此必须供养内供等。'大师依此指示，修供内供等会供轮法事。"又是空行母等赞颂说：

"空行圣地扎日山，
噶举诸师和本尊，
空行护法前启请。"
大师作偈颂说：
"清净罪障求加持，
违缘灾厄祈息灭，
胜共悉地请授赐。"

大师作了如是祝愿而疼痛痊愈的情节，以及(空行所说)"索哇妥"句，即是"索哇得"句(意为'启请'，妥字系命令语式)，这六句是至今朝谒扎扫神山的人们都共同念诵的颂词。据说是从那时兴起的。那时，大师因足部疼痛而暂住于一山洞中。至今那山洞普遍传称为"宗喀洞"。其洞中还画有一尊宗喀巴像。此外，虽然还有一些故事，但因未知其根据是否清净，故不录出。总之，受遍知三世的洛扎堪钦策动，宗喀巴大师来此圣地，心中生起了许多关于生圆二次第的通达，以及许多能成熟宏扬教法和利益众生的缘起，这是无可怀疑的。为什么是如此?当大师完成朝礼扎日圣地返回涅区的途中，在谟那山下暂住的当天晚上，亲见至尊弥勒怙主，身高如山，威光显耀，前来对他说道；"善男子，当知你如佛陀再来于此世间。"这是以狮子吼声亲作安慰，并令他生起欢悦之故。关于此种情节，一切智克珠杰赞颂说：

"佛教莲苑此世中，(于此世界中)
犹如佛日是师尊，(是你宗喀巴大师)
弥勒亲来作安慰，
胜赞我师前启请。"

与此类似的赞语，如《宗喀巴密传大宝花穗》中说：“因此，于此浊世中，对于佛教说来，应以与佛无二无别的词句来赞颂至尊宗喀巴大师，这是直截了当的本质赞说，所以具智的人们有何理由不将大师视作与导师释迦是相等的呢！”又在《宗喀巴密传颂》中，将这类现象和前后出现弥勒现身的情节，合并撰出颂句说：

“左右手作说法印，
妙好坐式弥勒尊，
如佛世尊具十力，
能成佛业之悬记，（弥勒指示大师如佛再来成就佛的事业）
具德上师前启请。”

根据这些情节和上文本尊向洛扎大成就者所示的悬记，可以肯定宗喀巴大师是弥勒的化身。如洛扎大成就者所作赞颂中说：

“未来救主弥勒尊，（佛经说未来劫中弥勒来此世界成佛）
悲念浊世诸众生，
示现雪域宗喀巴，（雪域即西藏）
具德上师前启请。”

继后，宗喀巴大师暂住在涅区下部的生格宗，彻底地研究修持时轮金刚圆满次第六支瑜伽等修道之诸要点，生起了无误的定解，并正确深入而获得无畏的辩才。那时，大师不断地亲见薄伽梵独勇时轮身像。有一天晚上，佛尊现身向他说：“你对于时轮，将会有如嘉波达哇桑波(意为月贤王)那样的胜解。”宗喀巴大师曾以不公开的方式开示说过：“过去我讲说时轮，所作饶益中，从未发生过少许可怖之事。这种现象也许是自心生起了清净正确的了解而出现的。”关于此事，在《宗喀巴密传启请文》中说：

“究竟密续时轮中，
六支要义思考时，
亲见时轮佛真身，
授记师如月贤成，
具德上师前启请。”

大师在那里驻锡时，妙音佛母前来对他说：“你能享寿五十七岁，在此期中，能完成无量的利益自他的事业。”大师启问佛母道："如果在至尊尊胜佛母(增寿佛母)身前，勤行祈祷请求加持，并多作念修，能否比这寿数延长一些?"答说："主要由于往昔的愿力，以及对于辨别诸法之智慧怀有强烈的愿望之故，使才智辗转增上，遂影响到寿数。"至尊文殊对喇嘛多敦·绛伯嘉措说："从今以后，当特别注意修习消除寿障灾厄之法，并妥善地结合延寿的内外缘起，虽有一些困难，也能消除寿障灾厄。"开示这些话的原因，对他人未说。大师对扎生哇说："我自己提高警觉，纵然作了许多方便，在享年五十四岁之间，尚未获得能消除寿障的方便。"至于大师从五十四岁到五十八岁之间，修习消灾延寿诸方便，将在下面详述。此中主要是宗喀巴大师自己不断发现至尊文殊的身像和语教。不仅如此，如上文所说那样——喇嘛多敦·绛伯嘉措也发现至尊文殊的身像和语教，经宗喀巴大师多次观察，得知无误而生起信心并且对于教法的事项，尤其对正法了解中，所有重大要义，启问于本尊时，本尊指示了应如此这般而作，以及某年某月日时中，将会通达。后来果然如本尊所说。因此宗喀巴大师曾经说："显然从往昔种下的习气方面来说，加持是易入的。"大师的侍从中，有一些曾亲见文殊的身像和语数，他们之中多敦·绛伯嘉措是无与伦比的。宗喀巴大师寄给喇嘛乌玛巴的书信中说："你所传授的至尊文殊法类，对我有极大的利益。我的徒众中，有一些曾亲见至尊文殊的身像和语教，有一弟子随说何种，都能判定其义。"此中所说的那一弟子，即是多敦·绛伯嘉措。这类情节和上面所说消除寿障的方便等情况，出自洛追桑玻所著《宗喀巴密传大宝鬘》。

宗喀巴大师在涅区下部的生格宗暂住时，一心祈祷至尊文殊，向文殊启问显密道之体性、次第数目决定等，尤其是止观修法诸要点。本尊文殊作简要答复说："现在你不必向我一再启问，应仔细地研究三藏和四续部释论——诸大车轨师所作的诸大论典，就会领悟到与我所说请教义大都相合。若有一些不相合的。可以舍弃。凡所同意为教授中的诸大论典，则不可舍弃。应把正确的教授秘诀当作开启显密释论之钥匙，进行研究。其研究圆满之量，是根据教之理路而获得定解，内心能决断其义，心底自然会有一种心安理得的现象。那时，即是研究其义得到圆满。"据说后来大师无误地生起了那种研究圆满之量。此外，文殊又开示说：“从今以后，身语意所作任何善法事业，一切都必须利益教法和众生。”这是说应如何作。在《宗喀巴密传大宝鬘》中记载说，至尊文殊说这些教语的地方，是涅区的色杰岗。但是在克珠杰所著《宗喀巴密传》中，则说是在涅区下部的生格宗。应知在这以前，人们对于经论，虽作了全面研究，然而尚未作到能将所闻之义现为教授，教授之义未作实修，则徒劳闻、思，不能成为有义。大师观察到这些重要性，所以在他未作离尘世专修以前，以及在离尘世专修的一段时间中，都猛利祈祷上师与至尊文殊无二无别，研究经论之义，并且将所研究的诸教义，能显现为成佛的修行教授，按照修行教授实地修习。在这样获得的成绩中，显现出所有显密之要义，皆为修行教授的情况。宗喀巴大师所著《悟解论述》中说：

“为除众生愚昧心，
经论现为教授故，
应以虔诚向文殊，
猛利祈祷求赐成，
思此情理有妙策，
是我至尊文殊恩。(妙策即是向文殊祈祷能得悲恩加持)
龙树无著所传出，
菩提道次由励力，
获得不共之定解，
胜典皆现为教授，
思此情理有妙策，
是我至尊文殊恩。”

总的说来，这是显教的诸经论，都显现为教授的情况。分别说来，如“道品中诸量论(即因明论典)”等句，是如上所述的那样——对于因明论典也都能现见为修行教授的情况。又说：

“庄严经论菩萨地，
善合如理勤研习，
弥勒诸论及随行，
诸论皆现为教授，(为修行的教授)

思此情理有妙策，
是我至尊文殊恩。”

这是说弥勒和无著师徒随行于弥勒所开示的“上下对法”⑲诸论典以及律藏等诸要义，皆能现见为修行教授。又说：

“尤其深广诸经论，
编其次第道扼要，
赐予定解集学论，(寂天菩萨所著《集菩萨学论》)
依此对于经集论，(龙树所著一切经集论)
龙树诸论无量义，
见为修行道次第，
思此情理有妙策，
是我至尊文殊恩。”

这是说对于龙树师徒及随行于龙树宗觌的中观诸论典韵所有要义，都能现见为修行教授，尤其是中观应成派的不共正见，应当是依龙树的密意，无误地获得通达而生起的。以果金刚乘来说，如说：

“静虑后续毗卢尊(即毗卢遮那)
现证菩提由佛密，(佛密论师)
所著论典善依学，
现见道要皆教授，
思此情理有妙策，
是我至尊文殊恩。
具德所摄道要扼，(具德佛密)
见由三种禅定摄，
虽略易知然修道，
义深难悟大智者，
佛密始著论本释，
相符三典如理说，
三续部中深修义，
善说修次除庸心，
思此情理有妙策，

是我至尊文殊恩。”

这是说对于所有修行下三续部甚深教义的情况，能彻底领会于心中，尤其如偈颂所说：

“佛说诸经中究竟，
彼即无上瑜伽续，
其中最深之经典，
即是‘密集’续中王。
大德龙树如是说，
本续之中诸要道，
六边四法成法定，
故于释续当随行。
从师教授中应知，
当持此理为要津，
究竟教授摄行等，
圣传密集诸要扼。
经久钻研已熟悉，
依于本续明灯沦，
所撰释续五广论，
当极励力研习精。
由习总得二次第，
别获圆次诸要津，
思此情理有妙策，
是我至尊文殊恩。
由此胜、喜、时轮等，（由此之力，对胜乐、喜金刚、时轮等）
诸续要义现教授，（凡续部的要义皆现为修行教授）
我于他处已宣说，
略为智者示门径。”

这是宗喀巴大师开示当依诸续部中之究竟续部——无上瑜伽续部中之父续、母续、无二续等以及一切续部中所有能作成熟之灌顶，以及能作解脱之道——生圆二次第之诸要扼，并其中最深而且最为卓越的《密集续部》的密义，六边四法成为法定的印度诸释论，以及教授、释续等，而对于所有道之生圆二次第之要扼，尤其是圆满五次第中之光明、幻身、双运身等最为细微诸要义，都现见为修行之究竟教授。然后，由如理实修，心中方能生起那样的教授，也才能生起显教所说的地道通达和密宗的生圆二次第的无量殊胜通达。并且大师引导众生入于他自己所获得的正道中的方法，也是从显教毗奈耶偈句起，直至父续密集之间，一切都依次以“四方道”(喻如提携四方巾时，提其四角既稳妥而无所不包)提携之法，导入于一补特伽罗(即人)成佛之道中。大师无论何时决不作未由共道净治身心即嚷着修密法而随便令其入于超劫中，也决不作自许为修密法而轻视毗奈耶诸制戒，也决不作还未获得菩提心和正见的了解，即好高骛远而急思入于最高证达境界。因此宗喀巴大师对于引导众生入于道中之法，确是极为善巧。大师确是无与伦比的众生怙主(即佛)。这种情理，通过在下面依次述说即能得知。以此之故，一切智克珠杰在他的论述中也说：

“总之，大师离世务专修以来，他观察到必须有一摄集一切佛经之义而无余，其中道之体性、数目决定、次第等一切与大车轨的规章相合，而且适合现在初学者的身心修习之法。于是大师向上师本尊猛利地祈愿，并对所有解释经典密意的一切论典，不断地详细研究。因此，对于最初从依止善知识起，直至最后‘寂止’和‘胜败’学习情况，所有大小乘共通道，以及大乘不共道，在此之上增加密宗的善巧方便的特别不共的诸法，而成为实修之法。并对其中道之体性和次第数目决定等，生起了无误的定解。大师对于任何经籍熟练精通，不是仅从其中抽出一部分来，而是察知一切经论皆为一补特伽罗(即人)的成佛因素，而作为修习之法。而且不以进行解说而止，而是用适合现在世人的高低才情，与任何上、中、下根器者的身心都适应的所缘次第，使实修便易而且大顺人意，唯由勤作调心次第之门,而作应如何引导一切尊卑众生之次第。他并且观察到在此雪山丛中(藏地),大菩萨吉祥燃灯智(阿底峡的名讳)的教导——菩提道次第中，显教和密乘的道次第、无误地抉择的大车轨宗规，是极为稀有的。对彼宗规生起了极大的定解。他对阿底峡教导之规，也即是大善知识博多哇等的教导(博多哇等的教导，是由阿底峡传授的)，也有卓越的定解。但是他特别观察到大译师洛敦协饶(意为智者慧)所著《教法次第》，及其首要弟子伯敦·卓隆巴所著《教法次第广论》等与他自己所想到的道次第大都相符，而且规章理路也极为优越。他见到具德阿底峡的教导，是将所有解释佛经的论典教授秘诀，合编为一个道次第而作开示的。因此他认识到由正确的讲说和听受两者来解释而且实行修习时，重要的并非琐碎零星的教授秘诀，而是将所有的经论作出妥善的安排。所以大师认为必须以共通道修心之法来引导众生，不需开示许多引导的门类，唯一重要的是以此道次第为主来作引导。”

略作这样的旁论(附言)后，书归正传。现在当说，此后，宗喀巴大师在涅区的金塔前作盛大的供养，并对那里的众生讲说许多戒法。大师叮嘱他们说，“一切功德的根本，是应当使所承许的戒律清净无染。我对于别解脱戒的他胜、僧残、粗重等堕罪，从未犯过。发现一些犯堕罪、恶作等情况时，当作忏前戒后，并且要求侍徒们也这样做。尤其是至尊文殊教导说，应当圆满具足出家人的装束，应遵守包括细小戒规在内的一切戒律传统做法。当我向至尊文殊说道：‘由于时劫关系，自己也难办到，更难以使他人之心严格合于一切戒规’。文殊说：‘并不是那样完全不能办成。由于想到佛的教法会懂得必须努力去作，遵依文殊的教语，今后必须修习所有制戒包括如滤水事等细小的传统作规，所有阿阇黎在迎送驻锡的一切时间中，都必须守持具足三法衣、敷具、钵盂、滤水器等沙门应有的装束。”因此，大师严守戒律的美誉名声，传于诸方。从那以后，这种美满的出家沙门应具备的装束，渐次传遍于大地。大师开示这样作的原因时说：“如本尊鼓励我的教言那样，因为不忍心教法的衰颓，才妥善地整顿戒规的。决不是为了显示比他人特殊而做作的。”这对于后世雪山丛中(即藏地)的一切有情来说，大师之恩，确是与佛相等的特大恩德。此后，大师驻锡涅区的岗穹寺中，对僧伽大众讲说了各种教法。由于大师的悲心感召力，令各村镇无量大众也都对大师生起诚信。大师也对一切会众传授斋戒法以及皈依等利益暂时和永久的善法。宗喀巴大师最初所作事业中，还鼓励一切人们制造了数以亿计的小泥塔、佛像，并鼓励他们以后也应当这样作。

继后，大师去到涅区上部的惹宗寺，安居坐夏⑳。当时，阿阇黎达玛仁钦(贾曹杰的名讳，意为盛宝)来到前藏，巡游诸寺院辩论场，参加辩论，他的善巧美名，普遍传称。他听到宗喀巴大师的美誉名声，心想这究竟是怎样的人，应该前去和大师见面。最初，他向大师启问了许多问题。大师对他发生了一些猜疑，想此人许是一位证道者转生而来的。故未作雄辩的答辩。继后，大师依法称论师的理路，说出凡希求解脱者决不可缺少的一切经论皆为修行的重要教授，及其教理等完整语教。由于此师(贾曹杰)系具法眼的利根智士，闻法之下，立即领会于心，由理智真实力，得知这是将一切经论作为修行教授而开示的，我能获得这种空前嘉言甘露的缘分，应生欢喜!同时他想到这确是完成了将一切智佛世尊的一切正法无余地一起宣说的伟大心愿，因此他心中生起了情不自禁的猛利信心！也想："奇哉!我已成为无上大德怙主所摄受的人。"于是百拜顶礼，以其头顶，敬礼大师之足请求大师答应作他的至尊上师，从今以后，愿如影随形，追随大师作仆从，祈大师慈悲摄受。他真心虔信的声音随泪俱下，而作请求。因此大师也心生欢喜，允如所请。贾曹杰作为最初的侍徒，任于何时，亦不相离。

这一情节，在《噶丹教法史》中说："法王达玛仁钦在前藏诸寺院巡游辩论场后，随即听到宗喀巴大师的美名，来到涅区的惹宗寺中，在大师的近前，与大师辩论教理。总的说来，是由于大师的身、语、意功德之力，尤其是大师以法四依㉑的讲说，使他极生敬信!他在大师的近前一直依止了十二年之久，不断地作服侍。所有大师说法，他都听受；所有听受之法，他都记持；所有记持之法，他都不忘。对于一切显密教法，他都无碍地通晓。并著有令智者们喜悦的嘉言论著。"又在桑桑勒仁巴·奇麦巴所著《宗喀巴传金苗论》中有赞颂说：

"贾曹达玛仁饮师，
法王仁达哇亦说，
达玛仁钦最善辩。"

如赞颂所说，贾曹杰在前后藏两地，已遍传他善辩的美誉名声。他依赖其敏锐、迅捷、深刻三者备具的秉慧，来与宗喀巴大师会面，最初他对于大师每一言论，逐一答辩，虽是有许多过分的说法，但大师仍然对他说：“阿阇黎十难论师，你从容地听吧！你那样的承许为不合理，若是那样，将出现这样的矛盾。因此你当知道是这样的。这是由于根据印度的显密论典，应是这样解说之故，”大师这样略示教理的言论，他也承认。而且他所立宗的善妙诸理论也自归破灭，无法答辩。从那以后，他的雄辩才能也归于消逝。这些话是我(奇麦巴)的上师绛央却杰，以及法王达夏哇和阿阇黎却吉桑波等人所说的。但是这一情节，在扎雅·罗桑敦巴所著《贾曹杰传功德》中则说：“由于贾曹杰以教理的雄辩，使(负有盛名的)雅、绒两师败北后，他心高气傲，想来与一切智宗喀巴大师辩论。他到来时，正遇着大师在说法。最初他想必须设法找出一个辩论的时机来加以破斥。于是他不脱帽而来到讲经院中。宗喀巴大师一见此情，从正在说法的座上下来，坐于下面。贾曹杰仍然表现出傲慢的姿态，戴着帽子登上大师的说法座位，坐下来听宗喀巴大师所讲的教理。他的耳中听到的，完全是他过去在其他智者近前未曾听到过的嘉言妙论，因此摧倒他的‘傲慢’之山。他慌忙脱下帽子，从座位上下来，坐于弟子丛中。之后，他抛弃了辩论的打算，而作了大师的弟子。”据说那时他登上大师的法座，是添合了后来他继承宗喀巴大师法座的缘起。以此说来，智者的本性，如格言中所说：

“对于智者未探询，
所有时中莫测深，
鼓捶未击鼓上时，
不知大鼓有何能。”

这就是说，不以教理作探询，只追随于名声之后的作风，是不可取的。所以一切智达玛仁钦也对宗喀巴大师的善巧美名，不作凭信。显然他最初是为了辩别和考察而来到大师近前的。但是他不须长久的考察，大师所讲的一些卓越妙论，使他情不自禁地生起诚信，而请求顶礼师足，成为大师的弟子。这正是所谓“智者于智者之中方显美”的情况。

那时，大师想在涅区建立转法轮大会，向惹宗寺堪布谈及此事。堪布说，他愿作施主负责到底。此外，又获得了许多善信的供物。于是依靠这些顺缘(生活资具)，召集涅区所有僧众，大都是一些三藏法师前来开此法轮大会，一直开了许多日子。在那一段时间里，对于僧伽会众，美满地完成了承事供养诸事。涅区各部落及彼此阶层之间，素来就不和睦，因此在一起聚会，完全是不可能的。但是那时由于依仗大师悲心之力和善巧方便，使一切人等都无争端地安然度过了正法的欢庆大会。大师与各个善信人士交谈时，鼓励他们承诺常作虔诚供养和承事服役。一切人们听了大师所说，皆大欢喜，信受奉行。那样的法轮会，普遍传称为“大经教场”。而且在后期中，仍然在每年的那一时节，开法轮会多日，从未间断。在那些时节里，仍然如前，一切人们都不起争端。除开法轮会外，其余时期中，据说由于彼此阶层间的争端，也就不安排众人在一起聚集。由此可见大师的发心，是那样的特别！这样，宗喀巴大师在涅区，妥善地作完了利益教法和众生的卓越而且广大的诸事业后，前往沃卡。在俄德贡嘉拉雪的静修地拉顶，驻锡一年，修持意乐的瑜伽法类，并对近侍徒众讲授了许多教法。尤其是大师自从离开尘世专修以来，对于应成和自续两派中观见的诸要点，虽是不断地研习，但是对于其究竟，仍未透达，还不能彻底消除疑难而引生定解。关于此点，大师在那里向与至尊文殊无别之上师多次作猛利祈祷?并仔细地以理智来考察。有一天晚上，他在梦中，见到怙主龙树、圣天、佛护、月称、清辨诸师对于有无自性之观点，以会谈的方式作商讨，其中有一身体蓝色、体形魁梧的人说他即是阿阇黎佛护班智达，手中持着一部中观梵本前来进行加持。第二天大师阅读《中观根本佛护释》时，对于应成派中观见的究竟要点，及其所破之界限等，未多费力就在心中生起了与以前不同的究竟定解，一切执相的缘念皆归破灭，所有对于空性之义的疑虑虚构的边际，皆得涤除无余，如实地现见真实义(即空性)。因此，大师意识到过去在洛扎时由堪钦洽多哇以及在涅区色杰岗的雅正时，至尊文殊所作的两次悬记中所说，依于印度一位班智达的身像，及其所著论述，对于甚深(空性)之义，能获得究竟的定解等语，现在应验了。并且大师对我们后学屡次指示必须阅读阿阇黎佛护所著释论，其原因也即在于阅读其释论，对中观正见的要点，有获得究竟定解的一段缘起(即史事)，所以大师才作那样的指示。而且大师在著作《中观根本广释》时，对论中的难点要义，大都引证佛护的释论来作解说，其原因据说也是有那一段缘起的关系。那时，大师由于知道开示甚深缘起的导师为释迦佛世尊，因而获得增上的信解力，依此信力而由说缘起之门，著作出《缘起赞颂嘉言心要》。以上所说现见境象等情节，仅只是对别人说梦而已，也仅是由阅读《中观根本佛护释论》而获得究竟正见而已。实际上，是在那一境界中，大师亲见阿阇黎(佛护)之面，(佛护)用谈论和讲说、听受的方式，作了教师和加持，大师从其中获得了清净正见。如《宗喀巴传一百零八稀有史事》中所说："尤其是大师对于甚深无误的中观见的微妙要点，意欲获得定解时，大师亲见怙主龙树、圣天、佛护、月称、清辨诸师之面，并且由圣师徒以谈论和讲说、听受的方式，令大师对所探索的诸难点要义，获得了解。另外间或由佛护以《中观根本佛护释论》的论义，或由月称以《入中论》的论义，或由圣天以《四百颂》的论义等各别班智达所著论述的诸教义，在其自释的理论中，各自在向大师作讲说，并以经卷置于大师的头顶上，以作加持后，立即断除微细的疑虑支分。这是第七十四稀有的史事。"又在《宗喀巴大师传嘉言集》中说："尤其是阿阇黎佛护前来向大师讲说了一遍《佛护释论》中的观本论。第二天就有人献来《佛护释论》。以此缘起凑合，获得现见圆满的中观正见。"由于有这原因，所以一切智克珠杰的著述中也说：

"龙树、圣天及佛护，
月称等常作加持，
立即通达深空性，
断尽疑垢前启请。"(在断尽疑垢的大师前启请)

又如《宗喀巴密传颂》中说：

"佛子龙树五师徒，
谈论甚深缘起情，
由彼佛护梵本理，

加持而证圣密意，
具德上师前启请。”

看来，以上诸说都是互相符合的。在京俄·洛追坚赞所著《宗喀巴大师赞》中也说：

“涤除生死轮回根，
全离戏论最胜道，
我师心中领会已，
向诸众生说其情。
总以所立之法说，
所有常见应除尽，
依因除尽断见根，
此为勇士我师说。
彼诸所有一切法，
任其显现何种相，
彼彼现相无自性，
我师于此善知情。
愚者反由空性见，
误入断见堕险深，（认为一切皆无之断见）
我师则以空性见，
能除断见何须论。
于彼断见亦唯依，
空性正见以除尽，
唯彼真实之空性，
因果缘起皆合情。
其余亦皆不合理，（以空性见除断见是大师的要诀，除此要诀，余皆不合理）
是师所示密要津。”

上面的颂文是赞颂宗喀巴大师获得清净正见的情况。大师对如是空性之义，断除其所有增损虚构，而现起真实空性，一心专注于三摩地（即定）而勤修，并且以正知、正念善作彻底的修养熟习之力，使修境更为增上。大师曾经说：“现在由于修养善妙熟习，在后得时(即下座未修时)亦能见所有各种现相自性本空如幻现起，未合入空性印证的庸俗现相(即凡夫见为实有之相)，大都不能现起了。”大师的《道情歌词》也说：

“住定空性如虚空，
后得如幻之空性，
修已幻，空双运修，
赞菩萨行到彼岸。(能幻空双运修，堪赞为菩萨行到彼岸)
如是知已片面道，
心不满足决于彼，
善缘诸规我亦修，
盼汝亦能如是行。”

因此应知这些情节，确是稀有中最稀有的史事，是诸佛菩萨再三地赞颂之境，我们更不用说了，以此之故，克珠玛微尼玛也说：

“师于空性如虚空，
住三摩地善修境，
后得心亦如幻修，
刹那不动我启请。”

这是对大师所作的赞颂。此外，诸如此类的还有《宗喀巴传诚信之岸》中说：“此一上师，如上所说，他在与本尊无别之上师前，虔诚祈祷，并且一心勤修积资净障等法，常时不断地勤修一般凡夫的心境所难做到的闭关念修法。由此之力，获得许多本尊对他作加持的情况，是难以思量的。尤其是宗喀巴大师屡次亲见诸佛之父——至尊文殊之面，由文殊作他的善导师，使他对所有一切经论之义，毫无错乱地领会于心中。这样功德难量的大师，他仍然最初以理智作详细的研究，因此大都能得到领会。如果这样作，仍不能令心中引生决定的诸教义，他则在与本尊文殊体性无别的上师面前，作猛利的祈祷请求加持，并供曼遮，不用费力而立即获得彻底的通达。这是不容歪曲的史事。此外，亲见文殊的身容和语教的观象等详细的史事，虽不能普遍公开宣扬，然而对于经论之义，应如何研究?研究是否完成?什么是修行之要扼?应如何引导应化有情?相依如何的侍徒?住如何的地点等大都自己不作主张，而是向本尊文殊启问的。”《宗喀巴传嘉言集》中也说：“因此可以说至尊宗喀巴大师之宗派，即是文殊之宗派。”又说：“大师通过巴俄多杰向文殊启问：唯一对显教作讲说和听受，以及密宗的灌顶，密续部的讲说和听受，专一修行等做法，何者对佛教的传流有利益?我应如何作?后世往生于何刹土?尤其是极乐世界与兜率，何者连系缘分较大?诸如此类此生后世的一切愿望都作了启问，由此文殊也作了明显的开示。特别指示说：对教法应由显密二者之门而作，不能作(正式)灌顶法类，会使你寿命缩短，不能迅速获得成就，对教法也利益不大。所以在大师住世时，只传授随赐灌顶，(此依习惯译，实非灌顶，是随许念修本尊法)根本不传授正式灌顶的原因，即在于此。”又在《宗喀巴传一百零八稀有的史事》中也说：“此外，大师的事业，当作何种?应由何处去到何方?对共通的出家徒众和俗家人等，应开示如何的分别法门?对不共的徒众，应开示何种的教导?前后生中有何者与何者的业缘联系?以及有关后世众生的利益安乐的本末中，何者与何者能成为缘起之门路?甚至一日间的所作所行等也都向本尊(文殊)启问后，唯以本尊所说为依据，其余本尊未示悬记，或与本尊教语相矛盾，或由世间经常见闻，变为随人转移的行动等，对大师是根本不存在的。因此应知实际上大师与至尊文殊为同一体性。不仅如此，以共通的境象来说，也是由至尊文殊作大师的善导师，自从喇嘛乌玛巴暂时作译师以来，大师启问了所有暂时和长远的诸事业，到后来宗喀巴大师自己随于何时想见文殊之面，即能得见，一切应舍应取之处，都获得了文殊的教导。因此大师的身语意事业，纵是细微的事，是否应作?除向本尊文殊启问外，决不草率从事。但是其中最主要的是，为了引导众生入于无误的正道，凡属于佛经及解释佛经的论典中，自意未决的难点要义诸问题，以及使利乐生源的清净佛教发扬光大，而且能长久住世的方法，以及引导众生入道之门，以何种为善?努力作讲说、辩论、著作三者，及实修之规，对诸有情的利乐来说，当努力作何种伟大的加行因素——福德资粮等都是纯为利他为主的方便等，将这些提出来请问于尊者(文殊)。本尊文殊特别开示有所鼓励时，也是对教法与众生，暂时永久都能成为有益的讲说和修行的事业等应当如此这般而作的教导。问答中除此之外，如庄稼的好坏，牧畜的增减，经商谋利的可能，诉讼的胜败等世间的见闻诸事，问答中不用说是一点也没有的，因为大师心中这样的思想丝毫也不存在。大师对于如是诸悬记，也都谨记于心中，除依照指示分别行止，无误地完成以外，不用说未对他人宣说过，就是自己的一些首要弟子顶礼大师劝请宣说，大师也仅略说一些，而且叮嘱所说此类密迹，不可向众宣扬，应当保密。除这样的作风外，如借口是劝善而宣说有这样的悬记，如商品般展出的行为，大师任何时刻都未作过。因此，当知发生这样的亲见本尊和本尊指示悬记的情节，其指示悬记的目的，是有极大意义的。又在上面所引的《宗喀巴传嘉言集》中说："至尊文殊指示(宗喀巴大师)不能作正式灌顶法类"。想来这是说，只许传授随赐(灌顶)的意思。这是任于何时也来开许在大庭广众中普遍公开地传授正式灌顶的意思。而并非说，对于一些具足根器和胜缘的特殊有情，由极密之门也不可传授。这与未开许之意不同。在下面还要述说，是可得知的。总之，对灌顶法类，大师的作为是极严谨的。大师想要讲说生圆二次第时，如有未得灌顶的弟子(未得灌顶，不能听讲生圆二次第)，则令其在其他上师座前，求传灌顶，大师是不作传授的。

于此断句处，作中间赞颂说：

红花色彩饰本尊，
教语甘露感身心，
闻义一心勤修中，
如蜂酿蜜速得成。
远离喧哗散乱境，
清净侍徒八位随，
一同前往边隅地，
如禽飞空无碍擎。
堪修禅定最胜处，
不顾疲劳其身心，
积资忏净修二资，(福慧二资粮)
精勤天性难比伦。
诸佛菩萨海会宾，

不请如云咸来临，
赞师善哉笑颜开，
加持甘露充满心。
印度班达与大成，
常来教导正道深，
纵能真到印度地，
较此殊胜何堪称。
弥勒圣地师弥勒，（师尊宗喀巴即弥勒）
非二建起第二尊，（大师与弥勒本非二者，建弥勒像为第二尊）
像与殿堂得培修，
开光真如兜率境。
文武诸尊庄严境，
迎来各个智慧尊，
真入稀有福田成，（智慧尊真入佛像与殿堂，成为稀有的福田）
寻觅他处不见真。
密主体性成就尊，（指堪钦·南喀坚赞）
与师文殊共一坛，（与大师即文殊共在一坛城中）
密集广刹现戏景，
昼夜现象归无形。
金刚成就胜乐轮，
清净刹中诸佛尊，
共同欢喜游戏中，
无漏大乐尝无尽。
柳师，措纳等前生，
大师为护诸遗迹，（前辈诸师的遗迹）
曾于涅区地中心，
足迹多次周遍行。
诸大寺院持律众，
如莲池中游鹅群，

深广正法庆宴中，
得赐善缘围绕行。
显密教义多妙门，
智慧明镜全显清，
教义须现为教授，
多番励此超群英。
由此力中显密经，
要义现为教授义，
自修并教他众生，
诸佛同声赞此情。
片面道中未漂行，
一座知取诸经义，
用作修行教授深，
从此恩中获定解。
空性缘起之双运，
中观要扼凡庸迷，
圣师徒示正理情，
稀有教导师获真。
修与未修空相印，（皆以空性作印证）
何时亦未成相违，（修与未修时，以空性印证都不矛盾）
耳中仅闻此妙论，
亦能摧坏生死根。
身语意之微细史，
亦成文殊悬记情，
不为利众之事业，（大师所作的事业无一不为利益太生）
佛观亦无此缘因。（就是佛眼观察也不见有丝毫不为利众生的因素）

【注释】

❶别解脱律七种：即比丘和比丘尼两种律仪，沙弥和沙弥尼两种律仪，优婆塞和优婆夷两种律仪，加近住律仪共七种。

❷止贡·久典贡波：藏传佛教止贡噶举派创始人。

❸天成五聚一体的大悲观音像：指拉萨大昭寺中的十面千手千眼观音像，据传说此像天然而成，内装一尊檀香木天生观音像，松赞干布、文成公主和尼泊尔公主三人去世时，灵识均入其中，故有天成五聚一体之称。

❹玛尔巴：名却吉洛追(意为法麓)(1012—1097 年)，宋代藏传佛教噶举派创始人。曾三赴印度，听受密宗。有著名的米拉日巴等弟子多人。

❺米拉日巴：名妥巴嘎(意为闻喜，1040—1123 年)，宋代藏传佛教著名的修行成就大师，从师玛尔巴，求得密法，专心苦修，终得成就。著有《道情歌集》，弟子有热穹巴和塔波拉杰等人，形成噶举派中的修行派。

❻《慈氏五论》中的后四论：指《庄严经论》、《宝性论》、《辩法法性论》、《辩中边论》。

❼中观五论：中观本系六论，由于所讲十七种已有解释《中论》的《人中论》，因此除《中论》外，指《破邪论》、《七十空性论》、《六十理论》、《细研磨沦》、《宝鬘论》等五论。

❽天子魔：四魔之一，指他化自在天子魔，此魔障碍佛道。

❾烦恼魔：四魔之一，烦恼能恼乱身心，障碍菩提，故名为魔。

❿立大柱：玛尔巴有四大弟子，称四柱弟子。这里是借用玛尔巴所说“立大柱”，是说能继法统如大柱般主要的弟子，或许也是指穹波特巴修士而说。这是赞扬穹波特巴如四柱弟子那样重要。

⓫夏鲁派：14 世纪初，元代藏传佛教大师，西藏著名史学家布顿大师久住于夏鲁寺讲学，僧徒甚多，形成夏鲁派。

⓬下三部密续部：指事部、行部、瑜伽部。

⓭窝敏，藏语译音，意为色界最高之天界即色究竟天。系金刚持住地，亦即报身佛住地。

⓮资粮道和加行道：资粮道或称资粮位。修道五位中之第一位。即登菩萨地以前，最初应积福慧资粮于修佛之道。加行道为五位中之第二位。即为入“见道”而修之煖、顶、忍、世第一法四善根方便之加行。

⓯三法衣：祖衣、七衣和五衣。又称三衣。

⓰扎日：西藏自治区珞隅地区一神山名。在十二世纪末，藏传佛教噶举派喇嘛意希多杰始说此山为密宗胜乐金刚圣地。首创猴年朝山之例。

⓱甘珠尔：佛说经教的藏译本，因版本不同，有分作一百函、一百零四函

和一百零八函者。

⑱丹珠尔：一切译成藏文的佛经释论和注疏，还有部分藏族学者的著作及工艺、医药等类著述。

⑲上下对法；指《阿毗达摩集论》和《阿毗达摩俱舍论》。

⑳安居坐夏：佛教律制比丘于夏季雨季三月，安居一地，足不出户。

㉑法四依：依法不依人，依义不依语，依智不依识，依了义不依不了义。

4 宗喀巴大师以一切教证功德，首创教法之心要——说、修清净宗规，作出伟大的利益佛教和众生事业的情况

继后，宗喀巴大师在秋季到来的时候，前去沃卡。冬季和第二年的春季里，都驻锡在嘎普。对沃卡的僧伽大众讲授了许多教法。之后，大师去到唉得乌惹寺中，安居坐夏，并对唉寺的僧伽大众，讲授了许多教法。对其他许多前来集会的一般俗家大众，传授皈依和斋戒法等，安置他们于善道中。大师在这唉寺驻锡时，阅读到至尊米拉日巴所著的《中阴问答法类》，他对于这一不共的密宗教导，心中生起了极大的定解。于是对这一部论著，作了隆重的供养。这是出自《宗喀巴传使具缘莲花盛开之日》中所说。那时，大师的首要弟子察柯温波·阿旺扎巴(意为语自在称)按照以前他前往康区时，应允在嘉绒地方建立一座寺庙的诺言，在昌哇的边隅，修建了达昌寺，然后将所有情况，致书于大师。大师在复信中，训示他应当严守戒律，并写作了《道之三要》随函寄给他。在书信的结尾中说：

“阿旺扎巴具慧徒，
我之信教汝追踪，
一切生中诸行愿，
相应而行成佛时，
首份甘露赐汝用。”

后来，他再次致书于大师时，大师写作了《菩提道次第广论》，随复函附寄给他。

大师在冬季里去到沃卡的乍东寺中，勤修甚深道(生圆)二次第合修之瑜伽。此后，大师去到精奇寺，朝礼弥勒怙主像，并在那里想到大神变节日的大愿法会，于是在十五天的时间中，不断地陈设广大而且庄严悦意的供养。同时发一伟大宏愿——祈愿教法与一切众生，于现时和永久的时间中，都能获得增长利益和安乐。据说那

时，大师观想迎请所供诸佛尊时，迎请来的东方的一切如来，都是白色的毗卢遮那身像，遍布于东方的虚空界。同样迎请来南、西、北和上方的一切如来，依次为南方宝生如来，西方无量光如来，北方不空成就如来，上方不动如来等，遍满于上下周围的一切虚空。诸如来的身像组成如竖立的圆形帐幕，都在受用所有供物。那时，所供如来和供养人都以大乐空性合为一体，都出现于大乐空性游戏中。后来，大师在拉萨举行大愿法会时，也不断地发现那样的现象。这在勒宁巴·衮噶德勒所著《宗喀巴传诚信之岸》中有明确的记载。又在一切智克珠杰所著《宗喀巴密传》以及嘉木样协巴所著《宗喀巴传布绘仪式》诸书中说："大师在麦隆的甲索普兴办大愿法会时，发现有同样的现象。"显然这是先后不同年代的两件事。也就是说，在先后不同两年中，在这些和那些地方轮番作大愿法会时，不断地发现相同的现象。不必狭隘地一概而论推想是在这样的一个地方发现过，是否在其它地方就未发现。此后，在春季里，大师对那里的以阿阇黎十难论师达玛仁钦为首的二百余三藏法师讲说了许多显密教法。大师在精奇寺驻锡时，有第穆圹人洛洛坚赞(意为智幢)前来拜见，对大师生起了真佛的思想。大师也称赞他是知业果的小沙弥。那时，大师派遣了九名聪慧的青年僧人，前往觉摩隆求学。娘布方面的许多具缘众生心口如一地生起极大信仰，前来启请大师。大师应请前去娘布的挡多寺，在那里安居坐夏。并对那里的僧伽大众大转法轮(即多次传法)。对其他会众也作了广大的今生后世的利益事业。当大师前往娘布的挡多寺时，在一河口处，大师戴的帽子掉入河中，大师示悬记说："我的教法传承将会像这河流一般潮涌不断兴盛不衰。帽子停于何处，其地将有讲说中观之规兴起。"如大师所悬记，在娘布的桑生岗地方，果然建立起大乘法轮寺。这是嘉木样协巴所说的。由此看法，早期中，桑生大乘法轮寺即已大宏中观的讲说和听受之规，是无可怀疑的。又前代流传这样的说法：大师在从娘布去到工布的途中，向一妇人问道。"从此前往，前面是什么地方?叫何地名?"答说："是辛巴塘(意为屠夫坪)及察多塘(意为血色坪)地方。"大师心想，这些地名不吉祥，改叫夏色塘(意为黄帽坪)吧!在未动身之间，为了表示缘起，将帽子及法衣的穗头和净瓶的外套等物放于水流中，帽子流到的地方建立了桑生寺；法衣的穗头流到的地方，建立了穗头寺；净瓶外套流到的地方，建立了净瓶噶敦山寺。又在《噶丹教法史》中说：“至尊绛伯领波(宗喀巴转生兜率之名号)前往娘布的挡多时，帽和手杖坠入于河中。因此大师说：我的教法将如河流般的长远。而且能除烦恼的焦渴病。尤其是手杖漂流到的那一地方，将兴起讲说般若波罗蜜多的寺院。帽子流到的地方，将兴起讲说中观的寺院。”如大师所说的那样，后来手杖流到山口停住，该地建立了山口寺。宗喀巴大师嫡传弟子三化钦波却帕(意为大菩萨法圣)在娘布建造了桑生岗，即大乘法轮寺。果如大师所示，是帽子流落的地方。由这一缘起，此寺大宏中观讲说之规。预言中所说法衣的穗头和净瓶的外套放于河流中等事，在各教法史中未有明确记载。总之，大师之帽子流到之地，建立桑生寺，此寺大宏中观教法，在各史书中都是相同的。大师到过夏色塘地方也是肯定无疑的。现在夏色塘地方，有宗喀巴大师的宝座和足印。在这以下的一带地方，大师虽未亲莅，但是为了宏扬教法，也作了广大的悲心关怀和发展的缘起。

那时，本钦南喀桑波(意为虚空贤)请俄译师的寺庙住持人大阿阇黎衮却楚臣说情，请大师前往吉学地方，此前已多次启请过，这次所派的劝驾使者又已经来到。大师也有意朝谒释伽如意摩尼像等(指拉萨大小昭寺中的释伽佛像)。于是在那年的秋季里，大师到吉学驻锡布达拉。大师为桑、邓、贡三寺及噶、觉、树三寺的数以千计的三藏法师们大转法轮，并讲授了《中观光明论》、《毗奈耶》和《道次第》等。

第二年铁龙年(庚辰)，大师年届四十四岁，在春季到来时，他前往噶哇东寺，为大海般的有根器的应化众生，极为详尽地讲说《菩萨地戒品》、《事师五十颂》和《十四根本罪》等。他这样做的动机，并非希求智巧和名声，而是如大师自己的言教中所说：

“如自坠于生死海，
如母众生亦如是，
见已负救众生担，
修菩提心求加持。

仅依发心于三律，
不习亦难成菩提，
善观此已应勤学，
菩萨律仪求加持。”

又说：

“共通道熟成法器，
乘中最胜金刚乘，
此为贤士圣门径，
愿易进入求加持。
能成两种悉地根，
即佛所说三昧耶，（即誓戒）
愿获真实之定解，
舍命守护求加持。”

这是大师为何发心（即动机）的诸愿望中，对众生之身心愿能生起完全无倒无误的本性和次第等。这是纯由利他的无量增上心而起的动机。关于此种情节，在一切智克珠杰的著述中说：“由于想到承诺为大乘的诸人士，在一切诸佛菩萨作证之下，所承许的发菩提心诸学处，所有应如何学法得知晓，若未如理学习时，仅有大乘人的虚名而已。对希求进入密宗金刚乘的人们来说，也要在对共通道善为精修的基础上，依止上师之法，比大乘共通道的阶段中所开示的依法更为特殊。其后应当考虑在一位符合续部具足德相的上师座前，求传灌顶。那时，所承许的三昧耶和戒律，当如爱护眼珠般守护。尤其是大师想到，对根本罪若未做到宁舍身命，不犯戒律，则舍弃了所承许的三昧耶戒。虽声言在学密宗道，而实际是大开难以忍受的恶趣之门。哀哉！如何能使承诺为大乘人和承诺为学密宗道的人们，能依戒而行，是所至祷！大师想到这里，心中难忍，由于大慈大悲的动机，为了对诸应化有情教导戒法起见，大师也就极为详细地讲授了《菩萨地戒品》、《事师五十颂》和《十四根本罪》等。大师在布达拉驻锡时，绒敦·释迦坚赞和俄哇衮桑等人前来大师近前，听受了广大结缘的教法。在进行那段法事的时期，至尊仁达哇大师从阿里前来，在达仑安居坐夏。继后，又到前藏的噶哇东寺。宗喀巴大师亲作隆重的迎接和承事供养等。那时，至尊仁达哇向宗喀巴大师顶礼，大师请求仁达哇不必这样作，竭力阻止，彼此互作礼敬。这些情节清楚地记载于卓越稀有的大师的其他传记中。在那里，师徒二人大转法轮，有善知识四百五十人前来集会。会中有一桑浦的善知识系讲说般若波罗蜜多和因明的导师，名叫桑巴玛敦·衮却生格（意为三宝狮），起立说道："现在后藏善巧师为仁达哇，前藏善巧师是宗喀巴。以此你们两师徒成为前后藏的教主。现在师徒相会的这段时间中，为了消除前后藏希求教义诸人的怀疑和误解?请求对三乘和四宗❶诸典籍不保留地畅谈为祷！并请求以教理作破非立是，长久时期中大转决断是非的法轮。因此，希望仁达哇大师不必提说前往岗布勒，法王罗桑扎巴也不必提说前往俄德贡嘉的岗寺。请在卫藏的中枢地方，…作广大的佛教事业为祷！"这些请求的情节，出自其它传记中。此后，师徒二人对静修处极为喜爱，尤其知道北方热振寺是《噶当宝籍》等许多典籍中悬记的圣地，并受过具德阿底峡的极高称赞，它是法王仲敦巴师徒的寺庙，成为噶当派一切法流的来源，还听得此一圣地有许多稀有的功德，心生感动！于是以师徒二人为首，许多三藏法师一起去到热振寺，在热振寺中过冬。那时，至尊仁达哇大师为众人讲授《六十理论》及《密集金刚二十五尊》等。宗喀巴大师为众人讲授《大乘庄严经论》，《辩中边论》、《阿毗达磨集论》和《声闻地》等大乘论典，妥善安排道中之次第，尤其是对寂止(即定)法类的体性、所缘、修习次第等，以指授的方式作了彻底的传授，令众生入于修习中。由此一些人的心中生起了与经论所说相符合的寂止(定)的殊胜感受。那时，至尊仁达哇在宗喀巴大师座前，听受了《中观光明论释》和《中观根本智论颂》的导释。宗喀巴大师也在仁达哇近前，详细地听受了《中观根本明句释》中有关中观正见的指导。他们彼此馈赠善妙的正法礼品。此外，师徒二人经常不断地互相致书详细而又深刻地交谈许多显密道之要义。因此使许多具足观察之力的弟子，对于显密教义中之难处，许多增损虚构，一时间都获得解决。其后，法王译师和止贡法王二人经常遣使并致书希望大师前来会面。一切智宗喀巴大师在年届四十五岁，于铁蛇年(辛巳)的初春时间，去到止贡，按照自己的见解讲授了许多教法。那时，大师在法王京俄仁波且的近前，听受了《那若六法》和《大手印俱生和合法》后，再次去到热振寺。继后，师徒二人动身，来到朗哲顶的阿尔钦波·绛曲意希的寺庙中，同宝贝译师甲却伯桑波法王会面，由信仰虔诚又富有财物的长官云丹嘉措(意为功德海)以广大的清净增上心，负责承事供养。六百余三藏法师及僧伽大众也愿意在那里安居坐夏。那时，三位法王一致认为，应当将所有对于佛教的无知、邪见、怀疑和胡思乱想等所有垢秽统统涤除，必须作一次清净的整饬，肯定大有利益。因此想到成为佛教内库的《律典》中说：

"如是此生主要根，
增长、普持有二事，
如是诸种正法中，
事与根本是戒律。"

如偈颂所说，毗奈耶(即戒律)为正法之主要。何时世间中有毗奈耶教法圆满存在，彼时即有佛教存在。如果没有毗奈耶，也就没有佛的教法。这样的重要性，在大师心中，成为沉重的负担!因此，大师心中生起应使毗奈耶教法不衰，如白昼一般光显的动机。于是在极为详细地讲说一遍"律经根本"的同时，依照毗奈耶的"十七事"中所说的细微制戒，使现在的有情众生尽其所能修持以上诸事，并按《毗奈耶》所说的粗细，制戒的 性质，次第，守护法等，遇有违犯，违犯何罪，都以其各自名类，依照毗奈耶中说的做法修习"还净(即回改)仪轨"的做法，妥善地建立起清净之规。那时，凡是来听受毗奈耶者，都检查各自的身心，按所犯粗细罪过，忏悔多少，以及正弃堕罪的治罚羯摩，依照戒律中所说而作，使罪还净。从此以后，原有的侍从人等，每天必须检查各自的身心，不令罪过长久为伴，从速依"还净法"，以及加持资具、指定净厨，夜余时分守持禁眠等所有的细小仪轨，勤奋而作。其它不难成办的诸事，也就不用说了。由于有这些事由，所以一切智克珠杰也说："因此，佛教的根本——别解脱戒的基础，获得了圆满的培治。这对教法所做的事业，确是稀有的。"勒宁巴·衮噶邓勒的言教中说："总的说来，雪山丛中(即西藏)佛教前宏期，由寂护(亦称静命)及莲花生建立起佛教清净之规，中间有一段时间，由于不善知晓空性之要，以此大肆毁谤‘方便份’(依缘而有的诸法)，而且遮止一切‘作意思维’(即想念)。这样汉地的堪布和尚的见解，使佛教染上垢秽时，幸赖大阿阇黎莲花戒对此邪见作了很好的破除，抉择出佛的真实密意，这是极大的恩德。次以佛教后宏期来说，由于误解密续部之义，有一些骄矜的班智达和瑜伽对佛教根本——梵行，作了极大的破坏时，幸赖大德怙主阿底峡作了很好的破除。此外，还使诸种错误认识(即邪见)肃清无踪，而令无颠倒清净教法兴盛起来。因此他的恩德，是遍于一切西藏人士的。但是虽经如是革新，由于渐次入于极恶浊世，前宏和后宏两期的邪知邪见的极恶斑纹重新现起时，大都认为显教与密宗、听闻和修学等，彼此如水火相矛盾，而加以轻视。一切人士复对于正法的清净戒学，加以破斥。因此，此间西藏区域中，成了仅有一些残余的佛教的影象，幸赖至尊宗喀巴大师发愿住持正法的伟大宏愿圆满成就之力，为了复兴佛教，乘愿而来此北方一带(即藏土)，以其卓越的勤奋之力，做出了不可思议的利益佛教和众生的事业。因此直至现今，其他宗派中的求学僧的为首教师等，以及修士中略有才能者，昔日对于饮酒及非时食(定时以外进食)等如惜无厌不知羞愧的情况，以及昔日大寺中的僧人不认识敷具、钵盂等沙门的资具，至于七衣、五衣，小幅(袈裟的条幅)、缀片(袈裟上缀片)等名称，耳中也未曾听说等情况，今日已不复见。现今西藏直至克什米尔和汉地之间，一切方隅都能见清净的沙门之相和服装，对于五衣和副禅裙等以上诸资具，能守持其制，并且能守持传统仪轨。对接受施物、取净水、持滤水器、夜余时禁眠(非时不眠)，安放常带物(如钵，佛像等)，触火，触财宝，断男根等应守之制也能守持，随时凭依正念，合净(戒律)作法、加持净厨等的戒学，纵是细微诸事，也都能郑重进行，成为与沙门相符的净行。能有这样的德行事迹，都是从宗喀巴大师的慈悲恩德而来的。不仅如此，我们承认为住持教法传承的僧众中，仍能守持法衣、敷具和钵盂之制，以及能禁饮酒和下午非时不食。这些若不是从我们的圣皈依处——至尊宗喀巴大师的恩德而来，能从其它而来吗?具智而且正直的人士详思为祷！这些事情，现在看来十分明显，所以容易知晓。至于大师开创显密要道清净之规，以及阐明教授中诸要扼的情况，则应从大师的著论中，始可得知。因此，对于大师亲口所说诸教诫，若作观察思考，定能生起真实的定解。所以当努力寻求和探索。”以上克珠杰所说这些，并非奉承和阿谀的虚构之词，也非由爱执的动机而做。确是由于他如实通达教法的要扼，心中情不自禁地生起诚信，发自内心的真正敬服之语。现在此世间中，佛的清净教法还未衰失而存在，这确是一切智宗喀巴大师之恩。但是还有一些人不知教法之要扼，偏见的眼翳障蔽其心，他们认为毗奈耶(戒律)是小乘之法，重视此法(戒律)是钝根之规，熟练共通道虽是重要，但与迅速成佛距离太远。因此他们想先进入密宗道中，可不必守护任何戒律。他们不仅自己这样想，并引导他人也入于其道，使教的根本和道之根基都遭毁坏。这样的修法者，为数不少。因此对他们应作一种破非立是的判定。这将安排在下面详述，此处就不用多说了。

此外，在那一圣地(朗哲顶)，三位法主讲授了中观、因明和毗奈耶等许多教法。在那里的某一时间，宗喀巴大师向至尊仁达哇大师献一赞词说：

“无垢智王妙吉祥，(即文殊)
无量悲藏观自在，
雪域智严仁达哇，(即西藏智者顶上的庄严师)
宣努洛追足下礼，(宣努洛追意为童慧，系仁达哇名讳)
启请于我作救护。”

至尊仁达哇改动其词句，转献于宗喀巴大师说：

“无缘大悲观自在，
无垢智王妙吉祥，
雪域智严宗喀巴，
罗桑扎巴前启请。”(罗桑扎巴为宗喀巴的名讳)

这即是现在最著称而具足最胜加持力的“穆则玛”启请文。温萨耳传❷之规是：在赞颂中增加“摧尽魔军秘密主”(即金刚手)一句。依于这些颂句而成为最深不共的上师瑜伽教授秘诀，是在那前后时期中出现的。

解制后(即坐夏完毕)，至尊仁达哇动身前往后藏，宗喀巴大师和法王大译师二人及侍从等返回热振寺，在扎生格(狮子岩)的下面建一寺庙。大译师讲授了《中观》等教法，宗喀巴大师讲授了《道次第》等许多教法。尤其是大师在热振寺中最著名的阿底峡歪头像前，虔诚祈祷许多天，亲见释迦佛世尊和南喀坚赞等所有噶当派传承大师，特别是亲见阿底峡尊者、仲敦巴、博多哇、甲惹哇诸师，达一个月之久，而且获得诸师授赐的许多教导和训诲后，博多哇等三师合入阿底峡身中，阿底峡将手置于大师头顶上说道："你当对教法作广大的事业，成就菩提。你做利益有情的事业，我愿作你的助伴。"说后就消逝不见。出现了这样的许多稀有征象。此后，大译师交却伯桑、堪钦·苏浦哇和止贡法王等前后藏的许多智者和著名的大人物在宗喀巴大师座前，再三请求大师著作《菩提道次第广论》。大师想到亲见上述那些吉祥象征等，适合内外的缘起而允诺所请。于水马年(壬午)，大师时年四十六岁，开始撰写适合上、中、下三士之《菩提道次第广论》。那时，大师又将仲敦巴所建造的阿底峡歪头像迎请来安置于枕上，敬献供品，并作祈祷。大师渐次在热振寺的分寺中，著完"寂止"(定)以上的篇章。在此期间，大师想纵然著出"止观"篇章，对他人恐怕难有饶益。当大师写作意愿趋向微小时，至尊文殊现身教导说："你无论如何必须写作，将会获得中晶的利益。"之后，大师又在与文殊无别之上师前，猛利地祈祷。据说大师观察空性时，所有《般若经》中，二十空性的解释诸句，在纸页上有银书文字之形，浮现于虚空中，依照这样的现象轮番地观察。此后，大师就写完了"胜观"广述的论著。那时，大师想到"胜观"的法类，对他人恐怕难有利益，其原因是：胜观之主要，对于空性之义，是由无量智理之门来作抉择和领会的。这样的做法，不用说是普通有情，就是才智超群的人士，也须向上师本尊一心祈祷，修广大积资忏净，以及对于教授之义，必须由闻、思、修三者作极大的努力而实修。如果本来是假装听到，或仅凭一些听闻境界，或以欢乐联系之法来探索，则对空性之义，一点也难通达。再以现证空性来说，必须证得圣道❸，因此应知生于此最极浊世之末的众生，大都是有极大的业力与烦恼之障，而且由于缺乏抉择的智慧，而成为钝根和福份低劣者。因此，对于教法方面，苦行、坚毅、忍耐等力，极为薄弱，甚至仅心向于法者，也极为难得！自认为是教徒的人们，一开始就追随夸耀自已有所谓深而又深，高而又高之修法，有昼修昼成佛，夜修夜成佛的秘诀的人。他们对教法的信解是：不须观待于守护三昧戒律，以及难行毅力等，可以随便修行。略知一些清净正见，菩提心等术语时，便说这些是“法相乘之法”(言显教之法)，连略作了知的心也没有，而舍弃不顾。装作有较此更深的正见和增上心者，为数极多。由于有这些原因，所以宗喀巴大师意识到纵然写出详广的《胜观法类》，但是如实通达和领会，似乎很难！大师生起如是心情时，本尊(文殊)劝勉开示：“不要畏缩，无论如何必须写作!”因此，大师重披发心之铠甲，彻底完成其论著。以此表明：一切智宗喀巴大师对于甚深中观之清净正见，由闻、思、修及讲说、辩论、著作三门，做出广大事业，使晚近期间雪山丛中(西藏)所谓的任何亦不思想之见及非有非无之见、他空之见等认为是究竟之见的诸规，成为潜踪而隐没。从而开显了怙主龙树师徒之意旨——健全的离边中观见。此见已成为最上、彻底和主要之见。具智者大都能心领神会，最上根诸人能现证此见之义，最低限度也能正确知晓，还有直至而今，已出现和正在出现的心趋向于无颠倒方面的人，是难以数计的。所有这些情况，在正直者面前，已成为现实。因此，本尊虽说“将会获得中品利益’，然而以一切智宗喀巴大师发心利他的无量广大的愿望说来，应当说暂时估量，是“将会获得中品利益的”，但其他获得播下空性见的习气的应化有情，是难得数计的。因此，获得出乎意料的广大利益，是不待说了的。如是开示三士道次第完全无误之广论，如一切智宗喀巴大师的《道情歌》中所说：

“通达无违诸教法，
一切经教皆教授，
易获佛之密旨意，
罪行险处得守护。
印藏智士具缘众，
所依教授此最胜，

此三士道之次第，
智者有谁不欢欣。
摄尽经论要义心，
虽仅讲、闻此一座，
定能摄义应思情。”

这一摄集佛陀之一切经教精华的空箧，即三世一切佛所行之唯一大道，所有具缘希求解脱人士之无上门径，在三域中无与伦比的广大嘉言——《菩提道次第广论》写作时，世间大神、凶暴唐古拉山神以及巡游神等许多欢喜善法的前藏地方神齐来向大师虔诚顶礼而说道：“我们是莲花生及阿底峡的护法居士，现在按你振兴教法的愿望，我们愿帮助你成就诸顺缘。因此请求悲心摄受！”因此之故，所以大师在作道次第的回向时作偈颂说：

“助成妙道诸顺缘，
能除违缘人非人，
诸佛所赞之正道，
愿诸生中远不离。”

那时，大师指示说：“从今以后，我想讲说一些密法，你们几个人可在法王译师座前，请求传授吉祥密集不动金刚灌顶，准备取受密戒。”因此，以阿阇黎持律师为首的二十位阿阇黎，在法王译师的座前，请求传授了密集大灌顶。还有早先宗喀巴大师未传授过愿行戒律的诸人士，也在法王译师处请求先传授愿行戒律。此后，始传灌顶等，完成了极为详细而且合法的传统仪轨。宗喀巴大师最先在朗哲顶及南巴寺为了给勒敦·桑迥哇等人传授愿行诸戒，以及受其他寻求教义诸人的启请，大师又写作了《菩萨地戒品广释》、《十四根本罪释》和《事师五十颂解说》等著述。此后，法王译师也就接受了大师所著道次第，而且以这部大宝嘉言的礼品来充实其心中宝库。由此他心生无量欢喜，而动身前往后藏。宗喀巴大师在夏冬两季的安居时间中，为众人讲授了道次等许多教法。大师又在大神变节日❹中，作盛大供养，并发稀有宏愿。关于这一时期，勒宁哇·衮噶德勒所著《宗喀巴传》中说：“那时，特别是大师配合经教详尽地讲完《现观庄严论》，吩咐作一次盛大的供养时，他人已将所有灯盏取走，待到一切智达玛仁钦取用供灯时，得不到供灯，只好从供堂中取来一只大铜盆，立一根大灯炷，满注酥油于其中，而作供养。大师一见，喜笑颜开、吩咐将其它灯油都注入此大盆中。众人遵师所示，都注入其中，油汁充满，灯火更明，景象愈美。因此大师说：'缘起甚善！'那时，对大师以前所著《金鬘论》有许多不同的理解。众弟子请求大师撰写一释疏。大师指示说：'十难论师(指贾曹杰)有此著要义的记录。以后由你(达玛仁钦)写作释疏吧！'表面上看来是大师把著作释疏的任务和般若波罗蜜多教法托付给达玛仁钦，实际上是授权给他绍继师位。这是我(衮噶德勒)前往热振寺时，听到的真实情况。”因此应知所谓过去所著《金鬘论》中有许多不同学派的说法，是由于这一部《金鬘论》，是在过去宗喀巴大师还未开示对于所有佛经全圆观察以前而著作的。因此对于意义来说，虽是没有错误，然而有一些承许的界限，及讲说之规，是依从了西藏前代诸师的主张，有一些趋向于通常的解说。后期中，大师对于显密难义，已经彻底地领会于心中，因此在临时的著作和讲经，尤其是如上所说的大师在那里配合经教详讲《现观庄严论》时，对于句义之关键、生起了解的情况、辩论时承许的界限、修习抉择之情况等，都是为消释疑难，作出决定而讲说的。与过去《金鬘论》(系解释现观庄严论的著作，大师青年时所著)中各种说法，有一些不同。所以众弟子请求大师应再写作一部消释疑难的《现观庄严论释疏》。当时，大师所传授的有关论义部分，是无多大差错的，而且是为了消除论中错讹来讲说《金鬘论》的。这些情况，大师的首要弟子达玛仁钦作了记录。所以大师指示他说，以后由你著作一部消释疑难的“释疏”吧。实际是大师把教法托付于他。一切智达玛仁钦也将大师的托付牢记于心中，继后，写作出显示宗喀巴大师究竟意旨的《现观庄严论解说心要庄严论》等卓越的论述。

继后，大师年届四十八岁，于木猴年(甲申)，前往拉普新寺，为当地许多具才智的三藏法师传授《量释论》的解说诵授。如上文早已说过的那样，宗喀巴大师在闻、思因明乘典时，他从诸论典所开示的教义中，领会到有开示修习大小乘道的完整次第。为了如所领会对应化有情作教导起见，在那一阶段中，大师引据《量释论》中所说的主要意义的理路，贯通道次第论义，并配合修行之法，传授空前未有的嘉言，这是一种重大的贡献。关于此情，一切智克珠杰的著述中说：“一切三藏法师尝到了过去一次也未尝过的嘉言甘露的妙味，情不自禁地生起喜悦！任于何时，都赞颂为稀有的事迹。从那以后，大师有时仍作那样的讲授。因此，人们都认识到，往昔在雪山丛中(西藏)揣测因明的句义，或消除外界见闻之疑时，认为因明论典较其他论典看来，仅有能使才智趋向略微提高的需要而已。就连猜测此论(因明)为修行所需要的人也没有，大都认为不是根本之义，仅能生起那样的一些才智而已。现在具智而且正直的人们，能认为此论(因明)，为开示修行的卓越论典。即使是些不完全的认识，也是完全依靠宗喀巴大师的慈悲而得来的。仅以此恩来说，也是雪域西藏所有人士难以报答的啊!”因此，想到往昔具德法称写完《量释论》第一品，他自已写出释论后，其余的论述，都命(弟子)天王慧写作释论。据说初次写完呈阅，师命弃之于河中，二次写完再呈阅，师命投火焚掉，三次写毕，在结尾处写上：

“大都因无缘，
时亦不留故，
为习而略摄，
作此难义释。”

附于论尾而谨呈于师。师说，“以叙述和言词来说，都还未解释出论的真实义，但是解释出了语句的词义。”说后也就存留下来。法称叹息说：“我的这般理论，他人未能无误地了知。”想到这里他在《量释论》中写道：

“多数人士成平庸，
无智力故论难知。
……”

将此偈颂，加于论中。因此，可以肯定“以叙述和言词应当解释出的真实义”，即是开示修行的殊胜要义。因此之故，当知法称论师虽是直接说出那样唯一的解释。然而以前的诸智者竟未曾(对法称所说)产生一些考虑?后来由于宗喀巴大师的卓越智力，才很好地开显了法称的究竟密意，而且对大众进行教导。这样的事业，与法称再来此世，有何差别呢?！思想此情时，对大师真正是文殊所化现，当全无疑惑而获得决定的信解！一切智贾曹杰所编撰的宗喀巴大师说法笔记，名为《因明备忘录》，或称作《因明理路集》，也是在那时著作的。

于此断句处，作中间赞颂说!

各种具缘鹅群众，(鹅群喻教徒)
犹如雷鸣云集来，
不召咸随师座行，
皆为领尝甘露精。(师的教言如甘露)
其中适合各自缘，
善妙法流之缘分，
分得之故能涤除，
长久所积愚昧尘。
大乘正道菩萨戒，
成就之本依师规，
此诸取舍之扼要，
悲悯众生示教诲。
教之根本别解脱，
诸戒虽为佛赞称，
但因轻慢如野兽，
虽见美草不肯吞。
虽已挤进密士群，
但仍轻视持戒行，
自已如此他染习，
教贼雪域有多人。(佛教之贼)
教法内库戒最胜，
招受衰毁仅存名，
赖师发心持教力，
复兴戒法凭精勤。
住持自他宗派众，

一致对戒信解生，
守持僧装遍大地，
红衣嘉宾如召临。
所有制戒细微规，
如理修习之贤圣，
如优婆离❺遍方隅，
初次结集❻作竞争。
佛教心要传至今，
仍未衰颓遍东西，
大地周遍是师恩，
智者有谁存疑心。
噶当法源❼热振寺，
经论海中摄精英，
有缘四徒❽诸论典，
造出教授皆超群。
法称密意如海深，
如法衡量深宝藏，
知法众生无难兴，
师如法称再来临。
怙主我师刹那顷，
说修增益教法情，
一一边际难揣知，
遍说才智谁能胜。

继后，大师应人主扎巴坚赞殷勤劝请，前往温区德钦顶，在那里同来集会的千百三藏法师一起安居坐夏，由嘉桑门喀地方次第供给不可思议的承事服役等。大师为应化有情大转法轮，讲说了《菩提道次第导释》，解决了中观和因明中的许多难义。此后，大师前往俄德贡嘉的拉雪俄噶绛巴岭寺，为寻求教义的诸人，讲授“道次第”和“生圆二次第”等许多教法。之后，师徒诸人，作冬季闭关，专修本尊法门。大师亲见至尊文殊，并听得语教说：“你当写作龙树菩萨的《建立次第》的释疏，将会有大饶益。”本尊鼓励后，大师立即收集所需书籍，进行著作，迅速地著完“释疏”，并为诸求教义者，详细地讲说。总的说来，对于其中《密集五次第》的体性、次第、数目决定、各次第的仪轨等，尤其是其中第三次第——幻身的修法，是根据《密集根本续》及圣者(龙树)五师徒的论著中的不共诸教义而撰出的。大师开示说：“彻底地善为了解后，时过十余年，直至而今，仍难宣说。现在只略说少许而已。”因此对于大密金刚乘中“生圆二次第道”之要扼，特别是密集圆满五次第中的第三次第——幻身的修法中之不共要点，如佛世尊金刚持的密意，阿阇黎圣者(龙树)师徒所抉择的诸义等，这些往昔西藏诸智者都未能达到如理真实通达之境，宗喀巴大师以其无垢的智慧彻底地领会无余。他虽久已获得通达，但想到暂时对于非根器诸人，会发生泄密的罪过，故时机还未成熟，只好深藏于自己心中，对他人极为保密。时机成熟时，他对合器诸人，也就渐次传授。因此，对大密乘的应化众生来说，大师赐给了无量殊胜的恩德。由于有这些原因，所以第五世达赖喇嘛❾作有偈颂说：

“骄慧日光难分辨，
幻身中脉净莲门，
由师说法口中沫，
飞溅莲上油然开。”

达仓译师所作赞词说：

“所有二次幻身胜，
空前论藏我礼师。”

关于幻身法门，大师著有如何的空前嘉言，在这里是难以完全录出的，从大师的诸论著中，可以阅知。因此应知大师这样的恩德，即使是少部分，谁也难以衡量！如是大译师交却伯桑等许多大德殷勤启请，而且过去(大师)在甲索普驻锡时，诸大成就者所示悬记说：“依据阿坝亚的论著再撰写一些经论，对教法和众生，将会有极大的利益。”因此大师应如是的请求，写作了宣示四续部全圆道体之论著——《密宗道次第广论》，并对许多三藏法师详细讲解了这一巨著。宗喀巴大师为普通有情着想，在他的论著中，对著作《密宗道次第广论》的原由，除因诸大成就者在甲索普劝勉外，关于编著的时机以及必须从速著完的事由，大师曾说："长久时间中，无暇做那样的祈愿，所以没有其它特殊的原因。"话虽如此，实际上这一摄集所有四续都要义的著作，是由文殊亲自前来指示而著作的。如至尊多敦巴(绛伯嘉措)所著的《宗喀巴传嘉言集》中说："关于《密宗道次第》等著作，虽是由大译师交却伯桑的劝请而做的，但实际上是大师遵照至尊文殊所说而写作的。因此，这样的著作，过去是否有呢?希诸智者考察，是不难而知的。"(即是空前未有之意)如是由至尊文殊摄受之因缘，在大师的《密宗道次第》中也说：

"诸佛之父妙吉祥，
笑逐颜开微观中，
由悟佛意之观慧，
胜施由闻开示详。(胜施指说法和著作)
长久无间依本尊，
若离本尊莲足下，
无比依怙妙智藏，(即文殊)
我所希果祈赐降。"

偈颂虽未明说本尊之名，但"妙智藏"即文殊之称号。那时，对于整个密宗，特别是无上瑜伽，别于"胜乐"法类，所有西藏译本的教义，大师都作了讲说。因此，说那一地区浸入于密法中，而且其他诸人也作如是传播。这些情况，是极有意义的。那时，发生了各种灾厄的凶兆，有一两位善知识相继逝世!因此，诸阿阇黎都做闭关专修遮阻灾障之法。赖此修力，得以息灾祛害。那时，大师也应时写作出《薄加梵能怖金刚胜魔军》密法著述及其护摩仪轨，大师的修持亦愈增上。就普通人士的眼界来说，大师近前的所有诸人，见大师在修持中修诵和考虑正见时，大师的身、语、意等一切行动，都专心致志，对其他则不放在心上。大众启问大师的这样心境：是从何时而有的?大师说："修善行时，出现这样的心境，是从绛巴岭寺中就有的。观察和细考时，出现这样的心境，是从以前就有的。"

这正是如偈颂所说：

“心依于所缘，
其相不散乱。”

这正是内心深处已获得稳固的三摩地(定)之征象。这样，大师在德钦顶寺驻锡了两年之久。此后大师前往沃卡绛秋隆，作冬季安居，为许多显密三藏法师讲授《密宗道次第》。大师年届五十一岁时，于火猪年(丁亥)的春季去到吉学，乃乌那里的人对大师有极大信仰，承担了不断的无量服役供养等事。大师在色拉寺中，安居坐夏。那时，克珠杰·格勒伯桑在前藏作十难论的巡回辩论。他主要是来大师的座前晋谒，并且送交仁达哇寄给宗喀巴大师的书信和贵重礼品。第二天将谒见宗喀巴大师，头天晚上，克珠杰在梦中梦见在大黑暗中，不知去向，头旋昏迷，游浪了很长时间后，东方突然现起有千柄宝剑围绕而成的曼荼罗(坛城)，剑柄一一内向，每一剑端有一百个太阳。宝剑曼荼罗的中央，有五彩虹霓的光网，网中现出至尊文殊，身色红黄，手持宝剑和经函，以不可思议的诸宝严饰。文殊孺童之相，垂辫于两肩，其上以珍珠络璎庄严，极为晶莹，令人悦意，美丽无伦，视不厌足！文殊笑逐颜开地前来与自身(克珠杰自身)相合。当曼荼罗出现时，一切黑暗，立即消除。光网亦渐遍满于十方一切世界。第二天实际拜见时，供上无量寿佛像，以此结合阿阇黎(大师)的甚深缘起之力，一见师面，心中极为融洽。那时，克珠杰向大师启问了许多问题，尤其是关于二胜六严的根本旨意。已见到由印度诸智者所著的许多论述中的一些释论，在西藏具才智的诸宗派中，不知著有何种释论?一切经论的教义，当如何实践而修?又将对于诸经论的难义等，自己心中所起的情况，恭敬虔诚地做了无碍的启问。大师极为欢悦，面带微笑地再三说现在如何如何是好。等到启问完毕时，大师说：“你所了解这样的经论，及生起这样的疑虑，是勤修何种因素而来的?”答日：“是由听受广博的经论，以及向与本尊无别之大师前，勤修祈祷而来的。”大师说：“哦！的确如是。我虽是未那样做，但是从至尊文殊的慈悲恩德中，获得诸教导，而作宣说。”大师在欢悦中做如是承许(文殊来教导的)，并对克珠杰作摄受。这些情节，是那时在大师座前的绛央却杰·扎喜伯敦亲自听大师说的，并无虚构之词，而且出自勒宁哇所著《宗喀巴传》。当时，克珠杰将昨晚梦中所见情况，向大师陈述，启问大师此梦如何?大师说：“你能见上师与本尊无二无别，很好！你是密宗事业的应化有情，如大宝般的人士，与我在至尊文殊前所见的情况相符合。其他劣慧的人们所见，仍是平凡者。这(梦相)是你对许多应化有情，将作出极大利益的缘起。”至尊宗喀巴大师问克珠杰道：“你在修何本尊?”那时，克珠杰是以文殊狮子和红色阎罗德迦两尊作为本尊，因此他说在修如是两尊。大师说：“总的说来，红、黑、能怖三种阎罗德迦，任何一种，都可作为本尊，都能获得文殊的摄受。但是我的这一传承，是至尊文殊的摄受，而且加持极大。应如是了知。尤其是应当以能怖金刚为本尊。由于本法中，因果二者的阶段中，都有至尊文殊真实面容，这是有特殊的要义的。但是有一些人根本不知此种要义。这种特殊之要义，即文殊和威合修法。至尊文殊亲口所说法中，此为不共究竟之要，对他者不常开示的嘉言，印、藏的智者谁也未能发现。至尊文殊视我为唯一特殊应化有情，而说此密论。他们不做如心宝般的重视，有一些人认为是夸大其词，是由于不能宣说最深教法而说的虚夸话，遂作轻视。反而对一平凡之法，不顾身命，昼夜努力而修。实为可悯！他们对于显密全圆道体之次第以能宣说此次第的具德相(合格)的善知识、能迅速赐给胜共二悉地(成就)的本尊等不勤励而修，而是对无根源的脉络、风息和‘厥法’(一种断执施身修法)，视为秘诀，寄托以能证金刚持位的希望！如是诸人更为可悯！”不待请求，大师又说：“我现在给你说能怖金刚灌顶教法。”说后，大师欢喜地传授了灌顶法。从此以后，克珠杰也就不断地修持能怖金刚。这些情节，在一切智克珠杰所作大师传中有偈颂说：

“经函剑标示色身，
头具五髻妙吉祥，
住持僧幢示凡相，(言大师即文殊所示凡夫相)
为利众生来雪疆。(即西藏)
尔时来染烦恼垢，
具缘弟子心镜朗，
照见师本文殊王，

丝毫未敢秘不张。
大哉观待卓越力，
隐秘化身亦对我，
所陈情况作主张，
除师难得此教方。（教言良方）
清净心境如镜面，
现佛本来法性容，
离垢莹澈净海里，
无异月影现其中。
智中智者善吉祥，（克珠杰名格勒伯桑，意为善吉祥）
师尊最初摄受我，
其情我难全述说，
依师所说略宣扬。”

克珠杰与大师相见的情况，还有其他的说法，但因未知其是否有清净的依据，而未全录于此。继后，大师在那里严格地闭关，并为一些合法器者讲说《密集五次第》及《母续圆满次第》等密法。大师又答应许多寻求教义者的请求，写作了《中观根智论广释》，对于各种细微智理，论著中作了详细的阐述。对于一些极细智理，发现略有怀疑而难以阐述时，则向上师和至尊文殊作猛利的祈祷！因此，有一时间中，大师多次观见《般若经》二十空性诸字句，如以纯金书写之相，现起于空中。大师曾开示说，从那以后，对于《中观根本智论》的微细智理，所有疑难，未费力而获得解决。不仅那时出现那些现象，现在色拉寺所在地的上空，也出现阿字满布空中，如雨下降。因此大师悬记说，此地将建起一座聚集所有讲说，修学大乘法门的大寺。果如悬记，后来由大师的得意弟子功德齐天的大慈法王绛钦却杰·释迦耶协[10]建立了著名的色拉大乘洲寺。那时，大师在严谨闭关中，首要弟子贡汝·坚赞桑波等年老徒众前来为大师服役。大师说：“现见我们师徒有一些灾障之相，为了消除此灾，我将从这里去到他处，静住数月。”众弟子问；“师前往何处?”答说：“如果现在说，将有不成功的阻碍。”于是师徒三人在一晚间，在他人都未察觉的情况下，去到惹喀乍严格闭关。至尊文殊为大师讲中观与唯识宗诸要义，并指示说，应将此诸教义摄集起来作一论述。大师依本尊指示写出《辨了不了义论嘉言心要》。论中有颂说：

“能使诸佛生欢喜，
摄一切智妙吉祥，
今以不断虔信力，
敬礼心间莲中尊，
由我观经说论者，
撰此卓越稀有论。”

如是，大师过去如愿著作的《中观根本智论广释》，显然也是在这一静修的前后时期完成的，那时，一切智宗喀巴大师的美誉飞幡，飘动震荡于三域之中。东方之大梵天王大明皇帝对大师生起敬信，派来金册使者，携带许多供养礼品和诏书等前来迎请大师前去汉地。过去虽然也曾多次殷重迎请，未获得大师应允。这次再以极大信心，呈上诏书和无量的赏赐物品等，殷重地启请大师眷顾汉地福田和所有人士，作法施之恩，前来迎请。并且由四位金册使者大人为首，率领数百随从前来迎请。诸官员头领疑虑大师不愿相见。由此他们打算以秘密方式突然来到大师座前，作启请之计。于是他们宣扬说，这次是来作供养的。通过彭域地方，天明时就来到色拉寺。由于是突然到来，僧众必须解除闭关之禁。达仓·勒乌哇出而作证：不仅宗喀巴大师未住锡此间，而且大师去到何处也难判断，原来，大师想到若不直说，则成为诳语，若直说，师徒们会心境散乱，事业难成。故大师不说去到何处，关键在此。应知宗喀巴大师具有无碍神通，而且方便善巧，是已达到彼岸的圣者。继后，诸金册使者渐次探访大师究竟住于何处。有一时间中，探得大师确实住在惹喀乍，遂前往求见，最初未允相见。后来，由于扎巴坚赞和本钦南喀桑波等人说情，诸金册使者也流泪哀恳，大师始允去到色拉寺相见。大师接受了诏书和供物后，对诸使者详细地说明去汉地的障难大而利益小的原因，同时将写给大明皇帝的书信和礼物等交给使者，使者也就返回汉地。那时，大明皇帝(成祖永乐帝)致宗喀巴大师的金册诏书的文义是：“大明皇帝赐书于喇嘛罗桑扎巴之前。

诏曰，鉴于你证道的功德，极为高深，清净宏大。依于慈悲之心，对一切众生，作利益而安置他们于大乘之道中。以此之义，并思念你的清净功德，已非一日，为时久矣！现在派遣太监侯显为首，从政教双方前来迎请于你。望你思及宏扬佛教，来到中原，完成朕的心愿。此诏！

随赐铃杵一对，鎏金禅杖一柄，碰铃全套，象牙珠一串，檀香一节，细竹丝帽一顶，十彩法衣全套，大红无花半月形大氅一件，红绸无花卉大氅一件，肉色衣兜一个，红色无花卉绫(原文不明)一匹，蓝色大宝花卉(缎？原文不明)一截，熊金出产(缎？地名等原文不明)三截，大红如意花缎(卉？原文不明)一截，松绿色四季花卉(缎？原文不明)一段，上缎七匹，大罗汉蓝色(绫绸？原文不明)一匹，大罗汉邢台熊(译音，是否为织造家)绫绸(他本有绫绸名)一匹，无花卉油绿绫绸一匹。纱灯红绫绸一匹，茶五十斤，无花纹白磁茶壶两把，白磁碗七个，黑靴一双，素蓝绸作面的白羊毛袜一双，彩绫七匹等。于永乐十一年(公元1413年)二月十一日。”所谓金册系用汉地黄纸宽三卡半(一卡为拇指尖与中指尖伸开的长度)，纵长一庹(平伸两臂之长度)，绘有金色五爪龙纹。上面写有如上的藏文诏书。在这下面置有长生天护佑永乐年号，都是重叠(即汉文的直行写法)而写的。在此下面则写有许多汉文。诏书的手抄本下面记载着诏书的原本，存于香区的垛却巴的手中。但后来，诏书的原本实存于甘丹寺森康大殿中，抄本是从那上面全无遗漏抄下来的。这里是依照西藏地方政府所存书册中，无误地抄录下来的。可是上面赐给物品名目等，由于是汉语夹杂藏语，极难考察。而我(著者)不谙汉语，也就没有继续作考证之心。因此是照原本抄下来的。以后，还希能领会汉语和汉文意义的人们，加以校正，使其合适为祷！(不谙汉语者用藏文拼出的汉语，译者虽系汉人亦无法完全了解。因此译此名称有许多牵强之处。)

那时，至尊宗喀巴大师回复大明皇帝(成祖)的书信说：“愿成安乐吉祥！依伟大福德之力，如法抚治海内大地之大皇帝陛下，住于西方雪域(即西藏)中部之释迦比丘罗桑扎巴(宗喀巴名讳)敬启：大法王(陛下)之福德，犹如须弥(此世界最高之山)之高巍！诸臣民之安乐，有如天堂之美满！政令威严，为诸王所顶戴。正于此时，为了增长三宝之威力，对我遣使赐诏，并赐有花卉云纹的红缎一匹，绿缎一匹，无花卉的红、蓝、绿缎共三匹，彩绫七匹，上缎法衣一件，泥制佛像一尊，上衣一件，长坎肩一件，水晶念珠一串，金刚杵及铃两付，磁碗一对，佛像罩衣两件，手巾三幅，曼荼罗装饰围裙三幅，腰带一条，碰铃两付，鞋袜等物，茶五十斤，檀香木一截等。我已收到，衷心感激！大皇帝之旨意盼余前往内地一遭，颁谕之原由，已由诸金册使者和王(指扎巴坚赞，明封阐化王)努力传到，余皆领会于心中。余非不晓陛下为爱护佛教之旨意，余非不敬不尊陛下为敕谕。但余每与人群相遇，便发生重病，因此不能从命。惟祈陛下如虚空宽大之胸怀，不致不悦！实为幸甚！陛下如往昔诸大法王雄心负荷(利益)此世之法规和(利济)后世之教规，大宏于一切方隅，使人天世间皆欢喜称赞！余等多番闻得如是好音，即在此地，与大多数僧中胜者，以清净之念，常为大皇帝祈祷圣寿无疆，皇图永固！伏希圣鉴！至于如何治国之事业，为陛下所知，非余等所能详言。恭敬上呈。并奉上礼品：从李域(即和阗)请来之观世音菩萨像一尊，释伽牟尼金像一尊，文殊室利如来金像一尊，如来增生舍利(三颗相连在一起的)一件，如来舍利一颗，从印度大成就者、振兴印藏两地之佛教事业、具有大恩之阿底峡尊者灵骨中生出之舍利一颗等。于鼠年(戊子永乐六年公元1408年)6月19日，自西藏中部上书。”这一宗喀巴大师的复书，是从西藏地方政府的书册中，照原本无误地抄录下来的。在礼品中，有所谓色哲(音译)一件，不知为何物。但原本中有此名目，所以仍照抄下来了。有些人说是增生舍利三颗连在一起的一件。“色哲”一件是否笔误(将藏文“哲”字相连在一起之意，误写为两段而为“色哲”了。)应作考察。至于大皇帝赐给宗喀巴大师的礼品，是有明确的数目，如上面所记的彼此互作供赐的内容，都详于两篇书函中。但彼方的名目中，有上缎七匹及彩绫七匹，揣想是文字重复之误。除物品的名称不一致外，礼物的数目，大都是适合的。于此略作释疑而已。又在一些宗喀巴广传中，并未载有于此阶段宗喀巴大师派遣代表自己的弟子前往内地的文字。但实际上诸金册使者请求——如果大师确实不能前往汉地，请求无论如何派一贤良的弟子去到内地。大师允如所请，派遣了绛钦却杰·释迦耶协(明史作释迦也失。即大慈法王·释迦智)去到汉地后，法王和大明皇帝(永乐)情意相契。法王在汉地广泛地宏扬了佛教的说、修事业。后来，返回西藏的详细情况，将在下面说大师所出弟子的段落中详述之。又在《宗喀巴传诚信之岸》等书中，虽只记载大明皇帝迎请宗喀巴大师的金册诏书等史事，其余未明。但是多敦·绛伯嘉措所著《宗喀巴传嘉言集》中却说，“大明皇帝(永乐)以极大的意乐，颁赐诏书和许多礼品，并且派遣大人哲保(音译，他书中为‘王哲保大人”)送来金册等多番召请。大师亦未允前往。大师又说：这次又有送礼者将来到。说后通过彭域地方，天明时即来到色拉寺中。依所说情况看来，虽是多次送来诏书和礼品等物，大师决未收作自我所有。又一情况是：后来收到金册等物后，虽多番迎请，但大师仍未应召前往，而且也未与使者们见面。以此揣想他们拟用秘密方式突然来到大师座前谒见之事，多半是事实。这样的猜疑，究竟如何，还望具智诸人三思之。”总之，在当时，大明皇帝(永乐)派遣迎请使者送来金册和礼品等，以及最初难于谒见大师，后来，大师由自善巧方便之门，作出卓越的复书，虽未允前往汉地，然而派遣了自己的代表大慈法王等情况，确是真实的。应知至尊宗喀巴大师，不仅是妙吉祥(即文殊)，也是能化现地上大梵天王的天命皇帝。在至尊一切智·罗桑绛伯嘉措的著述中说：

“至尊自在妙吉祥，(即文殊)
为于大地布教法，
戏现人主大梵天，
教与众生救怙王。”

如颂所说，大师是文殊菩萨的化身。因此，凭藉这样的事业(即功绩)，以施主和受施者相结缘的方式，实实在在用一个化身宏扬显密教义和纯金般的宗规，用一个化身示现大地权威转轮王，恭敬侍奉褒奖教法精要，让全体臣民虔诚信奉和修习此教法，用福田威力祓除所有邪说，保护教义固若金汤。有如是施主和受施者相结合的善巧威力，既使现在到了浊世之末格鲁派也能不同于其它宗派而永远兴盛不衰。

此后，宗喀巴大师著完了《中观根本智论广释》，并且在那里(色拉)为前来集合的嘎、觉、树三寺的住持者，以及汤萨巴寺庙的卸职寺主等三藏法师约六百人，详讲《中观根本智论广释》的教义。此外，还普遍地大转《菩提道次第》、《辨了不了义论》、《四百颂》、《密宗道次第》、《根本罪》和《事师五十颂》等深广法轮。从乃乌那里献来安居坐夏的供应，全体师徒得到美满的侍奉服役。在这样教法的顺缘增长中，大师在色拉却顶驻锡两年之久。第二年开禁(坐夏之禁已满)后，由人主扎巴坚赞启请大师来到下吉麦的仲布隆寺。前来侍奉的善知识约有五百人，都由扎巴坚赞赐给费用，并给优厚的供应和服役。此外，还有从各方面前来听受正法甘露的僧众，共有上千的人数，都在这里作冬季修制。大师为众人讲授了道次第、鲁享巴传规的胜乐修法以及母续圆满次第等，大转甚深法轮。以前大师从拉萨起程之前，本拟新建大愿法会，大师向本钦南喀坚赞谈过此事。他也愿培修大昭寺的坛城和天窗屋檐等，而且筹备好了大愿法会的供养资具。此外，大师驻锡仲布隆寺期间，对于止贡和热振的温区和沃卡以内的寺庙，官员、施主和所有师徒大众等，劝其敬供信财，并和各方派来的使者畅谈，特示关怀。并对人主扎巴绛称也作了详细的指导。由大师如此悲心关怀之力，收到各地敬献来的信财，是无量无边，难以数计的。在决意开建大愿法会以后，大师师徒诸人，将手中所有资具，也都用于大愿法会，作回向事业。

于此断句处，作中间赞颂说：

智藏密语犹日光，
导现大密乘论藏，
空前丽日照此土，
同时果乘开莲芳。
总宣密道要义张，
特示所获究竟果，
光明幻身双运等，
难义无隐全解扬。

如金刚持密意旨，
龙树师徒作释章，
昔日此方多未知，
是师叨示使显扬。（原文为：在师手中，如观庵摩罗果那样的清晰）
一生成佛无上道，
大小乘法普宣讲，
究竟要义若未悟，
迅速成佛空希望。
若能善思此情况，
则于雪域有情中，
能知大师稀有恩，
较佛菩萨尤为长。
正法甘露降下时，
恶法魔军凶尘扬，
慈心定力作遣除，
与佛有何不同样。
圣地色拉修苑中，
精勤修习甚深义，
甚深中观论释等，
深密著述师广宏。
最胜善巧善吉祥，（即克珠杰）
历世师徒结缘故，
谒师天性油然显，
师爱如莲心收藏。
智戒贤善名声鼓，
响彻世间遍诸方，
东方大帝亦敬信，（指明成祖）
犹如海浪滔天堂。
赞词宝鬘饰书翰，
价值高贵表礼供，

派来种姓高尊使，
努力前来雪域中。
众生显见未允行，
上书结合情意长，（受施者与施主相结合之情意）
黄帽教法遍赡洲，（即此世界）
广开缘起门无疆。

往昔，我们的导师、无与伦比的释迦牟尼王佛在印度最胜的圣地王舍城中(即祇园精舍所在地，释迦牟尼居住地)，示现大神变，降伏外道六师——富兰那迦叶、末伽犁拘赊梨子、删阇夜毗罗胝子、阿耆多翅舍钦婆罗、迦罗鸠驮迦旃延、尼犍陀若提子等人。使一切邪恶部类，皆归失败，所有魔幢，全部倒塌，而令信奉佛教的诸善士由尊胜之门，竖起正法之幢于十方。这即是著名的佛在舍卫城，示现大神变的最盛大节日。在这一节日里，往昔圣地的历代诸法王都要在如来身像、经、塔前，供设无量的上妙供品，并对僧伽大众，作广大的承事供养，由发广博大愿而开启无量众生之福门。这样的善规，从来中断，而获得宏兴。以此间西藏来说，这种善规，也是从古至今，历代继作而未废。但是由于各种时势变迁，不仅没有昔日常兴不断的景象，而且对于供品和布施等的善妙聚集和安排，也大都未提倡极为宏大之规。至尊宗喀巴大师主要是为了使佛教获得宏昌而长久住世，并且令中心边远各地无量众生，用发心与善法相结合，建立起解脱和一切智(即成佛)的基础，并使一切世间，都成为一片利乐纯洁的景象。大师有这样的无量发心和动机，故无论住于何处，每年都于神变节日，作大愿法会的盛大供养，从未中断。尤其是在第六饶迥内的土牛年(己丑)，拟在拉萨大昭寺中，释迦牟尼像前，作神变节日大愿法会的盛大供施。其聚集和安排事宜，如前文所说，大师对人主扎巴坚赞等人作了吩咐，并对大众也劝动善举。因此，获得供来的无量善信资具，以及颜料、油漆、金箔等上等而且无量丰富的物质。于是于土鼠年(戊子)秋季，通知大昭寺方面，应召集众多的佛像塑工。由于大昭寺中绘画和塑造的诸像，中间失修，为时甚久，所有诸像，大都垢尘染污，难辨身色。因此先以红花香水，善为洗净。总之，用无罪过纯洁的诸物，全都作了清洁后，再以上好诸色颜料，修复所有褪失色彩佛像，并以金箔等作敷饰，使与崭新绘塑者无有差异。此外，还召集许多工艺师，用供来的绸缎诸物，缝制许多佛像身上的衣装和幢幡等物。这些应当预备的诸事，先后妥善齐备后，于鼠年十二月下旬，大师从仲布隆起身去到大昭寺。在月末三十日的那天，通知供礼，对于集会的八千多僧众，大师师徒亲作施主，对每一僧人供酥油四市斤及茶叶六两的斋僧茶，以此作为开始的宴会。那时，宗喀巴大师年届五十三岁，于土牛(己丑)年正月初一日起直至十五日之间，作大神变节正式供养大会。仿照往昔印度圣地的施主波斯匿王等，在这一节日，也是从初一日起，每日另有一施主作财物的承事供养。如何承办的情况，将在下文中叙述之。暂且在这里，粗略地叙述一下至尊宗喀巴大师亲自在大愿法会中，作有如何供养的情况；大师在大昭寺中释迦牟尼佛像上，供献纯金制造的五佛冠，浮雕有五佛的身像，冠沿的飘带也用纯金制造。并以许多世间罕见，价值昂贵的碧玉宝石，以及珍珠和上品璁玉(即绿松耳石)等珍宝嵌饰佛冠，成为妙好庄严，极为美满。又在小昭寺中不动金刚和十一面观音像上，各供献以纯银制造、有美妙浮雕的佛冠。在释迦牟尼佛像前，供献合量的大银钵，在钵口上面安置适合钵口的银曼遮等供物。又在大昭寺及小昭寺内两尊释迦牟尼像和十一面观音像的面容上，神变节期间每日不断地涂金，初八和十五日，则全身涂金，又在以两尊释迦牟尼及图巴岗金措(意为雪海佛像)为主要的一切雕塑的化身佛像上，供献最好的绸缎缝制的七衣和祖衣，在十六尊男菩萨和女菩萨及忿怒明王等诸尊像上，供献以上品绸缎制成的肩帔和下裙。此外，在依许多经中要义而立名的大小诸寺庙的屋顶和飞檐、矮墙等处，一切彼此连接的顶端和边角上，都饰以幡、佛尘和响铃等物，使无空隙。在外面的环行大道的外边，所有极高大的树上，悬挂绸缎制造的极为威严的大幡，幡顶以各方护法神像为庄严于密咒幡上，画有十五尊护方神像，十五尊神像都竖立在各自的方位上。每晚都在那些各自的垛玛供食台上，供施各方垛玛。在那些空隙中，还竖立有白伞盖等幡幢和各自的供养仪轨。按照《般若经》中所出的飞檐和胜幡等物，悬挂于树上，各树的空隙间，也悬挂互相连接的幡、佛尘和铃铛等物，使无中断。美妙庄严之景象，有如灿烂虹霓，遍布空中。白昼也于内走廊上安置明灯四百盏，中间通道安值明灯百余盏，外围通道，石碑旁，释迦牟尼像的前方，供设一四方形大缸，每边长约三庹(一庹约五市尺)，其中注满酥油，竖一适度的灯炷，其灯焰犹如金灯光明直冲霄汉。以此一大灯为主的还有大陶缸，其中注满酥油，灯炷粗如成年人的手臂，约有一箭杆高，以一定的间隔距离排成一行，围绕外围通道。此外，在小昭寺、龙王殿、布达拉、贡塘等处，也供设许多明灯。夜间，在中间通道的墙周，外走廊的柱间，均供明灯，灯如连珠极为庄严，光度强烈，目难注视。如是大地上光明灿烂的明灯连鬘，直达天空，掩盖了中夜黑暗里出现的星群光辉，似乎星群自愧不如而离去，众人亦难目睹其光辉。特别是小昭寺和布达拉内的柳枝嫩条，各各的形影，也如昼间那样映照于地上，成为昼夜无别之景。而且如是的灯光，有如从大地同时出现的千百日光，使所有星群，似乎从我们住处逃遁，或许在强光之下生起畏惧，竟离夜半的天空，而任意遁入了大海之滨。在午夜，抬头仰望时，天空披上明亮的光衣，只见淡红色彩，而看不见一个星星的形影。此外，每日都要新换供设的净水百余碗，注入上妙红花香汁，竟如以黄吠琉璃制造的盛水器连贯而排列。只红花一项，每日也需许多升，方足敷用。此外还供设有香幡，香伞(以香束为幢形和伞形)，以及在各个香炉中，燃烧香料，芬芳的香气，遍于一切外界，经昼夜而不散。所有烟缕上升高空，犹如云头缭绕，互相聚集而飘荡，甚至外绕道以内也遍洒香水，内绕道的地上更不待说了。在大灯缸的左右，土台之上，供设有上百克(每克约二十八市斤)糌粑所作的供神食品，并以无量美饰贴饰其上。悬挂和竖立的供像等更为美妙庄严！还供有约一箭高的神馐一百零八，以轮王七宝⑪贴饰其上，每日必须新换供献，换下的神馐，无人取受，尽量地给贫穷者和乞丐等，使贫穷者从饥饿中得救。由于他们得到丰富的饮食而特别满足，竟有不再思饮食之感。此外，宗喀巴大师也供设从切热玛隘口的秘藏中取出的马头银锭等各种稀有之物，以及轮王七宝、八吉祥徽⑫、八吉祥物⑬等人天五欲功德美满庄严、无量悦意的诸供物。所有一切供品，都经大师用密咒、手印、三摩地作大乐体性的加持后，在具戒三藏法师聚集的僧会中，以正净仪轨而作供养，使十方诸佛菩萨，皆大欢喜。纯为利益于教法和众生，而猛勇地发心——愿大宝佛教长久住世而不陨灭。愿一切众生皆得利益与安乐，长久而不断。这样的清净宏愿，每日都作如是祈愿。这些情节，在《宗喀巴密传祈祷文》中说：

“拉萨神变大节日，
供设吉祥百庄严，
大乐加持诸供品，
诸佛菩萨喜开颜。”

在做这些供养时，是与以前在精奇寺和嘉索普等处，大师所见的征象相符合的。当迎请十方诸佛对大愿作证时，东方一切如来都示现为毗卢遮那佛像，聚集于东方一切虚空中。如是南方一切佛为宝生如来像，西方一切佛为无量光如来像，北方一切佛为不空成就如来像；上方一切佛为不动如来像等，诸方聚集，形如帐幕，无有空隙。心中现见齐来享受会供之相，经常现起。这种情节，在密传祈祷文中说：

“十方诸佛菩萨众，
迎请来作证愿时，
各自方位如来身，
咸来享受诸供养。”

还有大成就者古觉·多敦巴的著述中说：“在大愿法会中，念诵忏罪文时，所现各方诸如来像，下面的虚空中，复现有三十五佛、药师七佛、弥勒佛、无量寿佛、度母、白伞盖佛、妙音佛母、八十大成就者等身像。”又有堪钦·洽多哇的心境现相是：在宗喀巴大师的头上，现有三怙主身像(文殊、观音、金刚手)，大师周围现有护善法诸护法神，大都在作巡逻守护。那时，古觉·多敦巴在拉萨的惹嘎喀闭关静修。有一时间，他出关前来说道：“我从朗钦冻来与大成就者佚哇日相会面时，他对我说：‘我们八十大成就者应法王罗桑扎巴(宗喀巴名)之迎请，作大愿法会的宾客，其他人先已来到，只有我稍晚一些才来。’”此外，许多业力清净诸人见到的是，在中夜有八十大成就者围绕而作祝愿，天、龙围绕是经常不断的。如是等稀有功德，难以尽述。对僧伽大众，每日都讲说一座阿阇黎圣勇(有说为马鸣的)所著《释迦牟尼本生事纪》，从未中断。那时，办理所有对僧俗大众的供养事宜以及接收从各方来会的喇嘛善知识，官员等供来的一切供品，并对所有工匠等一切招待事项和管理资具物件等一切事项，都是由官长南喀桑波叔侄以极大信仰和恭敬来完全承办。人主扎巴绛称也以极大关怀进行供养等事项。此外，将在下面详述止贡等许多施主送来净信供物的情况。由于有许多承事供养的物质，因此在十六天的时间中，对于近万数的僧众，昼夜持续不断地供养斋僧茶，上午供养两次斋僧粥，并准时发给僧粮(糌粑)。僧人集合时，为了广积福德而不站队领取僧粮的僧人也有千余人。还有前来集会的俗人一万多。由于宗喀巴大师的慈悲心之力，虽有这么多僧俗人众，但无一人口出恶语、互相争吵。他们都欢喜信受，和睦相处。往日转经时唱歌、跳舞、饮酒等那样的放荡行为，都被人们自然地抛弃。一切人等都自觉地表现出心性温和，情不自禁地对信仰和善业等心生喜悦！因此，从白昼到黑夜，人们唯作闻法、礼拜、转经、祈愿和念咒等善业。就是到了半夜，转经者除数量较昼间减少外，从未中断。有一时间，一个极善修持者在梦中梦见一高大的妇人，两手环抱殿堂。问她为何这样做，回答说：“是为防护火灾。”第二天晚上，大灯缸中的油大都燃尽，还未新添油汁入缸时，大缸内的灯芯和余油忽然燃烧起来，火势极猛，一切人等甚为惊骇。大师立即去到寝室，安坐修法，微风未起，顺利地阻止了一场灾祸，顿时安静，无丝毫灾害生起。又有一极善修持者在梦中看见拉萨附近的难以数计的居民，都一直往天空而去。问何故如此？回答说：“由于我们在释迦牟尼像前，作了如是供养。由此福报，得往梵天世界中去。”可见由此福德，刹那间无量众生，皆被安置于解脱和一切智(佛)位中。这是无量伟大的事业啊！

于此断句处，作中间赞颂说：

拉萨神变大节日，
神中之神释迦前，

为增人天福德故，
建立供佛发大愿。
往昔佛示大神变，
随喜之善极广宽，
以此创建对众生，
摧其生死之根源。
僧俗所需诸财物，
不招自来如夏空，
一时云集并无难，
是师悲海浪力涌。
成就者和三藏师，
具戒诸师如鹅群，
来集正法净池中，
三轮[14]音鼓频奏动。
集会众生数无穷，
咸来此处做敬供，
礼拜绕行诵经咒，
不分昼夜勤善功。
犹如舍卫祇陀林[15]，
财法二者俱丰富，
全境充满娱乐中，
净天亦喜观此容。
十方常住佛菩萨，
如来云集现天空，
咸来享受诸会供，
成就善缘非普通。
供者、供境与供物，
全无实有本性中，（不依缘起而有的事物即称实有）
大乐手印自性空，
空乐双运喜圆融。

在这样的大神变节日里，大愿法会的时间，是从初一直到十五之间。这是符合往昔印度所有的惯例——每日由特定施主以诚信的财物来做供养，现对其情形，略述于下：

往昔圣地印度的殊胜大城名舍卫城，在殊胜节日大神变月(即正月)的初一日，由长久以来进入大乘法中的殊胜施主波斯匿王作施主时，在薄伽梵佛世尊已进食毕，嚼完杨枝(等于牙签)后，佛即以杨枝插于地上，立即长出高大而且枝叶繁茂的一棵树，能映蔽五百由旬的范围。树刚长出，顿时开出大如车轮的花朵，并结出如瓶形的果实，能容五升之量。树根和枝叶等皆为七宝所成，五光十色，发出宝焰，使日月亦暗淡无光，其果味胜过天界之甘露，果实芳香之气，遍布于诸方，使众生心悦意足。芳香之风吹动宝树枝叶时，发出极为悦意的法音，使一切闻者俱生信仰，并使无量僧俗大众，皆能获得现上(人、天善果)和决定解脱的善果。这是最初示现的神变。这里(西藏)是随顺往昔(印度)的殊胜节日，于土牛年(己丑)正月初一日，由文殊怙主上师罗桑扎巴(宗喀巴名)大师师徒诸人作供养僧俗大众的施主。在无与伦比的释迦牟尼身像上，供献佛冠，并在所有佛菩萨身像上供献涂金，共用黄金三十六两八钱。又在不动如来和十一面观音两尊像上，供献银制佛冠，计用白银一百三十三两。又在释迦牟尼像上供献三法衣和银钵及禅杖等。以两尊释迦佛像为主的诸佛菩萨像上，供献妙衣。所用物料计有，大红大氅一件，绣花上缎四匹，缎料四匹，大绸十二匹，中等绸六十二匹，绫四匹，幡十五幅，幢四个，柱座六个，布一百六十三匹，好布二十九匹。还有厚织毛褐、颜料、马鞍、剑和药物等，合价黄金七两四钱。供灯所用酥油拉萨市秤一百九十克(一克约二十八市斤)。神馐等糌粑一百九十克，青稞四百克。僧伽大会公众筵席用糌粑二百二十六克，缎、绸、毛褐、氆氇等约重百两，黑茶(茯茶)十六克，白茶(素茶)四十七克，黄金六十六两，白银四百四十两，青稞六百克，酥油三百六十克等。以恭敬供养，完成了大神变节日的供献，此为第一日的供养。

完成大节日的当天(初一日)的供养诸事后，由佛教法门之帕木竹寺的寺主、众生的无比导师法王京俄仁波且·索南桑波(福贤)献来供养僧俗大众的物资，其中有用于涂面和佛冠的黄金二两五钱，其他如灯油、神馐、各种药物、绸缎之伞、幢、幡、鼓、曼遮(即坛供)、宝瓶、颜料、芳香红花、斋僧茶、布施钱，供于至尊宗喀巴大师座前的供品等，共计价值折合白银五百两正。发愿一切众生的利乐之本——佛教心要、修学三律⑯、说修法轮等，任于何时何处，都常兴宏昌。为已圆寂的大德，超荐祝福。为现在住世诸师祝愿长寿无疆，事业昌盛。敬祈保佑所有善法的愿望，都不断地如意成就。

又往昔(印度)大神变月(即正月)初二日，是由殊胜施主——印度毗舍厘城(在中印度恒河岸)，法王邬旃延那作施主，薄伽梵佛世尊于身之左右方，化现出两座宝山，极为高巍?美妙庄严，各种珍宝，光辉灿烂。山中花果繁茂，花果中发出极为悦耳之音。其中一山之端幻化生出美果，具足百种妙味，鲜美甘甜，能使众人如欲获得饱满。薄伽梵佛世尊对人及牲畜等，开示各种正法，使人能发心解脱，愿证无上菩提，使牲畜能舍离畜身而往生人、天善道。一切僧俗人等亲睹此情，而生信仰！无量僧俗大众，都获得现上(人、天善果)和解脱之果。此为第二日出现的神变。

这里随顺往昔(印度)的殊胜节日，于土牛年(已丑)正月初二日，由止贡宗人主扎巴坚赞作施主，供献无比导师释迦王佛像的佛冠和诸佛菩萨像的涂金材料，共用黄金四两，为制造不动金刚和十一面观音两尊像的银质佛冠，捐助银碗三个和银盘一个。此外，有大红绸法衣一件，草黄色绸法衣一件，下装一件，大座面罩一幅，上品绸一匹，绸十四匹，用于幢和柱幡的材料有各种锦缎及冰片等。粮食和酥油等的主要来源是：由人主扎巴绛称带头，向其他方面劝助。由乍操、那阁、邦萨、切喀、喇嘛热吉巴等人从隆学至察空哲那一带，募化到的计有：酥油拉萨市秤一千五百二十克(一克约二十八市斤)，糌粑一百五十克，用于僧会公众筵席的酥油酪糕三百克，糌粑三百克，肉腔九十一个。用于斋僧茶的材料有：茯茶四十克，酥油三十三克，供给大众的净茶一箱等。如是完成了大神变节日的供养事项。这是第二日的供养。

又往昔(印度)神变月(即正月)初三日，由休枳达那王作殊胜施主时，薄伽梵佛世尊以唾沫弹落地上，化为宝池，周匝二百由旬，以七宝庄严，五光十色，光明灿烂。池中之水，具八功德[17]。池底满布七宝之沙，有青色、黄色、红色、白色、赭红色等各种莲花，大如车轮，满布池中。诸花香气，极为芬芳，放出如花色之光明，由彼光明出现一切妙相。一切眷众，皆以极喜心情，观看宝池。薄伽梵佛世尊以资具赐诸眷众，为彼等宣说各种正法。一切人等皆易知晓，从领悟中，发无上菩提心。有一些得果后往生天界中，并获得无量福德善业。此为第三日的神变。

这里随顺往昔(印度)的殊胜节日，于法轮常转的拉萨吉祥圣地，在土牛年(己丑)正月初三日，由敬布·伦珠坚赞兄弟及其妻室、儿子等作施主，供养僧俗大众的东西有：黄金和香等，酥油拉萨市秤六百零三克、砖茶三块、糌粑三百克、肉腔五十个以及回向礼物(为病者、死者作回向的礼物)等。与此同时，喇嘛漾洛哇及官员索朗仁钦二人及其眷属等供献于僧众的有：酥油三百六十克、黄金五钱，糌粑六十克、粮食二十七克、缝制经幡之绸缎五匹，五肘长的布十五段，白香半克、配合有沉香的黑香一升、线香一千条、捻灯炷的棉条三团，敬献于僧众的酥油酪糕一百零五克半、肉腔三十三个、砖茶三块、糌粑七十二克、蔗糖两包重二十一斤、药料、熏脂肪(熬粥时的调味品)九斤、盐一斗等。这是第三日用以完成大神变节日的供养。

又往昔(印度)神变月(正月)初四日，由英扎哇玛王作殊胜施主，薄伽梵佛世尊于当日示视神变，在宝池四方，每方出现八条大沟，从外绕流，注入于池中。从注入的水声中，发出五根、五力、三十七菩提分、八圣道分、三清净解脱、六种神通、六般若波罗蜜多、大悲心、大慈心、大欢喜心、大等舍心、四无量心等各种法音。一切人等闻此法音，皆能知晓而领会于心中，由此获得成佛之果，或往生上方天界中，或获得许多殊胜的福德。此为第四日示现的神变。

这里随顺往昔(印度)的殊胜节日，于土牛年(己丑)神变月(正月)初四日，由扎噶囊苏作施主，供献于僧众的供物有：酥油二百一十五克、释迦牟尼佛像大红僧衣一件、涂金，嵌佛冠的璁玉饰件、白香四升、箭杆长的香条一千二百条、白幡一幅、柱幡一幅、青稞五十五克。用于神馐的材料有糌粑七十三克。敬供于僧众的供物有：糌粑一百七十克、酥油酪糕一百三十三克、茶五十克。用于熬粥的干肉腔二十五个。其管辖下的扎官巴、贡色哇、住细哇、夏惹霍尔哇、塔杰巴、拉秋、若岗、敦、白朗、仲、叶尔巴、却隆以上各地方共同供献于僧众的什物计有：酥油六百九十克、糌粑青稞二百一十四克、涂面及佛冠用黄金八钱五分、僧衣四件、金花缎华盖一顶、旗幡用丝绸四十七匹、柱罩四套、捻灯炷棉条一团、围腰布一块、线香三千根、价值黄金二钱的红花、花瓶十二个。敬供僧众的什物有：砖茶三块多、糖一包、供给贡塘的菜油三十三克。住细哇供来酥油六十克。此外，其他各地总计供乘的酥油二百六十四克。扎噶囊苏供来幡幢一顶，供东方持国天王幡和白伞盖幢一顶，住细哇供帝释幡一顶，夏惹霍尔哇供白伞盖幢一顶。官员衮嘉和却旺桑波二人供来遍入天幡一顶。膳食堪布扎巴伯和司茶僧多仁二人供来无边龙王幡等物，并承许作培修事项等。用如是许多供来物品完成了神变节日的佛事。这是第四日的供养。

又往昔(印度)神变月(正月)初五日，由梵施王作殊胜施主时，薄伽梵佛世尊从口中放出金色光明，遍照大千世界，光明所触一切有情，皆远离三毒和五盖⑱，身心极感安乐，有如诸比丘证得第三禅乐，而且使许多眷众都对佛的功德生起信解而虔诚礼拜。佛世尊为众说法，一切有情皆发无上菩提心。或往生上方天界中，或生起福德善业，为数无量。此为第五日示现的神变。

这里随顺往昔(印度)殊胜的节日，于土牛年(己丑)正月初五日，由官员哲巴父子作施主，为超荐官员扎巴桑波，献供神酥油二十克、绸幡一顶、佛冠用黄金二钱。敬供僧众的有：青稞一百克所碾的糌粑、酥油拉萨市秤一百五十七克、净茶二十七克，代替布施的汉针二千八百根、檀香末半升，白香两升。

又于当日，还有苏浦堪钦师徒及寺僧等供献于僧众的什物计有：酥油拉萨市秤三百九十三克、青稞一百一十克、糌粑三百八十三斤、黄金五钱。善知识衮仁供来丝绸僧衣一件、香幡八幅、箭杆长的条香三千七百根。苏浦堪钦敬供僧众砖茶一块。近侍伯丹桑波供来砖茶一块。一康巴人供来茶一块。敦巴·准珠却迥供来酥油十克等物。用如是供来的许多物品，完成了神变节日的佛事。这是第五日的供养。

又往昔(印度)神变月(正月)初六日，帕巴毗耶离诸人作殊胜施主时，薄伽梵佛世尊加持许多眷众，使一切人等彼此互知思想，各自通晓应作善业，因此众人皆大欢喜，而赞颂佛之功德。佛世尊为彼一切人等说法，使其通达领会于心中，而发愿成佛。彼等或获得证果，或往生上方天界中，为数无量。此为第六日示现的神变。

这里随顺往昔(印度)殊胜的节日，于土牛年(己丑)神变月(正月)初六日，由觉卧萨那父子以及章普达、伦桑嘉、枳巴等地之人作施主。其中觉卧萨那父子为了对大主宰绛央国师伯敦桑波两人报恩和超荐，献供神用黄金四钱、酥油拉萨市秤十七克、制幡用绫一匹、捻灯柱棉若干、布两匹、粮食二十四克半;供于僧众的有：糌粑一百七十八克、酥油一百三十一克、酥油酪糕一克售砖茶四块、熬粥用酥油及油脂九克、奶酪饼八克、干肉腔九个、细糌粑两驮、回向礼物夹衣一件等。由桑达、伦珠贡、林麦谟云和扎巴等地之人所供物品计有：酥油八十七克、青稞六十五克零五升、糌粑三十九克零十五升。桑普、领麦之人供来丝绸两匹、氆氇一卷、绸五方。林堆之人供来帽子一顶、围腰一个、围巾一付、布一匹。衮嘉官员波播哇供来黄金八两。亚喀哇亲友供来黄金九两零十分三厘。伦巴供来酥油四十五克零十五两、青稞四克、二糌粑二十九克。坝章巴供来酥油两克。本伊桑丹供来涂佛面和造佛冠用黄金三钱、丝绸幡一顶、酥油五克、糌粑一斗、青稞一斗；敬供于僧众的物品有：酥油十四克、青稞六十克所碾的糌粑。枳巴供来酥油三十五克、青稞五十一克十五升、糌粑十五克。章布达供来酥油一百七十五克零六两、青稞六十九克半、糌粑三十八克。学惹阁察哇供来酥油四十五克半、青稞二十五克八升。用此诸供物完成了大神变节日的供养。这是第六日的供养。

又往昔(印度)神变月(正月)初七日，释迦族人作殊胜施主时，薄伽梵佛世尊于当日，加持一切眷属人等，各个化现为转轮王，并变化出七宝和王子千人。诸小王和大臣等得见如是荣华，各自生起惊叹和无量欢喜！佛世尊为彼诸人宣说正法，皆得喜悦满意，而发无上菩提心。或获得证果，或证得无生法忍，为数无量。此为第七日示现的神变。

这里随顺往昔(印度)殊胜的节日，于土牛年(己丑)正月初七日，由扎喜洽乌达窝作施主，为了敬事整个佛教，特别是为了大皇帝施主和官员亲友等恭敬祝福等事，敬供僧众的供品计有：涂佛面和造佛冠用黄金七钱、点灯酥油拉萨市秤三十三克、做神馐的糌粑十克、青稞市秤三十克、制幡的丝绸三匹、捻灯炷的棉花七卷、白香五升；法筵用的供品计有：青稞一百六十克所碾的糌粑、酥油拉萨市秤一百八十克、酥油酪糕十三克、熬粥用的干肉腔二十个、酥油酪糕四克、斋僧茶用的砖茶一块、茶配料酥油等三克、回向供礼僧衣一件、丝绸一匹、蒙古青花围裙一幅等。当天还有以觉卧那哇为首的麦喀等地方人众，以及康甲果地方的贵族、教民、俗民和人民大众供来酥油四百九十四克十五斤、青稞九十一克、糌粑一百四十二克等。用以上诸物完成了大神变节日的佛事。这是第七天的供养。

又往昔(印度)神变月(正月)初八日，由帝释[19]作殊胜施主，陈设狮子座，请薄伽梵佛世尊升座，帝释于宝座左方向佛敬礼，梵天王于宝座右方敬礼。诸侍眷默然无语而安住，佛世尊以手按狮子座，从狮子座发出如大象吼声。顿时来了五个罗刹将外道六师的座位托起而击碎。金刚手高举燃着火焰的肠子向外道六师头上掷去，外道六师极为惊骇而逃遁。他们十分羞愧，有的跳河而死。六师的徒众约九万人，请求皈依于佛座前，出家为僧。佛世尊开示说：“好自前来!”彼等之发和胡须不剪自脱，成为比丘。之后，佛为彼等宣说各种正法。由此彼等获得漏尽，断诸烦恼而成阿罗汉。于是佛世尊从全身八万毛孔中放出光明，遍照虚空，每一光端，化现一朵大莲花；每一朵莲花上，复化现出一个佛世尊及眷属等。一切眷属人等，睹此幻化奇观，皆生信仰。佛世尊为彼等宣说正法，因此彼等有的发无上菩提心，有的获得证果，或生起了往生善道的福资，为数无量。此为第八日示现神变。由于在初七日以前，外道六师还装做与佛比赛的样子，而陈设座位。从初八日起，五个罗刹和金刚手将六师肃清。因此，从此日以后的神变，称为“无敌神变”。

这里随顺(印度)的殊胜节日，于土牛年(己丑)正月初八日，由官员南喀桑波夫妇俩作施主，他们为了超荐京俄仁波且·扎巴坚赞，及仲钦仁波且·大司徒·绛曲坚赞兄弟叔侄等人，以及为丹巴仁波且和人主扎巴绛参叔侄兄弟等(逝世后的)祝愿修福，对父母诸亲报恩起见，对于僧众和一切众生之顶上庄严至尊宗喀巴大师等大海般会聚的僧伽，作承事供养。在以如意摩尼宝释迦牟尼像为主的无数的佛像、经、塔之前，恭敬供养之什物计有：涂释迦佛面和造佛冠的黄金五两五钱、嵌饰佛冠的珍宝——价值黄金五升的碧琚宝石一颗、价值五十两黄金的璁玉(即上品松耳石)一颗、包括大珍珠一百二十八粒在内的大批璁玉和珍珠镶饰品、为造银钵捐助银碗二十个、释迦佛像的大红法衣一件、不动金刚像的大红绫绸法衣一件、十一面观音像的帔肩和下裙、弥勒佛像和无量光佛像的法衣各一件、各种颜料、每束千张金箔两束。供物中还有极佳的孔雀尾翎一束、幢一顶，大幡一顶、鼓一个、白螺一个、沉香、蒙古香、斯哈那香，红白檀香、冰片、红花等香料、价值黄金六两三钱的红花、穿山甲鳞片等各种上品药料制成的香末三克、线香六千五百根，用甘松及红花调配的香料二十五小袋、陶灯六百五十个，制做护方神和供养神的幡、白伞等的材料计有：大绸四十匹、大手执柄把一根、蓝红白三色柱罩共计十六套、铃二十个、小铃一百零八个，红铜制造的花卉印版十个；做拂尘的白牦牛尾七个，点佛灯的酥油拉萨市秤三百二十四克，做神馐的糌粑五十克，青稞二十克，还有许多上品香类等物，敬供僧众的供品计有：净茶四十克、砖茶二十块、酥油三百克、酥油酪糕十克、糌粑一千四百克，炸食物的菜油七克，面粉三千克；干肉腔一百个、油脂五十五克。培修佛殿用的物品计有：黄金、哈达、供灯等，说法、发愿、修供用的垛玛、水施垛玛、供龙垛玛、大藏瓶等。属于管理等事务的物品，有酬金、节筵、哈达、陈设大愿法会的供品、工匠。酬谢大愿法会施主的物品有：大绸三十方、较次的丝绸二十方、珍珠四百粒、各种璁王、珊瑚、红铜佛盒四个、陶瓶二百个、白绸夹衣一件、净茶十六克、砖茶五方块、酥油酪糕五十克、肉腔八百二十九个、青稞一千四百克、糌粑五百六十七克、盐五十五克半。铠甲、绸缎、氆氇、犏牛等共折价白银一千二百二十五两。庄园所管辖的大小寺庙、俗官、民户、农牧民等与囊苏共同对僧俗大众敬供的财物计有：涂佛面及造佛冠的黄金十两零二分一厘、嵌饰用的价值黄金五升的碧琚宝石一颗、价值白银五十两的璁玉一颗、小璁玉一颗、大珍珠一百二十八颗、小珍珠六百粒。银碗二十二个、银元两枚、法衣七件、帔肩二件、每束千张的金箔两束、每束百张的金箔四束半、价值黄金二两五钱的各色颜料、孔雀翎伞一柄、幢四顶、幡二顶、大绸幡八顶、大红大氅一件、缎绫五匹、上等绸七匹半、丝绸二十二匹、哈达一条、售缎绫六十二方、上等绸三十方、丝绸三百七十四方、柱罩十七套、大手柄一根、毛织呢七块、布十七肘、灰花色围裙一百八十件、布条四百条、毛褐两条、氆氇两卷、白牦牛尾七个、供鼓一个、海螺一个、铃铛三十二只、小钤铛一百零八只、碰铃一对、红铜制造花卉印版十个、沉香、蒙古香、斯哈那香、红白檀香、冰片、红花等上品香药价值黄金六两三钱、穿山甲鳞片等上品药料合制的香末三克、白香两包、金箔包装的线香二百封、零散线香二万五千九百五十根。红花等合制的洒净香料二十五小袋、红铜佛盒四个、陶瓶二百个，陶灯六百五十个、砖茶四块、砖茶七十五块、酥油酪糕七千二百三十五克、油脂一百一十八克、盐一百零二克半、肉腔一千六百九十个、糌粑五千零八十一克、青稞二千七百八十克。马、铠甲、绸缎、氆氇、犏牛等共合价银一千二百二十五两。用以上供物完成了大神变节日的供事。这是第八日的供养。

在此如上所记的庄园所管辖的大小寺庙及囊苏共同供献的物品中，与前述的黄金和嵌饰珍宝等供物的总数似有重复，但这是按照往昔档案目录中抄出的。揣想或许另有意义，所以照样录写下来。

又往昔(印度)神变月(正月)初九日，由梵天王作殊胜施主时，薄伽梵佛世尊之身，直抵梵天，化现为极其高大光辉灿烂之身，身中放出大光明，遍照一切处所，使其显现光明，为一切人等所共睹；并且为一切人等所共闻。佛世尊为众人开示宣说各种正法。由此许多眷众都发无上菩提心，而得证正果，生起了往生人、天善果的善根者，为数无量。此为第九日示现的神变。

这里随顺往昔(印度)的殊胜节日，于土牛年(己丑)正月初九日，由内寝侍役[20]们作施主，对僧伽大众敬供的物品计有，造佛冠和涂佛面的黄金二两六钱三厘，制幡用的丝绸二匹、绫绸三十三方、布料十套、价值黄金二两二钱的黄丹和绿颜料、白香一包、璁玉六颗、银珠一两，僧众法筵用的酥油拉萨市秤一百六十二克、糌粑二百七十三克、砖茶四块零四钱、肉腔二十二个、油脂四克。当日，拉萨两位家主供献给僧俗大众酥油二百八十六克十五斤、青稞一百四十八克。布哇德哇巾地方之人众供献酥油九十九克、糌粑八十九克十三升。甲仲哇供来酥油九十七克半、糌粑一百八十一克。业堆之人供来酥油二十五克、糌粑三十克三升。阿珠之人供来糌粑十克等。用此诸供物完成了大神变节日的佛事。这是第九日的供养。

又往昔(印度)的神变月(正月)初十日，由四大天王作殊胜的施主时，薄伽梵佛世尊之身，示现普遍充满从四大王天界起直至有顶(最高天界)之身，由诸佛身放出大光明，一切眷众，共睹此景。佛为彼等宣说各种正法，彼等清晰听见，皆大欢喜，发无上菩提心，或获得证果，或生起人、天福果的善根者，为数无量。此为示现第十日的神变。

这里随顺往昔(印度)的殊胜节日，于土牛年(己丑)正月初十日，由施主索南培为首的诸执事人作施主，为整个佛教修善祝福，尤其是为官员扎巴桑波超荐，并报父母之恩，敬献的什物计有：造佛冠用的黄金四钱、涂佛面用的黄金六钱三厘、大佛冠一顶、全白色经幡一顶，点灯酥油四十克，做神馐的糌粑二十五克，捻灯炷的布条一束，棉布三卷、白檀香四钱、各种妙药等，僧众法筵用的物品计有：青稞三百克所做的糌粑、酥油二百五十七克、砖茶四块；官员施主为整个佛教修善祝福，供来酥油酪糕一百克、青稞一百克、价值青稞一百克的净茶和砖茶，并承许有生之年，每年供献阎曼德迦的经幡一顶；当天嘉域仁波且的僧众供来用于涂佛面和造佛冠的黄金一两八钱、释迦如意摩尼像上的赤黄色袒衣一件、不动金刚像上的法衣一件、十一面观音像的下裙一条、供于释迦双尊顶上的上等缎缝制的华盖一顶、制幡的丝绸一匹、柱罩一套、布两匹、箭杆长的线香九百根、灯芯布两匹、点灯酥油拉萨市秤八百五十克、做神馐用的粮食八克、僧伽熬粥田的肉腔二十一个，净茶一克半，酥油两克、酥油酪糕一克、修供执事煮晚茶用的净茶一克、酥油一克半、回向礼品酥油酪糕一方块、肉腔一个、白氆氇一卷、僧众煮斋僧茶用的砖茶四方的茶末，供一切智宗喀巴大师作回向用的黄金二钱、内外双层缎一套，内外双层绫二套，砖茶一方，冻本地方人供来黄金四钱、酥油一百一十三克、柱罩一套、砖茶三钱、灯芯布一束等。用以上供物完成了大神变节日的佛事，此为第十日的供养。

又往昔(印度)神变月(正月)十一日，由殊胜家主贡美色金作施主时，当日薄伽梵佛世尊坐于狮子座上，不见身相，放出大光明，以极柔和语音宣说正法，使许多侍眷人众皆得听受。因此有一些人发无上菩提心，获得证果，有一些人生起往生人、天善道的福德，为数无量。此为第十一日示现的神变。

这里随顺往昔(印度)的殊胜节日，于土牛年(己丑)正月十一日，由大管家格敦培作施主，为先王扎巴迥勒伯桑波修善祝福，报答拉尊·拉旺洛追嘉措和大管家却迥二人之恩，敬献的什物有：用于释迦牟尼像涂面的黄金五钱、百张一束的金箔两束、青色颜料五碗、绿色颜料五碗、酥油十克，僧众法筵用的物品：砖茶四大方、糌粑二百四十克、酥油拉萨市秤一百二十克；熬粥用的物品：肉腔十个、酥油七克、麦子十五克、面粉三克，并承许每年供献毗沙门的经幡一顶、回向礼品僧衣一件等。比丘伯珠供来涂面用的黄金三钱、用于敬事僧众的酥油十五克、回向礼品僧衣一件、白氆氇四卷。嘎哇东地方之人供来制做释迦牟尼像法衣的绫绸一匹、灯芯布一束、线香二百七十根、酥油二百零三克、糌粑八十一克、青稞十三克半、僧众法筵用的砖茶一块零三钱。堆隆达地方之人供来酥油四克半、糌粑三十七克半、青稞六十六克十五升。阿窝格年加布为了报答官员扎巴桑波和父母之恩，敬供酥油一百克，黄金二钱、灯芯布一束，并承许每年供献药叉古伯惹的经幡一顶、僧众法筵用的砖茶六块的茶末、酥油四十四克、糌粑十二克、回向礼品丝绸一匹。桑仲巴·格年供来制幡用的丝绸一匹、五肘宽的布三幅。管家协桑供来酥油五克。达孜伯桑供来酥油五克半、熬粥用的上半截肉腔一个、糌粑两驮。布察谟温和粗达巴等人供来酥油七十二克半、青稞三十四克半、十肘长布二十二块。官员阿杰和阿阇黎桑嘉二人供来茶一块。萨惹米本白玛贡供来酥油二十克、座垫一个、丝绸一方、灯芯布一束、布五块、围裙一条、布二十方、香末三升。桑杰扎巴承许每年供献东南方的白伞盖幢一顶。用以上供物完成了大神变节日的佛事。这是第十一日的供养。

又往昔(印度)的神变月(正月)十二日，由家主枳达作殊胜施主时，薄伽梵佛世尊于当日入慈心三摩地，放出金色光明，普照大千世界。光明所照触的一切众生，三毒(贪、嗔、痴)寂静，生起悲心。一切有情都彼此如父母弟兄般互相亲睦。之后，佛为众人宣说正法，受法众生皆发无上菩提心，证得不退转果位，或得证果，或生起往生人、天善道的善根者，为数无量。此为第十二日示现的神变。

这里随顺往昔(印度)的殊胜节日，于土牛年(己丑)正月十二日，由觉摩隆哇作施主，敬献的什物计有：酥油拉萨市秤七百三十二克、做神馐的糌粑七十一克、青稞六十三克十五升、箭杆长的线香一万零二百根、灯芯布十三截(每截十肘长)、用于僧众法筵的青稞一百六十五克所做的糌粑、酥油酪糕一百六十一克、熬粥用的酥油酪糕六克、肉腔四个、脂肪六克、羊头七个、酥油和糌粑等共计合价青稞一千二百克、砖茶三块半的茶末、回向礼品好绸一方、丝绸一匹，砖茶一块等。又于当日，蔡贡塘的僧伽大众为京俄仁波且荐福，敬供青稞二百零五克所做的糌粑及青稞二十八克。寺院单独敬供僧俗大众、酥油三十一克、砖茶一块的茶末。喇嘛协仁巴供来青稞三百六十六克、毛织厚褐衣二十五件、氆氇十三卷、丝绸一匹。堪布哇供来糌粑青稞共四十克、酥油八克、大小绸幡五顶、一人背的灯芯布。乌林寺僧众供来青稞一百二十克。阿阇黎衮嘉哇供来一块砖茶的茶末、灯芯布一束。执事官扎生供来用于涂面的黄金五钱、价值黄金四钱的瑰玉一颗、点灯酥油四十一克半、布一匹，黄金三钱、青稞七十克、回向礼品黄金一两等。用以上供物完成了大神变节日的佛事。这是第十二日的供养。

又往昔(印度)的神变月(正月)十三日，由休枳达那王作殊胜施主时，当日薄伽梵佛世尊坐于狮子座上，从佛身的肚脐中放出两股光芒，超出佛身约有七庹(一庹约五尺)，每一光端，化现出一朵莲花，每一莲花上有一如来。彼诸如来之肚脐中，复放出两股光芒，超出佛身约一庹，每一光端，复化现一朵莲花，每一朵莲上，坐有一如来。如是，最后直至大千世界之间，都化现出如此之景象。一切眷属睹此景象，心生稀有！佛世尊为众宣说各种正法，听众当即发无上菩提心，证得不退转果位，或获得证果，或生起往生人、天善果的善根者，为数无量。此为第十三日示现的神变。

这里随顺往昔(印度)的殊胜节日，于土牛年(己丑)正月十三日，由哲霍尔人作施主，为了给哲霍尔·班觉桑波荐福，敬供僧众法筵所用什物：一百六十克青稞所做的糌粑及酥油一百二十克，回向礼品：砖茶一块、砖茶两块的茶末、熬粥用的佛肉腔十一个。容木巴供来涂佛面用的黄金四钱、青稞一百克，大众用的酥油两克、糌粑十克。由觉摩隆人来完成供神的佛事。钦波伯敦敬供僧众法筵用的犏牛两头、犏奶牛两头、马一匹、熬茶的酥油三十克、酥油酪糕四十六克、点灯的酥油三十六克、释迦牟尼佛像的赤黄色法衣一件、宗喀巴大师坐骑马一匹。当日扎奇由伦波楚嘉供来酥油一百六十四克，经幡一顶、灯芯绒布一束、扁柱一根、白香三升、箭杆长的线香四百根、茶一块、肉和酥油四克半。钦波衮仁供来青稞八克。喀本索供来青稞二十克。阿窝衮嘎顿珠供来黄金一钱、酥油一克、灯芯绒布一束。阿窝尼玛扎供来僧众法筵用的酥油三克零八斤，为超荐官德仁钦·释迦多杰，供来青稞一百克、糌粑五十克、酥油二十克等。用以上供物完成了大神变节日的佛事。这是第十三日的供养。

又往昔(印度)的神变月(正月)十四日，由乌旃延那王作殊胜施主时，乌旃延那王向薄伽梵佛世尊供献鲜花，所撒花朵，顿时化现为一千二百五十乘宝车，遍布于三千大千世界。一切人等都共睹此景。佛世尊为众宣说各种正法，如对患者施药，一部分人发无上菩提心，而证得不退转果位，或生起了往生人、天善趣的善根，为数无量。此为第十四日示现的神变。

这里随顺往昔(印度)的殊胜节日，于土牛年(己丑)正月十四日，由布察哇及勒钦多杰二人作施主。布察哇敬献给神的什物有：用于涂面的黄金一两八钱、点灯的酥油七十七克半、用于僧众法筵的酥油拉萨市秤一百九十四克半、酥油酪糕二十七克、糌粑二百六十七克、熬粥用的酥油十一克、肉腔两个、捣细的茶叶末十一斤半、盐两克，回向礼品花氆氇一卷、赤黄色薄氆氇一卷、白香一包。勒钦多杰为了给大皇帝修善祝，报答父母之恩，敬供给神的什物，酥油十克、粮十五克，用于僧众法筵的一百八十八克青稞磨的糌粑、细糌粑一驮、酥油一百二十六克、砖茶三块、熬茶用的酥油十五克、熬粥用的肉腔五个、回向礼品缎子大氅一件。本伯供来黄金二钱、点灯的酥油七克半、用于神馐的糌粑五克、用于神幡的丝绸两匹、用于僧众法筵的酥油四十三克、糌粑二十五克、酥油酪糕七克半、茶五克、熬茶的酥油四克十三斤、熬粥的肉腔两个半，回向礼品赤黄色氆氇一卷。谟普供来氆氇一卷半、布七截、丝绸十八方。勒穷哇供来用于佛冠及涂面的黄金七钱、银碗七个。桑珠林寺的扎喜嘉波供来酥油三十克。澎域麦喀哇供来酥油一百零一克半，青稞六十克。让巴哇供来酥油三十二克半。敦坝巴供来酥油四十三克五斤，青稞二十六克五升。约塘哇供来酥油四十八克等物。用以上诸供物完成了大神变节月的佛事。这是第十四日的供养。

又往昔(印度)的神变月(正月)十五日，由影胜王㉑作殊胜施主时，薄伽梵佛世尊对国王说道："国王，预备盛食之器吧！"国王如佛所说，备好食器。临到午斋时，每一食器中都有具足百味的馐馔，各种食物满盛器中，所有眷众，一切人等皆得饱满。彼诸人等，享受食已，身心极生安乐。之后，佛世尊以手按地，顿时显现十八地狱中所有受苦的无量众生。各自如是说道："由于我等往昔作如是罪业，而受如此痛苦！"诸眷众一切人等亲闻此语，共睹此情，心生悲痛而落泪，毛骨耸然而惊惧！于是佛为彼等宣说各种正法，使其满意。有些当即发无上菩提心，有些证得不退转果位，有些生起了往生人、天善果的善根，为数无量。此为第十五日示现的神变。

这里随顺往昔(印度)的殊胜节日，于土牛年(己丑)正月十五日，由脱布哇诸人作施主，敬供给神的物品有：甲玛仁钦贡哇寺供来酥油拉萨市秤三百四十克、灯芯绒布一驮、用于涂面和佛冠的黄金九钱半；格敦贡哇供来酥油一百零七克、糌粑、青稞、绸、缎等物共值银十三两；色康巴供来酥油二十一克半、青稞六克半、布制伞盖一顶、十肘长的布一段；岗贡巴供来酥油四十二克；真贡巴及其他人等供来酥油七克；仁钦贡巴供来用于僧众法筵的酥油八克、净茶一钱、糖一包。法轮会的僧众师徒敬供给僧众黄金六钱零四厘、青稞十五克、点灯酥油四克、灯芯绒布三十小方、用于神幡的丝绸一匹、小台子十六个、用于僧众法筵的糌粑二百二十克、酥油酪糕四十五克、茶两克、肉腔一个；以格西迥勒生格为首的哲唉人等敬供给僧众酥油拉萨市秤三百二十三克、丝绸五匹、围裙一条、用于僧众法筵的酥油酪糕二百零一克、熬茶、熬粥的酥油十克。垛德哇供给僧众酥油一百四十一克半、青稞九十二克半、糌粑二十二克；坝正贡居巴敬供给神的物品：酥油一百一十克五斤、青稞三十六克八升、糌粑四十五克十一升；梁正巴敬供给神的供品：酥油七十一克半；沙门格洛哇敬供给神的什物：酥油八克、青稞十二克十五升、糌粑五十八克四升；德细哇供来酥油一百克、青稞六十克十五升、糌粑五克十七升半等，用以上供物完成了大神变节日的佛事。这是第十五日的供养。

如是大神变节大愿供养法会的传统善规自建立以后，在佛教住世之间，常兴不衰地继续下去。一切众生于未来世，弥勒来此世间时，为了愿生于最初集会中的缘起，当大愿法会散会之月，于弥勒佛前，设许多会供，建立了迎请弥勒像作外围绕行的常规。如是以一切智至尊宗喀巴大师为主，发无量大愿之力，以及暂时的助缘——人主扎巴坚赞所作承事供养，下达命令，以诸僧伽、止贡上下区的一切大小寺庙和囊苏等为首的一切贵贱、中庸人等，皆生起虔诚敬信，用广大施舍，将各自的财富，适于作供献的物品，敬供于僧俗大众的情况，按上面所记录的品类，详与未详者，揉和在一起计算，总共供于僧众(包括神、佛)的物品：黄金八十八两整，银碗一百七十四个，作嵌饰的碧璁宝石一包、大瑰玉一颗，小瑰玉八颗，大小珍珠二百三十二粒、千张包装的金箔两包、百张包装的三包、柱板八十、法衣二十件、帔肩和下裙三套、座垫三个、短帔肩三个、华盖三个、孔雀尾翎一束、幢五顶、幡二十六顶、神幡一顶、圆鼓五个、海螺二个、白牦牛尾七个、大铃铛八十五个、小铃铛一百零八个、花卉印版十个、红铜末九钱、白香两包、零散香五克四升、香幡(用香束成幡状)八顶、线香三万八千二百根、洒净的香料二十五小袋、沉香一皮袋、点灯的酥油一万零六百二十克、糌粑二千零一十四克半、粮二千零五十八克、菜油三十克、大红缎两匹、大红大氅一件、大红锦缎一匹、绣花衣六件、缎十一匹、绫六匹、上等绸十九匹、丝绸一百四十四匹、缎绫三十三方、绸二十四方、兰红白三色柱罩二十六套半、大手柄二根、零段毛褐十一截、十肘和五肘长的布及围裙共一百二十八截。用于僧众法筵的物品有：净茶二百四十三克半、砖茶一百四十四块半、红糖十八克、白糖六包、酥油酪糕四千一百六十八克、肉腔四百四十四个、糌粑五千克、青稞二千三百三十四克、盐三十五克半、脂肪七十二克、黄金九十二两一钱、银碗二十二个，犏牛、马、毛褐、氆氇等共值黄金五十两。以上所记录的诸物数量，似乎有一些不适合。但这是按照旧有文书抄录的。依靠如是盛大供养之力，无碍难地安置无量众生于广大的福德与智慧二种的修积善缘中，而且使利乐之根源——显密佛教由一切方便之门，宏扬于一切方隅，而长久住世。总的说来，赐给了如是、无量的宏恩。

于此断句处，作中间赞颂说：

往昔舍卫大城中，
抚治大地之人王，
显胜、乌旃延那等，(显胜即波斯匿王)
梵天、帝释天界雄。(梵天与帝释都是天界中最大雄豪)
无怙施饭等家主，
僧俗施主众多中，
承事供养诸财物，
丰富充满遍虚空。
由彼能仁佛世尊，

每日示现大神变，
无上奇境实堪惊，
盛开广大喜筵兴。
同时创造人、天福，
依于果位安置成，
或发最胜菩提心，
大乘不退位得证。
或证佛位胜果等，
无量众生得暂永，
现上、解脱实堪称，（现上指人、天果，解脱指圣果）
至今仍如雷鸣声。
传到浊世此边城，（边城指西藏）
见者具义释迦尊，（指两尊释迦像）
与佛无二现尚存，
诸像成为世稀珍。
住地道果菩萨众，
从凡俗僧至以上，
具戒缁衣咸来临，
犹如莲池聚鹅群。
特是第二佛世尊，（指宗喀巴）
文殊怙主善慧称，（宗喀巴名）
为主以及胜徒等，
师前依学遍天城。（言徒众之多如遍满天界）
咸具法眼福善增，
止贡扎巴坚赞等，
具足信施之智慧，
教证权位俱高尊。
尊卑中庸诸众生，
各以适合丰富财，
礼、绕、祈祷、作供云，
身及语之福善蕴。（蕴言聚集的福善）

敬对信田起信心，（上师三宝为信田）
下品亦能生大悲，
厌离生死之轮回，
思维真理正见生。
二次瑜伽最胜强，（二次指生、圆二次第）
纯由身语意善业，
度过昼夜利益广，
十方诸佛喜洋洋。
如是伟业力善祥，
善力充满诸圣地，
同时轮回空无疆，
僧俗一致作宣扬。
学师事业少许样，
能力虽是极微弱，
历生景仰意难忘，
常学之愿祷无央。

在此，为了消除自他心中的恶劣的邪知邪见和怀疑，并使敬信之念辗转增上，略作一些破非立是的说法如下：

当知至尊宗喀巴大师，由于长远以来发心住持佛教正法的宏愿成熟之力，于此浊世中，创立诸佛所喜之清净宗规——如精炼纯金般的“日窝格鲁派”。此派的宗风，犹如从上部(印度)豆蔻喷出的芳香，传播至下部织锦的疆土(指中原汉土)，香风遍满如是广大的境域中。其他宗派所有具法眼诸人，亦无不起信，举手加额而礼敬，并撒供赞颂之花朵。此种情节，将在下面述说。虽有一些由于偏私和嫉妒的恶劣动机充满心中，尤其是贪得名闻利养的愚夫心中更为难受，而发出疼痛的狂吠！然而由于宗喀巴大师的说修教法，与佛的正法完全符合，因此彼等得不着少许能驳斥的辩才，而不知所措。阿阇黎白玛的著述中说：假托而著出恶劣的诸悬记，有一些人受此悬记迷惑而编造一些蠢话，有些背后议论。这些情况，在往昔所有的“日窝格鲁派”的善巧成就诸师的眼前，大都还未见到。待到后期，有一权威的善巧者名叫扎阁饶绛巴，一些他宗的人士以启问方式向他求答时，他次第地作了一些驳斥的论断。自宗(格鲁振)一些智者未大作反驳的原因，是由于那些悬记，具智者一见之下，都能决知其为愚者所伪作。如俗话所说：“但就美玉寻瑕疵，谁管柴炭有裂痕(喻责备于圣贤)。”智者们诚然是认为不值一驳，而弃置不理。实际如常言所说：“日光出现时，枭鸟眼成盲。”由于宗喀巴大师的事业，量等虚空广大，在一切教法中，如纯金般的(格鲁)宗风幢顶，最为高超，犹如日轮光辉，无与伦比。因此所有恶意中伤之语，自然地销声而隐匿。但是一些边野地区，还有一些人对“日窝格鲁派”的教法和人士，悄悄地作诽谤之词。而随声附和于其后者，如颂所说：

“犹如蠢羊行列中，
有一前行皆随追。”

又说：

“愚者闻名附和行，
如狗听得狂吠声，
无端随他乱奔行。”

看到有一些愚者不加考察而随声附和，其他诸人也竭力地作宣传。因此想到恶劣的本性，如文殊萨班所说：

“恶劣如何作改造，
本性亦难成善良，
黑炭辛勤作洗濯，
其色亦难成白净。”

确实难于改造，尤其是久积恶业，习染极深的诸人，任你以善良的心思作劝说，他们也极难听入耳中，因此本可弃置不管。但是这样无稽之谈，还有许多，它能使人心中生起恶劣的猜疑，又由于现今具智者，日益稀少，对于这些恶劣的悬记，若不略加驳斥，使人们猜想是定量(合格合理)的悬记，心中产生邪知邪见的种子，因此而招致恶脓疮难以成熟。想到这些，我心中难忍，而以善良的心思，略作一些破非立是的讲说。仍如阿阇黎白玛的著述中说，假托伪造的悬记，有一些诘屈聱牙的词句，过去也曾见到过。如说：

“善星㉒受生多康区，

说是观音之化身，
教中罪首内讧者，
化身之上加宝饰。
门栏下面掘魔心，
因错开光释迦尊，
日月下落一庹零，（下降了一庹零一肘）
星曜无位乱运行。
内乱一年十三月，（此句悬记是否这里的词句，或是从另一悬记引来这里的？）
作有你（指佛）像假面具，
未来有利众生时，
我愿加上邪装饰。”

又有一些，如说：

“化身头饰佛冠错，
日月下落一由旬。”

如是等说法，真像是疯子的胡乱妄言。权威的智者乍阁饶绛巴在《莲花生本生传》中，见着有一些是前代人自造的杜撰之词句，他作了驳斥，同时，对假托是悬记的如上诸词句，也作了切中要害的驳斥。由于这些胡言乱语，未作印行，因此极少有流通的书本，大都未曾亲眼见过。所以那些悬记，只能于此略引一些。其中第一句“善星受生多康区”，在乍阁饶绛巴的著述中说，“总的说来，所谓‘善星’确有其人。但是在佛住世时，有比丘名为‘善星’的说法，我任于何处，还未见着此一说法的根据。还有在诸经教中，佛的承事者阿难也未说过有此人。”这确是符合实际之言。可是在现今的《本生传协乍玛》等书的词句中说：最初有比丘善星作佛的近侍，继后，他生起了邪见而说道：

“二十五年作佛仆，
未见佛德麻粒许，
净饭王子弃国政，
去作流浪丢脸人。”

他说了诽谤之语，气愤而走开了。又说善星的心中能念诵十二经教等语。本生传中的这些说法，肯定是由其他愚人自造的杜撰词句，渗入其中的。在佛世尊的纪事诸经教中，除释迦牟尼的承事者阿难外，任于何经，都未说前后有两位承事者。尤其是所谓比丘善星，我们任于何处也未见有这一说法。假设他们说："你未见的事物多，驴未走的险路多。由于你自己眼界狭小，应当对你答说，仅以你未见的，不能认为是没有。"那末，就必须指出与贤劫诸佛全然不同的释迦牟尼佛的近前先后有两位承事的史事记载，在那一部具量(合格)的显密经教中说有此根据。就是过去宁玛派㉓的唯一智者(指乍阁饶绛巴)也未指出这一根据。不仅如是，其他无偏私的善巧成就者的耳闻目睹中，也没有这一根据。这些事实证明，那种(善星)说法，确是没有具量根据的。既说比丘善星的心中有能念诵的十二部经教，那么善星心中的哪十二部经教，是导师释迦牟尼所说的？否则是迦叶等其他佛所说的经教。如果是第一种，是由释迦牟尼所说的十二部经教，不仅善星听过，他记持于心中，还能背诵出来。而说是我(善星)未见佛有芝麻粒许的功德，这样明显的歪曲诽谤，当然是不合理的。如果后一种(迦叶等所说)，则完全不是。由于那时，迦叶佛等的教法，早已停顿。假设他们又说，"这无过失，比丘天授㉔也对释迦牟尼佛起过邪见，这与在天授的心中也有一法蕴的说法是相同的。"应当答辩说："这是不同的。比丘天授是见着佛的身、语、意的功德，生起了与佛的这些功德较量的心，而入于邪见中的。并非如善星未见佛有芝麻粒许的功德之故。实际上天授和外道六师等人，为了显出佛的广大的身功德起见，是一种调伏众生的善巧方便的化现。这在了义的经教中，是有此说的。"假设他们也说："善星也与那些同样的是一种化现。"可以答说："执著恶劣的所谓善星不过是徒劳无益而已。由于对佛决心起邪见，具足这样严重的业障的人的心中，不可能有无碍难地念出十二部经教的智慧。所以这种情节，也不是合理的故事。"又于本生传中说："善星的后一世，受生为花园地的饿鬼(三恶趣之一)。"还有一些故事中说，"善星对佛事业生邪见，因此受生大地狱。"如上面以教理来驳斥的那样，佛的承事者，所谓比丘善星，是肯定没有的。不仅如此，对佛生起严重的邪见者，后世坠入无间地狱中，直住到一中劫[25]之间。决无不久间即获得受生为人之理。这些故事，无论从哪方面思考，也都未见其有合理之处。由于这些原因，所以乍阁饶绛巴的著述中说：“衡量这些情节时，知道是最初在《本生传》中，加入捏造之词，继后才想到伪造这一恶劣的悬记的。”总之，这是出于一些恶劣的动机，而造作出来的。在《本生传》中有这些各种自造杜撰之词加入其中，后期宁玛派的善巧成就的主要人士阁昌·纳错让卓也是亲口承认这一点。不仅如此，加入了如何的捏造之词，请阅读乍阁饶绛巴和纳措让卓等人的启问答辩诸书，即可得知，不需在本书中全部录出。由此看来，先是由一些人自造杜撰的词句，加入《本生传》中，后来由一有宗派偏私的愚人，见着那些加入之词，而不知查考，遂认为有一个佛的承事者，名比丘善星，心想这是一恶人。(他以偏私嫉妒的动机)，于是将这一恶人的转生，栽诬说是即宗喀巴大师。并捏造一通恶劣的悬记。他们的动机是想以此来损害宗喀巴大师的事业名声和“日窝格鲁派”的教法。这如同指着光辉灿烂的太阳硬说是黑暗一样。稍具智慧的人，有谁能听得入耳，以其言为是呢?!为什么这样说呢?当知至尊宗喀巴大师，为许多具量的显密经教不止一次地开示悬记，如前文引据的那些悬记。其中有阿阇黎莲花生(宁玛派认为是他们的开派祖师)所示的悬记说：

“名为噶丹圣寺[26]中，
成为上智精显密。”

又说：

“出生贤士名罗桑，(意为善意，宗喀巴大师名)
密号赐名乐金刚。”

又说：

“毗若遮那之转生，
前藏格鲁将出现，
罗桑扎巴菩萨名。”

以这些悬记来说，是无可争辩的对贤士(宗喀巴)预示的悬记。另一方面又说是善星的转生。这样前言不符后语的矛盾的悬记，怎样能作出呢?!不仅如此，至尊宗喀巴大师的清净行传，如前所述的那样，从幼年即进入佛教之门，继后前往卫藏清净圣地，对于所有显密经教，由闻、思之门，善为解决疑团，并以所闻之义，而作精修。由此，地道中的许多殊胜的证达，都生起于心中。复由至尊文殊来作他的善知识，而消除了对于清净正见以及二种(显密)道次第中所有难义的疑网，获得彻底的中观正见，生起了对佛的功德的决定认识，而写作出由甚深缘起之门赞颂佛之功德的论著。总的说来，大师涤除了对大宝佛教无知和邪知的垢秽，而作出了如冶炼纯金般的事业。在此末法时期中，仅以宗喀巴大师对佛教所作的事业来说，其他同时期和后来的善巧成就诸师中，谁也未能做到。这是现量所成的情况，确是如此。对佛起邪见的善星的转生者，能获得(如宗喀巴)那样的教证功德吗?能对佛教作出(如宗喀巴)那样的事业吗?能说大师的事业，是(善星)由生起邪见之力而来的吗?！依于何种因素而来的，如果正确地思考，是不难得知的。

伪造的悬记中又说："说是观音之化身。"这是不满(宗喀巴赞颂文中)有"无缘大悲观自在"一句。显然捏造者的意思是：虽是那样说，而实际并非观自在的化身。其实宗喀巴大师不仅是观自在，而且是怙主三尊（文殊、观音、金刚手)的总聚体。这是合格的经教所证明了的，不必赘述。即以现今念修"穆则玛"(宗喀巴心赞)的合格者来说，由于总修怙主三尊之门，成就各种事业。如其所祈愿的所有事业，无碍难而成功。这是成为真正的现实，是不须以其它教理来证明的。捏造词语中又说："教中罪首内讧者。"这完全是以恶语来诽谤，没有意义，因此也不须作答。捏造词语又说："化身之上加宝饰。"这是把自己的脏腑完全暴露出来的词句。捏造悬记的人中间最智巧者的心中，显然认为导师释迦牟尼是殊胜化身，按他的耳中听到的，凡是殊胜化身，都必须是比丘，只要是化身，就必须是比丘的形相。这种想法深藏于他的心底，所以他认为对于比丘不应该加以宝饰。殊不知对于化身来说，有殊胜化身、受生化身(如转世活佛)、事业化身(如身、语、意等活动)三种以及特殊的化身等。由此暴露出了他不知有许多种化身的虚伪之相！以化身说来、化现佛、菩萨、平和威猛本尊、空行、护法等应有尽有之形相时，那样的一切(化身)的身上，都不应该加以宝饰吗?捏造者你自己去想吧！从另一方面来说，如果说在殊胜化身比丘相上，不应该供以佛冠的话，如果在比丘的身上，不可以加上佛冠等物，那么，对比丘传授无上的密宗灌顶时，头戴佛冠，五佛、飘带、披肩、下裙、宝饰等本尊的装饰，都不可以了吗?以及由比丘金刚持修密宗自入等法时，也不可以作本尊的装饰，这样作就成为过失吗?！大悲的导师释迦世尊在乌仗那为英扎菩提王等传授吉祥密集灌顶时说：须现起曼荼罗(坛城)的主尊不动金刚等形，同样佛在吉祥米聚塔转时轮等密宗法轮时说：须现起曼荼罗(坛城)轮及其形相。请问捏造者，你说这一切导师释迦牟尼都不应该做吗？！因此，在释迦牟尼身像上供奉佛冠，总的说来，相传往昔这尊释迦佛像，奉安在乌仗那时，是有佛冠的，以此这是符合往昔传统而作的。尤其供佛冠的主要目的是：供上佛冠后，即符合报身的装饰这一缘起，与五决定的导师金刚持相同。这是为了直至轮回尽头之间，众生的福田，能永固存在而作的。本来供佛冠，并且建立起大愿法会的常规，能使佛教和众生的利益与安乐辗转增上，在这浊世中，也能见到如圆劫时[27]那样的圆满兴盛的景象，然而捏造者出于恶劣的动机，又受毒泉的麻醉而胡说：“因错开光释迦尊，日月下落一庹零(零一肘)，星曜无位乱运行。”他说这些话的主要意思是：供佛冠时，按他想是钉有铁钉的，因此退失了开光的功能。他想这样的说法，不熟悉的人们或许要认为不无道理。由此再说日月下落等凶兆时，或许可能得到人们的承认。但是献佛冠时并没有钉钉子，人们用眼细看，用手去摸，立即知道。因此，捏造的悬记，是没有正当根据的，只凭这一桩事，就可以知道。

这些详细的答辩，如权威的智者乍阁饶绛巴的著述中说：“以日月来说，是由那里的有情的共业而成立(见此日月之象)。除经教中所说初、中、后的作法外，宗喀巴大师绝不会另生枝节地想出供佛冠而退失开光的功能，以此使日月从上方突然下落的事。对人来说，凡是具有心识的人们，也不会有此想法。因此，说‘不须作那样(供佛冠)的事’，似乎是不需要的。何况往昔释迦牟尼佛像，被埋藏于地下时(朗达玛时期)，怀疑退失开光的功能，因而日月下落的顾虑，就连四眼老狗也是没有的。这是捏造者心疑供佛冠时，头上钉有铁钉，以此退失开光功能。但是当时有眼珠的人，大都心中有个底细。应当说用手去摸一下，是不难知道的。”又说：“关于‘日月下落一庹零’，捏造者这样说的意图是：希望人们的心中产生退失开光功能的怀疑，就联系知道其凶兆有日月下落、闪电、雷轰、流星、慧星出现，出现日月蚀、地震、塌陷、闪动、天河翻身、刮起带尘埃的大风等难以比喻的可怖凶兆。又说：‘内乱一年十三月’”。他这样说的原因，是由于顽固成性，而不知内乱之义，纵或耳中听过那样的事，但不解其义。他希望能发生一种误会的了解。而且加上决定的数字(一年十三月)，他想是说一个定期，人们会信以为真。可是除与他同类的人外，有谁信以为真呢?当知天授以恶心造成佛身出血时，日月也没有下落。你捏造者想借在佛像身上献上的佛冠的事，说是日月会下落。这在诵经和辩经的声言中，从没有传播过，除了生成自然是那样外，是不会有的事。那怕你捏造者造下五无间罪㉘和近五无间罪㉙，想日月下落，谁也知道这是不会有(下落之事)的。只以你这一糊涂思想来说，你心中现起的是甚么呀?由以上诸种说法，是可以获得了解的。这里也就不必赘述。此外，上面所引的那些悬记的词句中，还有所谓“作有你(指佛)像假面具，我愿加上邪装饰”。按照捏造者的意图，“我愿”是说善星祝愿。不仅如此，显然认为在比丘的形相上，供上佛冠，是不应该的，成为“邪装饰”。衡量他的这些语句，这一悬记的捏造者，他心底的意图是：极欲想说，比丘之身上，献上佛冠，对毗奈耶(戒律)教法，是有损害的。以毗奈耶教法来说，如往昔以前所建立那样，到中期此间西藏，戒律废弛，成了无主的境相时，至尊宗喀巴大师不止一次地作了整顿，振兴了极细微以内的戒规传统作风，获得实践。因此大多数的持律缁衣(即僧伽)，得以遍布于赡洲疆域中。尤其是在释迦佛像上供佛冠，以及成立大愿法会以来，愈见宏大，直至现今(著者当时)，完全无误的戒律教法，所有中边地区的尊卑众生，仍然依戒实行。这是由宗喀巴大师的慈悲恩德而来的，没有其它原因可言，也是为众所目睹的事实。因此绝不会说是对毗奈耶教法有损害。因此没有其它可说的，只好说日月下落等在所知境界中不可能有的一些蠢话。又说：“门栏下面掘魔心”。这是先捏造出的悬记，写有这样恶劣的词句，后来装着证实这一根据，造出一种谣言，说是阿阇黎莲花生将弟兄九魔收伏在匣中，埋在门栏下面，后来是宗喀巴掘出的。这样的情节，在权威的智者乍阁饶绛巴的著述中说："这是想说此间西藏是多魔之地，所以有极大的魔灾到来，受魔祟等一切鬼魔的扰害，都是宗喀巴造的罪过。"如上所说，他们的主要动机，确是那样。总的说来，当知至尊宗喀巴大师的宗规这一显密清净的教法在此浊世中兴起后，所有自认为是住持教法者对于酒和妇女随便妄为，而使教法遭受创伤的现象，自然地减弱下去了。只能说这是掘出了魔心。至于说因为宗喀巴作了某一掘出命心之规，以及由于掘出了那样的什物以致发生损害教法的事，从来也没有听说过。正因为如此，关于这些悬记是谁作的，也没有一定的说法。有一些人说是钦波释迦却和白玛林巴二人共商而作的，作后藏在小石匣中，匣中装入写有"作出你(指佛)像假面具"等词句的纸卷。以熔汁封匣口，将匣抛在羊卓湖中，白玛林巴装作掘藏者去取出的。因此有所谓"我是智者著此记，你成就者当掘出，豪气智者释迦却，白玛林巴二壮士共商恶谋羊卓湖"等的故事。这或许是由某一偏向于格鲁派的人，由于不喜悦上面的那些悬记，因此说是释迦却和白玛林巴二人作的。在乍阁饶绛巴的答辩书中说："总之，以班钦·释迦却来说，根本不是极愚蠢者。这一捏造的悬记似乎是一个连少许的位格转声(文字学中的)也不知道的愚中之愚的人，阅读《莲花生本生传》后杜撰出来的。"这种说法，是有其真实性的。乍阁饶绛巴所著《宗喀巴大师传稀有悬记之音乐》中说："钦波·释迦却，是一个生来就对宗喀巴大师怀有瞑恨的人。他求学闻、思时，对于学说的根据，就不重视，著作了许多似是而非的破是立非的著述和恶劣的颂偈词句。据说是他和白玛林巴共商，而著出《羊卓秘藏教言》的。揣想具智的钦波·释迦却，不会著出那样的词句。"这大概是真情。在色拉·杰尊巴所著答释迦却书中说：

"设若无能用理智，
只好杜撰恶悬记，
说是恶魔之化身，

如是对他不能害，
自亦今后(两世)俱失败，
故祈慎行不放逸。”

这事说不定是白玛林巴干的。因为传说他出生于噶族，而且一切铁金刚密藏也是在那一时期掘出的。如果前者属实，后者自然也属实。另外，如果认为不是释迦却和白玛林巴二人干的，那就可能有两个相似的白玛林巴。是这样的话，那就肯定是假白玛林巴干的。并非班钦·释迦却所作，这是肯定的。是什么缘故呢?释迦却虽是一个对宗喀巴大师不起敬信的人，但是他对经典曾作研习也是一位智巧者。因此要是他杜撰的悬记，总比这些悬记更为像样，更为合拍。如这样以歪曲的蠢话连贯编出的悬记，他是肯定不说的。

又有一些人说是掘藏师朗哲哇所作的。看来也并非此人所作。在乍阁的著述中说：“对宗喀巴大师作的恶劣的悬记，说是掘藏师朗哲哇所作，好像确有其事。但是说为善星的化身这一悬记的词句，他是肯定没有作过的。由于这一悬记是在意桑哲哇在世时发现的。意桑哲哇曾接触过宗喀巴大师，而朗哲哇与朗哇须康巴是弟兄关系，以此掘藏师在坝康的人面狮子的下面掘秘藏时，请弟兄须康巴也到场。这是诸耆老都能记起的事。”所以说是掘藏师所作，是肯定不符合时期的。总之，关于这一恶劣的悬记和作这样悬记的原因，在乍阁所著《宗喀巴大师传稀有悬记之音乐》中说：“对宗喀巴大师作恶劣的悬记的原因是：格鲁派不像其他宗派渐次发展，仅在一周年之内，就将不同宗派的善巧者大都收为门徒，世间的一切上等人物都来亲近于座下，一提到‘日窝格鲁派’，就如遍地长出的蘑菇一般，人们顷刻就集拢来。所以大家都睁着眼睛，想不出压制的办法来，无可奈何之下，有一些人也就杜撰所谓秘藏悬记。阁释迦等人作出许多恶言。后期由于有噶举派嫉妒格鲁派的动机，而掘藏师朗哲哇伪作许多对教法陌生的悬记。”从这些说法看来，显见是由于对自宗偏私，对他宗嗔恨的动机到了不可忍让的程度，又无可奈何，只好杜撰出这些悬记。与此相似的其他悬记，估计还有一些，可是未亲眼见过。上面录出的那些悬记，从口中念诵，倒是并非没有唇舌(言还可以用舌念得出)，有一些愚勇之气魄。然而不过是被嫉妒的毒汁所麻醉，而陷入于邪知邪见的泥淖中，被私欲之绳牢固地缠缚着而已！在一种愚执的黑暗的笼罩之下，他们各别的仅有一些顽固的门徒，以及一些以肉、酥油、糌粑等对他们作供养的施主。而且他们怀有顾虑格鲁派方面提出诉讼的苦心，只好杜撰出那样的一种悬记，想的是有一些愚夫们，由于没有鉴别好坏的智慧，任何说法，都会信以为真。所以仅只是由一种饿而贪食的思想而杜撰出来的。由谁作的，或由某人作的，未敢明白写出。这也是由于他们考虑到如果有人依教理驳斥时，他们会穷于答辩而丢脸。另一方面，那时所有上等人物，都无不敬礼于宗喀巴大师的座下。他们怕受王法的惩罚，只好以等同匿名传单方式来作对。这是他们不敢暴露真面目的本质。因此，对于匿名的文书，世间的一般人们，也都不认为是合格的言论，显见对于这些悬记，也不值作答辩。但是没有一种答辩使人们见到，将会执以为真，将会有自他方面的许多人士，被引入于邪途！所以我是由不忍此苦难之心，而略作此破非立是的论断的。

于此断句处，作中间赞颂说：

运用超智对显密，
以智妙观如炼金，
涤除不知、邪知疑，
显现无垢佛真心。
具足说修道准绳，
住持如法善宗规，
日窝格鲁派名声，
三域传播如雷鸣。
从印豆蔻香馥域，
直至织锦大地滨，（指汉地）
纯金光彩美宗规，
顷刻如幻遍布成。
偏私自满骄横众，
恐伤名闻利养心，（恐信众对他们不敬信，不供利养）
嫉妒毒汁麻醉力，

心怀毒箭伤害嗔。
但对正宗教心要，
辩驳瑕隙苦难寻，
更无丝毫说功能，
无奈徘徊时已临。
以违教理愚蠢话，
捏造编出假悬记，
各自同类一致声，
宣传徒劳仍苦营。
如睹具足千光日，
说是昏暗之黑轮，
对此说法具智者，
仅一乐闻亦难寻。
纵以教理作反驳，
如对狂人作答声，
往昔所有智者众，
不作答辩置可悲。(置于可悲可怜之境)
现今以诸智者比，
愚者气焰更高增，
设若众愚随愚行，
恶趣之途险普增。
我(著者)引教理略写作，
破非立是之断论，
作此唯由增上心，(有力的善心)
非由偏私之心成。
愿祈智者察此情，
引入恶趣之思行，
能得肃清作后盾，
敬信慎行获安宁。

此外，各种大事业中，如一切智克珠杰的著述中说："有一些人士曾这样说，往昔法王松赞干布曾在树叶柱下埋有目录纸卷，后来空行母向阿底峡说出此事的悬记,阿底峡取出埋藏的三个纸卷——诸大臣所著的《月光如意》、诸王妃所著《白绸明鉴》、松赞王自己所著《松赞干布遗教》。其中藏王松赞自己的遗言中，示有将来的教法事业，以及未来将出现如此这般的大德对释迦牟尼像作供养等许多悬记，又示有从他承传而来的诸王情况，又悬记将有大译师仁钦桑波出世后，将有俄大译师出世，之后，彼之嘉言著作废弛后，悬记将有‘任何亦不思想’说为最上道，而轻视世俗的恶见兴起，又悬记中段时期将有塔波拉杰叔侄培修大昭寺，并作圆满的供养，又悬记后期中精通教理的智者们会削弱那种恶见(任何不想)的气势。又悬记将有一比丘菩萨金刚持出世，改变释迦牟尼像面容，并作卓越的供养，这是指宗喀巴大师而言。”如《松赞干布遗教》中说：

“特作盛大敬供养，
比丘菩萨东方生，
彼是持密大瑜伽，
心要佛像由彼师，
改变面容作胜供，
对彼承事服役者，
皆是圣者沙门身。”

此中所谓改变面容，是说往昔释迦像上没有佛冠，(经宗喀巴大师)供献佛冠等后，改变了面容。上面的《遗教》悬记中，过去有一些文字是笔误，如“比丘菩萨东方生”句。依此所写错字，有一些人遂认为是对塔贡·楚臣领波作的悬记。塔贡·楚臣领波也对释迦牟尼像和庙堂，曾作培修，并作广大的承事供养。但在《遗教》中悬记的情况，从克珠杰的著述中可以明白知道，还有刚引据的那一悬记，是根据往昔无误的旧册中，写的是“比丘菩萨东方生”，这毫无争议地是对宗喀巴大师作的悬记。上面克珠杰的那些论述，上文驳斥捏造恶劣的悬记时，是以清净的事实作了论断的。

继后，在前后那些年代中，前来为宗喀巴大师作服侍的徒众，日益众多，因此对大师多有烦扰。早先即有人再三请求建设一座寂静寺庙。那时，各个寺庙、师徒、施主等也再三请求，愿供献旧寺，并愿提供修建新寺的财物。但是宗喀巴大师密意的真正根本，是当依照至尊秘密主(即金刚手)所示的无有争论的悬记说：

“旺古山之山边处，
准谟山岗正面方，
将集僧伽数无量，
若问何山文殊徒，
领域北康普依怙，
开展寺庙遍十方。”

大师虽已观知旺古山下即在卓·日窝且(即今三大寺之一甘丹寺所在地)地方建寺的时机已至，但是为了消除许多众生的怀疑，使他们不犯歪曲的过失，大师特在上面所说的大愿法会期中，以各别的信徒所请求，还是以自己的意图，何者为善?在释迦像前作祈祷，祈求从灯火和梦中指示征兆。所得示兆为“一切之中仍以卓·日窝且为善”。梦醒后，大师亲临其地，对地基作加持。之后，大师于春初驻锡色拉，为三藏法师约六百人讲授《中观根本智论》、《菩萨地戒品》、《成就法普贤集》、《道次第》等许多显密教法。此后，由京俄仁波且·索南桑波殷勤请求，宗喀巴大师应请率领师徒约二百人来到桑日普钦寺中。大师为以京俄仁波且·索南桑波及堪钦·嘉桑哇为首的许多格鲁派徒众以及前来集会的许多三藏法师讲授“道次第”等许多教法。之后，以首要弟子十难论师达玛仁钦(即贾曹杰)和阿阇黎持律师二人为首的大多数僧伽，都去到卓·日窝且，遵照大师命令在那里开始兴建甘丹朗巴嘉微林寺(意为具善尊胜洲寺)时，附近一带的施主，及一切僧俗部众前来供献信财，并完成了供奉幻身等事，生起了无限的欢欣鼓舞！继于牛年中，修完了以寝室为主的常住房舍七十余间，并铺好地基一百余处。各常住房舍大都依照戒律所说那样——最初观察地基，观察后向僧众启请。之后，经僧众许可施与，然后选派工匠，及铺石后，决定僧众厨房(也包括储藏室)地点。建筑的所有房屋都不超过规定尺寸，即使是修建工程也是作为显扬佛教的事业来进行。这真是卓越的史事。

大师于当年应沃卡寺众的迎请，就在沃卡桑敦林寺中安居修夏，并为沃卡和塔波等寺的许多出家僧众讲授了许多教法。捏地区的饶仲格西逝世后，所有他的亲族裔人等遵照他留下的遗嘱，在宗喀巴大师的座前虔诚地供上沙金一千“姑学”㉚和白银等无量供品。在秋季等时间中，大师仍在那里作广大的利益自他的事业。那时，大师在沃卡桑敦林寺中，严谨地闭关，缘念上师与本尊无二无别，而且多次作猛利的祈祷！并打算写作密集圆满次第的五次第解说广论——《五次第明灯论》，当起稿时，大师梦见一稀有征象。大师想不宜遗忘此一梦征，遂用隐语来掩盖真相，撰成颂词，使颂词能保留下来，又不成为一般普遍思路中易知之词。即是因此之故，原偈颂说：

“至尊文殊前敬礼，
甲嘎其上之真扎，
眼和月之数三中，
在作谈论水合水，
满嗄那侠作赐与，
超越三百一十年，
唯一父尊曼荼主，
在作谈论见两尊，
第四数目有其相，
从座之上付根本，
托付此已由我承，
三次宏扬密咒法，
如是之征第五次，
南方心髓大德前，
解释怀疑第六次，
获决知已第七次，
混合解中极决定，
从彼丧筵亦能知，
如是稀有卓越征，
惟恐忘记此著文，
愿能究竟成彼义。

于牛年十二月初七日，在沃卡桑敦林寺中写作。愿成吉祥！”

一切智克珠杰按照宗喀巴大师的原文，解释其中的意思如下：

“甲嗄是代表‘虎’字的术语，在虎之上，应知即是牛年。‘真扎’是月的名称，‘眼’表二数，‘月’是一数，一是术语之下安立二宇，应知即是十二月。以谓‘数三’，是说在那月的初三日的夜间。那时，亲见诸佛唯一之父——至尊文殊金刚十九尊圆满曼荼罗现起，而且曼荼罗主尊以各种妙饰所庄严的宝瓶满储泉水，打算给与宗喀巴大师。‘嗄那侠’是瓶的名称，瓶中之水，是阿底峡驻锡涅塘的吉曲河畔时，至尊文殊和至尊弥勒和他共三位。二是什么?是谈论教法时的净水和合之水。此水从阿底峡以来直至于今，已经过三百一十年，在这一段时间中，还未得着可付予此水之人，现在是将此水给与你的时候。那时，谈论教法者，显然是至尊弥勒和文殊二者。”这里，所说的三身和二，是指佛的法、报、化三身，以及虽是说法、色二身名言之义，无有区别，但不符合数目。这是何故?互作商谈。这仅是表示情节。实际是指从至尊文殊传来的正见以及从至尊弥勒传来的广大行的教授，这两种法流混合的法流，及从这源流而来的是金刚持、帝里、那若巴所传出的修行加持的传承。所有三种承传的法流，阿底峡都完全拥有。阿底峡又在此雪山丛中的西藏宏扬此教授。此后，直至一切智宗喀巴大师来出现于此世之间，这具足三种承传的教授法流，虽未废失而存在，但是能由说、修二者作极大的宏扬并涤除所有无知与邪知的垢秽，成为阐明佛密意的不共教主的有缘者，等同阿底峡燃灯智再来此世。这唯有至尊宗喀巴大师是这样的。实际也确实是由文殊、金刚持给宗喀巴灌顶，授权为显密全圆教主之征象。

大师又在那个月的初四日晚上，梦见有一以诸宝庄严的座位，有一着喇嘛服装的人坐于其上，说是一切智布顿仁波且。他将一部《密集根本续》交给宗喀巴，说道：“你作此法之主吧!”大师想这书末尾是否齐全，阅读后知道一切都全圆。之后，那喇嘛即将经卷交给宗喀巴，同时，口诵“叫班遮乌底喀刹”咒语，并结手印三次，置于大师头上作加持。大师想起了前一天晚上梦中所见的曼荼罗主尊给与的水瓶，也有这样的征象。前一天的梦征，如上所说，是授权为此法之主，实际是授权为大密教主金刚持。宗喀巴大师也承认他自己是这样想的。初五日晚上，大师对于洛扎·玛尔巴的心髓教授——“和合往生修法”的教义，疑团消除，生起了定解。初六日晚上，获得决知“和合往生修法秘诀”，确实是符合密续和圣者师徒(指龙树师徒)的密意，是卓越的教授秘诀。初七日晚上，大师阅读阿阇黎圣天所著《集行论》后，由此于睡觉中和梦中都观察到“和合法门”的教授，一切都有底细，而获得最上的定解。大师在以前的晚间，梦见薄伽梵胜乐的能依和所依的曼荼罗绘像，其下陈设有胜乐初十日的供品。在此下面还写有这是献丧筵的文字。其中初七日晚上，是表现薄伽梵胜乐的诸法门，到后期在此雪山丛中(西藏)将成为已死之人，由宗喀巴大师善作显扬，此如人死后作丧筵。这对密宗教法，是将有极大利益的征兆。所以大师说圆座的导修和拟作“明灯论，”获得稳固之相。实际是想到(上面的)征兆而说的。这些情节，一切智克珠杰是如何说的呢?他是加上一些明显语句而写出的。上面所说的那些梦征，在《宗喀巴密传颂》中说：

“文殊金刚曼荼主，
由彼文殊弥勒尊，
谈论教法流满注，
梦中显明赐宝瓶，
具德上师前启请。
众宝庄严之座上，
安坐布顿仁钦珠，(仁钦珠意为宝成，布顿大师之名讳)
给付密集根本续，
三次加持于头顶，
玛尔巴教合往生，
知是密续圣教授，
具德上师前启请。”

宗喀巴大师年届五十四岁时，岁次金虎年(庚寅)二月初五日，起程到卓·日窝且甘丹嘉微林寺中，作广大的开光法事，并讲授了《道次第》、《密集五次第明灯论》、《阿毗达摩杂集论》和《瑜伽师地论》等许多显密教法，又讲授了关于因明的许多难义和大师写作的《密集释论四天女启问集》与《智慧金刚集》两书的广释。

大师在第二年，妥善地完成了《五次第明灯论嘉言大宝藏》及《五次第圆座导修》等著作。在这一殊胜的寺院中，大师悲恩赐授了大乘中无量丰富的大密教法，由此使此寺建立起显密全圆教法的基础。由如是卓越的缘起，使“日窝格鲁派”的无与伦比的美誉名声，遍布于所有任何宗派中。这方面的又一征相是：此寺的名称亦称“甘丹”。大成就者勒季多杰的悬记中也明说：“此寺之名具有缘起之音义。表示你从这里去‘甘丹’(即兜率天界，弥勒住处)弥勒的近前，在那里安住。因此寺名也取与‘兜率’相同之名。所以具有与你安住相似的缘起。”因此，称作‘格丹’与称作“甘丹”，如本尊和上师所示悬记那样，任称哪一种都无矛盾。是可以随意选择的。在一切智克珠杰所著传记中，大都是写作“格丹朗巴嘉微林”。另外在《宗喀巴传嘉言集》及《甘丹教法史》和嘉木样协巴所著的许多史籍中，都写的是“甘丹朗巴嘉微林寺”。以这些看来，都无矛盾之处。此后，大师年届五十七岁时，有极大寿厄。因此，在此以前五十四岁时，遵照大师自己的密意，吩咐了一些首要弟子，从金兔年(辛卯)五十五岁的冬初，以大师自己为首的师徒约三十余人，共同闭关精修增寿消灾之法，作了许多能怖金刚广大幻轮，上午作广大的念修法，下午作回遮(即制止灾害)的念修法，猛利地修了很久。那时大师说：“如果再修多次，可能会较好些”。就在那年内，大师写作了《五次第明灯论》。在水龙年(壬辰)，大师年届五十六岁，又由师徒四十余人，如前述那样修习制止灾害之法后，大师示意说：“仍然未见灾厄消除之相”。这样极为严谨地闭关时，有一次，大师住于修持中，于梦中看见上身“阿哇都底”(中脉)的上端直至下身“唉旺”形相间，有一光线如白穗下垂状。从那时起，大师心中生起了不共的殊胜大乐与空性相合的乐空智慧，四喜与四空同时现起。对此情节，一切智克珠杰的著述中说：“应知这与现今的外道和内道二者共通的三摩地(即定)中也安立为乐空智慧之名的部分是有所不同的。大师生起了乐空智慧、四喜四空，从此以后，殊胜的乐空智慧，也就不间断地常时修养着。因此，这是如密经中所说那样住定，是住于乐空智慧中，并如大成就者的著述中所说的那样住于三摩地中。而且在后得时(即下座未修时），任何显现，都能见其为本尊幻轮所幻现之象。应知这种情况，即是了解密经和大成就者的教授的人也难思量的现证功德。金刚持宗喀巴大师此生中，所得理路，于其心中是已生起了的。”这些情况，在《宗喀巴密传祈祷颂》中说：

“凡俗情器幻现空，
探明无二瑜伽行，
大乐本尊现相时，
身金刚之瑜伽雄，
具德上师前启请。
心间莲中三金刚，
咒音来入念诵时，
入、住、合之光明印，
语金刚之瑜伽雄，
具德上师前启请。
由脐轮脉猛利火，
溶化顶吭中脉中，
俱生大乐如幻戏，
意金刚之瑜伽雄，
具德上师前启请。”

以上所说诸义，是表大师心中已生起了圆满次第的殊胜证达。

就在那一年的秋季来到时，大师开示说，“现在我常时说法，以后是否可能，不得而知。这次拟讲授一次‘四续部’的主要诸法，是原来准备在大愿法会上讲的。”于是主要诸徒众商议后，请求大师说：“现在时逢凶兆之年，请大师严慎闭关，悲心摄受。我等诸人也勤修消灾法事。”经殷重地启请，遂于龙年八月初七日开始以宗喀巴大师为首的师徒约三十余人严谨闭关，其他首要弟子也渐次闭关，如过去那样修习制止灾害法事。但是在十一月内，大师身体仍然发生一些不安的情况。从那以后的很长一段时间中。大师忘掉了身体的不适，暂时连睡眠也停止，接连不断地精修约有二十日。大师说：“身体下部分还有一些病痛。”由于大师拥有高深的修持，因此，从外表的情形看来，是没有身体不安之相。待到十二月十三日晚间，发现一种稳固的征象。因此大师说：“经这次努力，似乎来了佳兆。”那时，以首要弟子十难论师(即贾曹杰)为首的僧众，及内部一些侍从大师的弟子等直至猴年之间，全不放逸地昼夜不断为大师修法消灾祝福，以完成不可思议的事师事业。人们异口同声说：“在往昔雪山丛中(西藏)，这样为师修法的情况，是未有的。”在那些时间中，众弟子和各个施主，都想到设若宗喀巴大师不住世，我们一切有情将失去怙主。因此极其悲痛，唯一关心的是为上师修法消灾祝福的法事，并对僧众供施无量的斋僧茶和午餐等。在修法期中，仅供斋僧茶一项，据说内外共用去净茶一千六百余钱(当时四钱合一两)。大师在年届五十七岁而身体有病的那段时间中，在闭关范围内，也命令一些门徒前来助修。由具足三昧耶戒，而且熟悉本尊瑜伽、闭关念修已达到相当程度的根本金刚弟子七人，都在大师的近前昼夜侍奉，勤修本尊瑜伽的“回遮法”(即制止灾害)，以及“护轮法”等。至尊宗喀巴大师自己昼间以薄伽梵能怖金刚及大轮本尊法为主要的修持，夜间则唯一专修住于乐空无别的三摩地。过去宗喀巴大师在沃卡达哲的那一段时间中，对于佛教和众生，作了广大饶益的事业。作灾害的主要的四魔中有一魔已将命根供奉于大师，立誓作听命护法，并求赐给垛玛。据说大师无暇常时赐给，仅在到达哲的当天晚上给过一次垛玛。在本年大师示现患病时，如上所说，由许多师徒闭关修念，灾相仍极险恶。在这一段时间中，有一作灾害的主要之魔请求说：“现在请放松修法，愿立誓遵师命而行，对大师及徒众，不作灾害。如有违誓，祈能怖金刚、金刚手、智慧怙主六臂大护法、阿阇黎莲花生等如劈阿乍嘎荚(一种药用豆荚)那样粉碎我头！如对两阿阇黎(指贾曹杰和克珠杰)作害，也如是粉碎我头！如对七位助修者作害，也如是粉碎我头！如对勒桑分别作灾害，也如是粉碎我头!如对此寺的传承上师及以后十三代作害，也如是粉碎我头！我今献出这样的誓愿，并请现在放松对我(魔自称)作损害的修法，不断地赐施垛玛，请在大殿中画一幅我的像。我愿听命而行。”大师开示说：“你如果不作灾害，我也不必用修法对你作损害。你请求常赐垛玛及画像，不能作到。由于你的请求，不作其它的修法的部分，不至于大作损害。若不是这样，由于施主们的希望，还须修法的。”这些开示和许誓的情节，出自法王洛追勒桑所著《宗喀巴密传》中。之后，大师较前愈加勤修。有一时间中，大师身体略生不安，遂起而作一些绕行，复入座以极佳坐式而安住。在师徒们住于坚固的三摩地中发出宏大咒音时，大师看见无比的导师释迦王佛身如纯金，威光显耀，在无量毫光光围中，作降魔手印，来至前面虚空中。那时，大师立即以定力迎请来与自身相合，顿时威镇所有魔军，获得无畏的地位。同时，以六臂智慧怙主为首的作业阎摩法王以绳索紧拴着一个作灾害的主要之魔的脖子拖着走，药叉格扎巴等随后追赶，以钩刀斩断魔头。至尊宗喀巴大师运用定力将魔置于镇魔洞中。同时，外面发出声音道：“置恶的凶曜、明奇、龙神、食肉罗刹四部魔军溃败了。”令人难以忍受的壕啕痛哭声，散布于十方。大师近前的侍徒们也言有所见。第二天也是那一时间，见有两个作业护法将另一个主要恶魔，也如前面那样镇伏下去。总的说来，经过在二十一天中修“回遮法”，夜间完全住于乐空三摩地中。由于如是修持力，饮食减少和念修停止以及体力减弱等对身体有灾害之相，从未发生过。大师从看见导师释迦前来之日起，梦中也常见导师释迦来到。那时，大师也就病愈，而且能不睡眠，更证明过去是那些恶魔在作祟。之后，病痛已较前日趋减轻。同时，大师对近前侍奉诸人开示，主要的话是，“我们诸人，有多少余寿，都须用于修行中。世间轮回的荣华，无有意义。是否能树立起永久的誓愿，是依赖于今生所作所为。”大师再三叮嘱了这样的话。此外，正当出现极凶险的灾害之相时，大师说：“看见薄伽梵能怖金刚威光显赫的身像以及大轮金刚身躯粗壮，眼如千日光耀，如在劫火光中，伟大身量，似乎来到梵天世界中。由于如是之力，灾害迅速地终归寂灭。”这些情况，在《宗喀巴密传颂》中说：

“消除魔灾修持时，
观见身如纯金灿，
俱胝光明周围中，
降魔大师佛来临，
具德上师前启请。”

如是还有薄伽梵尊胜佛母、救度母、白伞盖佛母、光明母、药师佛，及无量寿佛等身像，大师都真实看见，而且常时不断地现起。大师在身体发生病痛时，有时也看见诸佛菩萨遍满于虚空中。大师还看见六臂智慧怙主护法、宝帐依怙、四臂怙主、毗沙门等不断前来，其中六魔怙主，是以前大师在色拉寺亲见护法颜面以来，就从未离开过大师。因此，大师认为这尊护法为诸护法怙主中最殊胜者。至于听从差遣的护法阎摩王及药叉格扎巴这两尊护法，是如奴仆般听大师的命令而行。一些详细情况，将在下面详述。这些情节，也载于《宗喀巴密传》中。该传记说：

“悉地(即成就)生源度母尊，
顶髻、尊胜、光明母，
普除灾厄白伞盖，
多次观见诸本尊，
具德上师前启请。”

又说：

“显现护法海会众，
如昔金刚持令敕，
对师住持兴教法，
尤须诚意如法成，
具德上师前启请。”

那时，大师略感身体病愈时，至尊文殊亲自来到大师近前指示悬记说：“从今以后，如果主要精修生起和圆满次第之瑜伽，心中能迅速生起无上密宗的殊胜证达，具缘七弟子也能生起道之殊胜通达。”出现这些情况的时间，在其它传记中，除说是在略感病愈时外，记述不甚清楚。但是在班钦洛追勒桑所著《宗喀巴密传》中说是在木马年正月内。关于见到的那些情况，大师说：“我的身体不调时，是否没有很多的观见，当问于多敦巴(绛伯嘉措)。”对此，多敦巴说道：“这无须再启问，大师对能舍此世心的合器诸弟子，开示显密全圆之道后，令其勤修，大师自己主要是闭关勤修心中迅速生起之道，其中内因——乐空殊胜慧等，大师是早已于心中生起了的。外因是由田生空行母(空行母之一)，迅速前来作殊胜助伴，尤其是具足本尊作加持的因素，因此要道迅速生起于心中。这也是至尊文殊所开示的。”这些情节，绛央喀且有颂说：

“获得法恩徒众中，
如须弥前七金山，
无与伦比七弟子，
本尊悬记宗喀巴。”

那时，有一晚上，多敦巴在梦中，梦见有说是宗喀巴之塔，量度圆满，诸宝为顶，从云隙中冉冉而来，色彩白净，犹如白磁。有许多空行会集，有些如人间少女，有些如天女，持各种骨饰与宝饰。手中捧持宝瓶，瓶中充满白色甘露，以甘露在作侍浴。塔之面前有六塔量与狮座相等。有些空行说：‘请受用甘露为佳！”有些说，“这些塔尚须改善，因此现在不请受用(甘露)，待改完后再请受用。”又说：“有一安置塔的地位，在那里请受用。”答说：“由于现在还没有塔，所以不请受用。有塔时再请受用。”之后，他从梦中醒来，问于本尊文殊道：“以前未曾来过这样的梦，现在出现如此梦相，是何原因?”文殊说：“这是宗喀巴心中，妥善地了解一切显密教法，圆满次第的殊胜通达，已在他的心中生起了的征象。”又问，“宗喀巴大师的心中究竟生起了多少一切圆满的了达?”文殊说：“宗喀巴从五十六岁起即已消除密宗教法心要方面的一切怀疑，而无余地获得全圆通达。波罗蜜多(显教)的教法心要，虽早已圆满了达，但是关于波罗蜜多显现真实边际的情况，获得彻底的了达，是由于有一段时间中他很好地通达了密行。”在那段时间中，多敦巴发现的梦征情况，详于一切智克珠杰所著《宗喀巴密传》中，所载的侍徒们的梦证，与上面所说那些情节，略有不同。其中所载如是：多敦巴于梦中，梦见说是宗喀巴之塔，量度全圆。从顶上云隙中冉冉而来，色彩洁白，如白磁之釉那样莹彻。云隙中，有说是空行母的，有如天女相的，有如一般妇女相的，以各种骨饰和宝饰而为庄严。手中捧持宝瓶注满白色甘露，以甘露水全浴白塔身。塔之周边，有许多宝瓶，尤其是在北面塔的附近，有七塔围绕。一切塔都合度量，并一一说出这是某人之塔。七塔都以白色甘露全浴而作美饰。有一安塔的地位，想浴以甘露，说是现在还没有塔，暂且不浴，其余之塔，想浴以甘露，说是尚须改善，也暂且不浴。之后，从梦中醒来，于至尊文殊近前启问：“以前未曾出现过这样的殊胜梦相。这次出现此梦相，究竟如何?”文殊说：“这些征象是表示宗喀巴的心中，为以前不可缺少的显教道之建立，他已获得一切全圆彻底的了达，也是乐空三摩地已在他的心中生起了的征象。”又问：“大师的心中，从前即已生起了乐空三摩地，所有了达中，须多少才算圆满?”答说：“不可无的诸密教，五十六岁时可以圆满，波罗蜜多法门，虽早已圆满，但是现实清净边际，获彻底的了达，还须观待于密行阶段中的通达。这也在五十六岁时始能圆满。”又问“显见那时修持极为增益，也是极喜说法的时候。以我们七法友来说，对于密宗和波罗蜜多(显教)之建立，不可缺少的体性，次第、数目决定、各个的作业等，尤其是无上续部和诸具量(合格)的释续中，生圆二次第的建立，及其主要的说法，一方面是所得诸教义，有句义不明者，另外当如何说法?以及对彼诸义，各别发挥能力中，应如何讲说?虽说入于各种无上本释中，有许多不同的门径，但是能得那一切的成就是：胜乐、喜金刚、密集三法、六支瑜伽等道之分合附注等，以及命力之发挥，强制之修法，依四种手印的殊胜圆满次第修法等，及《明灯论》和导修两著中的口诀，并‘和合修法’秘要等。这些要法，都已圆满讲说。那时，在修持中，凡是前往大师近前的人等，都是(对大师)一心虔诚地信依。但不知多久才会发生不定(信心动摇)之相?”答：是从绛巴林寺(发生不定相)。现在作善行或观察，都无差异。”又问：“对于经典的难义和要点，不须广大地观察，这是否至尊(文殊)的密意?究竟是何原因?”答：“是心中所现起的。直至那理由还未获得许多可信根据之间，是需要寻觅的。”此外，还开示了西藏无上密的教法传承，有许多不同的情况，及不同的导修法，除有一种外，其余都是清净之法。但净清诸法中，又有因说法者未能如法而说的许多情况。指示了如是许多教言。关于附近诸侍塔，以甘露全浴美饰诸情节，虽由至尊文殊作了许多解释，但在此未全部录出。由此看来，侍徒的梦兆情况，虽各有不同，但不应怀疑。由于宗喀巴大师对这样的密传事迹，严禁对他人宣传和笔之于书。除由克珠杰等人粗略地记载一些外，未作详细的记载。由洛追勒桑在大师近前悲泪启请，大师应允讲授二十一座要法。由于思及普遍摄受，及在住持修行禁戒中，他(勒桑)是有无比的修行功德的。因此，大师在郑重地讲授之中，允作笔记。但仍须大师过目，加以审改，遗忘者加以补充，以前未说的，再加新说。克珠杰所撰写的也须大师过目后，互相安排。大师吩咐凡是重要的文稿，都完全写出。显见由洛追勒桑所撰出的，既广且详，其他著作中未明者，当根据洛追勒桑所著来作了解。因此，当知这些梦兆表示宗喀巴大师诸师徒心中拥有密宗殊胜的证达，尤其是表示大师已达到圆满次第中极高超的证达。关于这些详细的理由，在下面详述讲说、辩论、著作三者，善巧、戒严、贤善三德和获得无与伦比的成就果位等的情况时，将逐一发挥而以总说方式撰出之，从其中是能了知的。还有一些传记中也讲说那些梦兆之义。如仁波且洛扎巴说："在你宗喀巴之后，将出现许多住持佛法的善巧成就的法王继承人，特别是从后藏出现，并且将会聚集许多圣者徒众。如所开示的六小塔，加上未来将出现的一塔共计七塔，揣想即是后藏文殊七传承。当这些梦兆发生时,正是蛇年，而且第二年为木马年(甲午),恰是后藏七传承的最后一位——仁波且·麦朗伯哇诞生的时期。所以说那时还有一塔未出现。至于这位大德诞生后未完成之事，以及说诸塔还须改善之义是：尚须请至第二佛陀(指宗喀巴)的法王权位之义。"如上所说，也是诸智者解释梦征之义不同的说法。因此，不是不合理的。但是普遍传说的徒众的七塔，也有不同的说法。将在后面受大师言教的弟子的情况一节中详述之。如是，为了完全肃清魔军的灾害，师徒大众在一起精修甚深二次第瑜伽，而且广泛地修内外的祈福禳灾佛事，由广博修法之力，完全获得战胜魔军之胜利。为时不久，如月亮从罗睺蚀中解脱那样，大师病情从根消失，获得痊愈，所有天、人众都获得安慰！病愈时的情况，其他传记中也说得不甚清楚。在洛追勒桑所著的传记中说：从马年六月初五日，大师病情即已痊愈。又说：大师以三摩地卓越之力，威摄一切魔军。由于作灾害的诸魔次第立誓不作伤害。所以追随于大师之后的众弟子，在勤修大师的本尊和护法的生圆次第的诸瑜伽法时，也如大师那样，那些诸魔欲作伤害的心行不能侵入。因此应知这并非难做之事。

于此断句处，作中间赞颂道：

密教主宰金刚持，
为度浊世之众生，
示现凡俗金刚师，
双运位中不动惊。
由诸师佛作授请，
再受密教之主尊，
灌顶赞扬吉祥呈，
稀有幻戏周匝生。
导师悬记所赞地，
灌顶山下日窝且，
聚集僧伽之住室，
观已临近修建时。
犹如日月二弟子，
如星聚集僧伽群，
良言甘露赐降临，
彼方僧衣遍覆映。
遵照戒典与密经，
乃至附则亦无违，
创建寺屋诸工程，
同时建立教法基。
具信尊卑诸有情，
亦说此为具义事，
愿负财物三辛勤，（身语意三门的辛劳）
全心无畏布施增。
守护善法诸尊神，
亦来助成此事业，
不久空前寂静寺，
支分大部一时成。
此寺法座师亲临，

甘丹朗巴嘉微林，
是此寺名赞颂称，
具义殊胜之本成。
显密教法百种门，
同时开启实堪惊，
度化善缘众生业，
正与密严刹土㉛同。
如此缘起卓越力，
任何佛法宗派中，
亦赞格鲁派美名，
此派遍布诸方尊。
恶魔难忍妒此情，
布置灾障事方兴，
师以加持劫火力，
焚尽魔爪无余名。
乐空双运俱生乐，
师心不离喜戏中，
竖立胜幢高有顶，（有顶天为最高天界）
最胜果位现实成。
此与释迦佛世尊，
菩提树下降魔军，
现证无上菩提位，
成佛事业有何分。

木马年的修夏安居，由人主扎巴坚赞在大师近前启请，大师应请前往扎喜多喀作修夏安居。那时，一切智格敦朱（意为僧成）㉜初次亲近于宗喀巴大师的座前，由于大菩萨衮桑巴及协饶生格等人（在大师前）称赞格敦朱的高深心志，因此大师和他见面之下，立即生起喜悦，并使他获得大师的一切正法著述。在那里，大师为千百的三藏法师广转《道次第》、《中观》、《因明》、《入行论》等深广法轮。寺中以京俄仁波且为首，人主扎巴坚赞和侍眷人等都以最胜信心，作善业的安排。扎喜多喀那里的最有加持的大师塑像，也是在那时造出的。有一故事说，在那时，一幻化的塑工，于一日间，动用神通造出七尊宗喀巴大师的身像，大师也运用神通，于一日间，剃下七次头发(剃下再生，再生再剃)，每尊塑像中，以一次剃下的全发装入像中。因此肯定是有无与伦比的加持力的。在其他传记中说的故事是：大师驻锡扎喜多喀时，吩咐绛央却杰创建哲蚌寺。绛央却杰回答说："悉地之首要，为上师之命令。因此我一定遵依师命来完成。"那天晚上，绛央却杰在梦中，梦见在一大江之滨，有无数众生找不到办法渡到彼岸，他生起大悲之心，跳入河水中，游到彼岸，创建一桥。因此无数众生皆得平安地渡到彼岸。由此善兆，绛央却杰生起了建立殊胜寺庙的决心。此外，绛央却杰先后所见建寺的许多稀有梦征，详见其他传中。此后，大师再次前往甘丹朗巴嘉微林寺。从那以后，大师渐次对《鲁哼巴师传胜乐轮大疏》及《圆满次第四瑜伽导修注解》、《成就修法》，《密集金刚根本续》、《密集释明灯论》等著述，作了审订，并加了解释句义的详细旁注，对各品和总的难义，作了决断的抉择；对许多重大教义的解释撰写了《四注合编》。由于大师不断地讲授《四密续部》，因此，使佛教心要——大密金刚乘的究竟要义，如长埋地下的宝藏，从根掘起而令其显光。他的功德可以说比佛更为宏大。

那时，宗喀巴大师开示说，"修供等事，如果在僧会大殿中进行，未得灌顶诸人若眼见曼荼罗等，是有极大的妨碍的。因此必须另有一所幽静的修供殿堂。"按照所说，大师年届五十九岁时，于木羊年(乙未)的夏季，作好漾巴金(拉萨甘丹寺的一殿名)的奠基事宜。修建此殿的顺缘经费，是动员诸信徒，从各方供来的。最初建造身像的原料红铜，略感缺乏。后从涅区等地献来多耳和两耳的许多红铜罐，大小共计一百零八件，还有以铜罐为主的无量的红铜。因此，所有造像和建殿的材料，一时任运而成功。由于以前大师所著《菩提道次第广论》意义广泛，浅慧者难于领会。因此至尊文殊鼓动大师再写一易知的略本。大师依文殊吩咐，于当年内写作了《道次第略论》。这一事情出自大师的著述中所说。此后，也就渐次建起了七十二柱的漾巴金殿堂和走廊、后殿等。于火猴年(丙申)妥善完工。继后于火鸡年(丁酉)三月召集了许多极善巧的工艺师，开始建造殊胜的诸像。在中后殿内建造的释迦佛像，较拉萨大昭寺内的释迦像，略为高大，即著名的释迦戒香像(像身上放出如旃檀般的戒香)，在上后殿中建造了三十二尊密集金刚立体曼荼罗(坛城)以及六十二尊鲁哼巴师传胜乐轮曼荼罗和金刚界立体大曼荼罗等，纯以诸宝制造而成。其中无量宫殿及侍眷诸尊的身像，系用红铜鎏金，诸主尊及各方如来身像和主要瑜伽母诸尊身像，系用纯银制造。主尊和佛母诸身像，每一尊用汉银大方宝(又名升子宝)两颗多，金刚界的主尊身像，用大方宝约两颗，十二侍眷身像，每一尊用大银宝一颗半。所有诸尊像上，都以上品璁玉(即最好松耳石)等价值昂贵的无量珍宝而作嵌饰以为庄严。此外，还有至尊文殊、无量寿佛、至尊弥勒，薄伽梵能怖金刚头手俱全身像等鎏金像，每尊高约一箭杆。还有薄伽梵尊胜佛母和顶髻白伞盖两尊鎏金像，每尊高一肘。特别是用上品绸缎捣烂成泥，拌入加持物品及各种珍宝粉末和药物，塑造出薄伽梵能怖金刚全身像(九面三十二手)，高有十七卡(拇指尖和中指尖伸出长度为一卡)。所有诸尊身像的划线和量度都不是依一般凡俗杜撰的书册绘制的，而是根据舍利子和梵天唉扎天子所著的度量经，以及胜乐轮戒视续第一品中关于诸尊佛像的详细尺度，经惹达那惹肯达详细抉择的典籍，红、黑阎曼德迦两密续中所指示的量度即依佛所说的量度妥善安排而塑造出的。而且塑造诸像时，还须加持材料，塑工须观生起所塑佛尊像。另外加持工具等都是依律而作的，毫不沾染草率敷衍，揣测臆断之恶习。至于至尊宗喀巴大师的悲心和无量加持之力，据诸塑工说，以前铸造佛像时，从未有过这样的方便和稀有的瑞征。所造一切佛像，仅一见之下，即能使人生起悦意，全都美妙无比。尤其是铸造三栋无量宫殿时，事先铸出的铸新(即第一次新样)中，现起勇士肯扎嗄巴那的虹彩。身像用料，虽是红铜，但从坩埚中铸出后，没有些许的铜色，一切像都如五色光幕笼罩着。蓝色诸尊，其身色都是上品靛青那样的光彩，红色诸尊，其身色都成为胜过银朱七倍的鲜艳，赤黄诸尊，其身色成为如纯金般的黄色。此外，还有白色、绿色、茶红等彩色争艳，犹如虚空彩虹交织着诸尊身像，光辉闪耀，目难尽睹。所铸诸佛像，不加丝毫琢磨之工，已是极为光滑、洁净，令人悦意。铸工们都十分惊异，不知是何缘因，有这样的成功?！一面呈报大师观察，一面用许多洗涤药物洗刷，仍然是原先的光彩最为显艳。观看断面，都是这样的色彩，成为众目共睹的事实。大师吩咐说，“这样的像上，供以妆饰品和殊胜的衣装，并作祈祷。不须琢磨。”祈祷颂文是这样的：

“嘿汝嘎宫中，(嘿汝嘎意为忿怒本尊)
胜乐轮双尊，
众生福田中，
颇鬘彩瑞相，
严饰双尊身，
现此极妙善，
盛哉诸众生，
有缘积福慧。”

其他广传中的记载不甚清楚，但在多敦巴所著《宗喀巴传嘉言集中》说：“用绸缎捣泥塑造能怖金刚十七卡高身像时，根本面容(九面中的根本面)是自然现出的，建造三种立体坛城时，金刚界、不动金刚和胜乐三尊主像，也是自然现出的，并且胜乐的胸间，有一缕热气，有色等四佛母也是自然现出的。奉安在寝室内的胜乐绸泥塑像约一肘高，四面的色彩也是自然现出的。”其他传记中记载说：“金刚界的金刚王和金刚欲两尊像也出现虹彩。”如是大殿和殊胜的诸像，在当年大体完成。于是依能怖金刚法门，作开光法事次第，按照密续中所说仪轨，清净作法的加行、正行、完结行三段，都广大圆满尽善尽美。为对此寺附近诸寺庙，及城乡大众积福起见，亦赐丰富盛筵，得恩非浅。如是作开光法事之日，天空胜明，空中发出雷般的声音，响彻佛殿，在那里会集的僧众也都听到，并有所感受。当时，一些修密集五次第和胜乐五次第的殊胜的瑜伽修士们所看见的净相是：能怖金刚的坛城满布于空中，从四方而来，合入于新造的诸像中。这是现实真言尊与智慧尊能依与所依等真实相入的不可思议的稀有瑞相。实际上是所有大殿佛像、经、塔等，成为众生永久福田，净广博之加持力的聚集体，获得完成。又在那时，依胜乐的立体坛城修供时，亲见胜乐坛城中诸尊佛像，并且从空中发出诸空行母作供赞之声音，大众立即记持于心中。这一情节的颂歌词，在《三摩地妙笔篇》和《杜鹃歌声》中记载。显然那时是见到并听到诸天女唱着这些供赞的歌声的。这些情况出自多敦巴的著述。在多敦巴的著述中还说："宗喀巴大师的近前，经常有一身穿美丽衣装，头戴扁形红帽的美女。这是因为对非器者示现密迹，所以空行母不以神相来而以人相来的。大师在著完《鲁哼巴师传胜乐解释如意牛》以后，即有瑜伽母等空行母示相到来，这是来做殊胜的助伴的。"这些事迹在《宗喀巴密传颂》中说：

"精修胜乐轮本尊，
亲见坛城诸尊像，
内外三处诸空行，
供金刚歌师喜生，
具德上师前启请。"

至尊嘉木样协巴说："以这些事迹来说，我们诸后学虽未能做到那样大的修行，然而只要不废失仪轨传统作法，是能迅速获得加持的。据说过去开大愿法会时，也获得一切诸佛的加持。"如是作开光法事以来，以上下伍如㉝为代表的各方隅降及时雨，庄稼丰收，说修并茂等殊胜瑞象现前，较昔更为卓越美满。这些前后的史事，在《甘丹教法史》中说："勒乌仲奇哇·南喀桑波以及绛央却杰·扎喜伯敦亲莅具德哲蚌寺。那时，绛央却杰年届五十九岁。刺叶树为墙院的色拉大寺即特钦协珠岭寺(大乘说修寺)出现了缘起。该寺是绛钦却杰㉞(大慈法王)六十二岁时建造的。"如上文所说，哲蚌寺是在木羊年(乙未)创建，色拉寺是在土狗年(戊戌)创建。因此，色拉、哲蚌、格敦三大寺建立之年，略有先后之外，而实际上三大寺全都在狗年(戊戌)完成。由于一切智宗喀巴大师的发心和卓越事业之力，始有如是的成功。"

又在《甘丹教法史》中的上引教言的余篇中说："大师宏倡毗奈耶(戒律)和应成派的正见(中观见中最高峰)为主，对别的教派，也都有大恩。特别是无垢上师(即阿底峡)、仲·嘉哇迥勒(即仲敦巴)和俄·勒比协饶师徒的七善法——《菩提道炬论》等广宏空性教义的宗规，曾经衰废，得大师之功德才恢复振兴起来。还有毗奈耶教法，虽经萨迦、噶举等派宏倡，但对于实践的细微支分等，由于时间和地区关系，在西藏，未能如律宏扬。大师依班钦的清净戒传法流，以三种制戒妥善抉择，并非仅依词句言说，而是注重实践等行使之宏扬。对于空性正见及毗奈耶教法，大师有极大的恩德。出家僧众除应具备剪裁缝纫的僧衣、敷具和钵盂，以及防止尘土而穿的大氅外，心中不该想有帽和成规。彼之著述中说，'应知一切教法不相违(即不相矛盾)，现见一切经教皆教授。当知其理与此都相同'，总的说来，对于内道的法理，应取和应舍，偏私是不合理的。不仅如是，由于他者的嫉妒，并依此嫉妒，自他双方许多人士积下严重的异熟恶业。虽没有文殊怙主法王(即宗喀巴大师)和班钦根敦朱师徒的主张，然而按照徒众们的意愿，而将帽色作为纯金色彩。自宗诸人，宏扬何者，仍然照旧，即法相(指显教)仍依萨迦宗观，正见仍依中观应成派，戒规仍依班钦传承之规，密宗仍依布敦派[35]，尤其是依明灯论，本尊依惹译师传规的能怖金刚等。这在绒巴协生以上传承都没有不同。此后，略有不同。第二种承传中(宗喀巴大师)，是在却杰顿珠仁钦座前听受'远传'而传出的，'近传'则是在堆隆嘎哇栋寺中，亲见护法，而出有香振传规的护法六臂怙主的不同的十三法，此法之随赐灌顶'普除灾厄'，系在纳塘译师顿珠桑波座前听受而传出的。在蔡巴派传规的毗门法中有不同的十六法门，息静黄色九尊和威猛蓝色，系在布顿得意弟子扎泽巴·仁钦朗嘉座前听受而传出的。内、外、密三种作业阎摩，大师系在大成就者巴俄多杰及喇嘛乌玛巴座前听受的。以上听受诸法，可以看作是主要的。”以上诸说，也是宗喀巴大师的全无虚构的清净史事，在下面尚须详述。

在土狗年(戊戌)，大师为从各方而来的千百三藏法师以及原来住有的僧众们，在甘丹寺中不断地大转法轮，特别是详细讲授《密集注释明灯论》及其旁注等，以及一些《释续五次第》的详细导释，《六支瑜伽》的详广导释，《时轮广释无垢光明论》等。此外，大师还讲授了中观、因明、胜乐、道次第等深广无量教法。在那一年夏秋季，大殿走廊的壁画也全部完工。大师所著《入中论广释》也妥善地完成。在当年的冬末，在供养诸护法的时候，唱赞歌的声音，使大师十分喜悦，因此大师吩咐以后当如是而作。大师遂撰出迎请，赞颂和催促阎摩法王的四种词调。那时，一天晚上，有一个在大师座前作近侍的人，系勤修闭关念修者，他在梦中，看见阎摩法王身像威严，从那边过来说："赞颂调应当这样拖长音调。"阎摩法王自己拖长音调时，一切大地山岳都晃动起来。这样的梦象，接连梦见了几次。由于这一原因，想到这一赞颂音调，名为阎摩之吼音。或拖长音调，其意义即是这样的。此为嘉木样协巴所说。此后，练习音调的人们，在未陈设此一护法的垛玛以前，不可唱诵音调，据说因此也就不作(唱诵音调)。有一时间，启问："如何有那些原因?"因此开示说："原来阎摩法王亲现他的真相多次到来，在(大师)近前，常作服役，随现一种形相，在寝室内来往，在大师近前，作许多行动。有时在大师耳边，附耳低语，作禀事的模样，不断地谈论许多话。这样的情况，经常在寝室的许多人，虽是看见，但他随时变化身相前来，谁也不能认识。从前几天起，唱念音调的一切时间中，都有那样的(随变身相)独自到来，互相谈话。并且指示说：须得供有垛玛。供垛玛后，唱出音调，有各种不同的悦意姿态。"

此外，这尊阎摩法王，从宗喀巴大师最初闭关念修文殊法时起，即为大师承办事业，这是不待说的。就是大师近前的得意徒众来往时，他也作迎来送往的事。特别是他对虔诚顶礼大师的人们，更为照管。这些情节，出自前代诸师的著述中。因此，当知我们作为一切智宗喀巴大师的后学，也当敬奉这一护法而作供养，容易成就二种悉地(共与不共悉地)，并能无碍地成就(息、增、怀、诛)四种事业。在当年的年终，大师按自己的意图作了预备工作后，即进行《密集根本续广释明灯论》刻板的事项，未费多力即于猪年内，妥善地完成了刻板之事。又在猪年的春夏两季中，大师为难以数计的三藏法师们，讲授了胜乐轮根本续等无量的教法，并将卓越的著述《胜乐根本续注疏》也全部完成。对于这些清净行传，如一切智克珠杰的著述中说："总的说来，我们的导师这位一切世间的唯一慧眼是：由本尊真实摄受，成为一切福善之本——大乘教法的完全主宰。因此他的取受情况，是无与伦比的。尤其是对于三律的制戒，纵是细微支分，他都如爱护眼珠般作守护。因此是一切守持佛的禁戒者的顶上冠冕。由于大师时常以佛教和众生为念，成为大乘的清净增上心的伟大的菩萨。所以他的身、语、意一切行动，纵是细微的行为，无不都是具有意义的。对于理路，他经千辛万苦，使多闻的智慧能成为最上。任作多少的仔细观察，也难能揣测其完全的智体。大师对于无垢理路，善为精习，而且无量地作积资忏净的近取助缘，作为常时修养，加上不可思议的多闻俱生缘，作为摄持。因此，他对于佛所悬记的大车轨诸师所解释的佛经和论典的密意是如何开显的，他是没有丝毫颠到的垢秽的，在住持佛教不陨之幢的一切诸师中，他是犹如第二佛陀再来于此世。这样的情节，并非奉承之语，或用雅语美言来作虚构之词。而是我们以不颠倒之量(正量)，善为成立的。”再由颂词来看，也是如是说：

“观察诸经之慧眼，
无垢理智具千目，
师以智力千股杵[36]，
粉碎一切执边山。
智理雄风难忍力，
吹散一切宗法中，
不正教义之阴云，
现出利乐日轮红，
能持无垢锐利理，
师虽远离粗暴行，
善说诸人我慢髻，(善说人中最骄矜之顶髻)
顿时无余坠地尘。
诸佛教法遍大地，
师依论著嘉言柱，
转胜乘法师言教，
一切智者咸顶敬，
诸佛种子大悲精，(大悲如精通)
依于慧母腹定力，
暖乐定中善成熟，

三世佛种师出生。
悲心如月圆满婴，
从增上心美怀中，
勤卓越业迅速起，
利他东山顶上升。（喻利他事业之月亮升起）
尔时正法睡莲开，
同时教如白衣身，（睡莲，白衣都表净善）
三域众生黑暗离，
诸佛欢喜心放任。（放心而不管）
为挽诤劫㊲而到来，
犹如圆劫雪山丛，（西藏）
遍布三学之胜幡，
师之名音树幡风。
末劫善说如日光，
佛日威摄无余境，
光显三域众生师，
未见与师能比伦。”

以上的颂文述说，是以总述的方式而说的。说法极为广泛，惟恐文繁累篇，并且想到具智诸人，如细察上下史事情节，不难得知，因此不作赘述。又在一切智宗喀巴大师的传记中有著名的四大事业，这是什么事业呢?

在上文叙述的那些史事中，大师年届三十六岁时，在沃卡精奇寺，见着弥勒身像年久失修的情况，于是对诸像和佛殿等，作了无上庄严的培修。当进行开光法事时，发现七佛来临，合入于画像中，及油灯经久不熄等许多稀有瑞征。这是第一大事业。

大师年届三十九岁时，在涅区的金粉塔前，作盛大供养，讲说许多毗奈耶教法，并详说堕罪、恶作等忏罪之法，为许多人士传授斋戒法、皈依戒。一切僧俗大众也造作小泥塔、佛像等，名声传遍于广大境域。这是第二大事业。

大师年届五十二岁时，彻底培修拉萨寺庙中的佛像、经、塔等；五十三岁时，于大神变节日期间，在两尊释迦佛像㊳前，供上妙佛冠、衣装、供物等。从初一日起，直至十五日之间，在诸尊佛像前，作盛大供养，对僧众作承事供养，对贫穷大众，广作布施等广大纯洁的供施事业。前藏及边缘地区的难以数计的众生，都被安置于解脱和成佛的正道中。开创了与往昔印度史事相同的拉萨大愿法会著名事业，是第三大事业。

大师年届五十九岁时，在羊年内，新建漾巴金佛殿(甘丹寺内一佛殿)，并新造密集、胜乐、金刚界等立体坛城，当用珍宝新造诸像时，发现虹霓光彩，自然现出的许多稀有瑞征，作开光法事时，也发现许多稀有瑞征，并结合诸坛城倡建修供仪轨，如密续意旨而作的清净传统作法，成为著名的“甘丹修供大法”。以上事业，为第四大事业。

此外，在《宗喀巴传嘉言集》等书中说：“至尊宗喀巴大师的修持次序是：从刚过午夜起，大师修密集自入广法后，继修五次第很长时间。又从天明起直至太阳出时，修能怖金刚二次第广修法。又从太阳出后起直至上午进食之间，念诵任随一种显密经典约三十页。以五大陀罗尼为首祭供事部、行部的许多垛玛后，具足饮食瑜伽(密宗进食的修法)用餐时，为诸格西和求学诸人解决著述和教义中的疑难。之后，背诵甚深三经而作回向等，继造小泥塔十座和无量寿佛、药师佛、文殊、救度母等像各七尊。至正午时，就《甘珠尔》和《丹珠尔》任何一种作一次适当的谈论。在著作之余，从日初偏西时起直至黄昏之间，修红、黑阎摩、能怖三尊、六面天等之护摩法，修大轮金刚、四臂怙主、六臂怙主等现观供养垛玛、回向等法，修古贡护法，狮相佛母、枳姑护法和烟黑母之垛玛、回向广法，以及鲁哼巴传规的胜乐自入法、胜乐五次第等法，这些都是依决定的次第而修的。此外，一日中还要念诵‘啥肯札惹’万遍，胜乐七字真言三千遍，‘阿惹巴札纳’七千遍。即使在闭关中，也为众人讲授显密教法两三次。在说法中，也观垛玛而作回向，或观修本尊。由于大师住于圆满次第三摩地中，不共的法行，是无量无边的。因此，在一般共通的境界看来，也是只见大师刹那刹那中，都在不断地作出利他的伟大事业。这是所有大地之上的圣贤大士们的天性本质，而不是一般凡俗诸人所能创造的。”以此之故，克珠玛微尼玛作颂说：

“我师怙主口中息
亦能成熟众有情，
福慧行圆他无论，（福慧已圆满，其他更不待说了）
众生之亲前启请。”

又关于大师所见净相和所有悬记诸情节，在洛追勒桑所著《宗喀巴传》中说：“如过去多次所说的身、语的现见诸相中，分根识性能真实现见与修悟和梦中的意识所现见之相二者。第一种，是未获得天眼和天耳的神通，根识性是不能见本尊佛等的身、语真相的。第二种：意识所现见中复有二者：一、自己的心境所现见；二、依外境作用而有的现相。依外境作用而有之中，又分依不顺方(异品)之境相及依顺方(同品)之境相二者。依顺方(同品类)之境相又有二：一、出世间者所依；二、世间者所依。出世间者所依中，又分特殊相和一般相二者。这些虽有详说的必要，但恐文繁累篇。因此，在此间仅略说一些入于智理的门径。希具智诸人对此种情况，有所领会为祷！”在此间也为了使具智诸人有所应智而撰出。总的说来，即应知一切智宗喀巴大师出现的诸现相和悬记，都是具天眼和天耳神通之境，是无垢的慧观，完全是清净的行境。

于此断句处，作中间赞颂说：

宽广庄严大地城(漾巴金意为广严城)
为使众生福善生，
于此新建寂静寺，
空前营造决进行。
运用上妙珍宝材，
所成坛、像、佛殿等，
等同毗休嘎玛身，（毗休嘎玛传为神工）
工师技巧以建成。
尔时虹彩现佛身，
运用禅笔绘始成，
五彩光成双运身，
除真降临有谁能。（除佛灵识真实降临外，其他谁也不能）

以故如现工庄严，
除依幻化假相外，
实际是由清净慧，
神变庄严是真情。
虽是真实慧戏现，
但他眼界佛海丛，
加持再降开光法，
广大仪轨修法中。
广博十方一切刹，
诸佛如云集来临，
能依所依等无别，
来入奇观广无垠。
胜乐坛城之主尊，
是师现时空行众，
供金刚歌悦师心，
戏现俱生大乐生。
文殊听差阎摩王，
真实为师作仆役，
由彼文殊教理成，
依他任何徒劳辛。
他者多年勤无成，
我师刹那示现中，
伟大事业无穷尽，
除佛大圣有谁能。
如是师之事业聚，
虽具无边天眼通，
亦难尽识如我等，
欲见少分亦无能。
因此但从深海中，
取如发端小水滴，
得此善缘说少份，

知是师恩信愈增。

【注释】

❶三乘和四宗：三乘，声闻、绿觉和菩萨三乘。四宗，经部、有部、唯识、中观。

❷温萨耳传：格鲁派由温萨巴大师口耳相传之传承。

❸圣道：是指大小乘证得见道以上的地和道。

❹大神变节日：释迦佛世尊降伏外六师等示现大神变的节日。宗喀巴大师在这一节日，在拉萨大昭寺中，大兴供养，并发宏愿。

❺优婆离：释迦牟尼十大弟子中，持律第一者。系初次结集律藏者。

❻初次结集：佛灭后五百天大阿罗汉相会于古印度摩揭陀国王舍城，由阿难诵经藏结集经藏；由优波离诵毗奈耶结集律藏。亦称第一次结集。

❼噶当法源：是说由仲敦巴创建热振寺，遂成为噶当派教法发源之圣地。

❽有缘四徒：指玛尔巴的四大弟子，即俄·却古多杰、楚敦·旺格多杰、麦敦·村波、米拉日巴等四人。

❾第五世达赖喇嘛：名罗桑嘉措(意译善慧海，1617—1682年)。清顺治十一年(1654年)应清帝诏赴北京，1655年受册封赐金印，遂得正名为西藏等地藏传佛教之主，过问西藏政治，康熙二十一年(1682年)圆寂。

❿释迦耶协：(明史作释迦也失)即大慈法王——释迦智。1409年，明成祖永乐七年，代替宗喀巴大师应诏赴北京，1411年二次入朝，受封大国师。1419年建色拉寺。系宗喀巴大师大弟子之一。

⓫轮王七宝：金轮宝、神珠宝、玉女宝、臣宝、白象宝、绀马宝、将军宝。

⓬八吉祥徽：吉祥结、妙莲、宝伞、右旋海螺、金轮、胜利幢、宝瓶、金鱼。

⓭八吉祥物：明镜、酪、长寿茅草、木瓜、右旋海螺、牛黄、黄丹、白芥。

⓮三轮：指施主、施物、受施者三方面。

⓯舍卫祇陀林：古印度舍卫城祇垣精舍，释迦牟尼居住之处。

⓰三律：密乘、菩萨乘和别解脱三律。

⓱八功德：佛书中说，圣水具有凉、香、轻、柔、清、无垢、饮之不伤腹、饮之不伤喉等八种特性。

⓲三毒和五盖：三毒，贪、瞋、痴。五盖，悼悔盖、瞋恚盖、昏睡盖、贪欲盖、疑法盖。

⑲帝释：三十三天界之主，又名因陀罗。等于汉族所说玉皇大帝。

⑳内寝侍役：旧时西藏藏王和宰官及高贵喇嘛等的卧室仆人。

㉑影胜王：佛在世时，摩揭陀国王名。亦名频婆娑罗王。

㉒善星：善星比丘，传说曾侍佛而起邪见者。但一切经典中无此根据。

㉓宁玛派：藏传佛教旧译密乘派系名，八世纪中，吐蕃王赤松德赞时，由印度传入西藏，莲花生加以宏扬。此派帽尚红色，汉族人士称之为红教。

㉔天授：释迦牟尼的弟兄，他对宗教的见解与释迦牟尼不同。

㉕中劫：佛书说人寿由无量岁下降到十岁中间的长久时间，年数是难以计算的。

㉖噶丹圣寺：亦写作甘丹寺。为藏传佛教格鲁派(汉族称黄教)三大寺之一。1409年(明永乐七年己丑)，宗喀巴大师所创建。为格鲁派祖寺。

㉗圆劫时：佛书说南赡部洲(即此世界)人享受法、财、愿、乐等最为圆满的时代。时间为一百七十二万八千年，在此时间中有拘留孙佛(古佛)出世。

㉘五无间罪：弑父、弑母、弑阿罗汉、破和合僧及恶意由佛身出血。

㉙近五无间罪：欺比丘尼、弑住定菩萨、杀有学僧伽、夺僧伽资具和拆毁灵塔。

㉚姑学：藏语译音，衡量金银重量的单位名称。一姑学约市制七分多。

㉛密严刹土：即色究竟天，为金刚持地，即报身佛住地。

㉜格敦珠：意译为僧成，宗喀巴的弟子。1447年倡建札什伦布寺。后人追认他为第一世达赖。

㉝伍如：吐蕃地名，指以拉萨为中心，东至桑日，南至马拉山脉，西至尼木，北至朗马一带地区。为吐蕃四如之一。

㉞绛钦却杰：意为大慈法王，即释迦耶协，明史称释迦也失。元1419年由他创建拉萨色拉大寺。

㉟布敦派：元代布顿·仁钦珠住后藏夏鲁寺传出的藏传佛教一派，又名夏鲁派。

㊱千股杵：帝释手中所持的千股金刚杵，威力最大，百神畏惧。

㊲净劫：佛书说人世间的道德、财富、享受、安乐四者之中，能具备其一的时代。

㊳两尊释迦佛像：指拉萨小昭寺及大昭寺内的两尊释迦牟尼像。

5 宗喀巴大师的一切事业中的主要事业：讲说、辩论、著作三种事业；善巧、戒严、贤善三业；以及从获得成就地位而作利益佛教和众生事业的情况

对于这一题目，兹以提纲总说的方式来发挥，并用易知的说法，使尊卑大众都能生起定解。当知宗喀巴大师的事业，是由具足善巧、成就二德之门，除唯一为利益佛教和众生而作的事业外，至于借利益佛教之名，而谋高大权位，储集财物，占有田地和经商生利，拥有奴仆和牛马，镇敌护亲等企图，不仅大师无此动机，凡是属于大师的弟子侍眷以内的人等，也都不入于以上的那些企图中。他的一切行为，完全立足在诸佛所喜之道中，这并非是愚执虚构奉承之词，而完全是真实的情况。因此，以前在上面略举大端，所说的一切，也都是主要撰写大师的讲说、辩论、著作三业，以及善巧、戒严、贤善三德和不可思议的成就史事等。如果仔细地考察，是不难得知的。但是其中还有一些未明之处。现在收集零篇史迹而以总括概说的方式书出之。尤其是对于大师的讲说、辩论、著作三者的事业，如果对于每一种事业，都详述其较他人特殊稀有之点，将会使任何住持其他宗派的一切人士愈增敬信，而发愿学习如是清净的行传史迹。因此想到应当写出，成为极有意义之事。又对于极要者，决定以郑重的方式写出，这样可能是有益的，其中首先从讲说、辩论、著作三者来作撰述。

先以“讲说”的史事来说：当知至尊宗喀巴大师不仅是有雄才的说法者，而且有堪作阿阇黎之相，并具足一切功德。以阿阇黎之相来说，显密经中，说有许多，如《三百颂》中说：

“具戒并知戒仪轨，
悲悯病者、徒清净，
勤作利济法与财，

及时教诫赞上师。”

又阿阇黎龙树说：

“诸善知识应具相，
略举大概当善知，
知足、悲心、具戒律，
消除烦恼有智慧，
如是诸师汝依时，
妆应知晓作恭敬。”

又《庄严经论》中说：

“师当调柔极寂静，
功德精勤富教经，
通达空性善说法，
具悲之师应喜依。”

这是说由于具戒，所以调柔；由于具定，所以能寂静；由于具慧，所以烦恼随而寂静，还须较他人功德更为特出，故称特出；对利他事业，无怠惰而精进；由于广大多闻，所以称富教经；对于空性知识能善通达，以及善于讲说句义，由于不观待于财物，所以称具悲；对说法无疲厌等，具如是十法。

又说：

“如是菩萨具多闻，
见谛、善说具悲心，（见谛即通达空性）
无有疲厌此大德，
应知此即伟大师。”

这是说多闻知教的功德，见谛是证的功德，善说句义，由于观待于财物(而说法)，是具悲者，由于心行无怠惰，所以无疲厌，这是具五法。

又说：

“广大、离疑惑，
堪取、示二空，
此是菩萨中，
圆满之导师。”

这是由于多闻，所以称广大闻；由于有大智慧，所以能使应化有情远离疑惑；由于身、语、意都贤善，所以堪取为师；能开示烦恼和解脱二者的空性。如是说为具四法。一切智布顿大师说："这些大都是圣者之法，所以很难具足。"语虽如此，然而对至尊宗喀巴大师来说，以上所说一切德相，谁也难于说出有一点不具备的话。因此大师确是拥有一切德相。此外，大师任说显密随何一法的分支中，拥有必需的善巧智慧、悲悯的思想，能忍的方便三者。在善巧智慧中又有：总对于所说善巧——即对一切经藏论藏善巧，特别是随说何种句义，都对于教理，教授口诀等善巧，以及能诠善巧——言词清晰，从何说起也能连贯，说多少也能适量，如何说也合理。由此，三者使语言贯通，又能使他者欢喜的和雅声音，及对于传统善巧，这即是身、语、意贤善，由此令一切大众堪能尊敬。所以称作善巧自在之作风，及对于应化有情的作风善巧，是说对于有情的身界、根门、随眠(即隐匿不现的)，能真实地观见，而开示与这些相合的法门，使成为有意义之事。此外，如《地藏轮第十》中说：

"愚根下劣复怠惰，
郑重不作二乘人，(声闻与缘觉乘)
彼不具备大乘轮，
彼非广大大乘器。"

又说：

"如是非器声闻众，
彼闻大乘成愚迷，
若生断见堕恶趣，
当观根器而说法。"

又说：

"若是广大法根器，
不应对彼说劣法。"(小乘法)

如上所说，是说对于应化有情，应观察其根器适合于说大小乘法中的何种法，纵是大乘根器，也须观察在显密法中，适合于何法之根器。也就是说对于应化有情的作风，及其德相，必须善巧精通。应具的这一切善巧精通，至尊宗喀巴大师都完全具有。正如在《庄严经论》中说：

“诸教法中尽千辛，
获命受用无意义，
极喜魔心对众生。(极喜魔即大自在天魔)
常施广大诸痛苦，
正法对于诸有情，
常作利乐非艰辛，
常施无尽愈增盛，
非仅一次何待论。”

总的说来，必须具有愿将一切众生安置于大菩提的悲心，以及随说何种法义，唯有使闻者善知，并能得益的增上心外，决不观待于财物而说法的大悲心，及对于说法的疲劳和艰难，能忍耐而无疲厌，能忍耐弟子多少问难之烦，能忍耐他者之辩驳，而善为答辩。因此能具有的摄受应化有情等一切功德，大师都完全拥有。再以密宗来说：

“善戒三门具智忍，
须无欺骗知咒续，(咒与密经)
二十空性著说精，
持金刚师前启请。”

这是说如密续(经)所说堪作金刚阿阇黎的德相，大师全都具备。上文刚说的那些德相，每一德相全具的情况，已在上面诸史事中说毕。惟恐文繁累篇，不再赘述。但具智诸人，若细察以前所说诸史迹，是不难一一明知的。如是决不因为自己具备堪作阿阇黎的功德，或认为自已是一个殊胜人士，而不研究讲法和听法的作风优劣和随意杜撰胡诌(意思是应当讲究讲法和听法的作风)。如《妙法莲华经》中说：

“桔净悦意之地上，
铺设宽广之座位，
以上妙色善改染，
洁净法衣著自身。

如是陈设帔单等，
妥善穿着大禅裙，
各种假布善铺垫，(非棉织的)
具备足凳高座上，
善濯足已往上登。
颜面极润发光彩，
法座之上坐安稳，
对于来集诸有情，
开示许多诸言论。
对他善巧常愿我，
及诸众生速成佛，
当思说何世间法，
皆为自我安乐具。”

这意思是说从开始设座礼拜，直到说法的作风和清净的发心，众弟子均须如《本生传》中所说去作：

“坐于低座上，
生起调柔相，
具足悦意观，
如饮甘露味，
承事而闻法。”(生起承事恭敬而闻法)

这是说当脱去鞋靴，沐浴清洁而住，远离美饰和武器，依六种想而听法，还须闻法的发心(即动机)和作风要清净正大等。至尊宗喀巴师徒的清净史迹和传统作风，直至现在，仍存在于“日窝格鲁派”的师徒中，而未废失。这是大众亲眼所见之事，是不难知道的。

不论讲说何种教法，甚至仅是念一遍经文作为传授，也都不能以尽快完成遍数、念诵迅速为主。应当是不失词音，显明、正确、和雅三者，使听者入耳，心中能生起了知。即使如此，还须使他人不大辛劳而又能得知。这样念诵才有进度，而且有稀有的迅速成果。尤其是讲说显密诸大经论时，不能以念诵其文为主，而应当讲说与经教结合，善说其句义。既是结合讲说这种与那种典籍的关系，也须彼此句义不相混杂，不相冲突，不相错乱。对于各自宗派的不同主张，接受的不同情况，分析了不了义的情况。往昔印藏诸智者的不同说法，其中自宗承认何种为合理的情况，探索了达正确要义的情况，并应以这些主要的运转于心中而作实修的情况等，用详察决断，进行教授。如果这样来说法，那怕仅只一次，也能使应化众生的心中，迅速地生起卓越的法义。宗喀巴大师无论讲何种法类，都是这样进行的，其情形上文已经述及。但是为了使其他传记中的零散记录，大众易得定解的，在此正文中一起以总说方式而撰出之。

大师十九岁那年冬天，在勒林驻锡时，一些求学者和侍从前来殷勤劝请，大师应允讲说了千遍《阿毗达磨杂集论》。显然这是大师最初答应讲说的第一部大论。此后，大师渐次来到温区的格汝寺院中，为察柯温波等许多三藏法师讲授了《现观庄严论》、《因明》和《中观》等许多经教。在当年的冬季法会，在德哇巾寺，也为许多三藏法师讲授经教。在第二年的春季法会中，大师在嘉域地方为约七十名格西广讲《现观庄严论》、《入中观论》和《阿毗达磨杂集论》等教法。在夏季法会中，大师又在德哇巾寺，为诸具智者讲授了许多经教。第二年在索日安寺中，大师为七十余位三藏法师详细讲授了《现观庄严论》、《因明》、《俱舍》、《律经根本》、《入中观论》等教法。大师此后到雅隆，在麦喀寺中，又讲授了许多经论。并且在这些中间空隙时间里，依止上下密续的诸大曼荼罗，为具足法器诸人传授使他们成熟的灌顶，传授各本尊的随赐灌顶和经教秘诀等。以随类教化，作成熟和解脱无量众生的事业。尤其是大师在门喀的扎喜东寺中驻锡时，在同一时间中讲十五种印度大论典。那时，正如《妙法莲华经》中所说：

“智者及时动念想，
犹如入室门禁开，
一切诸法如是观，
起而无畏作讲说，
智者常时安乐住，
安乐住中亦说法。”

那时大师说法的情节，正如此偈颂所说。大师在二十一天中，闭关细阅所有印、藏的释论后，将书本包扎起来，一日中开讲十五部经论的篇首，每日都是从黎明起直至黄昏之间，不断地照常讲十五座。其中有两部略本讲完后，再以两部略本作代替。就这样既详且广地讲说了《量释论》、《现观庄严论》、《上下对法藏》(计两种)、《律经根本》、《慈氏五论》中的后四论(除现观庄严论)、《中观五论》、《入中观论》、《四百颂》、《入行论》等共计十七种论著，历经三个月，圆满讲完。并且对于诸释论(每种都有释论)，事先阅毕，将那些解说完全记持于心中，在说法时，完全从心中说出解说之义，而不再阅读释论。虽不再阅，但句义完全记持于心中，在讲一些大论时，根据藏文注释和其他解释破非立是作出抉择。诸论都各自有其释论，大师对任何释论都尽量地详细阐述。因此，联想到后期中，十难论师喜饶生格能于一次讲座中讲十一种论典，算是西藏地区在同一时间中，讲说部数最多的了。但在那时，大师超过其数，同一时间中，能讲说十五种论典。不仅如此，在其他时间中，大师也讲过十种、二十一种、二十九种论典，连贯而讲的情节，已如前文所记载的那样。这些情况，不仅在西藏，即使在印度也是前所未有的。《宗喀巴传一百零八稀有史事》中说："这不仅在西藏，就是对往昔金刚座的诸班智达，也可以说是无与伦比的。这是获得不忘陀罗尼的权威自在示现的游戏事业。这是第三十五种卓越史事。"这是除彻底获得不忘陀罗尼和辩才无碍的人士外，其他人士绝对不能作到的。这确实是卓越中的卓越事业啊！第二年冬季，大师在觉摩隆寺中，为许多三藏法师讲授了《时轮》、《现观庄严论》、《因明》、《现对法藏》等许多教法。第二年，大师在布达拉为以桑、丹、贡三寺及格、觉、苏三寺的寺主为首的千百三藏法师讲授了《中观光明论》，《毗奈耶》和《道次第》等教法。其后一年的春季，大师在嘎哇东寺，又为大众讲授了《菩萨戒品》、《事师五十颂》和《十四根本罪》等教法。那年的夏季里，大师在热振寺，为大众讲授了《大乘庄严经论》、《辩中边论》《杂集论》和《声闻地》等教法。在讲座安排中，最后详细讲了《寂止论》(定)的法门。因此，也获得了生起善妙的"寂止"修悟。在朗哲顶寺，彻底地校正毗奈耶的传统常规，恢复了戒律教法的基础。并对中观和因明等教法，也作了广大的讲说和听受。大师在特普新寺中，为许多三藏法师讲授《量释论》及其辩理之规。尤其是结合道次第的论文配合实修之法，详细讲了这种(因明合入修行)空前未有的嘉言论义。大师在温区的德钦顶寺中，为大众讲授《道次第》和《中观》、《因明》中的解决疑难的许多教法。在窝嘎绛巴林寺中，为大众讲授道次第及生圆二次第的许多教法，并依阿阇黎鲁伊绛曲所著《建立次第注疏》，为求学诸人，详细地讲说五次第总的要义，尤其是对第三次第的“幻身修法”的不共甚深要义作了详细的讲说。并且依自著《密宗道次第广论》(译者早已将这部最殊胜的广论用汉文语体文译出)详细地讲授了密宗四续部的难点要义。大师在绛曲隆寺中驻锡时，为千百三藏法师讲授了《密宗道次第》。其后一年，大师在色拉却顶寺作修夏安居时，讲授了密集五次第以及一些母续的圆满次第。此外，大师在色拉寺，依《根本智论》、《辩了不了义论》、《四百颂》和《密宗道次第广论》，为大众详细地讲授了《密宗道次第》飞《根本罪解说》、《事师五十颂》和《道次第》等的解说指导。大师在吉麦的仲布隆寺中，于冬季安住肘，为数以千计的僧众讲授了《道次第》及鲁哼巴传规的胜乐金刚修法和母续的圆满次第等教法。大师在拉萨创立大愿法会的那一段期间，为众人每日不间断地讲说阿阇黎圣勇所著《释迦牟尼本生》。在大愿法会散会后的孟春期间，大师在色拉却顶寺为近六百名三藏法师详细地讲授《根本智论》、《戒品》、《修法普贤集》、《道次第》等。春末，在桑日普钦寺为京俄·索南桑波及勘钦·嘉桑巴等许多特哇山修士，此外还有许多三藏法师一起会集，讲授了《道次第》等许多教法。大师在奥喀修夏安居时，为达波等处的出家僧众传授了许多教法。其后一年，大师在甘丹寺中，详细地讲授了《道次第》、《密集解释明灯论》及《五次第》等教法，讲授了《阿毗达磨杂集论》及《瑜伽师地论》等最宝贵的论著，还讲授了因明论的难点等无量丰富的大乘教法。又其后一年，在扎喜垛喀寺为千百三藏法师讲说了《中观》、《因明》、《道次第》等。大师返回甘丹寺后，对《鲁哼巴传规的胜乐大疏》、圆满次第的四瑜伽的广略指导本《密集根本续》、《密集释明灯论》等郑重地作了校正，写出了详解句义、注释、辨析、摄义等四种相结合的本子，详细地解说了所有密续的释论。狗年，大师在甘丹寺中，为从各方面集来的数以千计的三藏法师，及原有的僧众，讲经说法，尤其是讲授了《密集释明灯论》的最著名的四种合注，以及一些密宗释续、五次第详细指导、六支瑜伽的详细指导，《时轮广释无垢光论》的详细解说等。此外，还讲说了《中观》、《因明》、《道次第》、《胜乐》等既深且广的无量的显密教法。猪年春夏两季期间，大师为无量的三藏法师详广地讲说《胜乐轮根本续》的解说等。这的确是极大的恩德！总的说来，使所有密宗教法，特别是大密金刚乘的教法如白昼般明朗起来。从各个方面来看，大师的确是第二金刚持再来世间。以上写出的史迹，也只是略举大概。在其他场合，宗喀巴大师对个别应化有情，按各自的才智和善缘，给以适宜的正法教授者，不胜枚举，不能详述。至于密宗甚深灌顶和随缘灌顶等，大师严禁普遍公开传授，只能对具足法器的人士，以极秘密的方式而传授。这种情况，如前文所说的那样，不再赘述。大师在精奇寺作开光法事时，对十位具足法器的弟子，传授了妙吉祥秘密大灌顶，对一切智克珠杰传授了能怖金刚大灌顶。此外，在桑桑勒仁巴所著有关宗喀巴的讲说、辩论、著作三业史事方面的著作中说：“有些人说：法王绒坡·罗桑扎巴(宗喀巴名讳)这位善巧成就者，在日窝甘丹等处，传授过金刚鬘内部曼荼罗四十二种的全圆灌顶和经教。这样说，似乎其传承也是由宗喀巴大师传下来的。大师也可能讲授过金刚鬘灌顶经教。书中又说，“勒仁本正·楚臣扎喜在法王绒波·罗桑扎巴座前，求得金刚鬘的许多种灌顶。”虽有这样的说法，但应想想这是否真实。虽然要想表明作这样的说法时的特点，但是书中又说，“总的说来，宗喀巴大师任传何种灌顶、经教、秘诀，都是极为善巧的，任随传授何种导释，对于所缘次第和领悟等，都说得极为清楚。解说密续典籍时，更是渊博广泛，而且是从许多不同的说规之门作讲说的。例如，以胜乐金刚的说规来说，大师是依自著的《胜乐如意牛》内的注释来作讲说的。对于时轮密续，大师是依他自己听过的十七种不同说规来作讲说的。宗喀巴大师不管讲何种显密教法，那怕是只说一遍，也比其他喇嘛讲说多遍更能利益佛教。”大师的讲说是极渊深广博的。仁波且·伊桑哲哇的著作中说：“至尊宗喀巴大师讲说一遍《时轮根本续》，比其他喇嘛讲说百遍更有利益。这一情节，出自《青史》中所说。是应当知道的。”又说：“如上所说，由于大师讲说了清净的显密经教，而在乌堆地方建了上下密宗寺院，在后藏的色隆沟也建了著名的清净密宗寺院，在后藏的隆子、前藏的桑额喀、色拉寺、哲蚌寺创立了密集、胜乐、能怖、时轮、普明等修供法规，在哲蚌寺和色拉寺中建立了听受与讲说显教论典的寺院，在“日窝格鲁派”内部建立了讲修密宗的僧院。此外，在许多大小寺庙中讲说毗奈耶，并建了毗奈耶僧院。总的说来，如是清净的一切显密的讲说和听受的建立，诚然一方面是依靠许多善巧成就的大德的净善功德才实现的；然而主要还是依靠宗喀巴大师所建立的讲说和听受的清净僧院而来的。”这样的说法，的确是事实。即以现在的色拉、哲蚌、甘丹三大寺及上下密宗僧院和札什伦布等寺中清净的显密的讲说、听受、修学的法流至今并未废失而存在，以此为表率的前后藏、达波、贡波、上下多康、汉、蒙疆域等一切地区中，都遍布着“日窝格鲁派”的难以数计的大小寺庙，而且这一切寺庙中，依各自的缘份所得的显密讲说和修学，及毗奈耶制戒等利益教法的事业，在这末劫，仍未废失而存在。产生这一切的根源，确是纯由如第二佛陀的宗喀巴大师全心以佛教为念的无量发心，而作出显密的讲说和听受的清净事业之力而来的。”

在勒仁巴所著的《宗喀巴传》中说：“据说大师的口音带有一些康区话的较硬口音，然而或许是前后藏地方的自然条件不同，大师在说法时，声音比他人特别入耳悦意，清晰而和雅，一点也不坚硬。尤其是当他人对于显密经教的句义，发生极大困难，对于修悟发生疑团，所有发生疑难时，无论启问大小的问题，大师决不轻视而漠然置之。而且对问者说：“你的这些了知和这些提问，我是喜欢的，是喜欢的，我还有要说的，有要说的啊！”大师对各人的难解和所有疑团，都是依决定能除其疑难的论著和经教而作开示。尤其是对于一般普通人，或心量小者，是先消除其畏惧、胆怯、羞涩等心情，而使其变为欢欣的心情。大师在僧迦大会中说法时，声音极为清晰而高昂，所讲句义极为入耳悦意！大会的中、边两处，都同样能听得明白，同样地感觉明白。又由于大师的说法声音柔和，而且性情宽厚，因此在说法散会后，有些格西和诚信诸人的耳中，虽时经多日，仍然留着大师的雅音和入耳悦意的声调，清晰嘹亮的印象犹如鼓声般咚咚地响。这些情节，正如大师自撰《文殊赞颂》中说：

"语意柔和悦意适合心，
正确无垢光明悦意闻。"

又说：

"尔时近处闻声不太大，
远处闻声亦不嫌低微，
犹如镜照各种彩色相，
无数有情各自语相通。
顶髻、白毫、喉间等妙相，
现示全由尊身支分生，
诸相寂静能表梵净音。"

大师说法的声音，与梵音相同，确是稀有卓越的特征。

以上是略说大师讲说的功德史实。

于此断句处，作中间赞颂说：

文殊心间祥纹常戏现，
妙音喉间莲池起美姿，
讲说正法无畏狮子吼，
佛经传来西藏多番宣。
现观、因明、戒律及法藏，
中观等论广难如莲苞，
诸论千日光照莲开时，
深义如蜜求义人饱满。
大密教法多劫仅一现，
真实难闻续部甚深义，
尽皆丰足解脱本性中，

此非金刚持王更有谁。
决定自本圣士大德身，
亦不矜骄说、闻作风等，
如佛所说本生美传行，
毫不违越净行实堪惊！
多少教授嘉言彼一切，
全为利益佛教与众生，
持此而外利养与恭敬，
名声企图之行远离分。
从师深广智慧妙瓶中，
溢出如意嘉言妙义流，
降入有缘智根法器中，
昼夜常获喜乐受无穷。
师说法句虽仅一支分，
较他百遍说者尤为精，
任获何种稀有妙故事，
此土之上难如师美名。
仅言讲说无等胜导师，
以及时，地情形特异外，
未缘开示具缘有情众，
适合其机之法未细分。”

第二，宗喀巴大师拥有卓越的辩论功德的情况：由至尊宗喀巴师徒所倡导的辩论智理的这一重要事业，与往昔印度圣地怙主龙树师徒、法称师徒等所主张的宗旨相符。并不像不熟习经论的人所想的那样：“所谓辩论的智理，仅是为了和对方对抗争论，靠思路敏捷的智理、尖锐的语句等，使对方无言答辩的方法而已。对于通达经典之义，没有多大的利益，尤其是对于修行密续来说，是不需要的。”由于这样的傲慢语和恶言渐次增长，能使人之心识成为恶劣之因，由于这样的不正知，使自己对于辩论不敬重，而且对他人辩论进行阻碍者，为数极多。克珠玛微尼玛的著述中说，“凡对于经论勤作闻思的人，会对此经论一味偏爱执著，所以已成为美誉飞幡的人们，也需要在修行时调柔自心，这是诸大经论所说，修行次第。有一些人丝毫未知这样的教示，而且对诸大经论中，有怎样的修行要义从没有考虑过，到自己被阎罗的使者抓住，对死主阎摩的惩罚略生怖畏时，才知自己已在不学的愚昧山洞中将自己的人生虚度过去了！以这样的情况来说，他自己既丝毫也不韶违越其所谓的教授，而且对于以前所得的一切闻思，都感到十分悔恨，只好住于任何亦不思想的畜生修法——和尚宗规❶中，认为诸大经论对于死时无有必要，而犯下谤法罪业，被极大的罪障压着而度过人生，不过如斯而已！”与此相同，一些对于经论研习持矜骄态度者的心中，认为辩论的智理，仅对暂时了知经论之义有益，以及在辩论和答辩时，能使理解敏捷和立宗坚固。虽是肯定为有益的，但是认为对于实修，是无补益的，因此揣想修行之要，或许是在他派中。这样的人士，似乎也为数不少。如是诸人，是未真实了解辩论的要义。因此，须要作答：为什么叫作辩论的智理?这决不是仅仅为了破斥对方，使其失败而已。当知对于显密等自他诸宗的一切广略论典的要义如何，不仅只能粗略知道，或随声附和，而且要彻底的了解，这是不可缺少的。应当明知的是：若不依靠辩论的智理，任你了知得怎样的好，也都如第五世达赖喇嘛所说：

“未经智理磨练经论义，
纵然略知一般总词句，
翻转细察犹如一团沙，
以故智理秘要当细研。”

如顿月克珠所说：“对于智理，未经熟研的世人的才能，任随如何的善妙，也只能是一种虚而不实的。”任何正法的句义，最初仅一次启问时，那怕装着已经了知一切意义，实际仅知一些随顺论文记载的说法。纵是厚颜无耻地胡诌而说，但是再(向他)作一次详细的提问时，刚说过的宗义(主张)，大都破灭而无言可以答对。复再作仔细的探索而提问时，以前所说的那些，犹如已忘，而自己显出前后矛盾。由于立宗(所主张)之根基已破灭，立即暴露出愚者自己的过失。这是对于智理未经热研之过。对于此点，他们说：“辩驳和思择时，由于对经论未经熟研而达不到真实答案的要点。这诚然是真情。但是在实修的阶段中，就不须达到答案的要点。因此，只须不错知其义，也就可以了。”对此应答曰：“不是这样的。当知在实修的阶段中，对于所修的是何法，法直接表达的意义以及法间接表达韵意义，所缘和类别，粗细应破的否定之规等，若能细而又细的知道时，如所知而实修的成绩，比修悟中所得的进度更为优越。否则，仅依靠肤浅地知道一些一般词句，而装作修习过的样子，但其所得的也不过那样肤浅的一些所缘、类别、了知等而已。”如颂所说：

“所作如何业，

其果亦如彼。”

这是说修行之果，根本没有什么进度。例如：“一切‘有为’皆是无常。”若仅依字面记载的这一词句，只会想“有为”诸法，是不能长久存在的有法，因此它是无常。仅生起这样的心思，只会想的心思，是不够的。所谓“有为”之义，以及刹那刹那间转变的无常实际情况等，须依清净教理的论据，而善为抉择。并且对于“无常”来说，还有粗略和细微的无常规律等，应当勤求决断的定解及彻底地领会于心中的方法。仅这样在心中生起无常观念也不抵事。为了使无常之义，不待造作，真实在心中生起，主要还须向上师三宝勤行祈祷，还需要积聚资粮，净治罪障，心思其义等，结合而作实修，有一时间，并非只是知境，而是无常的真实义的通达信念生起于心中。再继续勤修，得生起现证通达无常的智慧。如是类推“有漏皆苦”及“诸法无我”和“涅槃寂静”。这即是“四法印”。每一种都应当知其有如(无常)那样的要义。因此，表明任何修行的关键，须生起决断的定解信念，生起如是的信念，则辩论的智理，肯定是极重要的。对于此点，他们又会说：“那么，往昔许多前辈的大成就者，对于经论的记持和辩论，虽是未作许多精研，但依靠对师的信解恭敬，以及难行、毅力、坚韧不拔等而修甚深道，也获得所有成就的最高果位。因此，对于成佛来说，并非一定要依赖于闻、思加行。”当知如是证得成就诸人，他们的往生诸生中，对于教法，已作过广大的闻、思、修，及积资忏罪等，因此早已获得最高的觉悟。因此，在此生中，虽未作广大的闻、思等，但是对于经论诸义，心中能无难而生起通达。在此基础上，加以一般普通人和普通心量所不能办到的“依止上师法”，及无量的难行毅力，而获得成就的果位。关于这些，在其他宗派的教语即所谓“利根顿超者”和“钝根渐修者”两种中，这是“利根顿超者’。即与大宝的有情，是同种类的。这些人的成就也都是于往昔诸生中，修积工资粮(福慧)之力而来的。根本不是从最初的初学者起，就任何也不学习，任何也不知道，但凭修持禁戒，仅作一些零碎的修行而得解脱的啊!因此，往昔的时期中，早已精修熟研的特殊有情，利根种性者是为数极多的。由于意识到那样的有情，在此生中不依赖于诸经论的探索和精研等的勤劳，但依赖对师的信解恭敬，以及难行、坚韧不拔等而勤修，也能获得高超的证达。因此阿底峡尊者也说：

“此生短暂多所知，
亦有尽寿无所晓，
如鸭水中吸乳汁，
从心所欲知所取。”

瑜伽自在师米拉日巴说：

“能仁教法逢浊世，
人寿短暂受用穷，
魔类灾害繁多故，
盼徒不须广知经，
修行心要子宜勤。”

这是不劝勉专求闻思，而是鼓励修行。在如是的特殊情况中，从修行而获得解脱者，诚然是有的。然而时代渐成为浊世时，宿世早已熟研经论的利根有情，寥若晨星，钝根种性已成为极大多数，而且说法也不是如前靠大德按照有情的心量而说法，而是对于一切利钝诸根普遍地一样而说。在这样的情况下，虽作闻思，也等同扬弃的糠皮，没有心要可言。因此遂说闻思对于成佛，无任何效用，而将闻思连根抛弃，虽是做出了一些勤奋修行的样子，但是难于生起前辈诸师那样的修证，连闻思之慧也没有，研习共通道之法，一点体验也没有生起过，停留在昏黑状态中而耗尽人生者，比比皆是！萨迦班智达想到如是情形作有偈颂说：

"说是修时不须闻，
此为愚者浅慧说，
不须闻教之修行，
纵勤亦是畜修法。"(如畜生般愚昧地修)

一切智克珠杰说，"这样说是对于密宗应抛弃智理的观察，由于有这些愚言的传扬，那些对于经论毫无趣向，而自认为是修密法的人们，更认为自己与(愚者的宣扬相符)而生喜悦！从此情况看来，实堪惊奇！仅以执著于'对于密宗不须智理思考'的这句话来说，即已成为比外道更应当受申斥之例规。心不趋向于教理的诸愚者的想法是：'所获得之义，是从上师的教授秘诀中而来的密宗究竟要道。"依此宣扬，大都不作智理观察，只依靠他们自己的想法，而且由于这样的影响，就连大成就者所解释的密续意旨——道之究竟要义之名，也一并抛弃而无余！"又说："这样，在勤修禅定中，有些人的倾向是：对于佛经及解释佛经的'论藏'，是应当舍离阅读与听受等事的。凡诸(禅定)除了必须断绝外界的见闻外，若思念内心的真理，也是散乱之因，虽不思念真理，从上师的教授秘诀中也能获得通达真理。如是还有对于修曼荼罗轮及念诵特殊的密咒和作礼拜、供养等事，认为是'有戏论'(言非真实)的善行，应当舍弃。应唯一地修'无戏论'(言真实的)真理之义。但是他们修真理，是不须获得随行智理的定解，只须自然地安住于平凡的新识性'任何亦不思想'中，也就可以了。"这是禅宗的人们一致的说法。又有一些人虽是承认闻、思，但其观点，如一切智克珠杰所说："他们看见别人作闻、思，对于指示佛经之究竟道——金刚乘的生圆次第及曼荼罗仪轨等，作探求和学习时，他们说：'亲近阿阇黎和法友，生起悲心等，这一切都不应作因其效用小而无意义。何时对于闻思和讲说，听受等事，无暇去做的时候，不如去到城市附近的庙堂里，作供垛玛和沐浴仪轨，以及荐亡等事，还不失为自己求食之方。若现在作闻、思，是极大的灾障。"这种说法与经过许多勤励而求得金刚持果位，简直是背道而驰。作为有情应具有的闻、思，显密的共同根基，也丝毫没有了。"当知闻、思之业，是具有极大意义的，而且应以学习法相乘(即显乘)和五明处等为主要。如偈颂所说：

“若不精研五明处，

纵是圣者难成佛。”

根据此说，不管任何尊卑有情，他对于经论若未作广大的闻思，而进入于实修中，那犹如空手爬岩，不过是无济于事的虚度此生而已。另一方面若对于修行者产生瞋恨讥毁，自己也就对于实修无任何重视，对于闻思也仅略作见识。这样直到死时，连一桩无愧悔的事业也没有，自己的身心在干枯萎谢中虚度了此生的时光！还有对闻、修二者及显密二者认为彼此如水火相矛盾，而误入于邪途者也为数极多。此如一切智克珠杰所说：“这样，佛说以戒为根本，以闻思抉择真理，并依抉择之义，心中思想而修。当随行此三学之次第而不错乱。他们取消了这些次第，并且对于显与密，闻与修等，认为彼此如水火相矛盾,而作破斥，他们一切人士，复对于正法的清净戒学，一心破坏。因此使此间雪域西藏的佛教仅成为影子的时候，至尊宗喀巴大师,用发心住持正法的伟大成熟宏愿之力，为了恢复此间北方(指西藏)一带的佛教，乘愿而来。”这是说文殊怙主第二佛陀宗喀巴大师对此浊世应化有情，极为悲悯! 因此，如愿受生，如佛的密意，渐次入于佛门中的史事，开创了卓越的典范。总的说来，一切根器优劣的应化有情，所修之要扼，是不可缺少共通之道的。尤其是我们佛教内部，在此浊世行动中，对于大都是智薄而根钝的有情来说，能引导入于道中的极为善巧卓越的方便，确是大师的恩赐! 如果按他们所说，我们初学者不须先由闻、思共通道，以净治身心，如往昔特殊有情早已净治身心，成为最上根器者，依禁行苦修，最初即入于圆满次第等极高的道中，以及极深的法中，犹如元气耗竭的病者，虽强给以营养的食物，不但无效，而且还生起许多过患。因此，当依宗喀巴大师所开示的那样，最初对于应修诸法，应由闻、思、善作抉择，而且在做闻思时，自己所闻之义，尽力地结合自心而实修，开始从依止善知识起直至共通诸道次第，都应精修面生起定解的体会。其次求得灌顶，并如法守护三昧耶，而作甚深道生圆次第的修行。由这样渐次勤修，则灾障和歧途都小，而且能于此生和后世的阶段中，心中如法地生起诸道次第。这样对于佛道学习的情况，不仅日窝格鲁派如此，萨迦、宁玛、噶举、主巴等其他宗派也有这一共通道之规。但是现在大都轻视此研习共通道之规，一开始即进入修行高深之道者，虽然为数不少，但如前文所说的那样，由积资忏罪等净治身心之道者，却没有了；修行的体验也没有了；因此与闻、思之慧相远离者，显然为数极多。因此，其他宗派若对于佛道，（共通道）如是学习，形见修行各自宗派之法，还可以获得较大的进度，而且具足暇满大义（不空过此生）。又有一些有情，由于根钝，此生对于广大的经论，不能学习，各自守持所承许的戒律，作适合各自心量和机缘的礼拜、绕塔、供曼遮等积资忏罪之修业，以及念修本尊法等，随修何种身、语、意的善法，和作财物的善法等。这些无论怎样都是应作的，并非连这些，（修业）都不可作。大悲的导师说，引导众生之门路，是无量无边的。但是那样（钝根）的有情，此生即使不能闻思经论，也当发愿于以后诸生中，努力实现能闻思学习的净愿。当知对于最后成佛来说，若未由闻、思、修三者全圆无倒之门，而研习全圆之道体，仅依靠片面的积资忏罪，及念修本尊和闻与修等，是不能获得一切智佛的果位的。另一方面由于有偏私的愚执，总认为自己的是真理，他者的是愚痴。切盼不必执著这样的禁戒！对于前辈诸师的语教来说，也有不了义、了义、如所语、非如所语、直接开示和间接开示等密意。应善知取用，通达所有开示的一切意义都不相矛盾。这确是极为重要的。因此，宗喀巴大师说：

“取舍之处皆昏迷，
正闻之灯复暗淡，
不知道时解脱城，
不能进入何待说。”

这是说知取舍之处，当为了增广智慧，对于经论，应作清净的闻思，这是极重要之主旨。但是对于这一要旨，要生起决断的定解，则不可没有辩论的智理。并且这种智理也不是仅依一两种经论，对一二人作一两次辩论，就可以达引的。应当是对于印、藏的诸大经论，长久熟研，具足多番考察，并作多次的探索，然后提出问题，而且作争辩和分析等，从中获得彻底决疑的定解。依此而以所闻之义修行时，也还须解除无知、歧途和疑虑之绊绳，消除对于佛教无知和邪知的垢秽。以清净三量观察❷来作抉择，破除对方的攻击驳斥等，是住持教法不可少的因素。因此，为了闻、思而辩论，如果认为这不是趋向于菩提之因，因而是无意义的，无论何时，都不应有这样的不正思想。而且当知不仅是辩论，所有闻、思、修三者，是否趋向于利他和菩提之因素，主要关键在于发心(即动机)。若有菩提心的发心，是不会不趋向于菩提之因的。除此而外，如果怀有追求自己的善巧名声，贬低对方，傲慢骄满等的动机，不必说辩论的智理，任作何种善业，也难成为菩提之因。所以动机如果不清净，那怕你住于山洞中，尽人寿竭尽全力勤修善法，也不过获得一些不究竟之果而已。因此，如偈颂所：

"诸法一切皆是因，
根本关键在志趣。"

欲知如是的关键，不依闻思，仅由自力，是不能得的。因此必须以闻为加行，由如是的情理，也能得知此一关键。由于如此这般的原因和特殊意义，宗喀巴大师为了渐次引导众生入于清净道中，首先大师自己对于广大的经论，作闻、思、修时，不是以粗略地知道一般词句为满足，而是对于经论诸句义中，每一句义，都依靠善巧上师的语教，及由自己仔细地思考，并同许多善巧权威者多番辩论，而且提出问题，作反复辩驳和思择，以及遍游辩论场立宗答辩。前文以零散方式所写出的那些，现在于此正文中，归纳而书出如下：

最初大师来到西藏后，在德哇巾大寺中，对于《现观庄严论根本释》及，《庄严经论》等慈氏(即弥勒)诸论，作辩论研习，经二年时间，对于《现观庄严论》的句义，已成为极善巧精通者。大师在十九岁的那一年，广游桑浦寺及德哇巾寺，作《现观庄严论》的巡回辩论。由此大师的才智和教语美满的声誉之幡，长久飘扬于诸方。此后，大师去到后藏，在萨迦寺中，作《现观庄严论》的巡回辩论。继续巡游辩场之后，去到堆江，在达桑敦、昂仁和嘎绒诸寺中，作巡回辩论。之后，大师在唉扎大寺中，作巡回辩论后，去到纳塘，在纳塘的善巧上师译师邓桑座前，听受他根据桑让所著注释讲说的《俱舍》教法。大师继后去到年楚河上游，驻锡勒宁寺中，在勒宁寺僧修陀罗尼的时期中，作《现观庄严论》的巡回辩论。又在夏季法会中，大师去到哲钦寺，在善巧权威者梁温·衮嘎伯哇座前，听受《现观庄严论》的详细解说。那时，至尊仁达哇也来到哲钦寺中。最初大师就在仁达哇的座前，听受了几座《现对法藏自释》的指导讲解。以后，作讲说听受之规中，大师也去听受。在秋季仁达哇同大师师徒二人去到年楚河上游的桑敦寺中，大师又在仁达哇近前，听受《入中观论》的讲说。在秋末大师从年楚河上游去到前藏。觉摩隆寺的堪布四难论师洛色对毗奈耶极为善巧精通。大师在此师的近前，圆满地听受了《戒经根本释》及其分支等。洛色大师心中所有的说规，大师完全领会于心中，较师更为透达。就在那年的冬季，大师去到后藏，驻锡勒宁寺中。在第二年的春季，大师去到萨迦寺，在至尊仁达哇的的近前，听受《道果》法，又听受《阿毗达摩杂集论大疏》，宗喀巴大师也领会于心中，而且又听受了一次《量释论》的详讲。之后，大师再往前藏，在冬季法会中，驻锡德哇巾寺。大师想在春季法会以前，前往前藏作巡回辩论，于是阅读了一些经论卷帙后，也就去到后藏，听受纳塘喇嘛译师邓桑哇所著《量论注疏》。在夏季法会中，大师在纳塘作量释、上下俱舍论、毗奈耶等的巡回辩论。在秋季法会中，大师听得至尊仁达哇来到唉扎寺的消息，因此也去到唉扎寺，主要听受中观、量论、现对法等教法。同时，又听受了一遍《现观庄严论》和《毗奈耶》。之后，大师复去到萨迦寺，作上面所说的大难论等的巡回辩论。此后，大师又去到前藏，在春季里，从贡塘初十供会起，渐次去到桑浦寺、哲寺等诸大辩场，对以前自著《现观庄严论》未完的四大难义，作巡回辩论。大师先后做如是巡回辩论的阶段中，在各个地方和时间，大师与前后藏的许多善知识和才气矜骄者，作辩驳和推求的辩论，任于何时，大师根本没有表现过傲慢、骄横、自傲而轻视他人的态度，而是以具量的经论和贤善的大德作论证来对任何一种难义要点，作妥善的辩论。因此唯有宗喀巴大师的辩论善妙，善巧美名的胜利鼓声，遍播于诸方。任何应化有情都情不自禁地对大师信仰恭敬！如《宗喀巴传一百零八稀有史事》中说：“如是大师自己对于诸法门类，虽已彻底了达，然而为了对以后众生示范，留下不使教法渗入虚伪杂染的贤善宗规的必要，大师在十九岁时，在桑浦寺中，做了一次对于慈氏诸论的巡回辩论，又在德哇巾寺中，作了一次《现观庄严论》的巡回辩论，在纳塘做了对于《毗奈耶》、《现对法》、《量释论》等三者的巡回辩论，在哲蚌寺中，作了关于《现观庄严论》的后一部分诸大难义的巡回辩论，在萨迦寺作了一次巡回辩论。总的说来，大师在作这些辩论时，没有余留、中断、杂乱、错误、重复、不达等的过失。而是运用各部经卷的总括指示词语、各宗派的安立法、破非立是的要扼等往昔著名的论著嘉言甘露，为正直的诸智者所喜而且叹为稀有的精髓来作充实，尤其是大师发出的狮子吼音，如调伏狂象之鼻绳，使西藏疆域中所有骄横自满者，都畏缩而被调伏。这是第二十七种稀有卓越的史事。”又说：“大师从多康刚来到西藏的阶段中，即准备加行的工作。后来与任一智理无与伦比的著名导师相辩论时，谁也不能逾越其所立之宗。而且难觅能反驳大师所承认之理的机会。对于对方，大师能以直接或间接破敌武器，如迅雷轰击使其摧伏，并且是在大发自宗正论的尊胜诸方的三轮❸规律之语声，犹如美妙弦乐传播中，决不使对方的骄情慢意，无奈而痛哭，以致心情破碎！辩论的对方总能听到其和雅的论调。这是第三十七种稀有卓越的史事。”又说：“那时，后藏诸寺庙中，存有萨迦、格鲁两派偏私憎爱之心，而大师新撰的诸论著，由于如大宝苗芽的优越，因此萨迦的正说智理诸师，大都进而成为大师的弟子，以及对于觉囊❹、博多等派的旧籍中，所有不正、不是、不决定的语义，作有许多能中其要害的自然的应破之处，使他们心中难忍，而考虑著作出破斥的论述时，文殊劝动大师说：‘先去谒见面具吧！’大师谒见大黑金刚的漆布面具，与此同时见着白幡帛上面有金书量论颂文，心知为真实因相而作观察。在那一阶段中，大师前后的辩论，三理中的‘因’的理路，立论和破斥，辩驳和推求，都获得决定的自在辩才，使那位粗暴者所作许多论谈，无法答辩。现在此种书中，已被废弃，由于大师已作出由合法之门，指出其所说之义是如此这般的。追究其原因，使其顺服。这是第六十种稀有卓越的史事。”又如上文已说过的贾曹杰·达玛仁钦，虽是前后藏两地区中著名的善辩的典范人物，但最初与宗喀巴大师相见而作辩论时，大师略说出一些教理，遂使贾曹杰所承许和所立宗，尽都粉碎，能说的辩才，归于消失！此外，如桑桑勒仁哇的著述中说：“于牛年，大师在拉萨创建大愿法会时，集会千百僧伽，就连本教❺的约塘寺的寺主仁波且等许多师徒屯供来大量财物。在获得不可思议的受用丰足时，大多数人士说：这是依靠法王大师自己是幻化身而得来的，或说：这是获得成就者的征象，或说：这是善巧、成就之征象。但是也有一些才薄智浅者及未积福慧资粮者和邪见者说：这是法王宗喀巴运用一种聚集权威的秘法而来的。萨迦派中的大善知识惹达纳西汝的心中也生起那样的邪见，他在僧伽大众的当中，向宗喀巴大师作了这般的启问：‘法王仁波且：在聚集权威自在的法中，请问有何法为最深？’大师开示说：‘无上部聚集权威自在的法中，有如法而作，此为最深。’据说大师如是说时，这位善巧者的心中，情不自禁地生起了畏怯和敬仰的心情。举例来说：‘其他智者辩论自破灭，宣传自然遍布而流行。’即是说，大师对于答辩，或引出矛盾和诸智理时，以他的每一语句，刹那间即能驳倒所有对方可畏的辩论者。此种情节，虽是从过去的许多善巧成就诸师的著述中说出，但也应当与宗喀巴大师的善妙、辩论的甚深史事一起来看待。”稀有卓越史事中又说：“大师闻思诸经教，或兴办智理寺院，或作谈论等大都会引来善妙的辩论和锐利的智理。这也是依于大师的善妙辩论及善妙智理，和甚深自力及缘起而来的。”以上所说那些特点，无论是显教与密宗，也都相同。尤其是大师对于密宗所有续部，作彻底精研的情况，由前文所载的情节，可以得知。例外的是大师作密宗立宗等的情况，在诸传记中，未见明文记载。总之，大师对于显密诸学术，任何方面，都能如法辩论。这是谁也不能相比的。此诸情节，是略说大师拥有优越彻底的辩论功德妁情况。

于此断句处，作中间插颂说：

　　广大经旨义广宽，

　　智理之步未到时，

难缚愚力地下龙，
以故当赞闻思功。
闻理若未作加行，（印前导行）
愚修虽守禁戒风，
遍智佛果难出现，
寻求多闻智者宗。
未知辩论如日光，
能开经义净莲房，
无义徒劳之心思，
唯是愚情实可伤！
大师对于自他宗，
所有经论非粗知，
以辩论智作衡量，
获得定解闻思忙。
尔时对方作辩驳，
教理如风堪生喜，
但对立方作辩驳，（如须弥山巍然不动）
欲动分毫难寻机。
每一破斥智理语，
能摧对方百立宗，
纵是说狮法称师，
亦暂无言表听从。
如是但有对佛教，
无知邪知应消除，
显明正道发心中，
本性全无骄慢容。
大哉师之每分智，
他者百年亦难树，
尚存寻隙思想者，
如蛾扑火情何殊。
师心虽无损他意，

但以教理正直线，
量时所有歪曲心，
不禁暗中泪流出。

第三，宗喀巴大师拥有如何卓越的著作功德的情况。

后期的一些愚昧而矜骄者说：“除往昔薄伽梵佛世尊所说的所有显密经教，及往昔印、藏的善巧成就诸师所著的解释佛经旨意的论典外，是没有能说出较以往胜越的新意义的。但后来一再著出许多论典，看来没有这样的必要。”他们虽是有这样的高声赞说，然而这些未加详察思择的话，是有大罪过的。他们以没有能说出较佛意胜超之义，作为理由，认为再著论典，是无意义的。那么，佛所悬记的将由印度的大车轨诸师所著作的解释佛意的论典，也都成为无意义的了。由于没有能说出较佛意胜超的原因，如是追随于大车轨诸师之后的印度善巧、成就诸师，以及此间西藏的萨迦、格鲁、宁玛、噶举、主巴等派的许多住持佛教诸师所著的所有论典教授等，都应认为无意义了。由此看来，太为过分！说出如是语言的诸人，确是暴露了(他们)任何也未研习，任何也不知道的自矜的本相，对这些人说一项显密经义后，若问他们此义表现佛的何种真实义时，肯定他们仅能做一些笼统词句的答复外，说不出其他意义来。因此实际的情况是佛与大车轨诸师的主张，虽无矛盾，但是诸应化有情的根器，渐次成为每况愈下时，所有详广者，须由略义之门而说；不明者，须显明而说；隐匿者，须显露而说；程次乱者，须依次列出而说；以及了不了义的区别等，都必须著作适合应化有情根器的许多论典教授等。举例来说：佛初转法轮时，应化诸有情为利根，尽是获得不忘陀罗尼和辩才者，以此佛所示三种佛语——亲口说教，开许说教，加被说教。任何一种佛语，佛仅说一遍，人们都能记持诸语句而不忘。而且在说教的立刻，都能如实了知其义，全能领会于心中。因此是不需记载于卷帙和经函的。但是后来的诸人，不能做到这些的为数极多。因此，为了体念后世的众生，由诸阿罗汉作了三次结集佛经等事业后，渐次记载于经函中，也才有成为现在我们所听受、思维、诵读如是的经典。然而佛涅槃后，虽是已经作完结集佛经等事业，但是由于采取佛经的密意各异的原因，而分出声闻十八部。尤其是在人们说大乘非佛语，而作破斥，使大乘之名将近湮没的时候，佛所悬记的大车轨怙主龙树师徒，及无著兄弟等出现于世，他们对深广的大乘教法，作出了如白昼般的光显事业。佛亲自在乌仗那和“伯敦哲绷却敦”(吉祥米聚塔)等处转大密金刚乘法轮，由金刚手等结集佛经。这些经义，由诸班智达和善巧、成就诸师著出解释，为利济后世众生起见，而撰著广大的论典等。对于诸佛经和论典，是在师、徒、法王三者❻住世的时期中，启请诸译师和班智达将梵本经论译成藏文，厘定后即成《甘珠尔》和《丹珠尔》❼。并建立出家僧团及密宗寺院等，而使佛教大宏起来。一切应化有情也由修行中，而出现大量的证得解脱者。但是后来佛教经各种不同的兴衰过程，以此到后弘期的初期中，清净的戒律和密宗教法，形成衰颓。一些人自造的臆说中，固执密宗的字句，借口说行淫可得解脱，等同说“损害为法”的外道，而宏倡邪法时，大译师仁钦桑波等人及时著出《辟邪密集》的论文。特别是拉喇嘛·意希沃叔侄迎请阿底峡尊者底邦嘎惹来西藏，消除了对佛教无知和邪知的垢秽。又由于借口昔日密宗的法语太高，而提倡粗野行为。因此法王仲敦巴向阿底峡启请说：“请尊者对西藏人，不必说高深的法，敬请说因果之法吧。”尊者也观察到他们所以入于邪法中，是由于不知区分因果的关系。遂以详说因果之法为主要，并著作出三士道次第诸要全具的《菩提道炬论》等，建立起了清净的教典。除对一些具足法器的有情以极秘密的方式传授密宗教授外，不作公开的传授。又想到毗奈耶为佛教的根本，而创建珍惜戒律的噶当七宝法❽清净史事的作风。如是又由扎居·卓弥译师、额达·玛尔巴译师、惹译师、业译师等人前往印度，后来携带着密宗的法宝回到西藏，而作宏扬。由此而产生萨迦、噶举等派。这些宗派也是从前辈大德不断的传承而来，各自有其所主张的正见、修法、行动三者的宗规，并为了利益诸后学起见，著有许多秘诀论典。宁玛派具量诸人也以秘藏教语为合格，取而修行。从此有深法、地法、石法等各种不同的掘藏而出之法。当这些已令人难于信赖时，教法也渐次趋向于衰颓，由此应化有情也逐渐成为钝根。因此，分辨善恶之慧眼成为盲目，矜骄的诸佛教徒也偏执各自的宗派，而声称只有我们的教法最上，其他宗派不是这样的，入于愚顽固执中而不自知！然而他们实际上对自宗的见、行、修三者，及基、道、果三者的真实建立，尚未完全领会于心中。因此，纯粹是悬揣和厚颜无耻的胡诌。而自诩为住持教法者，佯装、冒充、自我伪造和淫荡行为的诸人，大都大胆妄为追随彼诸人之后者，为数极多。因此清净教法之规，复形衰败。有一些说是修密法的教徒，随便姿意受用酒肉和妇女，生儿育女，歌舞娱乐，与在家俗人毫无差别。因此，昔日称作解脱淫行之教法，又死灰复燃。又有一些人说是密宗教徒，入村落为俗家诵经忏，供灵器，放垛玛、禳灾厄、送替身等。除注意于施主的信财外，对于守戒和修行，一点也不重视。又有一些人说戒律等法，是小乘之法，而毁谤沙弥和比丘之戒律，视无神无鬼论、五毒、五智❾、利用五欲作方便❿等为最高见行之法语，而持粗行(即淫行)为主要。对于其他教法，说是仅只是渐次学习的，而作轻视。但是要他们指出自宗的见、行、修、果，他们确是不能指出的。在完全弄虚作假中，而虚度此生！又有一些人对于积资忏罪等共通道的研习，全不重视，唯一认为“任何也不思想”是最上法，而于痴修黑影幢幢之中，度过此生。又有一些人唯以口头所说笼统的语言，认为最上，而对于戒律和修行，全不重视。较此略稍好一些的矜骄者，除装作在守持一些戒律，及在学修放垛玛和烧烟供养等一些法行外，对于密宗甚深修法则作轻视。这些使教法受到了沾染的人，显然过去和现在都有，而且正在产生，不仅如此，未来还是有的。这也是不能阻止的。因此，在他们使佛教成为仅有形象时，如上面不止一次所说那样——是至尊宗喀巴大师来此振兴如纯金般灿烂光辉的无垢宗风的啊！但是现在而今，这样的宗风，也渐衰败而成为每况愈下。在现今的阶段中，主要在色拉、哲蚌、甘丹三大寺，及其他一些寺庙中，还存在着对于经论的闻、思、讲说和听受，清净的戒律法流还尚未没落，上下密宗僧院中，讲说和听受密法及仪轨的传统作风的法流也未衰失。至于一切智宗喀巴大师所主张的主要精神是这样的：

“最初广大求多闻，

中显经论皆教授，

至后昼夜勤精修，

一切回向教宏昌。”

尽管有如此的教言，但如我(著者)和与我相似的诸人，也仅只是在追踪大师那样的史迹的样子！其他人求听受时，也仅依各自寺庙扎仓(僧院)的文本，略作研讨，并仅能守持承许的誓约，仅在未断教理的谈论中，获得一个大小的命名(如格西名目等)时，也就佯装闻、思已达到究竟的样子。对于广大经论的闻、思，想做到消除疑难时，其才智不足以作推测，而且精进的毅力也还不够。由于这些不足的因素，虽然一切经论皆教授，也不过肤浅粗略而已。至于说到“至后昼夜勤精修”，除一些求解脱之义的特殊有情外，如我(著者)一般的人士，大都在追求此生的地位、名声美誉和聚集财物等世务中，度过青春韶华，这样的人为数极多。能以所闻之义，衡量而实修者，寥若晨星。但是从其他方面来说，全依宗喀巴大师师徒的悲心和恩德之力，关于闻思经论、守护戒律、修行的关键等，无论何种，也只有日窝格鲁派为优越。这是以正直心考察而能得知的。我(著者)这样说，也并非由偏爱日窝格鲁派的教法的动机而说的。如阿阇黎脱准住杰所说：

“我不执佛教，

亦不恨僧俗，

何具智理语，

全取作宣说。”

根敦朱说：

“我之后学诸友伴，

此心勿作执偏私，

正直之心作观察，

入何正道无不善。”

这确是舍离偏私，以正直心全面观察后而说的话。关于萨迦、噶举、主巴等派的作风习惯，及甚深要义和法语种类等，我们已略有见闻。因此对于那些(习惯、要义和法语等)各自的前辈诸大德所主张之清净宗规，任随何种，也没有与佛的意旨不同的，也不是后期掺有不同的杂质，或自我的虚构和无知的胡诌于其中。实际是后来的诸后学不知适合各自心量的修规时，被他人的各种不同的模仿形态所掩盖。因此人们所修之法，有趋于相似的形态，也有各种不同的形式出现。如是情况的产生，是由于对前辈诸大德所主张的共与不共的诸要义，未经十分熟研，凭自力又不能了知，又没有善巧有修验的上师所说的如此这般的明白教授。仅依靠一些灌顶和随赐灌顶，及经教诵授等来自己揣测地做着修习的样子，这样，如所说的真实修悟，是不能生起的。有一时间中，得知他者在传授一种好像是甚深的新法时，他想比自己的更为优越，于是放弃自宗，而入于彼等法中。因此成为那也不是，这也不是的三不像了。因此，不应当如是而做唇而应当以教法之根本——沙弥和比丘等清净戒律为根据，在此基础上，思修清净的依止善知识法，以及瑕满难得，死无常观念，业果，缘念轮回过患，思念解脱的功德等。纵然对这些不能作广大的研习，也须对前辈大德和善巧的阿阇黎所说的教言，长久勤习，成为熟练，而如理领会于心中，并须一再努力思察诸义，无论如何使体验能够出现。如果对于皈依、礼拜、供曼遮、诵百字明咒、上师瑜伽等积资忏罪诸法，仅凭数月的修行，或念诵了几千万遍，是不能消除严重的罪业，也不能获得大加被的。因此，须经许多岁月，时常不断勤修，有一时间，获得净除罪障，并得上师本尊的加被。由此观察诸法，也才能获得一种与过去不同的定解。如是结合积资忏罪，对于各自宗规的生圆次第等(密宗)甚深诸法，择其适合自己的心量者实修，也才能使此暇满人生成为有意义。但望众生如此勤修！这段插叙，是以“野风送遗嘱”⓫的方式而加入本文中的。

因此，虽是往昔由佛已开示出如大海般的显密经藏以及由大车轨诸师著作出甚深而坚定的解释经义的许多论典，但是后来的诸应化有情的根器，渐成愚钝。以此直到而今，对于《甘珠尔》和《丹珠尔》不必说作闻、思、修，就连只念一遍也不能办到，将经论诸卷帙置于供龛中，待到作经忏法事时，开启经函只念诵一下，及常时作为礼供的对境外，显然已成为闻、思，修中不需要之物。依于如是的情况，善巧、成就诸师将经论中能诠的语句摄略起，对所有不明之义和不易知者，作出明显的开示，并适合众生的心量，以直观教导方式而著出广略无量的论典教授，对成熟诸有情的目的说来，是有不可思议的意义的。但是有人由于自己无知的表现，而说是诸大德所著出的论典等是没有意义的，希望不要造作这种严重的谤法罪业吧！

由于这些原因，宗喀巴大师也说：

"我所通达道扼要，
以悲所引善方便，
消除众生心中暗，
愿久住持佛教法。"

这是大师依其卓越的发心，为了引导众生入于自己所得的正道起见，昔日大师在住世的阶段中，也如法地教授所有显密的闻、思、修的扼要，而不断地转法轮(即说法)，安置众生于成熟、解脱和究竟成佛的果位中。大师不仅作出了使无垢的教法之心要，成为人天的福田，如白昼般光显；尤其是意识到他所说一切教义，若没有一种论典撰出，我们后世诸有情将缺乏获得正法的缘份！大师由悲心难忍的动机，将显密的甚密教义，书之于诸论典中，以遗嘱方式而留存下来，直至而今，像我这样福缘下劣的诸人，也有可能成为闻、思、修三者之典范。对于不能阅读广大的显密经论者，若对于大师师徒的诸论述，如法地作闻、思、修三者，则能从歧途和邪恶险处中，获得解救，不久即能进入双运果位。这是大师出人料想的恩赐。如下面将说的宗喀巴大师往生净土后，一切智克珠杰复见大师容颜时，大师开示说，"忆念我时，应知以显密两种道次第为主的我所著诸论述，即是我的遗嘱。因此，应当阅读此诸论述。"这是大师亲临而作的开示，所以说没有比这更殊胜之讲说。如是之恩，即使是少许，任于何时，也是难以报普的啊!那么，大师著有如何的论典呢?在上文中，已粗略地说了一些。实际不止那些，还有许多论述。就卷帙(即函卷)的数目来说，如《宗喀巴传一百零八稀有卓越史事》中说：如是大师的讲说，已达到登峰造极！不仅如此，大师所著的论述，也有许多。略说其主要者：大师摄集燃灯智(即阿底峡)所著的仑菩提道炬论》和教法二次第等一切要义于一起，而著出三乘之门径、三士夫所进入之次第，由具足四种伟大之门，将佛所说八万四千法蕴汇合于一袖珍本式的书籍《菩提道次第》中。又由至尊文殊策动大师著作密宗的论著是：除由大师写作行文词句外，所有一切所诠之义，都由本尊文殊示说，而著出四续部之建立，入于密宗有情的加行次第，使身心堪作法器之方便，成熟身心之法，解脱身心之方便，对于这些还须知晓经教，以理作论据的情况，口传法流作后授等具足秘密之要点，及细微诸难要。如善巧的琢宝者琢磨“吠琉璃”那样精致的堪置于教幢之顶而做供养的大密灌顶之王《密宗道次第》(译者早已用汉文语体全部译出尚未出版)。特别是大师的这些著述，往昔印度方面也大为称赞!并且大师还著有在此间西藏比佛典更难值遇的“吉祥密集金刚”的二次第道果等一切要义，是以六边四法作印证，其中一切要义成为如地下宝藏，而与《明灯论》的意义相同，以此来抉择出密义的《现证五次第》，这是于一座间，能圆满(念诵或修习)完成的卷帙，以及《瑜伽母续王心要二悉地如意修法普显隐义》，又结合主要开示应如何闻思卷次之密义，及如何修彼之意义的《圆满次第大瑜伽》和《那若六法智者生悦金鬘》，又著出往昔如来密意根本、意思、能损正义、目的等四者而开示三种不合耳根听受之法中，根据能诠相违(矛盾)而著出的提问，及所说无矛盾而著出答案范围内，安立基、道、果的情况，由四门而说认识自己的承许无误的界限，及涤除与彼等直接开示和真实情况不同之规，即对于大小乘的经论意义，诬蔑歪曲之垢秽等，而著出《辨了不了义嘉言心要》，尤其是著出了如进入宝岛决不少的能渡：执边大河的舟船《中观解释广论》。此外，还著有曼荼罗仪轨、赞颂、愿文、现观、生圆二次第、幻轮等零散论述。认真地计数，约有五十余卷帙。大师获得这般论述自在的情况，即第三十六种稀有卓越史事。”这样的算法，显然是对于大师所著的诸大论，每一项或两项，即作为一卷帙而算出的。总之，还有一些大师的著述，尚未刻板印行者，将在下面补说。现在普遍传称已刻板印行的诸论著经第悉·桑杰嘉措合编为十八大卷帙。按照其目录，列举如下：

第一卷中：有开示遍主金刚持密宗道次第所有要义的上集十章和上三部灌顶及后加支分等。

第二卷中：有续第一卷帙未完部分的第十一章、开示结合二次第当修菩提、密集修法清净瑜伽次第、深明灌顶之义、圆满次第五次第圆满座之直观导修法、往生合修之教授秘诀、五次第摄要、释续金刚鬘之记录等。

第三卷中：有显明密集之要义、金刚念诵、现证菩提、自我加持、无上密意笔录、二十种仪轨之根源、道中学习法、开示难义要扼颂、智慧金刚集广解、释续联贯法等。

第四卷中：有明灯论之释注等。

第五卷中：有辨析大宝苗、解说摄义、阐叨真实性合解、二十一小注及零散篇、依照基本仪轨舞蹈鬘的密意及密集第一品释论的笔录、文殊金刚曼荼罗仪轨、成就法文殊密意显明论等。

第六卷中：有密集教授五次第明灯论、二次第修法之语教笔录等。

第七卷中：有密集生起次第、四百五十门类、修法句义略录、选辑了义与不了义的咒语及加持仪轨等笔录、密集金刚萨埵念诵次第、难义扼要笔录、大力明王法门求雨法、马头金刚法门散云法(即求晴法)、十大忿怒明王之笔录、能怖金刚胜伏魔军、十三尊修法、四十九尊修法、内外改正、黑敌修法、阎罗曼德迦仪轨宝鬘、能怖金刚护魔法悉地海、文殊和威法门守护灾障和延寿等教授、四字守护法、四字之教授秘诀、左右中三脉与阎摩合修法、大成就者伯真的真实性四解、内脉轮与阎摩合修法、大轮现证法、曼荼罗仪轨等。

第八卷中：有胜乐略续解说隐义普隐论、五次第解说隐义开眼论、曼荼罗仪轨及圆满次第大瑜伽导释次第略论、鲁哼巴传规曼荼罗仪轨、此传规的修法大乐显明论等。

第九卷中：有胜乐现证解说如意牛、圆满次第悉地穗、外供仪轨笔录、供鬘和执铃派传规之修法、念诵仪轨次第、身曼荼罗、仪轨宝库、五次第指导、金刚空行解说笔录、初十日供养法、教授花穗类、无畏释论等之笔录。

第十卷中：有那若六法导释修行略法、圆满次第、呼金刚续及无我母曼荼罗修法、第二品等之笔录、红色空行母之修法、唯一本尊之义解说、和合八品之第三节、开启往生之金门、六支瑜伽、六支之义解说、时轮无二续及现观灌顶六支瑜伽所需诸事之笔录、死日及超寿解说、六支瑜伽及修者四印之笔录、圆满次第略要指导、界历算法、禅定后续、四种极密、八大成就者之住世情况笔录等。

第十一卷中：有无垢光之难义扼要分类、时轮总义、时轮略释、金刚界土地仪轨、金刚萨埵念修次第、金刚顶曼荼罗仪轨等之笔录、行续义注解、曼荼罗仪轨续义显明轮、文殊修法、事、行二部总建立、光明佛母、叶衣母售妙音母、秽积金刚等之修法、三十五佛现观法、北俱卢洲长寿修法、广略开光法等。

第十二卷中：有事师五十颂注疏、密行悉地穗、上二部戒律还净法、根本智论释智理海、正见指导、庄严论之等。

第十三卷中：有入中论释密意显明论、庄严论备忘录、十理论、智慧品诸义笔录、应成与自续两派之差别、二谛、种难义扼要笔录等。

第十四卷中：有现观庄严论释金鬘论中第一品三种解说。

第十五卷中：有后五品的解说、菩提心戒解说、菩提正道等。

第十六卷中：有菩提道次第广论中的下、中两士共通道次中菩萨行修学法及止观诸品等。

第十七卷中：有菩提道次第略论、上士之类别、辨了不了义嘉言心要、二十僧伽、心性普贤释等。

第十八卷中：有集学论笔录、因明备忘广录、现实历算备忘录及注释、海戒略要及注释、训诲教言朗哲顶玛详略两种、戒律论、圆净事(即基)三种仪轨别解脱取舍略论、闻法笔录片段、度量细观明镜、书函两件、著作拾零等。

未刻板刊行者，现今流通本极为罕见。敬师和日隐所著量释论，(大师)依应成派著有注释，又著有辨了不了义之唯识派见之笔记、心色难义扼要略作抉择、诸首要弟子所作笔录、现观庄严论难义扼要释、二十僧伽法类、慈氏诸论之数目和次第、修行道次第编排情况、密法类密集口诀零散笔记、绛央却杰所作密集法类笔记、其他弟子所作时轮总义笔记、六支瑜伽等；还有往生导修等方面的许多论述，但大都罕见流通本。因此，成为如地下秘藏那般难睹了。如是的一切著述，毫无未加思察和率尔而说之之弊，也无与教理相矛盾之错误，可以说一句也是没有的。完全是为诸圣者所喜悦的嘉言著述。如一切智克珠杰的著述中说："如获佛所悬记的开启大车轨之规的诸师所著诸经论那样，其他智理自在诸师任作几许观察，也不能观察出有丝毫前后承许之矛盾等的垢秽那样，宗喀巴大师所著的解释显密经教的论典，虽有很多，但是一切论典中，绝无为了这是我门皆知识的请教的原因，认为是自己的思想，而作捏造和虚构；也无被嫉妒的毒泉麻醉，而全由有罪的意乐作无端诋毁之语句。那怕是用无垢智理道中所生才智作何许细察，都感觉大师的著述，是与任何上下密续、大小两乘、各别宗派等之经论的旨意相符合的，而无其他不正的言论。这是由大师著述中的教理而显见的。或以彼宗规作为根据也考察不出大师著述中，有如此这般自相矛盾的丝毫过失。这是由真实所成的，大师的智理确是纯洁的。因此之故，由这些情况看来，往昔西藏出现的诸大人物，那怕是如何的善巧优越，以美誉名声之幡的为庄严。但是若细察其各自的论著时，纵是以彼宗规作为根据，也能多次地见其有自相矛盾的过失。因此，令我(克珠杰)深信宗喀巴大师这位善知识，坚忍创出的优越才能和智慧，是过去此间雪山丛中(西藏)一次也未出现过的。这是现量所成的事实。真实是这样，大师任作何许的多闻，都能在心中修习，并作为要点去修行。因此，对于大师现证戒、定、慧三学之功德的分支来说，是难与比拟的。这是更为难量的功德蕴聚啊！"

还有桑桑勒仁巴·奇麦饶杰的著述中说："大师所著诸论著，凡是有智慧和才能，而且是正直的善知识，或有敬信者，一再阅读大师的著述，并仔细地思察时，总感觉真是嘉言，其中具有甚深要义。完全是善察者与具智者和有缘份诸人所喜悦和能得解脱之道。而且毫无直接与间接的自相矛盾之处，无前后承许相矛盾和与清净的显密论典的旨意相矛盾的过失。具智者若知思择语句和修法时，经年累月，始知大师著述的诸语句，愈研愈深。如我病者(勒仁巴)也知道此种情况。其他善巧成就者也都如此说。但是有一些无缘份、无智慧和邪见者所知的，是颠倒知及不正知。又有一些如阅印度释论那样，见有许多语义不能得知。这是由于自己的才智缺乏和经论的语义太深自然造成的。如是对于宗喀巴大师的著述，不应认为是著述的弊病！(而是自己缺才等过)那么，班钦却季朗嘉等提出的批评，而且作有破斥的话，这是何缘故呢?当知班钦只作尚待研究的题材外，并未说破斥过失之语。其他许多破斥语，又是如何的呢?有些是仅以立宗来说，也未够格，有些是连显密总的情况，也不知道，有些是自己心中，魔入其中，而生起偏私，及虽有求知热心，但是已入于亲爱疏憎之境的过失中。因此，对于宗喀巴大师的论著，当知是嘉言，而且毫无过失，具足纯洁，完全是有缘份者的行境。愿后学的弟子和住持佛教诸人，对于与大师著述之义相同的说、修等，努力勤学为祷！愿其他有偏私的诸人，也远离邪见！我在此未死的时间中，对于以上每一语句，都识为有奇异的语义。并且我有极大的信仰和求知的愿望，对于宗喀巴大师的所有著述中，所有大小的另详别处者，拟参考显密经论或《甘珠尔》和《丹珠尔》，著出一部比较详广的如补遗那样的书本。但是我自己先后发生很大的灾障，尤其是在羊年以后，我被疾病缠身，竟至未能如愿写作。”这位善巧成就师，中年以后就被重病缠身。但是他对宗喀巴大师有衷心的无量敬信，虽在病中，仍然著有许多宗喀巴史事零散集。此师系宁玛派⓬的一位主要的住持教法者。与此相似的还有其池宗派中的许多合格的善巧成就者，他们也都对宗喀巴大师的身语意史迹，衷心信仰而发心，并作颂扬和称赞。还有一些智者最初对宗喀巴大师的著述作讽刺，但是后来追悔而供上忏悔之词，并撒供赞颂之花朵。所有这些情况，从下文记载中，将能获得了知。以上为宗喀巴大师拥有如何的卓越的著作功德情况的简略论述。

于此断句处，作中间赞颂说：

师心离垢明镜中，
现起千百教理影，
不杂顿显诸奇观，
看不厌足利益宏。
为安众生于佛位，
广大经论深要义，
著述如线穿宝珠，

智者项上常佩带。
昔日西藏此土中，
虽有许多显密著，
能开深义莲日光，
未见能与师比同。
师著任何句义中，
千百智者昼夜思，
最后唯有生信敬，
若欲寻隙毫无踪。
教义之体次第等，
是由文殊亲教故，
任何说中违误等，
佛观亦难见影踪。
一些偏私以枭眼，
虽细观机作破斥，
黑暗洞中发自声，
如其所说舌紧缚。
六严二胜饰圣土，
摄而为一所有智，
我师全俱此赞语，
由著可知非虚构。
讲座威严辩幡高，
著作净伞具阴凉，
众生得乐作安慰，
如集诸佛事业扬。
末劫清净佛宗风，
现起将落西山时，
第二佛陀(即宗喀巴)师日现，
第一结集善缘同。

再以大师拥有善巧、戒严、贤善三者的功德来说。首先说善巧的功德：此中包括现观庄严论、因明、毗奈耶、现对法、中观等属于显教方面的无量广大经论，事部、行部、瑜伽部、无上瑜伽部等属于密续如大海般深广经教等。大师都研习纯熟，达到究竟，而成为一切权威智者中的顶上冠冕。诸智者前来求教的足迹，何止百千次数。此类情况，已在上文详说。刚说的讲说、辩论、著作三者的那些史事，也是主要的善巧功德。已说过的那些事迹，没有赘述的必要。但是除那些史事外，还有宗喀巴大师在各宗派的智理之冠、许多具量大德的座前，听受了自他宗派的许多法门灌顶，经教、教授秘诀等无量教法，并对于共通明处(如大小五明)等，也作了彻底的精研，而成为善巧精通。其中哪个大德是大师的上师?从哪些大德的近前听受了何种教法?这些大都在上文中已说过。但是为了一览易知起见，有一些新录者，都于此正文中一并录出如下：

如《甘丹教法史》中说："大师从噶玛巴·若比多杰近前，受优婆塞(即居士)戒；从法王顿珠仁钦座前，受沙弥戒；能怖、胜乐、呼金刚、金刚手等本尊授大灌顶；从止贡·京俄仁波且近前受大乘发心仪轨等法；从蔡区医师衮却交近前听受医方明(即医药学)，并将《医学四论》⑬热记于心中。在涅塘的德哇巾寺堪布·扎喜生格及意希生格两师座前听受了一些法缘；从德哇巾寺上师绛仁巴近前听受了慈氏五论等；从上师索南坚赞近前听受了胜乐等教法；从萨桑巴近前听受了声明学；从博东·却勒朗嘉近前听受了六支瑜伽法；从纳塘智者译师邓桑座前听受了《俱舍》和《因明注疏》及香师传规的六臂明王十三法中普除灾厄随赐灌顶等法；从业温·衮嘎伯近前听受了《现观庄严论》；从仁达哇·宣努洛追座前听受了《俱舍》及其自释，以及中观和因明等所有教法；从大译师绛秋哲莫近前听受了《阿毗达摩杂集论》；从觉隆堪布·洛色哇近前听受了《毗奈耶》和《俱舍》；从卓拉隆上师索扎近前听受了许多经教诵授；在译师南喀桑波近前听受了关于《诗镜》的讲说；从杰准巴座前听受了《中观》、《因明》、《现观庄严论》等；从纳塘堪布·衮嘎坚赞座前听受了中观和因明等教法；从雅隆寺堪布四难论师楚仁巴座前听受比丘戒的补充讲授；从达域哇近前，听受旧密宁玛派的阿阇黎莲花生的'忠言纸卷'等黄纸密书，及长寿法和马头金刚法门等；从德哇巾寺绛仁巴、上师杰准巴、上师却协巴等师近前，听受了《那若六法》等法及声明；从上师意希坚赞座前，详细地听受了《时轮根本广释》等法，并研习了星象历数学，并成为善巧精通者；在布顿仁波且的嫡传弟子上师德钦巴·却伯座前，听受了时轮灌顶，金刚鬘灌顶、经教、指授、舞蹈、弹线、腔调等，以及'金刚心释'两种传规的密集法类和布顿的著述等许多教法，从穹波特巴座前，获得以瑜伽法类为首的密续下三部经教和从未断传的灌顶法流，如瓶全倾而得领受。获得住持三藏之幢的美名，并校正瑜伽部之舞式和腔调。主要是：大师亲见至尊文殊，并由大成就者巴俄多杰即喇嘛乌玛巴作译师，对大师作了关于中观正见、显密的差别，无上密道之要扼、五次第数决定等方面的释难的传授，并解决了许多虚构增益。从洛扎大成就者勒季多杰座前，听受了道次第导释等许多教法；从京俄仁波且·却季嘉波座前，听受了《那若六法》等。大师共依止上师四十余人，诸师之中，大师以法王顿珠仁钦、业温·衮嘎伯、仁达哇·宣努洛追、萨桑·玛底班钦、大译师南喀桑波、宁玛派的却杰达域哇，吉窝特巴、止贡·却季嘉波、梯寺京俄却扎、多敦意希坚赞、措堪钦楚仁巴、蔡区医师衮却交、喇嘛乌玛巴、大成就者勒季多杰等十四人为恩德最大的上师。此中又以法王顿珠仁钦、至尊仁达哇、大成就者巴俄多杰、勒季多杰四师为无与伦比的上师。”上文所说听受过法缘的梯寺的京俄哇名却扎，是依《甘丹教法史》而录出的。但是其他具法眼的诸师说，大师的这一上师，即泽细宁玛派梯寺的京俄·扎巴绛曲。大师所著《故事加持妙高山》的创作对象，据说即是此师。不仅如此，录出的《宗喀巴传一百零八稀有卓越史事》和桑桑勒仁巴的著述中，也有梯寺的京俄·扎巴绛曲。因此，所谓“却扎”揣想是笔误。在《宗喀巴传一百零八稀有卓越史事》中说：“宗喀巴大师所依止的上师：最初依止法王顿珠仁钦，次为噶玛巴·若比多杰、止贡·京俄哇、涅塘·扎喜生格、邬金巴、德哇巾寺的绛仁巴、上师索南坚赞、夏普哇·仁钦朗嘉、萨桑·班钦玛底，觉朗巴·却勒朗嘉、堪钦·吉窝特巴，业温·衮嘎伯、大译师绛秋哲莫、觉摩隆四难论师洛色哇、纳塘巴·衮嘉、四难论师楚仁巴、持律师协饶贡、梯寺的京俄·扎巴绛曲、多敦·意希坚赞、鲁却隆寺的扎巴协业、扎嘉哇、贡松德钦巴·却伯，四难论师云丹嘉措、大译师顿珠巴、至尊穹波特巴、大成就者南喀坚赞，至尊古玛惹玛底、瑜伽师巴俄多杰等。这些上师是应化有情目所共见的上师。这是第十五稀有卓越史事。”

大师从如是诸善知识的座前，听受所有灌顶、经教、教授秘诀、指授教法，于是自他宗派的教法情况彻底地领会于心中，而且善巧精通，成为佛教的全圆教主。此外，大师听受共通明处及其他宗派法门的情况详述如下：

如《宗喀巴传一百零八稀有卓越史事》中说：“大师初到前藏时，在蔡区措杰衮却座前，启问《医学四论》的大概要义，对这些当时流传不多的保护众生寿命的医学教授秘诀，大师都成为精通者。又在大译师座前，讨论《声明集分论》和《旃陀罗声明论》的要义，心中获无碍的通达，并对《诗镜根释》和《阿玛果喀声律论》等诗律和词章学，彻底精研，成为广泛通达十明的智者。这是第十九稀有卓越史事。”又说：“此外，现在的诸智者，怀有偏私的动机，对自宗即说为优越，对他宗即说为恶劣。宗喀巴大师对于佛法是不作亲爱疏憎，不分别歧视的。大师对于《岗昌传规的生起次第》、《大手印五俱》、《至尊岗波巴全集》、《至尊帕木竹巴全集》、《至尊林热巴全集》、《至尊季敦贡波全集》等，还有止贡巴的法类，过去噶举派历代前辈的史事、道情歌、教授秘诀，《噶当宝籍》支分等，噶当派承传诸师的修心指导，不论任何一种，大师都如穷人觅宝，极为努力，勤奋钻研，成为富有一切教法者。这是第二十稀有卓越的史事。”

又如桑桑勒仁巴所著《宗喀巴传》中说，“至尊东方宗喀巴·罗桑扎巴，或称至尊宗喀巴大师的许多稀有史事中，应当略说大师拥有善巧、戒严、贤善三者的甚深功德情况。宗喀巴大师依止仁达哇等后藏方面的最善上师约有六人，以及噶玛巴·若比多杰、止贡仁波且·却季嘉波和帕竹仁波且·扎巴绛曲等前藏和康区的殊胜上师约六人。总之，依止于前藏、后藏、康区三地区的善巧成就的许多殊胜上师座前，清净地研修闻、思所有显密的印度论典，以及大小经论千百种之多。仅以在前藏地区住锡时期来说，不仅详细地阅读了全部《甘珠尔》佛经，还详细地阅读和思考了至尊玛尔巴及米拉日巴的著述，以及麦、俄、楚三师及其后学诸人的著述，特别是细阅了《那若六法》、《长寿三法》，米拉的六种道情歌，各种耳传法、绰浦噶举派的教授、至尊布顿仁波且师徒的所有著述、噶当派的大小论著，尤其是阅读了阿底峡的《噶当宝籍》、博多哇的《喻法聚宝集》和《蓝色袖珍集》、善知识卓隆巴和郑勒巴的《教法次第》和《道次第》等，以及萨迦派的前辈诸师及其随学诸人的论著和文书等。总之，对于许多印度经论及印度释论和西藏释本，都阅读过，而且大师以其深明的智慧作细察和思考，依此对于自他宗派的粗细情况，无不善巧精通。尤其是大师对现观庄严论、因明、中观三者、现对法、毗奈耶、密集、胜乐、能怖三法和时轮等许多重要显密经论，作了彻底精通的钻研，大师对此等经论都清净详细地作了闻思和阅读。大师对于绘画佛像及铸造佛像的工巧明(工艺学)，阿阇黎龙树和达央所著《八支医论》等医方明(医药学)，《声明集分论》和《旃陀罗声明论》等声明学(声律学)，《集量七注》等因明学(正理学)，《诗镜》和‘枳扎达’及‘乍底’等诗律音韵学，藻词学，戏剧舞蹈、禳灾明论等大五明和小五明无不精通。因此成为前藏、后藏、康区的最著名的善巧大师。”关于这方面的情况，具信者和具智者细阅宗喀巴大师自著的显密诸论典、著述零散集、大小传记和大师的道情歌善愿篇中的诸句义，以无偏私之心作思择，是不难得知的。不仅如此，在一尊量度极佳的佛像的背文中，大师作有颂词说：

“此尊佛像之量度，
是由罗桑扎巴我，
依像量度妙观镜，
明著美饰使像存。”

仅以此一颂为例，仔细思考时，即知大师正确通达工巧明的情形。又如《宗喀巴大师赞宗喀山颂》中说：

“由友劝助往贡塘，
求学医方明处时，
不久未费辛勤力，

获医师位宗喀巴。”

关于大师在蔡区的医师近前，研习《医学八支根本释》、印度、西藏所有善巧者的讲规以及传统的作法等，极善巧精通的情况，详载于《宗喀巴广传》及许多释论中。大师所著《时轮续释》及法王克珠杰所著《时轮广释》中也说：“对大师所讲的医药学、声律学、藻饰词、诗律学等方面的许多言论进行思考时，是可以得知大师成为善巧者的情况的。”大师仁达哇在《广释》中称赞说：

“智中上智宗喀巴，

无垢智王妙吉祥。”

班钦·却勒南杰说：

“罗桑鹏王之足下，

无畏小蜂如是陈。”(赞大师如鹏王，自比如小蜂)

对广略两种陈白书，细察时也能知详情。如克珠杰那样的胸怀，他见到大师具足善巧时，也说：“应当知道宗喀巴大师不可思议的善巧和成就。”还有萨桑译师阿旺及察邬岭寺堪布却仁巴和善知识绛秋喇嘛等人，虽上书于宗喀巴大师提出一些辩论的问题。但大都是自己还未见识到许多经论的要义，看到宗喀巴大师的善巧而上书求问的。因此细察他们的许多详略书信，也肯定能得知大师善巧的详情。

又如班钦·却勒南杰向达隆仁波且·阿旺扎巴等人传法时说：“现在此间西藏，虽有许多人谈‘心风’(心气)这一法语，但是只有法王罗桑扎巴(宗喀巴名)说得最深刻！”又说：“罗桑扎巴确实令人敬畏！”达隆仁波且向许多尊卑人士说法时说：“仲·勒敦却南喀却迥到我近前求法时，听我说(宗喀巴大师的情况)后，仲·勒敦巴写作了真实法吉祥山文。”达隆仁波且也是(大师的)嫡传弟子之一。

勒仁巴的《宗喀巴传零散集》中说：“再说一些未收入传中之事。宗喀巴大师在萨迦派的大门徒多敦·峨梁玛的座前，听受过《胜乐五次第导释》，在纳塘译师顿珠桑波的听受座前，听受过六臂怙主的甚深灌顶，在纳塘一位大堪布的座前，听受过属于《甘珠尔》的《庄严经》等许多经教诵授。这些情节，见于存放在扎什伦布寺中大师自己的《闻法录》手抄本中。”

在著作《勒宁的陀罗尼修法广集》时，在勒宁仁波且·绛央仁钦坚赞的座前，有雅、迅两法王及宗喀巴前来亲近。在撰作教理的阶段中，我(勒宁)附带给彼三法王传授了一些法缘。这一史事记载于勒宁法王的自传中。勒宁仁波且不同其他一般的大德，因此不仅是真实的，而且又有书本记载。又有一些人说：“在法王坝惹哇·绛称伯桑波的座前，大师也听受过热穷传规的无量寿佛独尊灌顶及全圆的长寿导修珐。”我们未看见其它能证明这一事实的正确根据，按照坝惹哇的自传说：坝惹哇建立坝惹寺后，又写造《般若经》，在完成经卷的时期中，似乎曾和宗喀巴会见。坝惹哇传中说：“此后约经数日，有喇嘛名叫罗桑扎巴，系康区的一位贤良的善知识，前来作承事供养，与他作教法的谈论。他心生欢喜!在要走的第二天晚上，他心中还存在着一种微妙的修悟和了达。揣想我也有如是的感觉，而唱出谈趣的歌声。”这是说开示有一曲道歌。

又宗喀巴大师的上师多敦·巴俄多杰，或称喇嘛乌玛巴，虽有人揣想此师是坝惹哇之弟子。但宗喀巴大师与坝惹哇相见，又听受过坝惹哇的法缘，想来是事实。又说：“我的弟子法王扎喜伯桑，或称仲·饶绛·扎喜伯桑，曾任邓岭夏巴两寺的寺主，也是伯顶朗索等许多僧俗大众的上师。他在昂仁寺的年老阿阇黎中，也是年龄最高的。这位功德比较多的善知识，在我昔日驻锡格顶寺时，来我座前听受了大手印导修及灌顶和教授秘诀等许多教法时，他说：他曾经见过宗喀巴大师在坝惹哇的座前，听受过热穷传规的无量寿佛独尊灌顶和导修法的传承文书。”又说：“我还见过宗喀巴大师所著的《大圆满导释》及《里古六法导释》两种著述，也有这样(在坝惹哇近前听过法缘)的说法。而其他许多善知识也有这样的说法。说者为仲巴(勒敦巴)，是一位内心高深，见识广大的大德。又，宗喀巴大师也照自己的许多前辈上师那样，对旧密宁玛派的法门作闻思后，而著出《大圆满导释》。因此揣想大师著作大圆满论著，及听受过大圆满的这两桩事，都是真实的。大师所著(大圆满)两种论著，我病者(勒宁巴)也极敬信，而生喜悦！渴望寻得此书，而且急欲阅读此书。然而由于发生许多退失誓言的灾害，以及在地方恶劣的环境中，到羊年秋季以后，已到了生活粗劣，预谋失误的地步。因此寻书和阅读的希望，两皆落空。”

关于“里古诸法类”，宗喀巴大师也是在上师座前听受的，而且也曾经修持过。此种情节，在《宗喀巴广传》等书中，有明文记载。昔日此一法类的论说和史事，大师也曾见闻过一些，由此而著作了《里古六法导释》。因此可能是有此书的。

又有一些人说：“宗喀巴大师在特钦却季嘉波(大乘法王)的座前，也听过说法。”但是尚未发现和明瞭有何明确的根据。绛达钦·朗嘉扎桑在赐赠昂仁寺和桑敦寺的僧伽大众礼物时说：“总的说来，切勿因萨迦和格鲁为两派，而生恶劣的动机，尤其是应知至尊宗喀巴是萨迦派的大弟子。特别是宗喀巴谒见特钦却季嘉波时，特钦亲见宗喀巴是观世音。并且至尊仁达哇(宗喀巴之师)的上师也是特钦却季嘉波。以此也是宗喀巴的上师，想来是极可靠的。大师听受了(萨迦派)怎样的教法?是萨迦派的上师瑜伽及甚深毗松法(咒凡护身法)两法门。肯定听过的情节，是昂仁寺大堪布却扎江巴·邓桑绛称向我(勒仁巴)的祖辈仁波且·邓勒贡波顿珠说的，仁波且又向绛央扎喜、伯桑说过此事，绛央扎喜又向我谈了此情节。”却扎江巴又向他的侄子法王洛卓坚赞说过如上史事。总之，不管是谁说的，都不加增减地如实记录在这里。此中大师对于共通的明处(学术)及他宗法门，作闻思的情况，并听受灌顶、导释、教授等的情况，出自前辈大德的著述中的诸史事，略作显明的记载。这样做的原因是：由于昔日和现在的人们的眼界和净见狭小，而且有一些被偏私之心所缠缚，总认为宗喀巴大师除以戒行及显乘的教法为主要外，对于其他明处(学术)及密宗，想来并非清净地乐于听受。又有一些人的想法是：大师对于密宗总略之义，有心听受，然而即使做了一些适合的听受，可是对于甚深生圆二次第的法类，及其内部的脉络、明点、风息(即气息)三者的甚深修要，和抉择心之真实性的大手印、大圆满的法类等，连见闻也未有过。因此，更不必说对那些深法，作清净正确的研习，只不过是一位由直接间接的瞋恨之力，成为偏私固执自宗者。并且认为追随大师的日窝格鲁派诸人，尽都是这样的。他们遂对格鲁派或明或暗地做诅咒或诋毁，对和自宗一样的诸人，则以全无清净教理为根据的似是而非的各种言论作迷惑和欺骗，使其变心。扬言格鲁派的教法，不过是口头空谈而已，对于后世未来，无任何利益。他们口上这样说，心中也这样想。主观上也就以格鲁派为敌了。这样如老狗向岩狂吠的人，的确见到不少。这些人生起不正思想的原因，是由于对宗喀巴大师清净正确地听受宁玛、噶举、主巴等派教法的情况一点也不知道，反认为极其清净的正见成就的史事，是固执偏私。显然是由于无知的抱怨而积下的罪业！为了消除这些人的不正思想起见，故特别显明地写出大师对于任何宗派的教法，都作过清净的闻思而成为善巧精通者。不仅如此，大师为了悲悯后世的一些修士和自矜者，大师的著述中也说：

“难忍高果无想者，
对于低劣畜生因，
日夜辛勤诸修士。”

这是说由于未知大手印和大圆满等要道的真实修法，而作愚修的诸人，将入于歧途险处。大师心中感到不忍！因此，大师著作出《纯洁增上心启问集》，也是想着消除其他宗派的如此这般的过失，而开示各自无误的修法。但他们不知这样的悲心，仍然认为大手印和大圆满修行，都是不正的，应进行破斥。显然也是一种未待天明(还是黑暗的)，就使破非立是的曙光出现的打算。与此情节相同的还有萨迦班智达的著述中说：

“愚者盲修大手印，
大都成为畜生因，
或坠声闻灭尽定，
否则受生无色界。”

这是说愚者不知大手印的修法，而仅以“任何亦不思想”的黑修来修大手印。这些自矜者所得之果，高则声闻灭尽，或生无色界，所得之果低则，生于畜生中。这与上面宗喀巴大师所说同为一义。不难揣想，这并不是说不论智者或愚者，凡是修大手印者都受生畜生道中。而是破斥对于词句含义不加观察，而唯以大手印之法修炼者是不正的。按照这些揣想，一些智者也作有许多答辩。实际上如果对于句义善知观察思考，生起“不正知”的因素是不会有的。如果不知修法，当然会成为彼诸过失。这不仅在萨迦班智达和宗喀巴大师的著述中有此说法，即大手印等修习次第中也说：

“贪著乐受堕欲界歧途；

贪著明相堕色界险处；(定境明、住二分之明相)

贪著无思堕无色歧途。”

遮止了想的感受，认为是真实清净，而实际是长寿天的无想定。这样也与出自各别自宗的论典教义都不相合。如是希求之目的，是有许多害处的。这里不过略说一些而已。

因此，当知一切智宗喀巴等人的意旨，即如上所说的那样，并非说凡是大手印和大圆满之法，都不正不净，应加以破斥。如果真是那样，如上所说大师听受大手印和大圆满诸教授，也将成为没有意义了。因此应知宗喀巴大师对于清净的任何宗派，都学习到善巧而且熟练透达，并且对于彼诸要义，不以片面和粗略了解为满足，而是以全圆无误的所有道次第的扼要，纳入于共通道次第广略两论中，及不共的大密四续部的《密宗道次第》，以及阐明其中密宗究竟要义——《吉祥密集》和《胜乐轮》等所有生圆二次第甚深要义教授的诸论著中，也收集有大手印等一切究竟要义。只要是不偏私的正直智者，善为观察是能知道的。京俄仁波且·索南坚赞或称拉日惹巴(噶举派中著名大德)的著述中说：“我见一切智宗喀巴罗桑扎巴的著述中，有许多密宗之要扼，尤其是密集中的诸教授秘诀。因此，我获得密宗，特别是至尊那若巴师徒的教授中的许多不共的要义，令我对宗喀巴大师生起了与金刚持(佛)无二无别的猛利信仰！总的说来，此师才十九岁时，我就与他会晤，而且也得过他的传法，但对于他的著作未多阅读。思想复杂的人们认为宗喀巴仅是主要讲说名词句义的一位善巧者而已。后期中我也善为阅读大师的密宗诸法类，对于大师中观诸论中的‘唯名安立’等言教，认为与大手印离戏论安立于胜超法味中的阶段，以及空性与缘起无别之义，是与任何现相现起来退失中，即刻住修(入定)是极符合的。以此我生信解。但是对于‘胜观’之修法略有怀疑。总觉大师的密意，总括起来是在‘寂止’(定)的修法的基础上，而修‘胜观’(即中观)之法，似乎与大手印有相同之处。后来我和大师见面时，所说‘胜观’之诸要扼，真实与大手印是相同的。”又说：“特别是宗喀巴大师成为我的不共的最胜上师的原因，是大阿阇黎协迅巴教导他以诸明处(学术)，使他领会于心中，而且也传授了许多教授秘诀，以及拥有悲心的上师仁波且·仁迅巴对大师赐示心性即佛的认识，对生死轮回赐以无畏的勇气，而一切智宗喀巴罗桑扎巴也赐与所有显密经义使能领会于心中的智慧。由此主要的三点而成为我的最胜上师的。”由以上诸说是可以得知大师详情的。

因此，对于前辈诸师的论述和修习次第中的“任何亦不思想为最胜之修。这句笼统话感到迷惑的后来自矜为修士的诸人，遂对于积资忏罪，守护戒律等全不勤行，由最初即遮止一切善恶的思维，任何所缘亦不作意(不思想)惟住于这样孤单单的境界中，想是没有较此最胜的修法者，比比皆是。至尊宗喀巴师徒意识到若如是修行，则与大乘和尚的修法无二无别，将入于大歧途，将堕于大险处，因此开示远离这种过患的教导。应知前辈诸师所说的“任何亦不思想”之主要密意，是指住定时，一切法之真实空性，是远离一切戏论之相，于无思维之体性中，其它善恶所缘任何亦不思维之义。当知那是往昔多次转生中，已由共通道，早将此心善为净治，而且对于不共道的二次第瑜伽，大都早已修过的利根纯熟的有情，于此生中，从最初那样修时，是能不须努力而获得解脱的。如果是先前未修过下部诸道的初学者，最初即修大手印时，如所说的修悟心中还未生起时，迷惑在不知修善的昏沉中，这样是肯定要受生于畜生中和无想天等处的。

又当知在修“寂止”(定)等的阶段中，所谓“不思维”，是如颂说：

“随缘一所缘，
心当住于善。”

又说：

“心依于所缘，
流续不散乱。”

这是说初学者修“寂止”(定)时，除心依于任何一种所缘外，不起其它善恶思维。较他们智慧殊胜者，则不依所缘，于无想的心境中，修能住(定)几许时间，尔时，除住于明净无思的体性外，心不思他法。获得“寂止”的坚固“住分”(明，住二分中的住分)后，从其中生起“胜观”的智慧，即以无边的理智来决择人、法二无我之无我义，除此之外，心亦不思他法。暂时于被与彼等中，说“不思维”之义，也当善知各别的情况，不可混为一谈。而且于不思维的心境中，住入于定的暂时中，任于何时，也必须远离除住于无思体性外的心散乱于它境的“掉举”或不明净的“昏沉”，尤其必须不离正知正念以巡视观察，除如是等正修之外，如果仅执于“任何亦不思想”的这句话，而发生迷误的话，则当一般普通人昏倒时，或沉睡时，也是没有任何思想和知觉的。那末，认此为修，岂非严重的错误?！而且在如是正修的“未修”(出定)阶段中，还须更加努力地修积资忏罪。如果说是“任何亦不思想”而轻视有为的善根，则难免堕入于更为严重的错误中。

因此，这些清净正确的大手印等的修法，是如上刚说的，它是早已净治身心的利根有情所修之法。这一情理，如上所说京俄拉日热巴的诸著述，及日窝格鲁派的主要持教大师克珠罗桑嘉措在他的著述《密集生起次第》中说，“噶举派前辈诸师’对于一切有情的身心，从最初根本即存在的最微细的‘风心’(气息与心识)二者中，不以修风息(气)为主，而是以修‘心’为主。对于心之别名，叫做‘原始心’(或称本来心)，以及‘俱生大乐法身大手印’，‘光明心’等许多名称。此心的体性，从原始即未被烦恼和思虑等所染污。它与现证法身和空性的静定智慧真实境象相同，是唯空朗朗之相，是无任何境象的最微细心。现证此心之方便，是由‘那若六法，等方便道，及大手印修法二者。其中最初是由‘脐轮火，等法之门，使脉络、明点、风息(即气息)都能归于要害，并使思虑所御之风(即气)流入若、江二脉中，阻止于中脉(即尚不能入于中脉)。而使此风之御者—思虑不起行动而显现之‘光明心’。此即修心之验。至于大手印的修法：则是阻止思虑的行动后，任何他境亦不思想，安住于无所造作的坦坦然的心之体性中，由如是安住，如水不浊时，极为莹彻的情况现起，一切思虑，都趋于渐净渐净中，由此思虑所御之风息也流行于若、江二脉中，趋于渐微渐微之势，最后阻止于中脉，而真实显现‘光明心’。这种修法，并非只是大手印如此，旧日修士(指宁玛派)们，在无上密乘修法中，所追求的所缘，也是心不思维其他，意念只住于无想中，最后生起‘光明慧’。”这些说法，也都与上面所说的现证空性的静定智慧之真实境象相同，只是安住于空朗朗之境相，其它任何亦不思想的无想性中。如果对于这些句义，不加细察，而只是阻止思虑之流动而已，仅对于所谓“任何他境亦不思想”而生错误时，则仍相同于如前所说堕入于歧途险处。

又拉日惹巴说：“因此，当知大手印修法，是甚深的圆满次第修法，脐轮火等所修的圆满次第，是不深的圆满次第。因此对于具足圆满次第根器的人来说，分‘渐根’和‘顿根’二者，是说‘渐根者’当修不深的圆满次第；‘顿根者’唯一当修甚深圆满次第即大手印。顿根者如偈颂所说：

“早经净治之有性，

应说其名为顿根。

这是说在往昔多次转生中，已修不深圆满次第，略有‘光明’的修验者。由这样的(顿根者)专修大手印，能容易地成就一切道。由于无边道中，他暂且只修那一点(现证法身——光明身)。”

因此，如我以及与我相似的浊世中的诸有情，不必说是对于圆满次第的“光明”等已获得修验的利根，就连粗略的生起次第，以及出离心、菩提心、清净正见等也没有一点修验，甚至对于暇满、无常的法门，也未生起定解。这样的有情，从最初即入于利根的修法中，那简直是如世间谚语说：“未到‘雅汝’之前，就走起犏牛步法来了(犏牛步法乱而缓慢)。”又如沉疴者，哪怕食用珍馐美味，也不顺服。因此如前文多次述说，不管任何自他宗派的持教大师，从熟研共通道起，渐次努力而修，是为至要！这是因为事关重要，再以郑重方式而说的。

因此，如果不知道至尊宗喀巴大师是由无量大悲的动机，而对于他宗的修法等也作整顿，对彼种修规及其见、行、修三者，何者为清净正确，作了阐明。如果不知是这样，那就如医治老马鞍疮，感到剧烈疼痛时，就想到肯定是对我们自宗以仇恨之心而作破斥。实际应当是，对宗喀巴大师不仅不可生丝毫不正思想，还须念恩而生敬，由衷地合掌膜拜，方为合理。这不仅是对他宗而说，即自宗日窝格鲁派的自矜诸后学，在还未真实达到如至尊宗喀巴师徒论述的旨意时，也应当依照一切智克珠杰等诸师对于诸愚修者所作严厉的斥责而行。或许肯定有人对于凡是大手印和大圆满等法，认为是不清净而作诅咒的，这样做也是不可以的。因此应当对于宗喀巴大师的诸著述中的显隐诸义，善为观察，对何者为清净正法，以远离偏私的净见周遍观察为合理。但是后期浊世的横流，以致非法被认为正法，而造作出杂染的伪法，亦极繁多，无暇一一作破非立是。因此，只有依各自原来的教派的前辈诸师传承下来的，全未退失的那种法门而修，实为甚善！除此之外，不必附和于新交和他说之后，而好高骛远。普愿能做见行清净的史事，是为至要！以上诸说，是于一切智宗喀巴大师的善巧史事中，略说一些插叙的话。

于此断句处，作中间赞颂说：

自他宗派诸学处，
远离偏私勤闻思，
所有善妙全聚集，
犹如百川汇成海。
无知、邪知诸垢秽，
清净法镜被染污，
当以教理作扫净，
正义真面令显明。
大悲之日作引导，
嘉言如昼放千光，（嘉言印论著）
消除歧途诸黑暗，
清净道中莲开朗。
尔时偏私鸥枭众，
不辨善恶常迷惊，
以善为恶颠倒说，
如暗卧中发呻吟。

若具如理智察心，
各自宗规要义情，
如实阐明即道灯，
尤当念恩作礼敬。
如来按照众生根，
演说诸法所有情，
若合心量知修习，
直入道中误难生。
翻滚戏玩喻钝根，
共道毫未勤励行，
即入利根修高深，
如犊食草难生存。
因此法王文殊尊，（即宗喀巴）
悲悯后学诸有情，
诸宗要义尽领会，
演佛赞道作教训。
因此乐善诸有情，
闻思师说作观省，
若能如理修其义，
不久胜果无疑成。

再说大师拥有如何的戒严功德史事的情况。戒严情况，虽在上面传记正文中，大都作了记载，然而有一些重要者?还须郑重地略述如下。宗喀巴大师这一生中，不仅是戒行洁净的大德，而且是对于三律仪的粗细制戒的界限，任何方面，任于何时，亦不犯染罪过的垢秽的一位圣超大德。如一切智克珠杰的著述中说:

“虽以佛智善观察，
师心清净戒学行，
丝毫废弛之罪过，
亦不能见诚启请。”

若各别地略说，首先以别解脱戒的制戒来说。如上文说过的那样，大师住在家乡时，在噶玛巴·若比多杰座前，受全优婆塞戒(即居士戒)，即谨守四根本罪(杀、盗，淫、诳)和戒酒等五戒，以及在法王顿珠仁钦座前，受沙弥戒三十六条，对于一切应取舍之处，经常守护，从未犯罪和染污。尤其是大师到前藏从堪钦巴座前，受得近圆比丘戒以来，不必说对于他胜、僧残、堕、向彼悔等犯堕的垢秽，从未犯染，就连细微的恶作罪以内的过失垢秽，也从未犯染。由于时间和地点的关系，万一发生一些细微的恶作罪时，亦于当日或未受食时的当天当晚，立即作忏悔而防护。真是如圣阿罗汉优婆离和阿说示⓮(即马胜比丘)等那样的圆满戒体。而且在闻、思、修等的任何时间中，也经常不断地如保护眼珠般守护戒律。有一些人借口现在因为是闻思的时候，废弛戒学没有什么关系。又有一些人说，由于是修密宗的时候，可以取酒和妇女等五欲为修道之用，没有什么关系，而做毁坏戒律的行为。这些行为，大师自己决不去做，是自不待说的，就连凡是信依大师的有情，新来的弟子以内的人，大师也教导其遮止那些罪行，而安置他们于不放逸戒行之中。如一切智克珠杰的著述中所说："如是由至尊大师在此雪域西藏疆土中，建立起了薄伽梵佛世尊的一切教法的清净轨范之基础，而且做了广大的宏扬事业。然而须知以前此间西藏地区中，出家人所作所为的情况是：任何僧人进入念诵经典时，熟记诸大论典字句；接受阿阇黎所传经教时，若采取上流俗人的那种作法，放逸嬉戏，非时而食，唱歌和跳舞等，这些为出家人所不齿。说是为了补益勤学闻思之身，养活此体躯之故，是无过失的。这样的话。由自矜为大善知识的人们，向新出家的幼年僧以上的僧众，如风一般普遍宣传。如是在勤学闻思时，作斗殴、争吵、甚至起衅直至用武力斗殴。实行这一切事时，也没有谁斥责说：这是不应做之事，这是非法，这是退失了出家戒法的行为。其他诵读、闻思的僧院中，只要进入僧院后，对于那些不应做之事，连一点起疑之心也没有，自然习惯，谁也不感可畏！

此外，有些自认为是密宗金刚乘的人，对饮酒及非时食等，反而说，若不受用将成为罪过，是与誓戒相矛盾的。由于这些邪说大兴起来，对于五欲贪欲最盛的人们，恰合其欲望，而沾沾自喜！由如是恶势力，使人进入于密宗之法后，即将出家戒律连根抛弃，自矜为引导众多有情的大导师们，虽是受众尊敬，但是犹如僧伽高幢的导师中，竟有自己的儿女和妻子公然地来到僧伽大会中，自己毫无恐惧，而且也没有谁来斥责。若如是作，则自己教政所管辖的人们，无疑地乐于出家和受比丘戒。由于做这种使佛教衰败的罪行，大为普遍，反而说对于密宗贪欲行为不是过失。真是欺世之语。另外，一些去到山林禅寺中，寂静地进修禅定的人们，则如是说：舍离饮酒和非时食等，这些是毗奈耶中所说，但是那是就声闻众而说的，是就小乘信解者而说的，对于大乘及了知心的本来面目者，那样做是缠缚，是无意义的。他们这样说，完全没有想到已将出家行动仪态完全抛弃而不顾。甚至有一些人将七衣(僧衣之一)和五衣(僧衣之一)等装相也特别抛弃(即出家之相也不要了)。这样的情况，在此间雪域西藏地区中，使佛教成了仅存影像的时候，至尊宗喀巴大师由于住持正法伟大发愿成熟之力，为了拯救恢复大宝佛教，乘愿而来，出现于此间北方地带。如上文所说的情况，大师对于不可思议的自他利益等，猛利精进做出了卓越的事业。所以直到而今，作闻思的人们，勤学闻思时，多能爱护其戒学。尤其是三藏法师略有能耐者，从此以后，对于饮酒非时食等悍然不顾的行为认为是可耻之点。往昔大寺中的出家人对于敷具、钵盂等沙门的资具，能认识者是极为少数，至于七衣、五衣、小幅(袈裟的条幅)、补幅等物之名，也成了闻所未闻。试看时到如今，直至克什米尔及汉地之间，到处都能见着清净沙门之相和服装；而且都断离饮酒和非时食，以及对于授受(施物)、净水、守护除夜间余(时)不睡等细微支分以内的戒分，都郑重地按沙门之规而作者，比比皆是，敬请细思，能有这样的好景，若不是由我们具德上师至尊宗喀巴的功德而来，又是依靠谁的恩而德来的呢?！”与此相同的还有勒宁哇衮嘎德勒之著述中所说的，已在上文说毕。还有克珠杰的著述中说：“现时，开示修行之究竟要扼，都信依诸大经论。哪怕是略作修行时，也都能爱护戒律以为基本。形成了都能正确知道勤修积资忏罪，应与解释诸大经典的大车轨所解释的旨意相符合而作实修。除此，其他则是徒劳修行，任经若干苦行，也徒劳而无果。能符合此情而修的善知识有无量无边，遍于雪域西藏诸方隅。非法妄行的狂澜。已成低潮。

这样的情形，若非由我们至尊宗喀巴大师的恩德事业而来，如果认为虽有而不可见，那末，又应当忆念是谁之恩德呢?!”这些教语，“是对身为善知识而罪大恶极者所做的斥责，是为罪大恶极者指示的教授。”这确实是由本性正直之门，正对入于非法行为罪大恶极的诸人而指示的正确之言。如是非法的情况，由于浊世横流，后期较前期也许还有更多的非法情况。以出家人的诸寺庙来说，现在除以色拉、哲蚌、甘丹三大寺及上下密宗院为首的遍布前后藏的日窝格鲁派大小寺庙中，对于毗奈耶制戒和三事传统作风，保存而未废失，以及“多堆”、“多麦”、汉地、蒙区等地，也还有追踪诸大寺的作风的许多寺庙外，其他偏远区和边地所分布的格鲁派的一些寺庙，除仅有穿着法衣、禅裙等外表模样外，对于饮酒娶妻等，肆无忌惮而行，僧俗无别者，也有许多。此外，宁玛派等寺庙的师徒大都不重视任何戒律。声称毗奈耶制戒是小乘之规，对制戒敬信而且重视者，称呼其人为小乘人。实际他们无任何修悟的把握，反而对他人横眉竖眼，鼻息呼呼，大发其威风，享受寺庙财物和酒食女色等，不顾一切而妄行。把这些视为达到大乘的顶峰者，为数极多。由于这些情况，那些寺庙中，大都不寻求传授沙弥和比丘戒律。即使有一二人做出求戒的模样，传戒师也做作传授的模样。实际依照毗奈耶所说之规，师徒对羯摩仪轨必须一句不错地背诵出来。可是他们未记持于心中，只好照念书本而传授。求戒者也不作加持祖衣和七衣料等，只暂时向他人借用祖衣、七衣和五衣。仅在求戒法时，少顷用后，也就不需祖衣、七衣等，而抛弃之。在求戒时所承许严守不犯他胜、僧残、堕罪等，实际上甭说严守，就连诸堕罪的名称和数目也不知道。有一些寺庙中，发生犯女色的不净行，以致秽语兴起时，除有供财物以忏罪之规外，其他犯他胜、僧残、堕罪等，无任何忏罪防护戒律之行相。又有一些寺庙中，除在聚集僧会时，着出家服装外，师徒等经常是着俗家服装。至于饮酒和女色不净行，则不顾一切，随便妄为。对于断离非时食，他们说是与密宗誓戒相矛盾，而特别去寻求和享受等行为，就连仅存的佛教徒名义，也抛弃无存者，为数亦多。对于那些人，应当作如下的提问：

大小乘的区别，不是指发心的大小，而以守护毗奈耶制戒者为小乘，享受饮酒娶妻和非时食者为大乘的，请问出自佛教何种佛典中?又毗奈耶之法，为小乘之法，及住在此法中的诸有情，若认为是小乘人，则凡是沙弥、比丘等七种别解脱戒中，受任何一种戒的人，都应普遍承认为小乘人。如果是这样，则应承认凡是比丘等之身心中，都没有菩萨戒和密宗戒，还应普遍承认凡是大乘人的身心中，都没有别解脱戒，并应承认没有比丘和菩萨持明(即持密)相同之事等。确实没有比这更为卑鄙下流的话！又如果说："不是那样，虽是有比丘和密宗持明相同之事，但是进入密乘之比丘，他不需断离饮酒和非时食；也不必常带三法衣，并且取水和脱鞋靴等，是不必重视的，重视这些是小乘暂时阶段之事。进入密宗后，饮食即是会供轮，随见何种，都应该想是本尊空乐所幻现。因此酒和非时食等，在会供中加持而幻现，不生过失。而且可得殊胜利益。至于受用妇女也是生起大乐慧之助力，不生他胜等罪恶。依此类推，身语的行动，任作何种，都不外是本尊明咒智慧的幻现游戏。所以不必如毗奈耶所说的那样狭隘。"他们主要鼓吹的大话，显然是这样的。对于这样的话，应作如此提问：受用酒和非时食等，能变为会供轮，以及受用妇女，能变为业手印和随见何种，都是本尊明咒和空乐所幻现游戏等之时间，是未进入密宗以前就有(这些功能)么?或是依靠进入密宗后才知道的?或是在以前虽是没有，刚入于密宗，自然地生起了那样(功能)的么?或应是进入密宗后，必须观待于达到获得最高证达，才能具有(那样功能)么?

如果是第一种那样(未入密宗前)就有的话，那末，在家俗人大都能以猪狗等畜生为会供轮，而且都能行业手印之事(夫妻交合)，能成如此之事，是不须等待于进入密宗的。由于是从初就有的。

如果是第二种那样(进入密宗而有)，则应知进入于密乘之初，是以获得灌顶来安立的。因此，若仅以求得灌顶，就有那样的(功能)，则须极大地勤修生圆二次第诸道，就成为没有意义的了(言不须修习了)，由于仅求得灌顶即能解脱之故。如果说："不是那样的，而是进入密乘后，对于饮食等，以明咒和手印、定力作加持，能变为甘露。所以若受用彼(饮食)时，能得受用甘露的利益。以及自己与(妇女)二者，由胜解为佛与佛母的佛慢(即自己即佛尊的我慢)之门，入于静定时，能得类似贪欲之大乐幻戏的利益。”如果是这样的话，则以明咒、手印和定力作加持，饮食即能成为真实的甘露了。自己与手印二者，仅由本尊双尊的信念，即能获得无漏大乐幻戏的利益了。那末，就应承认初学者入于修念等时。仅以器世间即无量宫殿、有情等即佛与明妃的信念，而器界和有情即能成为真实的佛尊和坛场了。以及仅以自己即真实金刚持的我慢想法，自己就能成为真实金刚持了。如果是这样的话，则由极大努力勤修生圆次第诸道，直至未达到究竟之间，所修习的都成为没有意义的了(不需要了)。由于仅由信念，即能解脱之故。对此他们又说：“初学者仅以信念加持饮食等，也许是不能成为真实甘露。但是由意念作甘露想后，而供于上师三宝以及自己身蕴生处，明显地想现供于佛尊之近前，是能得到会供之利益的。因此是没有过失的。”总的说来，受用饮食时，由那样信念之门而作供养，是决定能得殊胜之利益的。而且依于那样的原因，在密宗阶段中，加持诸饮食为甘露后，供于上师三宝，以及供于自身观想为本尊的供内护摩法而供养等。这如密教所说的“饮食瑜伽”，是必须的。进入密乘的诸比丘，在受用与戒不相矛盾的饮食时，也是应当依于那样的“饮食瑜伽”。但是与戒相矛盾的酒和非时食等，初学者是不可生搬旧规而作那样的受用。为什么呢?现在我们仅以明咒、手印和定力作加持，还不能真实变成甘露的时候，信念和想即本尊的我慢等也只是最初的片刻，受用饮食从头至尾是不能持续下去的。这是从体验中而得知的。所以仅只有最初片刻的信念的利益外，其余都不能逾越普通一般人受用饮食的本质范畴。因此，由如是之门而饮酒和晚间食用食物等，只能得到与戒相矛盾的大罪过，是不会成为受用会供的。例如：现在我们用明咒、手印、定力加持一种毒物成为甘露，自己也以即本尊我慢的模样来受用时，能有受用会供幻戏的利益到来么?可能来的是食毒后的痛苦，只须思考一下就能知道。因此寻常人是不能受用的。依此类推，不净的大便和尿水等，也是寻常人不能受用的。如果受用时，也只有臭气和剧烈地呕吐等不净的现实之相外，哪里会来丝毫甘露的功德！难道这些都不知道么?！同样，如果未获得最高的证达，而受用妇女，如是比丘或沙弥等人，则成为犯他胜罪，或相似他胜罪，而抛弃了戒律。哪怕不是自生趋势（言非主动），但是自许为佛教徒的人，仅喜乐酒和女人，即与俗家人无有两样，这完全是卑鄙下流的。完全合乎受用女人之相者（合格的），就是在梦中也是难见的。另外，你们有一些承认自己是大乘密宗的人，在受沙弥或比丘戒后，对于制戒一条也不须守护的说法，是从何戒典中所说的呢？如果受戒后，不须守护制戒的话，则戒律中，制作二百五十条等之制戒，就没有必要了。如果你们说那是为小乘人着想而制定的，那末，传授沙弥、比丘戒，就应认定是想着小乘人而传授的。如果是这样，你们大乘顶峰诸人为什么又要受那些(沙弥、比丘)戒呢？如果你的说，这是世间传称的口头语——贤善因缘。可是大乘人入于小乘人的法中，并非贤善因缘，而是恶劣因缘。受戒而不重视制戒，这是特别铸成恶劣因缘之根。这样的密宗人对于出家戒律，如果任何也不须重视，那末，密宗的诸寺庙中，也应穿着在家人的服装么？如果完全可以不着修行者服装的话，那末，有许多人依托于光头、着披单、僧裙、僧装坎肩等出家相的服装，又是何故呢？如果你们说，那是为了使世人看得上跟，美观合意而引生信仰。那末，想使世人看得上眼，美观而引生信仰的那一动机，能成为众生增长信仰的福田么？如果这种信仰增长，仅是为了获得财物供养恭敬，这又算是怎样的呢？

关于第一问题(是众生福田么?)：对于比较增上的沙门来说，若如法地持着沙门堪用的诸资具，而且清净地守护戒律时，才能成为不仅是一些有情，而且是一切人、天众生的无上福田。

关于第二问题《是怎样的呢?)：仅穿着出家服装，而不如法守戒，受用信施的食物者，如颂说：

“如食铁球红焰食，
清净守戒非如是。”

这是说，将产生比吞食红炽的铁球更大的痛苦。不仅如此，穿着出家服装，而轻视所有的制戒，并且饮酒和受用妇女，以及同男女大众跳舞、唱歌等，放逸地作俗家人的行为，还有那些呕吐也不求治的狂人和猪狗般的苦修禁行之辈，除一两个无聊之人对他们作敬供外，其他即使是下劣的俗人，对他们也只有咒骂，而没有敬供的。这是由于现实所见之故。既是如此，这些仅具出家之相的人，他们求托皈依的主要企图是：穿着出家的服装，会集在某一大殿中时，即使没有人请他超荐亡人或为活者祝福，最低限度也有一次斋僧茶和粥的供养，而且剃成光头加入僧众的行列中，即不须交差纳税。除了这一想法，他们任于何时，都不追求解脱和一切智，也不为利益佛教和众生的安乐。由这种企图，斩断了他们自己趋向解脱和一切智的命根，而且对于佛教和众生的安乐，只能作损害，决不会有利益。对于这样的毁戒诸人，以无垢的教理作彻底的斥责时，有作最后辩解者说："初学者作犯戒等的罪业，总的说来，虽应当生起这样那样的罪过，但是信仰往昔前辈诸大成就者的作风史迹，保留那些遗风，是无罪过的。"这不过是以一大言不惭的话来作搪塞，不能算作合理的答复。对他们的话，应当如此说：由于往昔获得成就的诸前辈，已达到最高的证悟，因此，可以用五欲作为修道之用。但是达到那种最高证境，是如前文多次指出的那样，由共通道善为净治身心后，在不共道的大密金刚乘的生圆二次第诸道，还须经多番苦行和努力勤修。仅田信解的思想，是不能达到最高证境的。来达到最高证境、而模仿已达到最高证境诸师的样式，那是毁掉自己的胡行。至尊米拉日巴从洛扎·玛尔日师前返回家乡时，去到过去教他念诵的师父的儿子近前时，师父的儿子问他的上师和学法的经历，他如实地答复后，师父的儿子说："是那样的话，太稀奇了！因此，你最好是和哲色(米拉日巴的未婚妻)结婚，并将房屋田地自管起来，效法你上师的事迹作风吧！"(因玛尔巴有妻室财产，故有此语)至尊米拉说："圣者玛尔巴译师，他是为利益众生而受用明妃的。像他那样的功德和功能，我是没有的。正如老虎能跳下去的地点，狐狸也跳下去时，只有跌断狐狸的腰。因此，我是靠苦行毅力和坚忍不拔而勤修道行的。"米拉不是说过这样的话吗?所以修行自在，早已净治身心的米拉日巴大德，当初也那样地警惕而作，人们是否应当那样(警惕)而作，自不待说了。现在已经净治身心达到最高证境的利根有情，肯定是有一些的，但是他们除隐修外，是不显露的。其他由于时运关系，如我以及与我相似者，大都如前文所说那样，对于共通道中，一种净治身心次第，也未生起修验，仅有佛教徒的名义者，现在不应模仿前辈成就自在诸师的高超修行，以致闹出丢脸的事。应当是对于所承许的誓言和戒律，以及出家诸人应清净地守护的毗奈耶制戒严格信守，配合各自的分际，勤修密宗教法，建立起今后二世的圆满福善的根本，这才对于佛教有极大利益。这并不只是日窝格鲁派唯一的缘份，萨迦、宁玛、止贡、达波、噶举、主巴等一切住持佛教的宗派，如果那样(警惕)而作时，他们各自的教法也会纯洁发展而宏大，并能使教法长久住世。但是还须一再地祝愿、祈祷、请求加被。不仅如此，纵然自己是达到了最高证达的有情，在这样恶劣的浊世中，若真实受用手印(妇女)等，虽是不会成为缠缚自己之因素，然而无任何把握的诸后学会以你为榜样，而步你的后尘，则对于佛教成为严重的损害！所以阿底峡想到这一点在他所著《菩提道炬论》中说：

“秘密、智慧两灌顶，
诸梵行者不应受。”

这是说住于梵行的比丘、持金刚师，哪怕是已证达最高证境，对于秘密和智慧两种真实灌顶，不可以取受。因此，应知宗喀巴大师的纯洁史事，如前文所说诸德行以及在下面还须说的那些，对于粗细戒律仪，绝不犯染罪过，全心全意地爱护佛的教法。这在佛教将近坏灭的这般时期中，是愈能获得极大功德的。

如《三摩地王经》中说：

“若于俱胝恒沙劫，
由信供养诸饮食，
以及伞幡灯花鬘，
俱胝佛前作承侍。
谁于正法将坏灭，
佛教成为衰败时，
昼夜勤修一戒学，
此福较彼尤胜超。”

所以，当知佛教不可缺少的根本，是正法毗奈耶。意念此义，释迦牟尼自己也守持三法衣(祖衣、七衣、五衣)等沙门堪用的诸资具，而且严守清净戒行，直至于终身。佛的侍眷诸菩萨僧伽和声闻僧伽等众，依照佛那样的事迹而作，光显大宝教法，使之在此世间中长久存在。如大悲佛世尊的事迹那样，至尊宗喀巴大师的主要志愿也是只想使显密教法在此世间中宏扬光大并长久住世。如大师所著《发愿颂文》中说：

“如我所证道之要，
由悲引生方便力，
消除众生心中暗，
愿久住持佛教法。
大宝佛教未遍处，
虽遍已成衰败区，
今以大悲忆念力，
愿能开显利乐藏。”(利乐宝藏即佛教法)

如是能使一切显密教法兴盛和长住于世之根本，如前文多次所说，正是毗奈耶教法。不幸在中间时期，毗奈耶教法已极衰败。宗喀巴大师心中难忍，如上面传记正文中已说的那样，最初为了振兴戒法的缘起，大师受堪钦·洽多哇以及至尊文殊的策动，写作了赞颂精奇寺的弥勒怙主的《梵冠赞》，并敬供三法衣(祖衣、七衣、五衣)、锡杖、钵盂、敷具、滤水器等沙门全套资具，而发宏愿振兴恢复毗奈耶教法的基础。又大师在涅区驻锡时，在金粉塔前，供盛大供养，并为诸应化有情，讲说许多毗奈耶教法。在那里，大师又遵照至尊文殊的教语，规定以后对于毗奈耶制戒细微界限，甚至取水以内的传统作法，都不可废失，全体师徒在所有交往的短时中，也应穿戴以三法衣为主的沙门应有的服装。因此，守持戒律的美誉名声，遍于诸方。而且从此以后，沙门的美满之相的服装等，渐次遍布于一切大地之上。尤其是在朗哲顶寺中，三位法王(大师在内)相会后，讲说了传统戒律作法的四十七事，对细微制戒以内所有粗细制戒等的体性、次第、守护法等作了详细的开示。规定违犯那些制戒时，所犯何种制戒，一切都按戒律以各自名类来作修回改(亦称还净，即补救之意)的仪轨，妥善地建立起了清净戒规。此外，任于何时，不使犯罪的垢秽染污毗奈耶制戒。由于如是完全纯洁，极为清净的戒行之力，虽在末劫时运中，也展现出如同第一结集的盛况，使之现于此世。如是使毗奈耶教法振兴光大之恩，完全是由至尊宗喀巴大师所赐。

这样，大师对于菩萨学处(即菩萨戒)及持明密宗的粗细三昧耶戒，尤为重视，不准有丝毫罪过染污。大师如爱护眼珠一般护戒的事业，其影响直至如今。一些自认为密修士者，借口修密宗，肆无忌惮，粗鲁妄行的现象，任于何时亦不见了。总之，大师的身、语、意史迹，任何一种也未染有丝毫犯戒的垢秽。如桑桑勒仁巴·奇麦饶杰的著述中说："宗喀巴大师不仅是善巧者，而且是一位最胜的戒律精严的大师。大师自从接受别解脱戒中的比丘戒后，即常带三法衣、锡杖、钵盂等必备资具，从未离身。总之，甚至取水，撒净水等毗奈耶典籍或四十七事中规定的事务，往昔由四众会中的诸师，委派亲好担任。在宗喀巴大师的座前，大师只选善男子负责这些事。因此那时日窝格鲁派的送水人、厨师、烹茶者，到后期也被称为法王或喇嘛(由于那时的送水人等都有持戒功德)，出了许多严守增上戒学者。许多优越戒严的情形，这里虽未详述，但明智和正直诸人细省观察，也能略知一些。

再说宗喀巴大师身德高洁的情况：不杂染一点在家俗人的行动和形相，纯是清净持律的德相。

次说大师语德高洁的情况：大师的语言不仅远离庸俗语或平凡语，而且每句言词都直接具有法义，完全是以修持和本法念诵为主要的词语。所有尊卑诸人前来时，大师和他们谈论正法和世事，一切都与正法相顺。并且用上流纯洁语言谈论。对于堪可赞扬者，决不沾着驽钝和轻视之词，而是符合事实地作赞扬之言。对住持显教功德诸人，则称之为阿阇黎十难论师，或阿阇黎四难论师等与事实相符的赞颂名称。对于住寺僧人中不具显教功德但略知密宗者，也称他为"格西"（善知识）或喇嘛等美誉名称。须知宗喀巴大师不仅是止贡、帕竹两派中的许多大师及桑、德、贡三寺堪布和嘎、觉、苏三寺堪布等人的上师，而且是前藏最高首领扎巴坚赞等人的上师。依此自然趋势，日窝格鲁派也就建起了一座极大寺庙(甘丹寺)。诸方人士的心中，大都认为大师本是"康"人中的"格西"，在本性优良之上，加以与当今权贵是上师和施主的关系，因此有可畏的威严。不必说是偶尔一次去到大师的座前，哪怕是来到大师绕行道路的范围内，或能见到大师住屋的地点，或大师住地的门内，也生敬畏之感！大师虽是一位拥有加持之威风和极大的荣威者，但是一去到大师的近前，大师或传授教法，或作谈论之后，所有尊卑诸人，大都情不自禁地生起信仰，获得欢悦！特别想以后再到大师近前坐一下，而不欲他去（坐下就不想走）。总之，大师在拥有身德高洁的基础上，语德也具足无量功德。

大师的意德尤其高洁尊严：总的说来，大师心中极少烦恼，尤其是没有贪、瞋的动机。具有大悲心以及许多净相（定中见相）等。我自己（桑桑勒仁哇）是病者不能详细地述说，请从上下许多书本中阅读而知。以上是撰述大师戒严功德的史迹，同时略说一些破非立是的插叙。

于此断句处，作中间赞颂说：

清净戒律纯洁树，
菩提心叶茂庄严，
二次之果熟高悬，
如意树满众生愿。
师心莹洁如镜面，
制与自性之罪染，（制戒与性戒非）
虽以佛智作细观，
经劫亦难见毫端。
一切善道之基根，
即是正法毗奈耶，
佛虽多番宣教音，
随便弃舍是愚人。
受戒律后不守戒，
持出家幢作俗行，
此诸背负大罪者，
彼虽勤修无善生。
别解脱戒基不稳，

建立大密楼高层，
犹如大树已腐根，
唯有倾塌难立成。
优越戒律净洁土，
播种菩提与持明，（持密明咒）
不久二利之妙果，
得赐手中是真情。
教法密要无余尽，
领会首先对戒本，
作出光大久住根，
全赖师尊昼夜勤。
依此获得解脱义，
师之教中深入后，
开遮制戒能不违，
负荷戒蕴得清净。
从彼豆蔻芬芳疆，（指印度）
直至织锦大地上，（指汉地）
犹如遍洒黄丹水，（喻普着僧衣）
僧装光彩遍布扬。
虽在浊世之末运，
犹有爱护戒根人，
遍于中边诸方偶，
此非师恩又有谁？！

再说大师拥有如何卓越或称贤善的功德情况。大师的贤善功德，并非仅对于心性贤善而言。总的说来，一切善净之功德，都属于贤善之功德。但是此间所说的善巧、戒严、贤善三德中之贤善功德是：如一切智罗桑格桑嘉措的著述中所说：

“出离、悲心以调心，
遍观所知才智增，
祈赐离边真实性，
证达智慧文殊尊。”

这是说以出离心、大悲心和菩提心完全调治身心，而且对一切所知境，具有无碍的通达之智慧，以及具有清净正见之信念等功德。首先说大师心中生起特殊出离心的情况：大师不须如初业有情那样，对于生死轮回的总别诸苦，一再求知后，多次思维和修习，始生出离心。而是从幼年时代起，即视生死轮回，如炽燃火坑，自然地心中生起了真实的出离心。如一切智克珠杰的著述中所说：

“师身从母彩云中，(喻母如彩云)
如日现时对世间，
一切美满视如电，
随时远离我启请。
从幼时佛诸禁行，
能以戒律善约束，
一切生中唯勤励，
具习力师前启请。”

由如是出离心之力策动其心，大师视俗家之喧嚣如毒蛇窟。年甫三岁，即从噶玛巴·若比多杰的近前，受得全圆优婆塞戒(即五戒居士)，而且从那年起，也就未住在俗家中，一直住在法王顿珠仁钦的近前，视俗家的追求如唾液而抛弃之。总的说来，大师心中拥有天然的清净出离心的情况，如前文已说的那样。大师在自己的著述中说：“他人对我陈设上好座位，以及敬重的承侍供养等，任作何许，不须专思，我即时想到这一切都是无常，不可信赖，犹如幻戏的欺骗。突然生出猛利的厌离情绪，从心深处经常生起。这种情况，是从最初原有的。”又大师的《悟道歌》中说：

“若不勤思苦谛过，
求解脱义不能生，
不思轮回集次第，
不知断离轮回根。
出离世间依厌离，
生死缠缚当知谁，
瑜伽我亦如是修，
愿汝亦能如是行。”

当知这是大师以自己心中的修验而作的开示。关于这些情况，一切智克珠杰说，“这是大师此生与生俱来的(天生)功德。而不是在此生中修对治法而新生起来的。”又说：“这是获得极高的特殊证达的西藏许多著名人物也丝毫不能创造出的现证功德。”又说：“这种情况，是智者所喜的最卓越稀有的史迹。”

如是，大师对于一切有情，心中拥有如慈母爱其独子的慈心和大悲心。这也是在此生中，不经过努力勤修，自然地在心中本来就有的。就了义来说，大师与至尊文殊是同一体性，因此不须以教理来成立。不仅如此，就共通一般有情的视野所见来说，也可以知道宗喀巴大师于此浊世末运中，为了住持清净佛教，并使之宏扬光大，如愿而受生。总的对于遍虚空界的一切众生，特别是对其中雪山丛中(西藏)的所有应化有情，大师由难忍的大悲发心，乘愿而来，出现于此间。这与他人对现时的喇嘛当面假意奉承说“你是为利益众生，如愿而来”的话，决不相同。这种被奉承的对象中，诚然也有一些是与奉承的话相符的，宗喀巴大师即是这样的。但是有一些是一点也没有所奉承的功德的愚鲁者，也可能有许多。宗喀巴大师是不需人们进行奉承的大师，最初的少年阶段在家乡住时，以及后来到前后藏，对于佛的教法作闻、思、修三种清净事业时，所做的一切都不是追求名利恭敬等，唯一是为了使佛教不衰而获得宏昌，并成为长久住世之因素。这从前文依次详述的诸事迹中，可以得知。大师如是而作的主要愿望，只是想着怎么能使一切众生从轮回痛苦的泥淖中获得苏息，从而走向解脱的大洲，能趋向这样的解脱。如经籍中说：

“佛非以水洗诸罪，
非以手拔众生苦，
佛之证达不分他，(不分给或转移给他人)
示真实法令解脱。”

这是说，佛不是以水洗涤罪恶，也并非如手拔刺那样祓除众生之苦，而且他自己的证达也不能分给别人。他是依靠宣说正法，让众生依所说法义而修(得解脱的)。关于这些，大师见到如果没有一种完全无颠倒的大宝教法存在于世间中，则希求解脱者，如盲人流浪于旷野，难成大义。因此大师净治了对于大宝教法的无知、邪知、自造和相似伪装等所有垢秽。而由如佛真实密意的一切门中，随时唯以对教法发扬光大之方法，不顾身体性命昼夜辛勤而作。正如大师自己的著述中说：

“阐明依缘所生法，
一切生中舍身命，
并持佛之以善宗，
我愿刹那不弛松。
佛由无量难苦行，
郑重成此教要心，
以何方便令增盛，
愿昼夜思度此生。”

大师如是而作，也并无丝毫自利之心，而是对众生一视同仁，唯由无量大慈悲之心而作。因此，一切智克珠杰的著述中说：

“犹如生宝之大海，
师心大悲无边深，
慧眼观照超诸境，
大悲藏前我启请。”

如是大慈大悲为众生转动法轮之宗喀巴大师，正如章嘉·若比多杰的著述中所说：

“世间苦难诸众生，
长伸悲手作救营，
能仁事业师荷负，
一己承担师前礼。”

从客观方面说，大师虽是谨守菩萨的风范，然而大师的身、语、意稀有事业，是等同诸佛的事业合而为一的总体。

大师由那样的慈心悲心，生起了大宝菩提心，在大师的心中，是流续不断的。大师在往昔转生为至尊妙吉祥辐边转轮王之子旺波时，如何发下宏愿，前文已略加述说。又在往昔转生为虚空转轮王时，于雷音王如来前发心时，发下如何的宏愿，如《圣宝积经》中说：

“轮回无始中，
直至最终时，
尔时为利众，
当作无量行。
世间怙主前，
我发菩提心，
众生是宾亲，
当解其穷困。
设若我今后，
生起贪欲心，
是欺十方中，
一切佛世尊。
直至证菩提，
瞋心与害意，
嫉妒与悭吝，
今后誓不生。
梵行我愿行，
罪恶念尽离，
戒律与誓戒，
当随佛后行，
我永菩提行，
佛果不喜证，
直至最后时，
为一有情故。
愿行菩萨行，
无量佛刹土，
所有十方中，
愿闻我之名。
我为我悬记，
成佛定无疑，
我之增上心，

自主诸导师。
身语诸作业，
我为彼治净，
意业亦愿净，
恶业不应行。
未来当成佛，
世间怙主成，
愿由此真实，
大地亦常震。
我所说实语，
当知为清净，
真音传空思，
铙钹亦共鸣。
若我无动摇，
如我无忿瞋，
坛城妙花朵，
真实如雨霖。
正义决定中，
说此真实语，
十方无量刹，
一切皆撼震。
即时虚空界，
天乐亦齐鸣，
坛供诸妙花，
降有七人齐。(七人之高厚)
随王后学行，
廿俱胝众生，
愿成众导引，
广传悦意声。
如是廿俱胝，
一切诸众生，

随学国王行，
菩提胜果成。”

大师是如经中所说那样的情况——发菩提心，并发宏愿，直至轮回未尽之间，都愿不断地修习伟大的菩萨行。不仅如此，以适合不了义一般共通信解来说，宗喀巴大师此生此世也是心中经常拥有真实的(非造作的)菩提心的。如大师自著《悟道歌》中说：

“发心胜乘道之本，
诸伟大行之依根，
对二资粮如点金，(如点金术般令福慧二资顿成金宝)
广博善聚福德藏。
如是已知诸佛子，
大宝胜心主要行，(胜心即菩提心)
瑜伽我亦如是修，
愿汝亦能如是行。”

又说：

“如我自己堕有海，(有海指轮回)
如母众生亦堕入，
见后愿负解脱担，
修菩提心祈加持。”

这是大师就自己心中拥有如何修验而说的。因此，一切智克珠杰也说：

“师增上心架不举，
众生利乐担不存，(若无师之胜心担架，亦无众生之担可负)
伟大诸行到究竟，
卓越志向我启请。”

大师发菩提心后，由行六度⑮等菩萨行，如何作利益众生的事业，亦如《悟道歌》中所说：

“满众生愿布施宝，
由此句起直至
生起多番勤此道，

瑜伽我亦如是修，
愿汝亦能如是行。”

由以上所说，亦能得知(概略)，至于详细情况，恐繁累篇牍，于此不赘。然而综合起来，正如克珠杰所说：

“师之口中一呼吸，
亦能成熟无量众，
二资粮行更无论，
三域众亲我启请。”

尤其是大师心中拥有清净的正见：就大师此生一般共通的现象而言，如前面传记正文中多次述说的那样，大师在未与喇嘛乌玛巴相见之前，心中经常渴望获得甚深无颠倒中观正见，和喇嘛乌玛巴会面后，由喇嘛乌玛巴作译师，向至尊文殊启问甚深教义时，也是以启问甚深法类为主。获得文殊开示应成与自续两派的区别及粗细的因所破之量，通达正见之量，应成派正见之宗规，安立清净(正)世俗之规等极为重要的教义。之后，大师遵从文殊所说，同清净八徒离世务而前往寓嘎却隆等地，不断地勤修广大的积资忏罪，亲见无量的诸佛菩萨及平和威猛本尊等。尤其是在沃卡拉顶时，大师以上师与本尊文殊无二无别的信念，作猛利的祈祷，请求加被，而详细地观修中观正见，亲见龙树师徒主侍五尊像，其中阿阇黎佛护手捧中观的梵本而对大师作加持。由此大师阅读了(佛护所著)《布达巴里达释论》(即中观根本释论)，对于中观之究竟要扼，心中生起了定解。一切执相之依缘，自然地破灭，涤除了对于真实义的其它疑虑、增损之垢，真实证见真实义(空性)。因此，愈知佛恩而生起无量敬信！于是撰作包括：

“由谁见缘起，
智说成无上，
是佛见缘起，
示教我敬礼。”等句在内的说缘起之《缘起赞嘉言心要》。大师的《悟道歌》中也说：

“真实空性究竟智，
驾着不动寂止马，

离边中观理智剑、
斩断一切执边缘。
当以如理遍观慧，
增长通达空性智，
瑜伽我亦如是修，
愿汝亦能如是行。”

由以上所说，是能得知大师的贤善功德的。于此断句处，作中间颂赞说：

世间杂扰如蛇窟，
千百罪恶之生处，
心中知后生出离，
如日与光本天生。
如是从苦救众生，
猛利大悲为他心，
随时一心念此义，
难有放逸之时机。
视众如母之慈心，
如见于若生大悲，
负利众担增上心，
成如真实菩萨心。
所有福慧佛妙道，
能成唯有菩提心，
大乘道之正命脉，
随时不离常相亲。
六波罗蜜[16]与四摄[17]
所有菩萨诸行海，
我愿全归我所行，
其他菩萨得暂憩。
清净离边中观见，
一般实难通达彼，
师经千辛作探寻，

本来真面得亲证。
总之贤善师德盛，
虽因才薄难说尽，
略说少分亦增信，
有缘得此亦师恩。

再具体说宗喀巴大师拥有卓越的成就功德的事迹概况：总的说来，生起出离心、菩提心、清净正见等，尤其是通达三学(戒、定、慧)，及甚深生圆二次第等所有现证之功德，都应归纳入于“成就功德”的范畴中。所谓“成就”是说凡是共通与不共通的现证功德的所有成分，自己的心中已经获得或说已得成就。心中具足彼诸功德的人们，即安立其名为“珠脱”(藏语译音，意为获得成就)。获得彼诸功德的人们，能说知他有情事，能示现各种神变，能随心所欲作幻化等殊胜征象，称为“珠达”(意为成就征象)。因此心中已得三学(戒、定、慧)等内在的主要殊胜现证功德。这在诸种获得成就中，属于殊胜成就。除此，若仅获得一些神通(如预知)和神变等共通的成就，则不应认为是获得殊胜成就。这是因为仅获得一些共通的成就，在外道徒中也有的缘故。虽是如此，但是现在不知教法精要的人们，大多数人的思想中，只要有能说神通，以及飞身空中，入水不沉等的人即称呼其人为“珠脱”，甚至对于占卜吉凶的灵验，以及能求雨求晴，能防护暂时的细微灾障等，不管如何妄为胡行，都说其人是“珠脱”，也就对其人虔诚信仰。除此之外，对于其他心中拥有持戒清净及出离心、菩提心，以及勤修生圆二次第的瑜伽修士，仅认为是本质善良的喇嘛，而不认为是“珠脱”，也为数不少。阿底峡噶当派的宗风，如上文多次所说的那样，自心的现证功德等，只有保密隐匿，不对他者显示。至于神通和神变等，除对一二合器者显示外，是不作普遍宣传的。不能这样作的原因是：自己获得的成就果位，随便显示成就等征象时，暂时可能使一些应化有情生起信念，但是对于后学自矜的人们，则如谚语所说：“未到雅汝以前，已经走出了犏牛的步态”。这是说未获得殊胜功德，但借口说是上师的史事作风，而一心作粗鲁胡行，装作是“珠达”的虚伪模样，以欺骗他人。对于教法良范，为害极大！而且自己与期望自己的人们，一齐携手而跳下危险深渊。由于见到有许多这样的人，他们不专为求得“珠达”而修习。加上宗喀巴大师的主要目的是使一切众生都趋向于解脱和一切智(成佛)的地位，使佛意全圆无误的显密大宝教法，于此世间，宏扬光大，长久住世，大师观察到这是能产生如是善业的根本，如果没有清净毗奈耶(戒律)教法，则不能建立起佛教永固之基础。宗喀巴大师虽已拥有不忘陀罗尼以神通和神变等所有圣者功德，然而对他人只示现善巧、戒严、贤善的事迹，完全以创建使大宝佛教长久住世的事业为主。不用说是特别追求神通和神变等事业，就连偶尔发生一二次自然难阻的神通情况，也叮咛诸弟子务必保密，不可向他人宣说，任于何时亦不显露。因此，其他方面的人们都说：宗喀巴大师除拥有善巧和戒严的事迹外，未达到最高成就的果位，主要的修行也是戒律。除以噶当法行及讲说、听受显教等为主外，未修过密宗的生圆二次第甚深要义。说这些话的人自己这样想，对他人也这样宣传。由于见到积下如此严重的罪业和正在积罪恶者，为数极多，为了破斥彼等之不正见，特别略说大师拥有卓越的成就功德的概况如下：

关于大师心中拥有三学(戒、定、慧)及道之三要(出离心、菩提心、清净正见)等大乘共通道之现证功德，尽人皆知，自不待说了。这里当说大师心中生起了不共的密宗道，特别是无上密的生圆二次第的证达情况。如一切智克珠杰的著述中所说：

“往昔此间他来悟，(他人未能悟达的密道)
密道二次甚深要，
如实见后修彼义，(宗喀巴大师真实见得而修其义)
作为修要我启请。”

这是说大师在修二次第瑜伽时，生起了如何的“生起次第的”证达。接上颂之后又说，

“粗细瑜伽到究竟，(粗细本尊瑜伽)
凡俗执迷皆远离，
任现皆为坛城象，
师心不动我启请。”

解释句义说，“修如是二次第心中生起如何的证达呢?证达‘生

起次第’细分的瑜伽者，以及三粗分三摩地等之本尊瑜伽达到究竟者，是已远离凡俗执迷，随见何种一切所依(房屋大地等)，皆为本尊的无量宫殿，一切能依(人类动物等)，皆为本尊的殊胜坛城佛尊圣眷等。这样的证境，大师已能刹那间也不动摇地安住证境中。”大师心中生起了如何的圆满次第的证达呢?也如克珠杰的著述中所说：

“忘念风(气息)流中脉散，
亲见光明一切空，
随现皆为乐空现，
具金刚意我启请。”

解释句义说：“大师对于生起次第的证悟达到究竟后，生起如何的圆满次第的证达呢?是能使势力最大的八十种三毒(贪瞋痴)妄念所驭之风(气息)等，齐入于中脉而消散，皆合入于中脉。由此一切空光明现起，同时生起俱生大乐，以此亲见真实空性。这是在修中(定中)，从修中而起，于后得(即未修中)中，随见何种，一切皆为乐空无别慧所幻现。此为‘心远离’(亦称心寂静)，意金刚三摩地。大师具有如是功德。”又如前所引据的《宗喀巴密传颂》中说“凡俗情器现空幻”等句，是说住于定时(修时)，修“身远离”之瑜伽，而生起“四喜”与空性配合之乐空无别。或由于已熟习深、明无别之瑜伽，因此在“后得’时(即出定未修时)，所见一切情器世间，皆为乐空慧所幻现，以及彼慧所现自己身蕴等为大乐本尊之相。这是获得“身远离”——身金刚瑜伽的事实。又，颂句中说“心莲三身金刚中”等句，是说由修心间“不死明点”，从念诵三金刚自性密咒音调中，修风(气息)咒无别的“金刚念诵”里，风入于中脉，现起入、住、合三相、光明等，由彼等体性成为大乐的空性境。这是获得乐空三摩地“语远离”——语金刚的事实。又，颂句中说“由彼脐轮之猛火”等句，是说由修生起“心远离”的内外方便次第，由比“身远离”和“语远离”更为殊胜的“脐轮火”溶化顶上“吽”字白菩提，生起上下四喜、白、红、黑三相和光明等，再再引生与空性相合中，示现心中生起了能成“幻身”的乐空无别俱生大乐究竟心远离——意金刚之瑜伽事实。

因此，不仅是圆满次第，即以“生起次第”的粗细瑜伽来说，要达到究竟，也须达到最高证达，从修“生起次第”中，住于我慢(亦称佛慢)时，彼即是(本尊)的真实我慢能自在转移，以及住于明相对，如其所修明相，生起极端明相后，心中获得一种极坚定的反倒凡俗相执时，这即是由修“生起次第”而破除凡俗相执的情况。若从初修“生起次第”起，渐次观显所依(房屋大地等)能依(人类动物等)之(本尊)曼荼罗(坛城)，能真实现起。若还不能在顷刻间明显现起，彼一切修士仍是初业有情(初学者)；粗分的所依、能依顷刻间即能明显现超，这称为“略降临智慧”，从所有细分身诸处如面、手、眼等顷刻即能真实明显现起直至还未获得真正自在(这里不称灌顶)之间，安立为“略得智慧自在”，如是诸细分能顷刻明显现起，而且时间能延续下去，并随欲明显现起达到彻底时，称为“生起次第粗分到究竟”；显然能否顷刻明显现起，是就同一时能否明显现起而说的。

至于“生起次第”细分：则是在修习下部细分阶段中，明妃莲房中滴下芥子大小明点中，能顿时真实明显现起所依、能依的曼荼罗(坛城)，而且诸本尊细分的眼珠白红色等也极明显，并获得不动的坚定。这即是达到“生起次第”细分之量。以此揣想现今时期中，修“生起次第”粗细二分都达到究竟之特殊有情，或许是有一些的。然而如我(著者)和与我相似的人们，即使只能听得这些类别的情况，也就算是有善缘了。关于圆满次第的各种殊胜证达，更是难以生起，须知若“生起次第”细分未修到究竟，纵然进入于圆满次第中，也不过是有一些信解而已，真实的证达是不能生起的。它是“生起次第”细分达到究竟后，由修下部微细明点“身远离”起，渐次而生起的。虽是这样，但是依“密集”来说，能获得第三次第的幻身近取因——“心远离”比喻光明，也还有极大困难。至于获得“心远离”究竟的界限，则是如前文已说的依内外方便，一再修习白、红、黑三相、光明等与空性配合起来。它的发挥效用的方便，是由三行中任何一种，或以能代替的积无量福德中，令一切风息真实如死次第收摄入于心间不死点子，而生起真实死时的白、红、黑三相和光明等，配合“语远离”的乐空慧。进而获得“心远离”到究竟，但此到究竟是依“语远离”金刚念诵解开所有心间的脉结。然而解此脉结，先须修“若”、“江”二脉之风息合入于中脉中，而始能生起。而此修法必须先获得由大乐而证空性，一切境象皆显现为本尊的“身远离”。因此，当知一切智宗喀巴大师，若以了义来说，大师是从长远以来，早已获得“双运身”(即佛)果位的。不仅如此，依不了义共通情况来说，也是于此生中，心中已生起幻身近取因——“心远离”以下的所有证达。确是如是的情况，上文刚说的教理是可以成立(此证)的。但是还须说明能成立的理由。如以前在传记正文中已说的那样，大师驻锡甘丹寺中时，为了遮除寿障，严密闭关修持时，有一次大师身体上端，从中脉上端直下，有一“唉旺”形色之光，如灰白线绳出现，不共通的特殊溶合大乐与空性之乐空慧、四喜和四空的自性(本质)生起于心中。从此以后，即持继不断修养殊胜乐空慧，因此大师住定于乐空三摩地中，后得时(出定未修时)随其所显现，皆为本尊曼荼罗乐空所幻现。关于此情形，一切智克珠杰说：“此种情况，若由一熟习密续和大成就者的教授秘诀的人来作思考，也是难于衡量的现证功德。当知大金刚持(称大师)此生中所赐授道之种类，无一不是他心中已经生来证得的。”由这些情况看来，大师心中已经生起“身远离”和“语远离”的究竟功德，而且不久也就获得“心远离”三摩地之相，这是真实无误的。

以后，大师病体稍愈时，至尊文殊亲现真颜而说道：“从今以后，应修生圆二次第之瑜伽。当以修习为主，则心中能迅速生起无上密的特殊证达。并且具缘的七弟子也能获得生起道之殊胜证达。”获得本尊的悬记后，大师命多敦巴(亲见文殊获得加持者)细作观察。多敦巴说：“这不须赘述，对于能有舍此世心的合器诸侍徒，开示显密全圆之道后，令其勤修。对于大师，我已启问至尊文殊，得开示说：宗喀巴大师若以闭关勤修为主，则心中迅速生起道之要扼。其中之殊胜因素——乐空慧等，宗喀巴心中是已经生起了的，而且外缘——田生空行母作殊胜助缘，也会迅速到来，由本尊加持的因缘福会也已全备，以此胜道(成佛道果)将迅速生起于其心中。”那时生起于心中之道，是指从“心远离”起，直至双运身(佛位)之间的道。其中“心远离”的证达，本尊开示将迅速生起于心中。而生起“心远离”证达的因素，是“语远离”以下的殊胜乐空慧，这是大师心中早已生起了的。以及须依外因——智慧手印，或业手印任何一种而始能生起，这也将由“田生空行母”作助缘。依于这样的所有内外的殊胜因缘聚会完全具备，大师心中将迅速生起“心远离”究竟的证达。这是本尊所示的悬记。虽是如此，但是至尊宗喀巴大师一心以爱护教法为念，虽已到了适合依止手印时，但他对于用人作明妃等，任于何时，也是不作的。不仅如此，就连依于智慧手印，或田生扎干母等而圆满道果的情况，也不向一般普通有情开示少许。因此，其他宗派的人们说，宗喀巴大师未获得甚深方便道之要扼，因此也没有如往昔的诸大成就者那样的证悟。说这些话而积下罪业的人，为数极多。都是由于未知那些真实情况而说出来的。如桑桑勒仁巴·奇麦饶杰的著述中说：“又有一些人说，法王宗喀巴对于密宗最深道要或成为速道的依止手印法，或依空行母之道，或修下部之道等，是没有的。并说他也没有能依手印之甚深秘诀——脉络、风息、明点的诸教法。是未达到依于那些并非使戒律完全干了的功能。”又说：由于没有教授之要，法王宗喀巴自己也就未依于手印母，而且是不敢依于那些的。因此，法王宗喀巴是未生起如后期噶举派的大成就者法王藏宁巴(后藏疯人)及邬宁巴(前藏疯者)等那样的修证。昔日勒仁苯正巴·喇喇桑杰穗勒等人，也在我的近前那样说。其他那样说的、那样想的人，可能是有亲爱疏憎的。然而事实不是那样的。当知至尊宗喀巴大师，并非未拥有脉络、风息、明点三者的清净甚深教授。他虽是拥有深广的教授秘决，但是唯恐损害教法根本——戒律学处，他自己不用人作明妃而修，而且对他者也不开示那样的路道。因此，对于密宗的迅速道未全和未达的过失，是没有的。尤其是宗喀巴大师获得许多生圆二次第的修证，达到一世一身将要成佛之际，是须依赖于手印修行时，许多大弟子请求大师说道：‘现在大师内部的近取因，及诸要扼和因缘都已齐备。因此，现在须外缘或近取因，请受用一适合的业手印母为佳！’大师说：“我内部的近取因完全具足，也拥有依手印的诸要扼，依手印是不会发生过患的，而且将实现迅速成佛的方便。但是总的对于佛教有损害，特别是我的弟子们要说我们的上师也依于真实手印而修，因此我们也依手印为佳！上师可以依手印，我们也可以依之。这是把有无‘教授秘诀’，及是否到了依手印的时间等一切都混而为一，而胡作乱行，专重视于妇女。这样将使此生与后世二者，及许多自他有情，都遭到毁灭！患病的我(勒仁巴)真实地想到(大师说的)那样，而现在我现起虔诚之象和清净的悦意之境。那末，不依手印母，依之将会生起大过患么?这是有可能的。当知手印命力的究竟要扼之一，是依于用人作明妃而修，而且是从依手印而生起的。又有许多乐空慧等之要扼，是依于其他手印而生起的。最低限度仅依意想之明妃，也须知道有许多生起证悟之秘要。其中有依‘时轮’的圆满次第四手印而修之法，及对于‘密集’和‘胜乐’两密续之教义，尤须善巧精通。现在那样的人极为稀少。患病的我昔日曾多番阅读过诸典籍，也获得少分功德。尤其是依于四手印而修圆满次第之法，宗喀巴大师传授给喇嘛准多哇，而且作有一笔记。我的祖辈德勒贡波珠曾经寻觅此本。我的手中得到由勒仁树钦乌玛巴·桑杰伯所作一种手抄本，此外，还有如上所说许多典籍，以及宗喀巴大师讲说集一函，由我祖父所录写的一种‘密集’教义等之甚深语教数页等，聚集了这些书册，而且又获得广大的经教诵授和教授秘诀。我虽是知道许多教义者，然而这是我奇麦巴昔日所作的。可是到了羊年的秋季，我患病以后，那些书本大都失散了。教授秘诀之要义，也对有情未起到补益，真令人懊丧！这真是‘持戒诸人随想，废戒人们反生喜’。又当知宗喀巴大师虽不依于人间女子而修，但是依智慧空行母，及田生空行母手印而修，而且对于脉络、风息精通善巧的自然力量，及清净舍心等经常修习之力，令身中菩提分(精液)毫未衰败，而且稳固，由此表现的征象是：大师身躯极为健壮，已届花甲高龄，仍然不现老相，而且极显童年容色，身体洁净，毫无垢秽之象。如经教所说，‘具戒比丘具光彩’，大师之身有极大光彩，(身上发出的)戒香极为芬芳，长久放散。其所着衣服，及手持念珠等都是清洁香溢，完全不像他人龌龊黑糊糊的那样。宗喀巴大师以手持念珠一串赐给德勒贡波珠，串珠系福禄丸所制成。我见着藏于勒仁巴自己的藏珍大匣中，穿珠绳系汉地红丝线所作。在昔日仍然光洁无垢。但是后期中，被某一豪霸者用手触摸，以及接触而作礼敬，以致接触垢秽。福禄法宝也略染油垢。但是有说昔日那种真的(珠串)已经没有的话，这是虚假之言。总的说来，至尊法王宗喀巴大师，如上所说拥有无量功德的情况。其详细情况，应阅读大师自著的大小论典，以及昔日的宗喀巴大师传，病者我奇麦巴所著许多广略传记，尤其应该阅读《宗喀日传摩尼鬘》和《大宝鬘》两书可得而知。还须阅读邬金古汝先后所示许多悬记，以及具智耆宿们所说各节，特别是对于前后诸句义，有正见而且有明智的人们阅读和细思，也会知道的。如是从宗喀巴大师所拥有善巧、戒严、贤善三者的广大功德中，略说少分，起名为《摩尼宝鬘》。这也是我具有知、明、见三缘，尤其是对大师知而获得生起敬信之心所催动，并为了对后学其他有情利益起见，复因从各区上下有许多前来对我供养者，我自己也为对于后世留下一些善妙法缘等起见。长期病者勒仁奇麦饶杰于金虎年(庚寅)三月十五日依时轮法规为大节日撰完大部分，还余一些结尾系于三月二十八月写完。执笔者是勒准敦杰及仁增，以及日窝且·本伊白玛和我自己。愿依于如是善业，使诸不正知者消除不正知，以及诸修所缘境者皆得成佛。”以上的那些说法，都是不可思议的秘密行传。确是完全由本质纯正之门而说的。因此应知“心远离”的证达，虽是须依于手印而生起，但是锐利根器者依于智慧手印是能成功的，不需专依业手印而修。即使是依业手印，也需由一般普通的(女)人经多种行境已成为田生扎干玛等，依之而修始能成功。还须领会若不真实修三行中任何一种时，则须修代替彼之积无量福资等。至于认为一定需用人作明妃，若不用则不能获得方便道之要扼，而且不能入于最高的证达等，这是他们各自明显的矜夸。应知的是：心中生起“心远离”的究竟道后，若修三行任何一种，都能无困难地成就幻身。如果已成就幻身时，他那一生中，是肯定能成佛的。因此，上文中勒仁哇所说宗喀巴大师已达到将要成佛，其意义也即是指的此际。虽是如此，但是大师纯为爱护教法典范，于此生未作真实(手印)行，直至最后示现圆寂时，以代替双身行的死时光明和道之光明相合，成为母子光明会合中，而住于定。从定中现起圆满受用幻身而成佛。详细情况，将在下文示现圆寂的阶段中述说。

须知宗喀巴大师不急切于为自利而成佛，而是唯一以利他有情，及令清净教法长久住世之方便为主要。如是的行径，大师纯由爱他胜过爱己的菩提心，随他而转的大菩萨行而行，这种无与伦比的行径，是特别值得我们崇敬和追随的。

此外，如前所说，至尊多敦巴在梦中，梦见宗喀巴之塔，塔的量度美好圆满，塔尖直达云际，色极洁白，如涂白瓷釉那样的光彩。云隙中有叫空行母的，相如天女，也有普通妇女相的，装饰骨饰和各种宝饰，手中持着满注白色甘露之宝瓶，为数无量，都以甘露遍注于白塔。梦醒后，以此情启问于至尊文殊，文殊指示说："这些征象，是表示宗喀巴心中，已通晓一切显密要道，达到了圆满究竟，以及乐空殊胜三摩地已于其心中生起之征象。"这些指示是与前文记载相同的。但是其中塔的量度美好圆满，是表示大师心中，一切显密道要，已通晓到圆满究竟，塔顶直达云际，是表示大师心中次第生起共与不共的证达，已获得最高"心远离"的究竟证达；云表示已达到将获得与虹光相同的第三次第幻身的界限；色极洁白，如涂白瓷釉之象，是表示大乐之所依——如白君陀花色的菩提(精液)丝毫未染衰败之垢，而辗转增长；诸空行母作清净浴，是表示生起殊胜乐空慧之助缘——智慧空行母，及田生空行母扎干玛所作。不知大师已证达如是最高的成就果位，而仅恁凡庸者的心境所显之象，遂说大师未生起如往昔大成就者诸前辈那样的修证，而积下对圣者(专为寻疵)轻蔑之罪业的人们，是极为可怜可悲的！

因此，应知成就之征象，仅有细小的共通成就的人们，也是能示现一些的。仅达到如此(共通)成就果位的人们，也能随欲自在示现神通和神变等，这是无可怀疑的。但是应知大师是不愿显示功德，尽力隐晦，任于何时也不随便示现成就的征象等。虽是这样，然而如格言所说：

"圣者功德虽隐晦，
诸世间中普照明，
豆蔻之花虽掩覆，
亦能普遍散芳香。"

如颂所说，大师虽未专为显示而作，但是由于自然趋势不能阻止，而适当显示出来，大都如以前正文中所说。还有以字句明白标示而说的，如说大师经常亲见上师、本尊、诸佛菩萨、空行护法等无量诸尊像。经常连续见得，这也是内证功德达到最高之真正征象。如大师在精奇寺作开光法事时，七代诸佛和三十五佛等真实来到，以及在拉萨大愿法会的时期中，迎请十方诸佛遍满空中，住于各自方位，显见其身色各种庄严，并享受诸供，以及印度八十位大成就师也前来，围绕上师，发大宏愿等，这是卓越的三摩地(定)的功能等成就之征象。还有如《宗喀巴传一百零八稀有史事》中所说："大师在学法僧院中，作讲说，听受时，有时也发生财物的困难，但由于立即修法遮止之力，虽没有向他人借贷，但危机迅速变好。还有大师用克制手印指险山之石而使其滚下，指大江之水流而阻止其流动等许多示现，这不仅依生起次第修证之力，而是如往昔许多大成就者令恒河倒流，及哈沙班遮在'达波'掀起大风量等功能，是具足圆满次第的修证之殊胜神变。这是第八十种稀有卓越的史事。"此外，大师在精奇寺做开光法事时，日间时分变得很长。又有一次大师发现有寿障之相，必须修法遮止。侍徒们也启请修法。大师遂闭关修四业(息、增、怀、诛)护摩时，天降大雪，其他地方都积了一卡厚的雪，唯有大师身之周围约两庹(约一丈)范围内，未沾一点白雪的尘土。又在大愿法会时，油灯起火，火势极大，将使佛殿受灾时，一切人等惊惶失措之际，大师入座仅修住于定中，火势立即平息，得以平安无事等，这都是内证心风自在，也才能随意转变外面的四大——地、水、火、风。又大师在色拉却顶寺驻锡时，明永乐皇帝遣使来迎请大师。大师早已预知，而秘密地去到惹喀乍等史事。也表明大师拥有明知隐秘的无碍神通。又有一时间中，至尊多敦巴前往大师的座前，求解决一疑团，到时未见大师，只见师座上圆光幕围中央坐着红黄色的至尊文殊，他心中未生文殊与上师各异的想法，因此身相立即为他清除疑团。他心中刚想此为何故、上师住于何处时，立即见着大师的真容。此外，具净相的一些近侍弟子，有些见大师为报身佛的；有些见大师为化身佛的；有些见大师为平和本尊的；有些见大师为威猛本尊的，有各种不同的现相。又洛扎大成就师与大师会面时，他见大师为妙音佛母等。以及如上文已说的那样，在家乡中，大师将入母胎时，法王顿珠仁钦见本尊能怖金刚对他说："我将于最近一两天来到这地方的沟头。"又如下面将说的大师示现圆寂后，一切智克珠杰有一天想念大师而流泪，一心祈祷时，真实见大师为胜乐金刚像，并开示说："如水泡透明之眼，能见我罗桑扎巴与本尊无二无别。"如是至尊文殊、胜乐、密集、能怖等诸佛海会，一般应化有情的信解只能见其为各异。然而在大乐慧广大的心境中，则标示其为一味。又于往昔佛世尊前，无热恼龙王供佛一海螺，佛将螺给阿难并吩咐说："将此螺藏于葛波山中吧！"阿难如佛所示将螺藏于秘藏中。大师依佛所悬记，于秘藏中取出海螺，作为法螺。大师又于拉萨从秘藏中取出法王松赞干布的马头银印等。应认为大师确是一位最善巧的掘藏师，而生信念。又大师在温区的扎喜多喀驻锡时，一日之间，由幻化塑工建造大师像七尊，大师也运用神变于一日中，剃发七次，以每次所剃下的全发装入一尊像中，示现了许多随意而转的幻化事迹。尤其是大师讲授了能怖金刚、贡波、汤金阎摩王等所有羯摩(即作业)诛法（诅咒法）的教授秘诀，有许多如锐利武器般的，都做保密制约。能怖金刚胜伏魔军，贡波和汤金却嘉等亲自前来指示应当如此这般而做。又如人们为上师多次示现而贡献宏扬佛法所需的助缘。在做伟大的佛教事业时，临到需要财物之际，大师向毗沙门供垛玛委托其成办事业，财富速即如雨而降临。如是还有四臂怙主、六臂怙主、故谢贡波、汤金却嘉等(护法)经常赐来悉地(成就)，并使事业无碍地获得成就。特别是汤金却嘉听从大师命令，如仆人般经常变现为人与非人之身像，一刻也不懈怠地完成事业。这是大师役使具誓护法如仆人的功能，已获得成就之征象。又大师在甘丹寺患病时，亲见伏魔大圣能仁(即释迦佛)之像，同时运用三摩地之力，将魔军的根支完全肃清。魔军齐呼"败了"之声，真实传出。这显然示现与释迦牟尼在菩提树下降魔的史事完全相同的事迹。又大师在甘丹寺中，建立诸种立体坛城时，喀章噶(密杖)和颅器、彩虹母等现身来到，依胜乐立体坛城修供养时，亲见诸空行母前来供献《三摩地描绘篇》及《杜鹃歌声》等供赞颂词，大师也就将颂词和音调加入于仪轨修法中。又大师亲见世间如来（即释迦）于摧伏死主坛城中，给他传授灌顶后，赐以“风息和合旋轮火不死成就明咒”，虽是未授给其文字，但其教授秘诀，至今仍在单独传授。这一情节出自一百零八稀有史事中。又有瑜伽自在师阿坝亚前来将曼荼罗次第和灌顶分类贡献给大师，特别是贡献除瑜伽母芭蕉花穗外，其他班智达和成就者大都未（参加）在此教授范围内，也是难于交付给许多译师的法门——“吉祥金刚四座”等许多秘密教义。此外，大师所示现的任何事业，以及对于其它任何善与不善之境，虽都已成为现实和清晰明白之迹。大师曾说：“不认识乐空如幻之心，我从未生起过。”大师对座前的近侍弟子等所谈论诸事，及任何作为，曾开示说“心未作专一，则有一不定”等语。这是所有戏论（虚假）分别之相，大师已不须用力而（虚假相）自然息灭之义。并说：“圣者的‘后得智’没有较此更为超越的。”诸如此类，大师自然显现的成就功德之殊胜征象，还有许多，所有详情，对于前面所说的传记正文中诸语义，若用理智细察，是能知道的。还有一些传记附载中的史事，未明记于上文中的，现略记如下：

大师在噶哇东时，至尊文殊向大师指示悬记后，大师启问文殊道：“我在此土中，能活多久?”文殊说：“你逝世之期是现在。”因此大师念想前往他方世界时，怙主无量寿佛向大师现示真容，作了诞寿的缘起。那时，至尊文殊说，“如是往后，在却隆将脱下一齿，那齿给克珠杰，可以普及大众。最后在猪年十月将圆寂。那时你的遗体整个安放起来，到三百年时，受诸本尊授记的班智达·仁钦却嘉将整体肉身迎请到摩揭陀金刚座[18]。由此，你的牙齿将在此世界增生许多舍利而普遍诸方。”直至多日之间，文殊都在为大师指示悬记。后来，大师去到却隆时，在修持中，亲见四续部诸尊及三十五佛等，受到诸佛尊的加持。那时，克珠杰向大师启请说，“昨晚我梦见上师为我作悬记，因此我请求讲授四续部之略义金刚持道次第。”大师说：“甚善！”就将诸深法传授给他。有一天日光极盛，大众眼见大师的口中发出一光，遍于天空。有些见为虹光的。贾曹杰见大师掉落一齿。大师说：“无与伦比的福善犹如须弥山近前住的金山的克珠杰，此牙齿给你。”说后也就将牙齿赐给克珠杰。贾曹杰和持律师等人说："启问大师，不给我等何缘故?"大师说："不是不给你等，克珠杰与齿有缘，并且文殊示有悬记，讲说诸密续，也是此义。现在你们七日之中，作虔诚祈祷，然后可以给你们。"于是克珠杰将齿捧到自己的寝室中，而作祈祷！顿时光明满室。七日之后，大师命将齿拿来，陈设善妙供养，启封看时，整颗牙齿，变为一尊文殊像，像之头部和手节上如嵌镶珠宝般长满舍利。在文殊之顶髻处有螺色舍利，大师给与巴窝多杰；额间有晶色舍利，给与贾曹杰；喉间有金色舍利赐与布勒雅西；心间有蓝吠琉璃色舍利，赐与持律师。身及各肢节共生出舍利一千零二颗。当以舍利遍分给在那里的大众。从此以后，大半时间中，舍利复增生而作普遍奉安供养，也就成为诸有缘者供奉之所依。

关于此一情节的悬记和出现殊胜征象的流通书册，在前后藏中已无传布，就连书名也已湮没无闻。这是由具足多闻的大德桑杰仁钦心中难忍经多番辛勤，始从多麦的觉勒方面贡献出书册，而刊行公布。这些也是难以思议的获得成就功德的征象。史事中所谓"为三百年时"的说法。略有可疑之处，当作考察，将在下面述说。

此外，一切智克珠杰的著述中说："在现今时期中，对于显教诸法义，勤做闻思的善知识们，不以显教为满足，进而对于密宗金刚乘，大生喜悦，勤作修习。而且以前那种对于密法的究竟教授秘诀，认为并不在于密续部诸典籍，只须听上师口中所说的，就已足够的观点(变为)现在已知道由教授所通达的甚深究竟密义，唯存在于大宝密续中。为了通达其义，也就对大宝密续诸典籍，勤习而求其义。但是昔日续部的密意与大成就者所解释相符合的一切教授之要，大都连名称也湮没无闻了。幸而现在时期依宗喀巴大师的著述甘露，自作勤修时，无疑在此生中能获得金刚持果位的教授要扼，并能得知大师的教授与诸大成就者的密意相符，面对于生圆二次第之道，能获得彻底的定解，也就能如法而修，爱护四昧耶和戒律，住入于本尊瑜伽中，而且对于密续部之义，能无畏获得，进而获得能摄受具缘者的金刚大阿阇黎之位。并由于熟习生圆二次第心中生起与密续相符的究竟修悟，也即是获得西藏许多著名的成就者所不能比拟的坚固三摩地，并能获得由本尊加持，对于闭关念修熟习卓越之力，具足能消灭自他的魔难灾厄的无碍功能等。总的说来，依靠大师的教授，产生了许多与续部相符的金刚持师，他们具清净别解脱戒和戒律，住于菩萨学处，爱护适合大乘的经论，由于具足三律的八功德水，成为心中清净无垢的能持三藏法师，成千上万地遍布于从西方那烂陀(印度古寺)直至汉土的东方海滨诸地区。这样的情况，完全是难以衡量的宗喀巴大师的卓越事业所体现。此外，我们的至尊大师由于往昔不可思议的善行熏习之力，在此生中与教法相合的资具生活，丝毫也未缺乏过，这是不待说的。大师住于雪山、山谷、极边地区和诸寺庙中勤修时，都有前后藏、多康、汉土、克什米尔的特别富有者，以及上层人士为主的所有中等和下级人众，由信仰坚固之力，为了获得善妙的收获，而以一切需用的财物顺缘，尽量地播种于这位无与伦比的大师的福田中。财物不断地供到大师的眼前，承事供养的情况，谁也不能计其数量，算其数目。往昔具有美誉飞幡的诸大善知识，谁也未有如此的史迹。虽是如此，然而这一切资具，若只是因为王者、主宰、官吏、男子和文人等的情面，并企求报酬而努力准备那些财物的，自不待说，将是浪费信施之财。可是大师丝毫不沾染作为自有的垢秽，而是唯以佛教为念，他心中关怀一切有情，是难以计量。远离一切过失而(对有情)作布施，并由四摄之门，适合所有应化有情各自的福缘，而做成熟和解脱有情的事业。

此外，特别是在建立寺庙和佛殿、佛像、经塔等，以及对三宝供养，对佛世尊四大节日经常供养，对成千上万的勤习诵读和修行者等众布施生活资具和财物的情况，是难以思量的。因此之故，大师整个一生中对于如是的资具财物，都成为对心中普遍关怀者而准备的财物，哪怕是一粒青稞的收入，大师也未作为自我所有，或为了自己的生活资具，虽仅一升种子地，也未作为自我所有。作为自有的事，是丝毫也没有的，所以一切非法作业，大师是从最初天性中早已远离了的。这不过是大师史事德行中微小一部分。然而即此微小部分，在此雪山丛中(西藏)的许多大人物的事迹中，也是难以找到的。并且由此缘故，往昔印度圣土佛世尊示现涅槃后，经过数百年，结集佛经的圣者们也示寂而获得清净解脱时，发现有人说

“大乘非佛说”的诽谤言论，遍于诸方。一时，印度就连大乘之名也湮没无闻时，圣龙树出现于世，如佛所悬记，他从根本上恢复了所有显密大乘的心要，并肃清了一切邪说，使大乘教法如太阳般光显起来。因此，在印度圣龙树的恩德较佛尤大，这是无可争议的。凡是大车轨诸师及大成就者都一致同意赞许谨记于心中。

正如印度圣龙树对佛教所做的大事业那样，在这样的末运时代中，至尊宗喀巴大师在此雪山丛中的西藏，将所有佛教的心要，完全如佛的密意，从根本上恢复起来，令其显明宏昌的情况，也和龙树无有差别。因此，“愿见闻大师的稀有卓越事业者，休如毒蛇嗅到麝香的气味，立即恼乱而睡眠下去的那样，应当仿效于大师的德风。”又如《宗喀巴传一百零八稀有史事》中说：“大师任住于何方何处，虽是供来应有尽有的丰富财物，但是大师完全将它变作众生的不可思议的福资因素。如绘画和塑造佛像，新建和培修经函灵塔及庙宇等，以及成立僧团并加以供养，并为了不断增长宏昌教法之愿等，大师用升斗计量的金银来作支付。而且哪怕是有大象驮载的靛蓝、大红、古钱花等最优的上等缎子等财物，乃至一捧粮以上的物品，除作众生之事外，决不像现在大众所作的那样，都是看大权势者和大豪强者，及亲友或男人妇女的情面而交付，也不企图报酬而勇于布施。至于庇护地方权势者而作罪行的助缘，这样的垢秽，大师是不曾染有的。不仅如是，对于价值难以衡量的珍宝之类，大师也绝没有因贪爱而起收集之执著，而且心中远离生起这样的动机。这是其他自矜为具足证达者所没有的证德。”所说如是诸义，具足法眼智者善为考察，是能得知的。这在成就功德中，也是稀有卓越的史事。此外，《宗喀巴传一百零八稀有史事》中说：“至尊文殊向喇喇乌玛巴说，罗桑扎巴(大师名讳)是由妙音母给以明智的大德。这里所说给以明智，并非仅指外明学处的善巧声明音律。主要是指密集续中“唉旺”等四十字之义而说的。加上‘毗乍哈惹’四字，坝字上的‘格姑ᨩ”符号、‘咿 ཨི ’字本身引生的训释字义的大明智。这种大明智即是获得‘近得心’的本质真实因素和通过白、红二相面生起四空慧。能引生此慧之方便，是内外两种助缘，大师在修妙吉祥秘密瑜伽时，是依妙音母智慧手印，引生三摩地之四喜，此即给以明智之义。由于众生才智低劣，教以明处(学术)的辩才时，虽是按其愿望，主要和普通二者都可承认学习，但是也须分清主要与普通的类别。其中还有三明慧妙吉祥示现内、外、密三种各别的身像情况。”同书中又说：“在许多时间中，有‘业钦塘拉’、‘觉窝青嘎哇’、‘迅准巴’等藏、康地区的许多大力非人(山神)，也来大师座下顶礼而说道‘我们是莲花生大师的优婆塞（受居士戒的)，愿助成大师的事业，祈慈悲摄受！’这些大力鬼神在大师威光之下，而求皈依。此外，住在一些小地方的分散的鬼神，在风雪交加中，以合适的物质对大师做承事供养，供命根，立誓言，发心护教，五体投地而顶礼，虔诚绕行，请师足接触其地等。由于尊重地方的神祇，这些情况，在以前许多传记中，虽未普遍传布，但是属于瑜伽者利益众生范围内的非人有情，为大师所接引者，为数无量。”类似此等情况，在其它所有稀有成就的传记中，或许还有许多的。桑桑勒仁巴曾说，他虽然著有一部宗喀巴大师所现示的成就征象的史事，但此书极少流通，因此未能亲眼见得。具智的人们，为求大义，是可以去寻求此本的。尤其是暂时虽未见着此书，但在具智而且正直的人们，由上面所记载的那些史事，对大师已获得最高成就果位，也肯定能获得定解的。对于偏私者，及说各种瞋恨语言的人们来说，虽然多加述说，由于他们被魔捉弄，也不过视为等同传说的故事而已。因此我想，只说这些也就可以了。以上系略说宗喀巴大师的成就功德，亦即一些稀有的史事。

于此断句处，作中间赞颂说：

犹如须弥不动定，
通达真实之胜观，
二者双运无别定，
师心尽收成真现。
粗细瑜伽到究竟，
妄心缠缚普断除，
所依能依广无垠。
曼荼罗轮幻现真。

本质八十所御风，
入于中脉俱生起，
乐空双运权统中，
稀有有寂全显容。(有寂指生死涅槃)
如是成就虽已获，
尚须勤守诸制戒，
利乐生源为佛教，
增长久住唯此图。
大师功德知未真。
善巧、戒严仅眼见，
遂说未获成就征，
诽谤积下罪业深。
任何未证内功德，
自矜追踪证高行，
粗鲁胡行勤修辈，
自他今后乐果倾。
大师往昔虽已成，
双运金刚不坏身，
此生新得胜悉地，
为调众生示此情。
生圆二次已证真，
虽未专示成就征，
如手遮日不能故，
示大神变现真情。
如是大师之三密，(身、语、意)
史事再再作流露，
尚须常作真佛想，
信念增上更殊胜。

【注释】

❶和尚宗规：唐代藏王赤松德赞时，由内地到西藏的一汉僧，名“大乘和尚”，倡“任何亦不思想之规”。

❷三量观察：即佛书所说根据经教、正理、正因三者进行的观察。

❸三轮：辩论时所引出的三重矛盾。

❹觉囊派：此派系北宋时西藏弥觉多杰所创。倡“他空见”。

❺本教：西藏的原始宗教，以为人禳病、荐亡为主。

❻师、徒、法王三者：藏史中对亲教师静命(亦称寂护)、轨范师莲花生、法王赤松德赞三人的总称。

❼甘珠尔和丹珠尔：甘珠尔，佛说经教的藏译本，全书有分一百零四函或一百零八函者。丹珠尔，一切藏文的佛经注疏。

❽噶当七宝法：噶当派所传释迦牟尼、观世音、度母、不动明王四本尊和经、律、论三藏。

❾五毒五智：五毒即贪、瞋、痴、慢、妒；五智即密教大日如来的五种智慧，大圆镜智、平等性智、妙观察智、成所作智，法界生智。

❿利用五欲作方便：佛书说，五种欲境(色、声、味、香、触五种欲乐)乃修法之违缘即不利条件，应远离。但修密法者至较高程度时，则五欲又可作为顺缘即有利条件。

⓫野风送遗嘱：西藏一民间故事，昔有单身汉被劫杀时，盗允其伏地低声留下遗嘱，后竟借此破案。

⓬宁玛派：藏传佛教密教派系名。此派僧帽尚红色，因此汉族人士俗称之为红教。

⓭医学四论：公元8世纪藏医宇妥·云丹衮波所著，全书分四大论，即《根本论》、《详解论》、《口诀论》、《外论》等。

⓮阿说示：释迦牟尼最初所度五比丘之一，亦译为马胜比丘。

⓯六度：亦称六波罗蜜多。即布施度、持戒度、忍辱度、精进度、禅定度、智慧度。

⓰六波罗蜜：亦称“六度”，详见[15]。

⓱四摄：即布施、爱语、利行和同事。

⓲摩揭陀金刚座：亦称菩提道场。即释迦牟尼证觉成道的古印度菩提伽耶城。

6 宗喀巴大师在此世间暂时完成今生化度众生事业后，为了提醒执常见诸人明白诸法无常，而示现圆寂的情况

如是，大师为了利益佛教和众生，作出了广大的事业。对于在此雪山丛中的西藏有缘众生，大师亲作度化之事业，将近达到圆满时，于土猪年(己亥，公元1419年)的秋季里，有一些人恭请大师去到堆垅的曲村那里，说那里对大师身体极为适合。由于他人作介绍的因缘，大师应请而前往。大师这一行动的主旨是：想到拉萨释迦牟尼等佛像前，作此生最后的一次顶礼；并如往昔释迦最后度化梵志“极贤”，及乾闼婆王“极喜”那样，大师对于此生最后的许多应化众生，及大师亲自所度化和昔日自己所度化成熟的无数众生，也须得开示最后的教言。大师观察到这些特殊的意义，于是从甘丹寺起身前往拉萨，在以释迦牟尼像为首的诸佛像前，作各种供养，并发净愿后，也就来到了堆垅的曲村。但是大师对于曲村仅略进去一下，未作重点关注。主要是对于堆垅沟头沟尾集会的无数大众，大师赐以正法和加持的赠礼。而信众的承事供养及供物等，大师也都纳受，这是为了使应化众生能生广大的福资；甚至仅见师面，或仅闻师语，也能具足联系的因缘。据说大师在曲弥隆寺院，亲见密集诸尊合入寺中，当即指示悬记，这里将出现密宗寺。虽系传说，但后来确实成为真实。在嘉木样协巴所著《宗喀巴传布绘图纹》中说，“以后不久，大师来到了哲蚌寺，系用轿子迎接大师，突现一五彩霓虹灿烂光华，直射入轿端。在哲蚌寺中讲授正法时，学法院的中央，从天空降下五彩虹霓如竖柱立，明显插入。从最高天空中天使所化的云头，一再地降落在日窝甘丹寺中，如是稀有瑞征真实降临。此外，大师驻锡哲蚌寺的时期中，前来集会的求法善知识约有二千人。师徒全体，都由乃邬(在乃邬的帕竹政权)作承事服役，供给公私的薪饷，作出了不可思议的供养。那时，大师讲授了道次第导释、那若六法、入中论和密续解说等。在过去，大师对城镇的

大众，不广讲教法的导释，而且在大会中，讲道次第导释，也不适合，因为有极为谨严之规。但是此次由于特殊的用意，大师无遮阻地令城镇大众不管多少都来，任随先后来的人们，一切都不作区别，甚至许多乞丐也来集会，大师对他们也无遮地讲授道次第和中观等法，而做最后的摄受。大师在为哲蚌寺密殿中诸佛像做开光法事，迎请智慧本尊降临时，大地震动，而且发出巨大声响，真实显现威灵显赫！所有能怖金刚、六臂智慧怙主及其侍眷、汤金却嘉双尊及其侍眷等诸像真言尊（像本身称真言尊）和真实智慧尊降临，合入于像中。并且作了请长久住世的广大修法，及训示施主等，放金色垛玛和烧供多次和息与增益的护摩等。按照达赖喇嘛云丹嘉措❶的传记中说：在塑造能怖金刚像的泥质中，混和有大师的唾液及惹译师的灵骨。这是嘉木样协巴所著《能怖金刚法源史》所说。大师在哲蚌寺的某一时间中，对其他大多数人作保密，仅以微露方式对铸造工令其立誓保密后，吩咐铸造工铸造一尊银质的毗卢遮那如来大像。大师也就继续转广大法轮。在过去，除时轮外，讲其他密续时没有中断停讲之规。当时，有一天大师注视甘丹寺方向，讲到密集第九品时停讲，吩咐急速回甘丹寺。施主和闻法大众请求大师慈悲，再住一月或半月，将未讲完之法圆满说毕。如果不能做到这些，最低限度，也请大师将未完的密续经文，口诵传授。虽再三恳求，大师仍未应允。指示说："现在迅速起身，对一切大众都好！密续和道次第未完部分，昨天已讲过。"于是说法停止下来。这是表示显密的讲说法流还未完毕，余流长久存在的缘起。无疑大师是将这种密意(即示寂)作为预示的。这是一切智克珠杰说的，确是真实之语。还有，若就不共通之义来说，如《宗喀巴传一百零八稀有史事》中说：

"此后有佛金刚持，
一切虚空皆不变。

'一切虚空'是大师之心已证胜义谛真实光明。'不变'是说大师之身已成清净幻身。如是的身心双运金刚持之身，即达到真实成佛的愿望。在此末尾开示'不动佛'种姓之威猛事业说：

'诛灭一切诸有情，(诛灭一切有情的烦恼)

往生不动佛刹中，

成为彼佛之佛子。’

对于这一说法，有了不了义两种密意的特殊解释，但总示对正法获得自在权威的情况。”如上所说是表示大师安置众生于双运道中的事业，直至轮回未尽之间，不断地作教导，或指示缘起。此后，大师再到拉萨，在释迦牟尼像前，再作大供养；并猛利地祈愿佛教长久住世。此后，由大慈法王迎请大师到色拉却顶寺。过去大师的意愿是：往昔雪山丛中的西藏，清净的讲说，听受法流，根本已湮没很长时期。后经自己多番讲说，尝到说法甘露使智慧之体全得饱满者，虽出有许多人士，但是还须成立一讲说密续的寺院。由于是空前的创举，大师心想若能成立一所讲说和听受的清净根据地，是再好没有的，这种完全为教法的猛利意愿，不断地存在于心中。于是大师对法王释迦耶协安排吩咐，说出心愿。法王也应允负责完成师命。于是亲自指挥，委任“却本”(即供品主管人)，在清净戒学的基础上，成立了讲说和听受吉祥密集及胜乐根本续的寺院。为了配合殊胜的缘起，大师师徒在其处从头讲说长净戒法，及密续之王“密集”一座。那时，在寺中的诸弟子犹如金山簇拥须弥山一般有许多僧伽来集。大师发问道：“有谁能主持讲说密续之规?”连问一两遍，其他善妙诸人谁也不敢承担。唯有至尊协绕生格向大师顶礼而说道：“这一任务由我来做吧。”说毕接受了大师的命令。大师极为欢喜，赐以殊胜的密集金刚金像、《密集四家合释》和《密集续释》两部典籍、《生圆二次第》、烫金却嘉面具、舞衣、髅棒、罥索诸物。而且为之灌顶。那时，成立的“举巴扎仓”(密宗僧院)，即现在的具德色拉“举麦扎仓”(下密院)。传称协绕生格除建立此一密宗学院外，还成立有密宗院三所。此后，大师再到拉萨，在释迦牟尼像前供养发愿后，渐次前往八朗钦哲地方，大师向那里的扎嘎宗本夫妇说：“在‘德钦哲’应当建立一所依上戒学制戒的健全基础，清净讲说和听受吉祥密集的寺院。”同时，大师给以建立寺基需要的无量助缘资具。宗本也以极大的信仰，欢喜地接受了大师的命令，愿意负责完成美满的增上缘，并请求大师在那里作开光法事。大师说现在还未到开光的时候。后来又说，看来现在就得作一次广大的仪式。说后也就作了广大的开光法事，并为其寺庙命名叫“桑安喀”(密宗堡)。此后，大师来扎嘎，继应珠细之情，前往珠细。这些都是在大师从哲蚌起身返回到甘丹寺的期间，任随何处来迎请大师时，大师都说今后不能再来，现在必须去。因而对一切前来迎请者，都应请前去。当大师来到珠细的晚上，响起了极大击犍槌声，一切大众都生起怀疑，仔细观察，并没有人在敲击，但是真实听到此声。再查其他，究竟由谁在何处击动的?也不可知，然而确有敲击而发出剧烈高昂的声音。这是大师不久将示现光明法身和圆满报身而成佛，及于他方由一化身前往兜率悦意法苑中，而成为菩萨等情况，为虚空诸天神预知后，为召集其他天众而击动天界的犍槌。这是无可怀疑的。

此外，大师从哲蚌起身之前，突然大地震动，天空边际有很长时间昏暗不明，有灿烂虹霓如天使般多次降入日窝甘丹寺。大师从珠细起身前往甘丹寺时先来到漾巴金寺中。大师说这里不能再来了，吩咐陈设广大的供养和垛玛。于是在释迦像及诸曼荼罗无量宫殿和诸本尊前，供广大的供养和垛玛等并祈祷和发无量广大的宏愿。之后，大师应供斋僧茶的施主之请，来到大殿僧会中。虽没有人专请大师(祈诵)，但大师在僧伽海会中，诵往生极乐愿文及吉祥颂等。这肯定是大师为配合暂时和究竟的福善伟大缘起，而示现其特殊意愿：以甘丹大寺为主的所有寺庙等，住在中边各区的黄帽教法，一切都能由讲说、听受和承事恭敬之门，宏扬兴盛而长久住世，有缘众生都能从轮回痛苦中获得解脱，尤其是(大师)自我拥有佛所称赞的清净大道，不久即可证得四身果位等意愿，这是无可怀疑的。此后，大师来到了自己的寝室，落座时说道：“现在回到我们自己的寺庙，获得自主，我放心了。”过了当天的白昼，将到晚间的时分，大师略现病象。第二天一切僧众努力修习祈请住世的法事。到了第二天中午，大师说全身各部位疼痛。在这以后，也没有较大的病痛，仅现神昏状态。这样经过两日之久，僧众勤修祝福佛事。此后在晚间，大师对夏巴·仁钦坚赞说道：“你和十难论师(指克珠杰)等人善抚此寺。”并依次指示了管理此寺之规。第二天持律师及贾曹杰二人来到大师近前住守时，贾曹杰启请说：“请求上师对我等示语。”大师说：“关于教法应做之事等，以前已指示完毕，可以不必重述。”说后，大师以手抓着头戴的扁帽尖顶，向贾曹杰的怀中掷去，同时并赐给一件大氅，实际是表示授权给贾曹杰，命他绍继宗喀巴的佛位。大师又教示说：“你们当知此义，善修菩提心！”这是最后的遗言。如是大师虽在略现病象的时间中，仍如以前不断地修四座瑜伽和自入法的修持次第。这主要是由于大师已住入于内修三摩地的范围中。之后，就这样延续到二十四日的下午后段时分，大师作了一次对薄伽梵胜乐轮广大供养。那时，大师命取一无酥油的颅器来，在颅器中注入供品，作了广大的加持后，说道：“我自己尝过甘露三十二次或两个十六次。这也是与胜乐供养有关的作灌顶的比量中，对其他做这样胜乐灌顶后，所尝的甘露啊！”真实的意义，谁也不能领会。在大师近前的一些人以数目来衡量，揣想是由密集法门而做的。此外。在那些时间中，(大师)虽是亲见殊胜本尊等像是有许多的。但是在大师近前的诸人已不能再问有何现象。此后，在晚间，大师一心专注于修持中。据说从外明显表现大半是在修“金刚念诵”等法。总的说来，显然是住于由代替密行的死时光明与法身和合的诸次第的修持中。之后，到上午初段时分，大师着三法衣后，于垫上结金刚跏趺坐，端正身躯，双手作入定印，由住于明显正念之门，一心专注于修持中，到二十五日天明后，日轮显照，世间明朗的时间，经三空(白、红、黑)相合，而入于一切空。真实显示胜义谛光明法身。在这以前，由于大师略有病痛，面容较前略减光彩。但是此时，下部(肛门)的粗分风息合入于肠道中，突然面容如满月般的圆净，身躯一切支分都成为光明之身，犹如天子孺童之相，而且毫无身体的肉色暗模以及成为椭圆形态，或成为穿孔破屋那样的情况，而是以前身体的所有皱纹，哪怕是仅发端百分之一那样一点也都寻觅不出。成为(因光炽盛)目难久睹的光明整体。有些人说所现身的光明为红黄色，有些人说为黄白色，有些人说如纯金色。总之，真实如十六岁孺童本尊文殊之身相，只是没有装饰和服装而已。而内部则安住于正定，成为现证所有空性。那时，大师近前诸侍徒，突遭与依怙分离之悲伤，顿时心灰意冷！虽是连自己的生活也不顾及，然而一见大师这般身色异相，不能不齐声惊叹这样稀有之相，实难以言说。都认为我等真实见得本尊身相，油然离却了忧伤的心情。而且喧嚷着各种稀有的情节。关于这些情况，一切智克珠杰这样说："大师示现圆寂时?身色光彩，如童肉色。总的说来，转变了人的身躯，而成为如孺童天子之身相。如此情况，在往昔谁有如此的故事?虽是听到过一些，或说其原因是如此的。若说有如何的情况：则有往昔印度的大成就者班智达·嘎雅达惹，在喀热示现圆寂时，听说他的身躯变得极小，如孩童那样。至于西藏的喇嘛，过去有谁发生过这样的情况，还未听说过。但是这种事情，是可以如此了解的：薄伽梵佛世尊的经典中说，谁之心中，生起了见道以及由现证阿罗汉而获得甘露时，其诸根完全清朗，面容干净，肤色洁白，身体的光彩较前焕变，出现多种奇相。因此，应知宗喀巴大师也于那时，现证胜义谛光明，即变为死时法身，而现起'中有'幻身。即是现证'中有'圆满报身，获得殊胜悉地之究竟果位。这是无可怀疑的，也即是那些稀有瑞相的原因。此外，所谓现证'中有'圆满报身(或称受用身)，是说此生中，彼之心中圆满生起了成为报身之福德因素。所说此等详细原因，(大师)虽是对我(克珠杰)言谈过，但是未允许当众宣说者，均未写出。仅将一些能听懂的，在不共通的传记中说毕。"又在续文中说："那末，往生兜率，成为菩萨名妙吉祥藏。岂非大师亲口承认的么?关于此点，如说圣龙树证得(菩萨)初地(欢喜)，往生极乐世界，及说龙树那一生现证大金刚持位。这两种说法不相矛盾，由于是就示现化身的情况而说的。"

如是，大师住于光明法身之时。距师容颜极近处，现起五彩虹霓，极为明耀，光华灿烂。这是标示殊胜虹身、幻身，犹如幻化，毫不动摇，直至很长时间中犹如光柱而不涣散。在那些时间中，虚空真实显现一切空光明之情况，犹如要使一切世间得知，故成为遍虚空净无纤尘，极为莹洁，远离一切云彩和尘埃等。空间及大地没有风吹气流，也即是断绝微风往来之流，有四十九日之久。那时，从寺外到寝室，各方屋顶上，墙沿诸处，晚间都排列着无量明灯，进行供养，寝室门前和外面说法院及分院诸处，都排列着油灯，进行供养。整个通宵，油灯火焰，从无微风吹动。此外，诸天神真实显现来作供养，诸勇士、空行母也显现，以不可思议的俱胝音乐，在中夜里，鸣奏起来，在白昼间，一些人的耳中，也听到有以前没有听过的声音传出。诸天神所散天花，大都如君陀(即睡莲)白净，如珍珠光洁，从高空出现时，如月亮一样光华。又有一些天花为蓝色，一些为黄色，一些为红色等。其大者如成人手掌、如车辐轮者，数有无量，如雨下降。大半时间中，一切天空有白虹出现，极为悦意！有形如华盖，形如悬幡等象。在甘丹寺左右和前面的一切地方，现起各色彩虹，成串高悬，遍布诸方。如是显现，直至多日，始形涣散。此与古时，释迦佛世尊在拘尸那城，最后躺卧示现涅槃事业时，诸天神真实前来作供，是一般无二的。这些情况，正如《具德三域篇》中所说：

“如愿此土庄严身，
示现收摄入空时，
勇士空行齐来供，
遍满空界我启请，
现证光明之法身，
尔时师身成光幕，
‘中有’圆满成幻身，(中有即死后还未受生的中间阶段)
获胜悉地我启请。”

这般情况，一切智克珠杰有如是的专论：

“嘉言千光白净网，
唯一佛教美君陀，(即睡莲)
突然入灭萎凋谢，
三域众生顿无光。
长久依师此间众，
心中火炽痛悲伤，
悲泪长流诸有情，
专住猛利痛苦场。
智明未死众愿根，
智者阴凉处已失，
空前师尊登空界，

消除众苦依何人，
佛教遍覆全藏疆，
顿超之说已沉亡，
诸天惊号齐悲恸，
空中无鼓响音长。
大海龙众得知晓，
掀动幡风起波涛，
大树撼摇齐颠倒，
大地众生久颤摇。
世间众生之眼目，
今因湮没依托丧，
日轮美女妄言中，
云裙亦堕大海洋。
以此一切诸天众，
因羞成为妄言扬，
如日七衣光甚炽，
诸天女众遍掩藏。
思念所御诸风息。
尽灭无余成惊惶，
所有一切动摇风，
犹如龙王地下藏，
我师现证法身时，
我等不理不合情，
增上善界诸天众，
空中散花数无尽。
观师已尝寂甘露，
东方满月拥师身，
尔时随月诸行星，（喻众弟子）
如失本处从空陨，
师尊抛弃我等众。
虽成圆满之幻身，

悲恸之钩牵心象，
呼师勿离齐哀伤。
然而师尊确现证，
三身果位广无疆，
我等不可唯心伤。
愿信此情勤勿忘。”

根据上文一切智克珠杰所说：宗喀巴大师示现圆寂后，大师心中生起了在此生中现证报身成佛的所有圆满资粮(福慧)的情况，虽是向一些具清净法器的侍徒们详细开示，但是仍有不许普遍宣传的极为保密的誓言。因此，不必说是记载于共通的传记中，就是不共通的传记中，也仅以语言略作表示，而未笔之于书。虽是如此，但是有本尊对喇嘛乌玛巴，及洛扎、洽多哇和至尊多敦巴等人所做的悬记，以及克珠杰等得意弟子和诸大德的著述中，略有开示；还有由上文另记大师成就的史事中，所说大师的一些身语意三密史迹等，以及依于教理大师此生现证“心远离”比喻究竟光明，达到将成佛的界间等情况，能易知(大师密迹)的。而且在这方面，如前文已说，若修习发挥效力的三行中任何一种，此生现证双运位(即成佛）是无可怀疑的。但是大师念及后学诸有情，若不主要守持教法的根本——别解脱戒学的制戒，则清净的教法不能长住世间，因此未采用效力行(指真实手印)，而采用代替此行的在示寂阶段中，三空相合后，最后显现成为一切空胜义谛光明法身，如昔曾相识相亲者，此与道之光明相和合，一心专注于此三摩地中。继从定起，由极微细风类五色光明，成就虹身金刚萨埵——圆满受用身，现证金刚持位，即现证圆满佛果，并由此生出一化身往生兜率天，在弥勒近前，成为菩萨，名妙吉祥藏。以及在稀有庄严刹土中成佛，名狮子吼佛。此外，还有的一些将在下文述及。又，大师化现无量于广博刹土中，直至虚空有尽之间，不断地做利益众生的事业。

于此断句处，作中间赞颂说：

普离生死金刚身，
虽证为调执常众，
所现凡俗之色身，

收入寂界住师心，
虚空尽时作利生，
虽无稍怠事业心，
此生利益有情事，
观可暂停离障情。
如度极贤、极喜情。
最后应度有多人，
置于成熟解脱道，
如此事业师愿承，
甘丹胜乘法宫寝，
师足进入时不久，
离病胜身佯示病，
后赐甘露教语真，
二十五日午前分，
白昼能显世间时，
三空渐次入合已，
显现一切空光明。
幻身金刚萨埵身，
现起身心两清净，
体性无二之双运，
现证报身佛真成。
尔时粗分之色身，
变如天界之孺童春，
成为稀有之光蕴，（光明聚体）
信众之前真现成。
说为现证双运身，
为标示故遍空境，
犹如离垢莹洁镜，
灿烂虹彩遍饰成。
天子大女天众群，
奏出奇妙音乐声，

散花如雨齐降临，
大地空间妙供盈。
凡是饮食诸有情，
离师之忧虽光盈，
但由彼彼稀有境，
心中亦获意安宁。
我等谒师少缘份，
但修师教与史迹，
亦得见闻思缘份，
定获师尊摄受戒。

从彼时直至多日之间，由成千上万的僧众，启开内外诸坛城，在上师与金刚持无别之前，供献内、外、密广大诸供，并修自入坛城和受灌顶及誓戒与戒律，以清净修习圆满师意，继而祈祷心中之宏愿得成——愿上师以殊胜慧任于何时都眷顾我等，永不分离。并在前后藏许多大寺中，施斋僧茶，供养广大圆满供施。当时，一切智克珠杰吩咐说："相传以前的僧人在堪布、导师和上师等逝世后，即中断闻、思、修和讲修等善行而留发过量(僧人发不得过寸)，改变服装，收起寺幡等市俗人之法规。今后，我等出家大众，务必按大师之旨意，永久远离一切市俗人之作风。当思一切行动之相，是如此这般。而思想厌离世俗之相，从此以后，当勤作二轮(深观与广行)之事业。如是则圆满师意之业，不断地获得成就。"以上诸语，确是对后学诸人，由悲悯之心，教导以通达教要之语。在修供佛事完毕时，立即按照宗喀巴大师亲自授权给贾曹杰之意，使大师的清净作风不断地增上的职责，当然落到阿阇黎·达玛仁钦(贾曹杰的名字)的头上。于是由大师心传弟子持律师扎巴坚赞为首的许多上座大善知识一致启请，贾曹杰登上了宗喀巴大师的法座，作圆满教主第二佛陀(指宗喀巴) 法王的继承人，教政的主宰。那时，一切智克珠杰献赞颂说：

"具德功德能作者，
授权获得狮子座，
第二佛陀继承人，

愿成第二无敌师。”

这是那时克珠杰即兴作出的雅句类的授权登位的赞颂词，出自克珠杰的著述中。如是一切智贾曹杰从登法王位起，即亲莅宗喀巴大师的寝室中，成为全体后学的顶上庄严的大德，长久生活下去。那时，对于以前大师所吩咐铸造的毗卢遮那大银像，已妥善铸成。于是如法善修开光次第法。关于此种情节，克珠杰的著述中说：“建造这尊佛像的用意何在?虽有一些人谈论过，但是宗喀巴大师亲自说：‘以前建造胜乐、密集、及金刚界的无量宫殿等的主要用意是因为想到无上及瑜伽续部等的讲说和听受都极为衰落，对于这些希望能各为恢复，因此为配合彼之缘起而建造的。但是还没有行续部毗卢遮那现证的讲说之规，则四续部的一支分临近湮没。因此，须得略作建立此一说规的缘起。所以大师是为了这一用意而建造毗卢遮那像，这是无可怀疑的。我(克珠杰)是这样领会的。”此后，从法身定中起后，对大师的遗体是作荼毗(火化)，还是不让腐坏，奉安肉身?当如何作?大众共商之下，都认为不使腐坏奉安肉身，对于法流，有极大的利益意义。请求如是奉安，作了决议。此种情况，在前后诸传记中，未作明显的记载。其他如上文所记，大师驻锡却隆时，至尊文殊悬记说：“示现圆寂后，当留整个遗体。”一些心传弟子肯定是已将这悬记，留意于心中的。此一悬记中还说：三百年时，整个遗体将由摩揭陀迎请去。依佛教传统计算法，大师示现圆寂起，直至现在(著者当时是道光23年公元1843年)已经过了四百二十年了。而遗体仍未坏失地奉安在这里。若因此认为是时间不对，则应知其原因是这样的：对悬记中的时间若一概而论是不肯定的。例如诸悬记中所说的教法兴衰和即将到来的一些时代变迁等情况，由于诸大德发愿之力，及诸众生积善之力，发现所有时间延长了。再以悬记寿命的长短来说，喇嘛哇那真扎悬记说：热穷哇(米拉日巴的弟子)只有七天的寿命。热穷哇依“成就佛母”的长寿法而修习，四十周岁以上又增加四十周岁，活到了八十周岁之间。宗喀巴大师驻锡却隆时，文殊悬记说他逝世的时间，即是现在。因此，大师想到应当往生他方刹土时，怙主无量寿佛现身，寿命获得延长，直至六十三岁的时候。所以在那阶段中，悬记说大师遗体三百年时，将被迎请到印度的说法，如果未做发心和修福佛事以遮止的话，也肯定是悬记所说的时间了。但主要是一切智宗喀巴大师对西藏众生特别慈悲，并常愿大宝佛教在此间西藏长久住世之力，遗体也发生久住西藏之缘，为这里众生作福田的广大加持。另外，后学中以首要弟子为首的诸大德，直至现在不断地出现，这也是依于大师发心之力，及西藏众生积善之力，不仅使过去已延长了时间，暂时还肯定不会到来。那么，将到什么时间呢?我们不具神通的一般凡夫，是难以下断语的。但是以直接间接的理智来衡量时，所谓释迦王佛的教法，将从中土向北发展，又由北再往北面大兴，后来再于中土而兴盛。其中所说的中土，是指印度，从印度算起的北方，是指西藏。所谓由北再往北而大兴，是说从西藏而至霍尔(蒙古地区)等诸大地区大兴起来，此后渐次再返回中土印度兴盛起来。现在(著者当时)佛教的主流是：文殊怙主上师宗喀巴的教法，由西藏而到汉、蒙等地兴盛的阶段。此后，才是再在印度大兴的时间。揣想在那些先后阶段中，或许大师的遗体也有被迎请到印度的可能。那时，如现在西藏和汉、蒙等地普遍传颂的那样，大师的美誉名声也在印度将传颂。由于这样的因缘，想来也会有迎请的可能。上文是以插叙的方式作决疑后，再书归正传。

如是奉安大师大宝遗体之处，是用各个具信大众敬供的十八升白银制造的奉安遗体的大银塔，并以难以估计价值的各种珠宝作美妙的嵌饰。塔的宝瓶中(即中部大圆肚) 奉安遗体如意摩尼宝，穿着沙门应穿的祖衣装入以旃檀制成的箱子后，生成真实本尊的思想，遗体发散出无量的戒香芬芳。遗体之正面向着止贡方向，遗体的背面向后藏方面，就这样奉安了人天大众神圣福田。又遗体面向东北而作观照，这是标示从多康上下，直至汉、蒙广大疆域之间，黄帽教法兴盛宏昌的缘起，遗体背靠西方而作观照的意图是：从上方到边区不发生战乱等恐怖的缘起。此后，由勒乌东和止贡为首的施主弟子们供献于遗体的金银成百上千两作为基金。此外，从各方面募化红铜，将收到的这些红铜，按两位阿阇黎吩咐，用红铜铸造内供宝像——大师的鎏金大像，身量较拉萨大昭寺释迦佛像，约高一肘，极为善妙优越。遗体和金像作为内供宝像，奉安之处，为新建的极为广大而且善美的殿堂等。于铁鼠(庚子)年内完成，举行了开光法事。当迎请大宝遗体到新建的殿堂内时，天空遍布彩虹，普降瑞花天雨。此外于鼠年阴历十月中，在甘丹寺中，由金刚阿阇黎及成千上万的僧众修习密集、胜乐、能怖三尊，及呼金刚、时轮、大轮、无量寿、普明等许多大曼荼罗，而且修习了许多日的定时供祀。在第一日和最后修供中，天雨瑞花，有的色如珍珠，小者六瓣，带有花柄。二十五日，正式供祭遗体之日，那种小六瓣的瑞花，如降雪般降落地上。那些六瓣小瑞花有一些色如海螺，有一些色如纯金，有一些色如黄丹，有一些色如涂着靛青。大者如成人手掌，无量下降。与此同时，由勒乌东官长南喀桑波叔侄迎请大慈法王·释迦耶协到惹喀乍与许多僧伽大众共作广大的定期供祀，当祈愿时，也是天空大降雨花。从那以后，直至现在，所谓“甘丹安却”❷即于阴历十月二十五日，所有汉、藏、蒙古等地区不分宗派的一切僧俗大众在屋顶燃灯供养。这种善行一直未断。这也完全是由一切智宗喀巴大师的事业之力而来。由于这些原因，一切智克珠杰说：“总的说来，在大师示现圆寂以后，由于大师的稀有事业之力，而将无量有情安置于成熟解脱的道中。”

如是，大师在此世界示现一生最后事业——现证双运身后，在遍于虚空的广博无边诸刹土中，示现无边的化身，而作一切利益众生事业的情况，是难以尽说的。至于成为我们眼见耳闻之境的一些概略情况，也大都在前文中说毕。但是还有一些在大师圆寂后，未能说明，例如由五种慈悲眷顾之门，对一切智克珠杰示现真颜，并赐给教语甘露的情况，为了补益信仰，也须略说。有一次，一切智克珠杰来到说法地点后，在返回寝室中时，心中念想：“总的说来，此诸有情，由于过去未多积福!所以没有具足德相的师父，对他们开示‘有为无常’，他们却偏执有常；对他们开示‘诸法性空’，故偏执实有；对他们开示荣华受用无意义，却偏执孜孜追求；对他们开示此生的美誉名声犹如空谷回声，却偏执为应得的究竟成果。总之，宗喀巴大师金刚持的显密著述，对于金刚持的密要，无有丝毫错乱的决疑诸论，自己即使努力讲说，但不具福缘者，尝不到这样的庆宴甘露，反而在任何未学，任何不知，昧于取舍，如畜生的面前曲意奉承，巧行乞求，而听受其所说名利恭敬的废话叫嚷，及战乱和盗贼之故事，吹虚自己诋毁他人之语言。对于这样的如猪狗行为者，愿人们以一位知取舍者的正直心作细察吧！总之，愿大师对于这些不知念死，在此生名利财富中散乱放逸，进入邪途诸有情作慈视。”克珠杰如是念想，心极懊丧，悲泪长倾！那时，他陈设妙供，向宗喀巴大师猛利祈祷而痛哭。因此宗喀巴大师骑着色白如雪，体肢优美，具有六牙的大象，大象全身遍覆黄金瓔络和金铃以为美饰，象鞍以各种珍宝庄严。大师仍现本来的相貌前来，说道，“徒儿不必悲伤！由意念上师，能消除过去所积的大罪业，而且能积不可思议的福德资粮。我们师徒的志愿，根本是极善的。你与瑜伽自在师米拉日巴意念上师而写出意念上师六种道歌相同。从今以后，你当宏扬我的教法！”

又有一次，克珠杰对于经典中一些特殊的难义要扼，尤其是生圆二次第中的一些特殊要义，发生疑难：他想到如果我的上师在世，我是可以启问而决疑的。奈何上师已逝，无人可以决疑。我的上师住世时，多么可喜！想到我的上师现住何处，心中产生懊丧！面对他方，精神恍惚起来。因此他陈设曼遮等妙供而祈祷道：“我父大宝师！至尊宗喀巴大师！”大声痛哭号呼而作祈祷，同时堕下悲泪。因此宗喀巴大师坐在许多天神肩抬的各种珍宝珍珠为镶饰的金座上前来，为他解决了一切要义的疑难，并对他说了许多随赐教法和其他教法。

又有一次，克珠杰阅读以显密两种道次第为主的宗喀巴大师的各种著述，并阅读其它诸种书籍。由此想到开示三藏和续部的教义，总说显密经典论释等的教义，以及那些一切的教义取作一补特伽罗(有情)成佛修道之用的情况：从开始依止善知识起，由共通道净治身心后，直至即身现证双运金刚持位之间，这样的全圆道体，只有我的上师宗喀巴大师具此功德。其它印度圣地及西藏的噶当派和大手印派都未具备此德。同时，念及大师的伟大功德，生起了不可思议的信仰，不禁流泪浸透僧衣！哀呼道：“师父！大宝恩德师！恩德无边！赡部洲(即此世界)的一切有情未报师之恩德啊！我的师父至尊宗喀巴呀！”如是哀呼而作猛利祈祷时，宗喀巴大师骑着以各种宝饰庄严的白色狮子，大师身色红黄，手持慧剑与经函，现孺童相，服饰以各种珍宝而为庄严，示现如是(文殊)菩萨形相前来，说道：“徒儿不要悲伤!我向汝说一法，总的说来，浊世中有情的种姓有各种各样。尤其是现时都不念死无常，不念三恶趣(地狱、饿鬼、畜生)的痛苦。都贪着名利恭敬和一般衣食之事，都只知忙碌于此生之事，能想到未来后世将如是转变者，已寥若晨星。”如是说了许多法后，继说：“我是向上师本尊猛利祈祷，积资忏罪，渡过诸大经论的大海，而且细阅辨析经论的诸著述，而且生起信念专一精修佛果已在掌握中。然而能如是作者，已寥之若晨星!虽是如此，但合根器的有情，是可能有一些的，对于他们你当作饶益，尤其是应当宏扬我的密宗诸著述。后世中是能迅速见到我的。”

又有一次，克珠杰想念宗喀巴至尊上师，心想我的上师现住何处?何时能见?想着而流下了许多悲泪！心几乎不能镇定，全身抖颤，毛发竖动，而猛利祈祷说，“至尊上师宗喀巴请对我眷顾！请对那些粗野行为的有情眷顾！师的教法，也如空中闪电、乾闼婆城(海市蜃楼)，迅速自归消灭。我何时能到师的近前?”那时，至尊大师骑着可怖的猛虎，示现瑜伽师的装束，身红色，眼鼻特大，右手持火焰剑举向天空，左手捧满储甘露的颅器，红色发髻上束蓝绸以骨饰而为庄严。极露笑颜，容光焕发，有八十位大成就者随从围绕，欢喜前来，说道；“德儿！心勿不安！我非汝不想，你除我谁也不念!留下你我何处也不去。念我时，当知以显密两种道次第为主的诸论述，是我的遗嘱，应阅读此诸著述。总之，诸有情的福份，已极薄弱，而烦恼极重!教法已开始结尾。你想来到空行刹土中的志愿就要实现了。”

此后，又有一次，克珠杰心念：“现在似乎我应当作逝去的愿望，但应对我师，作供而启请，盼师来到。乘机当问上师住于何处?”想到其它当问的问题还有一些。于是陈设金曼遮等难以计量的无边妙供，而启请道：“师父，三世之佛尊！无怙众生之唯一皈依处！无比的至尊文殊金刚持！”如此呼号并作长时间的猛利启请，至尊大师坐在白云堆聚中，如往日出家服装相，前来说道：“徒儿！现在快作前来的准备，我当派使来迎。”克珠杰问道：“师尊现在住何处?我也将到上师住处。”大师说：“总的说来，我的化身是有许多，遍于空行刹土、兜率、赡洲等处。现在我(的化身)在汉地五台山，为比丘金刚持一千八百人，上午讲说中观和道次第，下午讲说密集、胜乐、能怖三尊的生圆次第。你也应当不断地猛利发愿来到该地，是会如愿的。不久我和你即能相会。”又问：“其他众生应如何勤修福资，始能往生该处?”大师开示了许多教语。这些已在上文述说了一些。因篇幅有限，在此处只好拣特别事件而书出之。若欲详悉，从克珠杰的各种著述中，也可得知。

依照那样的言说，当时，一切智克珠杰作有偈颂说：

“至尊上师善慧称，
至心虔诚我启请，
师住何处刹土中，
我亦速来祈加持。”

作了如是的发愿。但是所说得生彼处，应修如何福资?所说的刹土(处所)，依那时的字句来说，虽说的是五台山，但不能认定唯一指的是那里，主要是大师即身现证双运身，应是在报身刹土、化身的刹土极乐世界、空行刹土、兜率等处。尤其是大师示现成佛——狮子吼如来时，刹土为稀有卓越庄严刹土等。是随其所愿，随住一切刹土。即如上文所说：“总的说来，我的化身是有许多，遍于空行刹土、兜率、赡洲等处。”由此说法即可了知。

上文记载克珠杰亲见大师示现的诸相中，宗喀巴大师示现大成就瑜伽者之相而来的情节是：第二佛陀宗喀巴大师，以共通方面看来，虽是在此土示现圆寂，然而在二十四域大成就者的所在诸处，都是有示现如是密行的身相，而作利益众生事迹的。这是无量光佛化身的班禅伯敦意希❸所说的。他所著的《香拔拉❹路引》中说：“一切智根敦珠的传记中说：听到第二佛陀(即宗喀巴)为利他而逝世的消息，心中升起了是否为由密行现证而逝世的想法。以及对此有极为重要的应知者：法王克珠杰·格勒伯桑亲见大师示相中，有大师出现为瑜伽者之相：手持利剑与颅器，骑着可怖的猛虎，有八十位大成就者围绕前来。若如所说，于二十四域等处，作利益众生事业的那样，大师于此土示现获得解脱后，化现那样的(瑜伽者)身相在大成就者所在诸处，作禁戒行和利益众生行。而且极大宏扬了往昔大师受生为怙主龙树及班智达‘苏玛底根底’时，已阐明的显密证道之教法，并且发展出无数的获得成就的大德。在后期印度所出的大成就者细哇坝巴(寂隐)，觉囊·多罗那它的上师桑杰坝比贡波，或称菩提古巴达纳塔，班智达·布惹那班遮，亦称岗微多杰。这些诸师，都是由第二佛陀宗喀巴示现禁戒瑜伽行者的身相，开示言教中所出生的。而且那些诸大成就者所主张的正见之规，及一切道次第，显见是追踪龙树师徒的。”又说：“第二佛陀示密行而逝，所化现身相，其名讳为根底纳塔，译意为名称怙主。现在印度的内外和一切边区地方，都对他十分敬畏！”因此，大师的化身之一，是在印度的大圣地等处，示现禁戒行而现在仍作利益众生的事业。以此类推，大师示现圆寂后，对于其它首要弟子，及一些有缘众生，在实际、感觉和梦境三者中，示现身相，赐示教言等的情况，在这里未能尽述，从其它传记中是可得知的，后来大师的诸种化身所作利益众生的事业情况，大都在以前上文中大师的未来转生中的情况中，已略说毕。

于此断句处，作中间赞颂说：

师离受生示生相，
虽离死殁仍示死，
调伏有情善方便，
本性难知不思议。
虽于净土示梦境，
无边刹土作利生，
虚空无尽流无尽，
此是导师普习性。
无漏大乐心海中，
仍对有情施舍利，
今后福善能易得，
与师住世无不同。
为令教要长住世，
双运如意之宝匣，

应留不坏整遗体，
此是本尊所悬记。
诸宝所成大灵塔，
妙香旃檀所成室，
殊胜具义之遗体，
成为人天福田住。
由诸得定大菩萨，
迎来诸佛智慧尊，
一再合入开光力，
加持聚体力增生。
此外为满师心愿，
远离世间扰乱缚，
昼夜无懈勤励修，
闻思修业无疲厌。
一些不知取舍处，
留发过长等制戒，
无理违犯决心断，
尚须爱护开遮法，
有缘清净弟子众，
实际感觉与梦见，
三密应有示现力，（身语意三密）
心中痛苦全隐没。
怙主大师之弟子，
如金山中须弥严，
达玛仁钦继佛位，
成为师教之主尊。

【注释】

❶云丹嘉措：译意为功德海(1589—1616年)。为第四代达赖喇嘛。生于蒙古，十五岁时拉萨三大寺迎请至哲蚌寺登位。

❷甘丹安却：意为格鲁派五供节。即于藏历十月二十五日，举行格鲁派祖师宗喀巴忌辰供祀，多于此夜燃灯供养。

❸班禅伯敦意希：译意为吉祥智(1738—1780年)。系第六代班禅，乾隆四十五年奉命至北京，居黄寺，赐玉册玉印。同年圆寂于北京。

❹香拔拉：佛家所说印度北方远处一理想国名。其意为持乐国。

7 述说受大师言教的弟子大众的情况

如是已将至尊宗喀巴大师在此土中适合一般众生的视野而示现的史迹概况，在上文述说完毕。再对受大师言教的弟子大众的情况，作一讲说。由于大师即是至尊文殊，是无与伦比的具义圣贤，因此，见其面，闻其说，仅听得一次说法入于耳中，也能从恶趣地狱中得救，成为生死边际中得解脱者，其数目如大地尘土，超越言说境界。不仅如此，即以住持、抚育、振兴教法的徒众，以及能作利益自他的人士来说，要尽量地说出其情况，也是难得计数的。正如勒仁巴·奇麦饶杰的著述中说："至尊宗喀巴罗桑扎巴依靠本身拥有的福德，在童年时期，自己即已完成闻思事业，而且在成年时，妥善地研习修义，完成自利之胜果后，对于许多堪可度化的有情，赐授了许多显密教法，尤其是传授了密宗的灌顶、经教、教授三者。他在整个一生中，讲授了许多大小教导。有时，向成千上万的僧众讲授教法，有时向身前的许多主要大弟子各别地讲授许多甚深教法。依靠如是法缘，所产生的不可思议的弟子。尽我之力，也难以述说。前代大弟子们也没有明确的述说。"因此，也只好述说以首要弟子为主的普遍传颂的一些弟子前后出现的概况。

首先综合而说，如《宗喀巴传一百零八稀有史事》中说："大师的徒众中，持有法缘的上师有巴罗多杰(勇金刚)等三人；还有东敦·连纳室利等早期弟子四人；有多敦·绛伯嘉措等多康四人，有前藏四人。合称为证悟八徒；有达玛仁钦等为秘密主所授记的殊胜弟子三人；有心传弟子格勒伯桑，及一切智根敦珠等事业等同无边虚空的大弟子四人；有霍尔敦·朗嘉哇等能阐明前后藏教法的弟子十人；有菩萨释迦索南等任运成就利他事业的菩萨十人；有大慈法王释迦耶协等作帝王之帝师的二人；有雅交·索南朗嘉等多闻的侄子二人；有法王·勒巴坚赞等持净治功德的觉钦和觉穷二人；有像雄人却旺扎巴等观察优良的二人；有喜饶桑波等各方宏扬教法的宏法大师六人；有廓译师宣努伯等翻译师二人；有止贡仁波且·顿珠嘉波等统治政权的法王六人；有阿里人索南仁钦等通达许多经典的住持教法者八人；有绒波甲纳等多绒的善巧者四人；有哲新·绛伯哇等修行成就的嫡传二人；有胜士麦朗伯哇等稀有贤士二人；有京俄·洛追坚赞等众生之顶上庄严八人；有得乌惹哇·意希伯等住持大座的喇嘛四人；有堪钦却嘉哇等掌政的堪布四人；有钦波扎桑等钦波五人；有止贡却阁哇·扎喜仁钦等受四灌顶的法门师二人；有达桑等能说教法的十难论师四人；有雅德等持经句义的四难论师十人；有觉敦·索南伦珠等持禁行者四人；有上座却桑等持戒清净的上座六人；有阁楚多敦·扎巴迥勒等舍此世心的证悟师五人；此外，还有甲敦却桑哇等普遍传颂为大师的及门弟子约一百五十余人。”《甘丹教法史》中所说，除总数有一些差别外，大概与上面所说的相同，而且记有明显的各别撮要的诸弟子的名称，按照其内容叙述如下：

首要弟子三人是：贾曹杰、克珠杰、一切智根敦珠等；就听受法缘者来说有喇嘛乌玛巴、洽多哇、至尊仁达哇三师也列在弟子范围内；早期弟子四人是：密柯温波·阿旺扎巴、多堆·扎巴洛追、东敦·连纳室利、格西侠敦等四人；后期弟子八人中，前藏四人是：绛嘎哇、桑迥哇、仁嘉哇、绛生哇等四人；多康的四人是：多敦·绛伯嘉措、喜饶扎巴、绛伯扎喜、伯迥哇等四人，此八人为大师离开世务专修时的服役近侍弟子；事业广大之五人是：杜真巴(持律师)、绛嘎哇、法王扎喜伯敦、无等师坚赞桑波、至尊协饶生格等等五人；教法之明灯十人是：衮却楚臣、善巧者嘉旺喀且、涅阁仁桑，钦饶扎桑哇、涅钦·协饶绛称、霍尔敦·朗喀伯、洛追却迥、法王却嘉哇、法王伯生哇、纳塘·饶却等十人；能作利他之菩萨六人是：菩萨释迦索、菩萨衮嘎桑波、菩萨洛追坚赞、菩萨楚臣伯桑、菩萨宣努嘉却、菩萨坚赞扎桑等六人；被尊崇为皇帝之帝师的有大慈法王释迦耶协及绛达玛二人；多闻的侄子二人是：玛季温波·朗喀伯及雅交温波·索南朗嘉二人；持净治(身心)功德师是：夏鲁哇·扎喜嘉措、法王勒巴坚赞二人；观察优越者是：谟色洛追仁钦及象雄人却吇扎巴二人；在各方宏扬教法的六人是：上下协桑二人、古格·阿昂旺扎巴、多哇·绛称生格、喇嘛伯敦协饶、敦玛·

云敦伯哇等六人；译师二人是：廓译师宣努伯及达隆译师二人；僧伽之主仁波且六人是：法王仁波且·伯敦桑波、仁波且·索南桑波、仁波且·绛秋多杰、仁波且·索南坚赞、止贡仁波且·顿珠喜波、达隆仁波且·扎喜伯窝等六人；通达许多经典者八人是：法王协迥哇、嘉萨仁桑、绛岭哇·扎仁、阿里人索仁、绛决仁嘉、古格·桑杰、绛央仁扎、嘉色·仁迥哇等八人；多绒的善巧者四人是：多麦人俄色、勒桑、索协、绒窝·结那等四人；有成就者的嫡传二人是：哲新·仁钦绛伯及仁钦伯二人；稀有的贤士是：贤士麦朗伯哇、不下山者索哲仁钦二人；京俄(喇嘛近侍)八人是：衮洛哇、宣努俄、洛追坚赞、伯桑哇、朗嘉哇、索南伦珠、仁嘉哇、仁钦迫哇等八人；无与伦比的登法位者四人是：贡法王哲巴伯、大喇嘛业侠巴、达布古西·伯敦顿珠、得乌惹哇·耶协伯等四人；堪钦(大堪布)四人是：却嘉伯桑、嘉桑哇、衮多哇、绛伯哇等四人；钦波(伟大者)五人是：扎桑、达波哇、洛迫、衮嘉、扎喜坚赞等五人；法门师是：丹萨·绛央喀伽及止贡扎喜仁钦二人，十难论师四人是：达桑、坝色哇、觉扎敦·坚赞、鲁那哇等四人；四难论师十人是：体穷顿约、乍贡仁伯、嘉哇仁钦却嘉、杰热·桑杰旺秋、达普·桑杰桑波、雅德·索南桑波、卓巴、措布巴、却生、扎巴坚赞等十人；觉敦四人是：达哇洛追、索南伦珠、勒仁巴、公波等四人；上座六人是：却桑哇、嘉顶·顿珠伯、甲玛·根敦嘉波、俄热扎喜、宣努桑杰、衮嗄本等六人；多敦五人是：桑杰伯桑，朗喀学惹、扎巴迥勒、若细巴、波勒哇·朗哲等五人；此外，还有拉日·扎巴嘉措、仲·迅伯哇、堪布·桑嘉哇、喇嘛色土、漾顶仁波且、细洛温波、仲·朗喀哇、喇嘛贡波绛秋、喇嘛索仁、东却拔、喇嘛释迦仁、喇嘛达桑、喇嘛却金、甲惹·桑杰耶协等许多自能独立的徒众约一百四十人，各别地建立寺庙和著作论述等。如上所说，是就普遍传颂的弟子概况写出的。

又勒仁哇·奇麦饶杰所著《宗喀巴传黄金灯》中说：以前所记诸人中，还有成为最胜大士的七十人，合编为二十组，这些各别的简史，按照其中所述，在此间合并略记如下：

首先就分类编组来说，金灯传中说：宗喀巴大师的《宗喀·山赞颂》中说：

如七金山绕须弥，
无比得意七弟子，
本尊悬记宗喀巴。”

又如洛扎大成就者的悬记及自传中所说：“有清净悬记的得意弟子七人；还有昔日大师离世务专修时的侍从能舍此世心者八人；又有大师病时作服侍和诵经祝福的大弟子七人；主持寺院振兴教政的善巧成就大弟子八人；对文字记持熟悉的大弟子三人；事业无可争论的大弟子三人；以修为主的大弟子拥有‘多敦’(具证悟)之名的四人；坐山修行的二人；博通经教的善巧者二人；上下智贤者二人；菩萨二人；大志雄心者二人；扎巴二人；有缘大弟子六人；获得成就无可争论的僧伽之至大弟子三人；种姓高贵的善巧成就者三人；继位持教的大弟子三人；僧伽之主获得悟解的善巧者一人；离世务修得成就的隐者一人；普遍著称的胜智法王二人；普遍传颂的离世务修得成就者一人。这些是就编组而说的。”

若分别来说：第一，有清净悬记的得意第子七人是：仁波且三人、哲侠二师、多敦二师共七人。此中仁波且三人是：贾曹仁波且·达玛仁钦、杜真仁波且·扎巴坚赞、克珠仁波且·格勒伯哇等三人；哲、侠二师是：绛孜法王朗喀伯及夏孜法王仁钦坚赞二人；多敦两师是：多敦·绛伯嘉措及多敦·朗喀学惹二人；其中有清净悬记的情况：是说有可靠的获得密宗加行道的证达的悬记。不仅如此，在前文所记宗喀巴大师病情略愈时，至尊文殊悬记说：“今后应修生圆二次第的瑜伽修法，心中即能迅速生起无上密的殊胜证达；而且善缘的七弟子，也能生起道之一种证达。”即是这样的悬记。以及多敦·绛伯嘉措在梦中，梦见有说是宗喀巴大师之塔，度量圆满，塔尖直达云际。此塔之前有七塔围绕。诸空行母说，此与此塔是彼与彼人之塔，七塔都粉饰白色。又有一置塔地位，有说这未粉饰。答说，现在塔还没有来，不作粉饰，后来再粉饰。此七塔即指上文所说获得悬记的七大弟子。所说以后再来粉饰的一塔，是指一切智根敦珠，那时，还未来到大师的近前。并且后来大师亲临温·扎喜多喀那里，扎喜也就成为大师的首要弟子。他是有明显征象的。如是获得悬记的得意弟子，也可以计为八人。

又有一计法：宗喀巴大师传授密集灌顶的弟子，有克珠杰格勒伯桑、多敦·嘉伯嘉措、上座桑迥哇、喇嘛准多哇、索察·云敦伯、多敦·绛生哇、妥哇·朗喀桑波等七人。这些人都是符合灌顶法器的有缘者，也确是获得本尊的悬记者。想来有清净悬记的大弟子七人，这两起都是可以算作的。

第二，大师离世务专修时，能舍此世心的八弟子，即上文历说的清净侍徒八人。

第三，为大师作侍病服役的大弟子七人是：贾曹杰和克珠杰二人，哲、侠二人、法王释迦耶协、协业勒桑、法王宣努嘉却等七人。其中法王宣努嘉却系青年僧，因此他只能做行茶送饭等仆役事。

第四，主持寺院振兴教政的善巧成就大弟子八人是：贾曹法王、克珠法王、夏鲁觉哇·法王勒巴坚赞、绛孜法王洛敦巴、饶觉哇·法王洛追却迥、坝索·法王却吉坚赞、法王麦朗伯觉洛追、温·罗桑尼玛等八人。此中前七人称为文殊清净传承七人。而且明显见有本尊的悬记。第八人系有大师的种族和传法二者关系，是可以算作主要的大弟子的。又有一些人说：上面所说对主寺作振兴事业的那些人，由于不肯定是在大师近前真实听过说法，没有听受过法缘，是不能算作大弟子的。但是除绛饶法王扎巴及麦朗伯哇二人外，其余都是在大师近前，真实听过正法的。尤其是他们能清净受持主寺教政二者之规，是可以算为大弟子的。这是勒仁·奇麦巴说的。

第五，对文字能记持熟悉的大弟子三人是：扎贡四难论师仁钦伯、雅德哇·索南伯桑、东准·洛追扎巴等三人。所谓“熟悉”之义，是说对于大师所著作的显密的大小文书著述等，最初的写本，及大师命抄多份后，一些放置在大师自己的寝室中，一些给个别的大弟子，也依各自的意乐，无疲厌地抄写。并熟悉许多种文字，而且对于正确语法、界限、书法等极为善妙精通。因此大师对他们(三人)也特别喜悦，传授他们许多甚深教法。

第六，事业无可争论的大弟子三人是：大慈法王释迦耶协、班禅仁波且·根敦珠、杜真法王扎巴伯敦等三人。所谓"无可争论"的情况：以法王释迦耶协来说，他给大明皇帝(永乐)君臣等灌顶和说法，从而摄受。继后修建色拉寺(三大寺之一)时，也是大明皇帝作施主，并供赐佛殿中《甘珠尔》印本全部、稀有珍贵的长短悬幡百幅、护法殿中供了许多彩箭等。供于法王的供物中，有用上等缎料制成的稀有珍贵帐幕。供给宗喀巴大师以大银塔，又供洁净水晶所制成帐幕等，作出了无量的承事供养。传说后期中，汉地仍然有法王的弟子传承，及法流传承和许多寺庙等。

其次一切智根敦珠创建扎什伦布寺，寺中僧伽由一千人发展到二千人。对于僧众讲说现观庄严论、因明和中观三者，以及毗奈耶和对法藏等典籍的许多广略注疏，以及直解和总义等。由详细讲说之门，建立起讲说和听受之规，及清净的辩论僧院。此外，还讲授《噶当宝籍》，及宗喀巴师徒传和著述等教法，以及修心教导等或在僧众大会中讲，或个别讲说，随所适应而作。而且对于许多大弟子另开讲座，传授密宗的灌顶、经教、导释等许多教授。尤其是新造有一层楼高的至尊弥勒大像，及《甘珠尔》经典，大小壁画等许多身、语、意三者之所依。并且在这些佛像、经典前，供盛大的供品。在僧伽大会中，建立起学习教理的僧院及戒律的传统作风，特别是三事仪轨等。因此，发展出法王仁波且多觉等四位素尔钦、四个扎仓(僧院)和许多小学班。所有上下各方的大人物都衷心敬信，对根敦珠作广大的赞颂，他的事业是广大无边的。

次说仁波且杜真·扎巴伯敦：他亲临从高原的"芒域"及"鲁惹"直到低洼处的"杂日"山区之间的许多地方，对于各方的酋长、许多大官许多寺庙的政教共主，许多大法王，许多才智广博的十难论师等说法。总之，对许多僧俗团体，随其所适合的教法，广作传授和加持。而且在上中下三区，大宏戒律学处及作风，并建立了许多修行僧院和戒律僧院。人们都称赞说，像杜真·扎巴伯敦这样的持律大师极为罕见，正确的善巧成就者的美名，遍于诸方。他确是一位于佛教作有极大事业功绩的大德。

第七，以修为主的大弟子，有著名的四位多敦及住山修行二师。此中四位多敦是：多敦·绛伯嘉措、多敦·绛生哇、多敦·朗喀学惹、多敦、珠巴伯等四人。住山修行二师是：不下山的索朗仁钦及珠准·达玛仁钦二人。此中多敦·珠巴伯系勒仁的一位素尔钦大德。这位大德的长久修行情况，以及他是勒仁哇的祖辈中，恩德最大的一位上师的情况等，出自勒仁·奇麦巴的著述中。

第八，博通经典的最胜智者二人是：能彻底讲说经义的哲蚌寺绛央法王扎喜伯敦及能说百种经义的法王侠敦伯敦仁波且等二人。此中绛央法王，他能从心中完全说出《大般若经》函合在一起计算的经函一百零六函，又能从心中说出大小经函一百零八函。

第九，上下两位协饶桑波：此中的上法王协饶桑波，他在阿里三部，尤其是在“芒域”和“鲁惹”等地，建立许多寺庙，并安立贤善僧伽，直到而今，他的事业传流，仍然存在。有许多王者大人物都以他为师。次为下法王协饶桑波：在汉藏交界之间，他做有极大的事业，并且建立了甲朗拉卡寺(汉道山口寺)即今著名的昌都寺。僧会也极为盛大，能妥善地主管所有佛像、经典、佛塔等。据说财富受用也极丰盛，熬一次斋僧茶也须放入一背筐的茶叶。

第十，菩萨二人是：菩萨德莫塘哇·洛追坚赞及菩萨却旺扎巴二人。洛追坚赞在德莫塘地方建寺，并建立清净僧院。这位大德在门穴中依达玉玛(罗幔母)修行度过整个一生，心中拥有无碍的通达。次为却旺扎巴。他在多麦地区，设帐住宿，常时来住其中，侍众都是些乞丐。在大帐幕中，排列坐次时，正中坐次及其近前，安置乞丐中的人微言轻，弱小无权等忧伤诸乞丐。总之，对于这一切乞丐，他都以衣、食、财物养活他们，作善良的利济。人众对他说，这类人太肮脏可厌！而是他对人众引据经教中的故事，而开示许多说法。对乞丐等仍然是特别重视。

十一，大志雄心(即菩萨精神)者二人是：大菩萨宣努嘉却及大菩萨衮桑哇二人。宣努嘉却去到拉堆绛，拉堆绛官长衮却勒巴兄弟将他尊奉为应供处和上师。此师建立昂仁绛钦寺佛殿时，拉堆绛官长作了助缘。又在绛楚一日间成立五百新僧集团，此师作堪布。在寺内著名的大愿法会中，建立法行之规，及戒律僧院和戒学，并建立对于《现观庄严论》、《因明》和《中观》三者优良的辩论僧院，他作了安排和传统作法。那时，人们都称赞他是有大福德、善巧、戒严的大德。由于萨迦和格鲁两派无大怨恨，因此在昂仁寺的大愿法会的念诵中，也创立念诵宗喀巴大师所著的《菩提道次第承传启请》及《弥勒赞深广篇》和《初中后吉祥愿》等，法王自己也在僧会中，直到他修法行结尾。他对萨迦、格鲁两派一视同仁的作风，延续了很久的时期。后来廓让巴来寺以后，昂仁哇发生纠纷，因此那些法行也即中断。这是奇麦巴所说的。此外，这位大菩萨还著有两函《噶当道次第》，有名的修心广论。在前后藏上中下三区，此师的名声很大，而且他与宗喀巴大师的旨意极为相合。总之，他是一位拥有教政最高权威，成就自他二利的大德。这位大菩萨驻锡日窝甘丹寺时，准备返回上二区时，有一天他想到我与如是的上师宗喀巴很难常时见面，这样的上师是极为难得的。想念师恩后，他办好供师的许多大小供品，特别是甘丹寺中在僧会中说法时，用的土石和泥制的大曼遮(坛供)，他加工改制，妥善地粉刷，然后命一善绘者，以磨制的纯金粉泥约百钱涂抹绘制而供献时，已成为如纯金摇制出的曼遮，极为美妙！因此宗喀巴大师心中特别喜悦，说道："缘起甚善。"十难论师(指宣努嘉却)将在上区成就广大的自他二利事业。"作了这样极佳的悬记，后来果如悬记而成功。

其次是大菩萨衮桑巴：此师在"哲"等地方，有极大的事业，而且一切智根敦珠也顶敬他为师，是一位无可争议的大德。

十二，扎巴二师是：上区的阿旺扎巴及下区的阿旺扎巴二人。上区的这一大师名却旺扎巴，而不叫阿旺扎巴。有些书称作象雄·却旺扎巴，即是此师。但是象雄人来到阿里的历史不明。以此似乎是古格·阿旺扎巴。此师在上区，被古格王等人尊为上师，事业极为广大。在勒仁哇·德勒贡波珠座前，也听受过法缘。

其次是下区阿旺扎巴，即察柯堪钦·阿旺扎巴。由此师劝请，宗喀巴大师著出《独勇能怖金刚现观修法》。在康区，他的事业极大，而且建立了殊胜的五大寺。在这些寺中，建立起显密讲说和听受之规，及清净的戒学。有些人说，此师所建的寺庙，较此数(五寺)更多。传说现在嘉绒区的达昌寺，即建寺的数目，到最后已足，所以立名为"达昌"，意为现在足数。

十三，有法缘大弟子六人是：贾曹仁波且有传授般若和因明等许多显教法类及密宗仪轨、时轮和胜乐的生圆二次第为主的法缘；杜真仁波伽有传授戒律讲说和传统做法及阎曼德迦红、黑两尊等的法缘；克珠仁波且有传授时轮本续广释等释续的法缘；克珠协饶生格有传授密集续释四家合解及密集和胜乐生圆二次第等法缘；拉堆布扎法王衮却衮嘎伯大师在杂日山中，从本尊胜乐听受来的枳布传规的身曼荼罗四灌顶全圆教授的法缘；热振的至尊坚赞扎桑有传授从萨迦派及布顿等传来的胜乐枳布师传的身曼荼罗四灌顶及枳布师传的五次第导释的法缘。有传承法缘六人即是这些大德。

十四，僧伽之主获得无可争论成就的大弟子三人是：止贡仁波且·顿珠嘉波、帕竹京俄·索南扎巴、索南坚赞等三人。其中的止贡仁波且：由他劝请宗喀巴大师著作《事师五十颂注释》，并且有时在大会中所受大师讲授许多显密教法，有时听受大师讲授密宗方便。总之，听受大师讲授许多教法。

同样京俄·索南扎巴也听受大师讲授许多经教。

至于仁波且·索南坚赞，他在大师近前，听受了许多灌顶、经教、导释，特别是听受了《般若六法甚深导释》。他自己著作的《六法导释大乐丽日千光》的首尾，都对宗喀巴大师作有无量的赞颂。又在他的《问答琉璃鬘》中说：对他恩德最大的三师中，其一即是宗喀巴大师。

十五，种姓高贵的善巧成就三师是，俄巴仁波且·仁钦伯桑、勒宁仁波且·仁钦顿珠、勒仁仁波且·德勒贡波珠等三人。俄巴仁波且是俄·却古多杰的后裔，显然是其下传十三代之间，多杰枳布巴向却噶巴所作悬记中，估计是第十一代的一位善巧成就者。有一些人说：一切智宗喀巴也在俄巴仁波且近前，听受过许多俄派的法门。

至于勒宁及勒仁二人，在勒仁教法传承的诸史籍中，有他们的事迹。其中有勒仁·德勒贡波珠谒见宗喀巴大师的情况，以及他建造了一尊与人等高的释迦金像，胸间安置有宗喀巴的遗体鼻孔中流出的红白菩提，用绸缎覆盖金像的情况。德勒贡波珠的自传中有明显的记载。这是勒仁巴·奇麦巴所说的。

十六，继位持教的无可争论的三位大弟子是：贾曹仁波且、杜真仁波且、克珠仁波且等三位。

十七，僧伽之主获得悟解的大弟子一人，即著名的僧伽之主，北道主的协敖(僧官)，又称玛久额巴达波·朗喀伯，改称玛季温波(意为一母之侄)。这位法王学成善巧后，任桑敦寺的堪布。当宗喀巴大师在昂仁仁达哇近前闻法时，玛季温波也就在大师座前，听受许多教法。依于这些因缘，所以在《大师的零散文集》中说："对玛季温波作如是教诲。"显然大师是对他赐授过教言的。传称这位法王对于日窝格鲁派的教法，是一位善巧精通的大德。

十八，离世务修得成就的隐者一人：康人扎桑哇。此师今生在泥封门洞中，闭关专修显密要道，特别是净修宗喀巴大师所开示的无上密生圆二次第，依此获得共与不共两种成就的情况，在奇麦巴所著的《六法》和《密续部论述》中，有明显的记载。

十九，普遍传称的胜智法王二人，即法王仁波且·意桑哲哇及杜真法王阿格旺波。意桑哲哇在前藏有极大的事业，他在一山顶上修建修行净室住修时，有人问他其地为何名，说是住那地方而修，是有善缘者。因此命其地名叫"善缘顶"。又由于如意而得着这一山顶的善妙住处，又命名为"意善顶"。他的名称叫法王格桑哲巴(意为善缘顶氏)，或称意桑哲哇(意为意善顶氏)；后期的一些书本中，称作耶桑哲巴，明显是语音之误。又有一部分人说他是廓氏的血统，又传称为善巧精通的廓译师。此外，又称作法王宣努哇，法王绛央仁钦、伦觉绛央仁钦。又由于他面圆而脚部光滑，又称作堪钦播达哇(圆光氏)。此师在宗喀巴大师近前，听受教法，并以大师为根本上师。他的道情歌中也说：

"皈处摩尼宝，
罗桑扎巴师，
一心我祈祷!"

次为杜真法王阿格旺波，此师曾在米拉日巴的净修处拉吉、聂拉木等处住修。在上区他有极大的事业。无等的侠饶绛巴是一著名的获得成就者，也在此师的近前，听受过"热穷巴耳传导修教授"等。藏宁巴·桑杰坚赞等也尊他为上师。他讲说耳传四字等，大宏教法。关于他是宗喀巴大师的弟子的情况，在他的自传中说：“我有四位宝贵上师：班钦·却勒朗嘉、嘉措旺秋·却迥坚赞、至尊宗喀巴大师、大师的弟子多敦·珠巴伯等四位。”

二十，普遍传称的离世务修得成就者一人，即葛楚热巴，或称葛楚法王·扎巴迥勒。当宗喀巴大师住在甘丹寺寝室中时，有一天，大师对近侍徒众说：“今日将有一殊胜贤士到来，去巡视一下吧！”问：“是什么样的？”大师说：“葛昌巴大师的化身将到这里。”近侍徒众整日巡视，大师问：“有何所见？”答：“直至太阳在山顶升起时，没有任何人来。”待到东山许多山峰上，阳光金灿灿地照着时，有一善知识，作离世务修行者模样，穿着双层抖动的披单和禅裙，因苦行而使身肉肤色也变成黄焦焦的。他没有犹豫，无阻碍地一直来到大师的寝室门前，近侍徒众心中明白，立即告知大师。大师说：“可能就是这人。请他稍坐一下。”并命拿香束来。大师也穿着单披单，急速来到外面，燃香迎接。请他到屋内，登上高座，极表崇敬。这位离世务者在大师座前，启问了许多教法，最后也就走了。后来一查访，才判定葛楚热巴就是他。在这以前他拥有极大的证达和事业。在这以后，仍然是有极广的通达和无边的事业。他在雅隆协乍等处，以修持“厥法”(厥意为能断烦恼生死之义)为主，并且也聚集许多弟子。他著有《厥法指导广释》，刻版印行，题为“引道广释”。在上中下三区，广为流传。有许多酋长和大官都以他为上师和应供之处。传说他建立修“厥法”的法会时，觉浦普巴也数百次前来参加。这些故事，系由贡嘎大成就者衮嘎扎喜，或称热钦衮嘎扎喜，去到“勒仁”与奇麦巴的兄长法王措杰多杰互相闻法时，他向奇麦巴详细告述的。也有一些系由他者所说，这种情况，清楚地记载于《宗喀巴传黄金塔》中。以上分组而说的诸史事，略说完毕。此外，还有《宗喀巴传黄金塔》中所说。“还有止贡的却阁哇·扎喜仁钦，及帕竹的却阁哇·绛央喀且，或称绛央索南伯。”由于这两人也是宗喀巴大师的大弟子，以此称两位是“却阁哇”(意为入法门人)，而且也计算在大弟子的数中。止贡却阁哇是劝请大师著《事师五十颂注释》的人。并且听说绛央喀且著有《声明集分论》及《宗喀巴赞颂》等大小赞颂一百八十颂供献于大师，并著有一部《宗喀巴广传》。

《宗喀巴传黄金塔》说：“持金刚协饶坚赞及上座协饶扎喜二人也是宗喀巴大师的弟子，还有格敦班钦·法王释迦西、隆务法王·罗桑扎巴、德哇温波等人也都是宗喀巴大师的弟子。又以显教分别来说，还有通达般若、因明、中观三者的弟子格西成千上万。还有密弥·四难论师及扎贡·四难论师等许多有名的四难论师。以及贾曹十难论师(通达十种难论的)达玛仁钦、十难论师宣努却嘉·十难论师根敦珠、鲁那哇·十难论师勒巴等许多有名的十难论师。还有贡巴贡汝及贡巴扎仁等许多大修士孤沙利(虔修者)。此外，还有嘎、觉、苏三寺的堪布及桑、德、贡三院的堪布，他们的各个扎仓的耆老阿阇黎等许多善知识、持律师、大上座等也都是大师的弟子。还有法王仁波且持金刚·却敦饶觉也是由大师传授许多灌顶、经教的弟子。因此，叶汝的北方及阿里等处，日窝格鲁派的教法得以宏大起来。还有勒仁素尔钦·乌玛巴·桑杰伯也是从宗喀巴大师座前，听受了许多教法，特别是听受《中观正里导释》等，因此，称为‘乌玛巴’(中观师)。又有成为宗喀巴大师弟子的洛扎·珠钦(大成就者)也确实听受过大师的许多教法。因此，洛扎珠钦大约也是大师的弟子。又有我的祖辈德勒贡波珠与宗喀巴大师相见后，勒仁苯真多敦仁波且·麦朗扎喜及十难论师绛央桑波等也都成为大师的弟子了。还有大师的上师至尊仁达哇及多敦·巴俄多杰二师座前，大师也陈献过许多教法。又有觉敦·索南伦珠，大师专授以导释后，他对其众弟子，讲说多次导释。又大师对贡汝嘉桑善巧者传授过中观正见导释。因此格鲁派内部出现略有不同的正见导释。还有法王俄钦巴也在大师座前，听受过教法，扎巴却桑等人，也都是大师的弟子。

这些情况，未能尽述。总的说来，关于大小众弟子次第前来的情况，尤其是有名的诸大弟子的情况，以及前藏的官员等许多大小酋长也都成为大师的弟子，及其拥有教政大权的情况等，是有许多稀有故事的。但是我病者奇麦巴由于长久病痛，不能尽述。只好心胸量宽地放下而不作繁文赘述。对于诸大弟子，可能有重复叙述之嫌，骤看似乎是有的。但是由于时间和段落中，须个别引叙，因此是无过失的。还有引据的数目也有个别不同，这也是出自昔日书本中所载的。至于一切有用之书本，以及密集、胜乐、能怖三尊等的灌顶、经教传承也有多种，每一大成就者也住持有许多地方。这正如宏扬教法也有个别发展的情况那样，不应生起恶劣的不正知。”又说：“如是善巧成就大德宗喀巴大师的：

教法王宫中，
出有贾曹杰，
许多大弟子，
美饰如宝顶。
有缘徒众中，
多敦有八人，
犹如于诸方，
建幢幡供云。
无诤三事业，
布置如王权，
总之诸树钦，（大德）
许多任职徒。
觅得独超美，
布满王宫中，
如是教王宫，
一切大弟子。
本尊化人像，
亦由佛化现，
任何亦稀有，
如聚诸大成。
王宫成奇妙，
教日之王宫，
智者观察时，
善妙复善妙。
具信若观见，
美丽复温暖，

如是真如是，
愚者与无信，
邪见与偏私，
观亦无所见，
美善全无有，
如是无缘者。
毁戒诸人观，
邪知之病眼，
障眼不得见，
胆病眼观螺。（视为黄色）
自过离邪知，
我是久病者，
有过定失策，
弱小受害伤。
犹幸沾慧眼，
由有智净见，
得见圣王宫，
妙史感明鉴。
以故书妙语，
有缘皆喜欢，
愿能登信岸，
邪知除恶心，（诸邪知人能除恶心）
愿现无私见。”

又说：“后期汉土中有噶举、萨迦、格鲁和本波等派的许多格西和住持教派者，彼此不和发生争论时，其他宗派人多势众，而且合而为一。日窝格鲁派这方面，无一有名有势的喇嘛。因此，他们(他派)的一切尊卑人等都在国王面前，挑拨煽动说：格鲁派的见行二者都是恶劣的。因此将格鲁派的格西大喇嘛，关在一间屋内，纵火焚烧。但是房屋毁后，喇嘛或称法王的身体，仍安然无恙，为众目所共睹。国王也心有所信依，对喇嘛法王取名叫‘麦吐玛’（能避火师），并命令以后的教规，也依照‘麦吐玛’的教规制定。也就对其他教规和人员不加重视，而对于‘麦吐玛’方面重视起来。因此，格鲁派的教法也获得大宏起来。这些情况，是一本教麦贡寺的喇嘛去到汉地听得的消息，他向我的弟子比丘扎喜伯桑告述的。比丘是隆朗人，唯以萨迦和俄巴派的宗派为主。他是法王廓让江巴等人的及门弟子。但是我对此情况，发生惊奇！在土虎年(戊寅)和我有联系的许多僧众，前往北方时，我也未曾探问，他们仍然说出这些情况。”又说：“如是法王宗喀巴大师所出诸大弟子的史事，略作叙述，此中许多细节等，也是由我病者奇麦饶杰在重病八年后的金虎年(庚寅)春季，内心感觉昼夜难度中，而书出如是的情节，约略在我幼年时，我父与祖所信的教振，是以宁玛派及达波噶举派内部的‘堆珠’为主要的信仰。而且对觉囊、夏鲁、萨迦、格鲁等其他宗派，也一视同仁的信仰。由于回忆我的兄长措杰多杰等一些前辈，由许多亲爱疏憎的错误见解，作过极大的偏私行为，但又忆念到我的许多先辈对日窝格鲁派，是有纯洁虔诚的心愿，而且早期即有联系。因此，我著此宗喀巴传，题名‘黄金塔’。于虎年三月十七日，在勒仁佛殿楼上‘尧谢玛谟’室中撰此传记。执笔者系我自己和勒准·衮却扎喜，还有我的其他具量弟子也勤奋出力而写成的。正是：

上师加持力，
净见生加持，
业果是真象，
总之是奇麦，(作者名)
奇异之明智，
尚有亦限此，
作已愿吉祥。”

又奇麦巴所著《宗喀巴传黄金塔补遗黄金苗》中，还有如下一段话：“除奇麦巴所著《黄金塔》中所说宗喀巴罗桑扎巴所出的大弟子史事外，是否还有其他著名的大弟子？当然无论如何是有的。即以至尊钦饶旺秋，或称玛康·扎巴桑波来说，是一位善巧成就大德。他喜爱萨迦派的教法，也是杰绒哇及法王俄哇等人的弟子。他在宗喀巴大师座前，听受过般若、因明、中观三法，及毗奈耶等许多部大小函卷的讲解，以及一切甚深教义。因此，他是以宗喀巴大师为最大恩德的上师。在后期中，法王玛康巴·扎巴桑波在叶汝的北区所辖的地界中驻锡扶持佛教事业。修建了大扎仓及麦隆寺等，由此出现住持名为曲绛派的著名大寺。这位法王所著的许多著述和法流中，也引据有许多宗喀巴的言教。因此，有一些具智者说：法王玛康巴之宗，对于萨迦与格鲁两派视为无有差别，所以极为深刻。尤其是北区许多善知识派遣许多人到曲绛去求学，也是由于普遍地知道有此深刻宗义的缘故。但是有一些偏私者说：曲绛派之宗，是豆麦混合物，萨、格混合是有过失的。这种说法，纯是不正的见解。

还有嘛呢哇·勒巴坚赞：宗喀巴大师也对他传授了许多教法，因此他也是大师的大弟子。他与哲蚌寺等格鲁派的诸寺庙，都有极大的法缘。而且在创立‘嘛呢乌谟伽’法会时，也对大师有广大的赞颂。他对哲蚌寺绛央法王，也极礼敬。因此在定期大法会中，他也来听受许多教法。盛称他在大僧会中，多次供养乳酥和碗具等。

还有桑浦素尔钦扎穷·云丹嘉措，或称法王云丹嘉措，也是宗喀巴大师的大弟子。此师对法王侠惹·饶江巴曾讲说过约百部教典。

还有侠达波班智达·扎喜朗嘉也是宗喀巴大师的大弟子，并且曾见过他的许多灌顶、经教传承情况，在这里不作详述。

还有著名的栋哲热钦也是大师的弟子，大师传授给他许多教法。热钦对大师极有信仰。因此他作的‘穆则玛’(宗喀巴心赞)护身符，能避诸兵器。栋哲热钦的诸弟子，也对格鲁派极具信仰。

还有如上文所说的缘起，去到曲绛的善知识，后来住持曲绛寺的法王衮钦朗喀索朗，或称法王索朗钦莫，以及法王朗耶哇和索耶哇等人，也都持萨、格两派无有差别之宗，而且对宗喀巴大师具有最大的信仰。

又有法王洛追仁钦，在大善巧成就的班禅根敦珠的座前，也听受过教法。

还有达波·扎喜朗嘉的侄传法王噶玛巴，也对宗喀巴大师极端崇敬。是我(奇麦巴)来到拉萨时，和他见面时听得的。

又有我(奇麦巴)的弟子，现在是北道长官父子的上师，及昂仁寺大堪布法王仁波且·桑杰嘉措，也去到曲绛寺中，对于钦饶旺秋师徒的诸论著，作清净的闻思。因此，他对萨格两派一视同仁。尤其是对日窝格鲁派具有纯洁的信仰。”

这一传记之尾，可能还有数页，过去所见诸书本中，未见有书尾完全的。因此，除明显者书出外，不能尽书。关于其他善巧成就者所著宗喀巴各种传记中，所有大师所出的弟子情况，凡是明显者，大都与以上文字所记载的相同。因此，也就不重复再述。此外，在宗喀巴大师座前，可能未亲闻法缘者，以及那时和后期所出的萨迦、宁玛、噶举、主巴、觉囊、博东等派的善巧成就诸人，也对大师身、语、意三密史事，心生信仰，而尽量散供其赞颂的花朵者，虽是难于尽述，但是为了救治一些有偏私动机者起见，略说一些：如博东智王季麦却勒朗嘉上宗喀巴书中说：

“善巧鹅王善慧尊，
名称如鼓遍传声，
演说嘉言师足下，(嘉言即著作)
季麦蜂童如是称。”

又向广泛的尊卑人等作如下赞颂之说：

“师之广大诸史册，
长久住世如真闻，
并见显密道次第，
由此我心喜乐生。
我若由此能速往，
他方世界去往生，
定谒师尊佛化身，
亦谒住彼诸贤人。
我对师与师教法，
一心向往彼方行，
如常啼觅般若经。”(常啼菩萨为求般若万里寻师)

噶玛巴·得银协巴也作有赞颂说：

“愿得吉祥！

世间自在(观音名)有寂祥，
祥瑞圆满智大悲，
悲心为利有情义，
如义愿作育众生。”

又说：

“师为佛陀胜教法，
扶持增长诸事业，
具力著作诸论述，
愿教如昔成吉祥。
多闻广大善宫中，
禅定妙慧坛城全，
净善名称光朗照，
善友如月正现圆。
世间幕中得解脱，
喜空义边众有情，
令普解脱之舵手，
愿教如日长光明。
如昔继承佛位中，
长久住世我启请。

附带供上礼物黄缎祖衣一件及铃杵全套，附有彩红套子。”

又有达昌译师协饶仁钦，最初他也由于执先入成见，对于大师的论著，作出有十八种矛盾的驳斥，后来他真实通达密意，心生追悔！而对宗喀巴大师赞颂说：

“敬礼上师文殊尊，
成就善愿伟大力，
大慧诸佛之眼前
教众吉祥扬名称。
敬礼具德善慧称，
已达福慧二资顶，(福慧二资)
住持无量诸佛规，
无边众生之师尊。

诸功德藏堪礼敬，
雪域东方宗喀地，
富饶全聚稳固根，
功德枝发诸方盛，
美誉芳香师前礼。
大智无畏童慧等，（指仁达哇等师）
普依智中之智人，
师对所有诸经论，
皆离愚昧师前礼。
清净戒律大海中，
充满多闻教理珍，
具智龙王普依敬，
智广师前我启请。
师慧如日童年时，
广阅诸经教莲苑，
我心骄如睡莲闭，（如睡莲紧闭不能接受大师之雨露）
深广智师我启请。
北疆句义晓者稀，
决义增损更见微，
能修教义已难遇，
此三究竟师前礼。（晓句义、决增损、能修义三者）
一些离理立教宗，
一些离教仅见理，
教理俱备诸佛经，
能善分析师前礼。
一些重戒离密宗，
部分重密复破戒，
所有佛法不相违，
全圆善修师前礼，
执显为胜轻视密，
以密矜骄空谈显，

所有显密全圆证，
察唯此法师前礼。
一些解行破正见，
部分重见弃学行，
能显见行互助情，
教诲此义师前礼，
一些重说轻修行，
部分执修轻教论，
说修兼备圣教证，
阐明此理师前礼。
显密特是金刚乘，
续部特是无上义，
二次特是幻化身，(生圆二次第)
空前论著师前礼。
我亦从今一切生，
如我大师修佛法，
爱他胜己增上心，
如护自命求加持。
效师主持胜作风，
偏私之魔虽乱教，
一视同仁是师衷，
愿除遍私共融通。”

这些赞词，确是想到宗喀巴大师对于一切经论的密意，及显密持深且细的难义要扼，都真实无谬，而生起真实信仰的赞词。决不是奉承和曲解而说的。而是从正直而作出的赞颂。显然是利根者追随于正法而生起信仰的心情。如果其他智者也能如是(如达仓那样)知悉大师的诸论述，是肯定情不自禁地生起敬信的。

同样，萨桑译师也作有颂说：

“佛刹之中唯师尊，
作出阐明佛教业，
我当说是继佛者，

弥勒是否生嫉心。”（言弥勒是绍继佛位者，见今宗喀巴绍继佛位能不生嫉么?这是巧赞法）

又说：

“龙树师徒往他方，
示中观道无他师，
为摧虚妄坚固山，
我师降下金刚雨。”

还有噶玛巴·弥觉多杰作有赞文说：

“至尊弥勒、文殊、大堪布·勒季多杰、喇嘛乌玛巴等，都是远离一切愚昧垢染的文殊语教传承者，我以虔诚顶礼而皈依，并求加持。复作颂说：

此间北方佛教法，
大都成为邪行时，
能作涤净宗喀巴，
格鲁派前我赞扬。
持萨、达规桑普哇，（萨迦、达波、噶当等派）
藏土佛教将没时，
新布教法宗喀巴，
格鲁派前我赞扬。
我师特由妙吉祥，
赐龙树教如日光，
持中观规宗喀巴，
格鲁派前我赞扬。
色等体性虽未空，
由色达空无自性，（色即缘起，由缘起达自性空）
说空义王宗喀巴，
格鲁派前我赞扬。
师于数年时期中，
从汉直至印、克间，（克什米尔）
宏遍僧规宗喀巴，
格鲁派前我赞扬。

成师之徒今以后，
决不外向师和教，（言唯依大师与师之教法）
永久皈依宗喀巴，
格鲁派前我赞扬。
随师修行诸徒众，
由大乘道得苏息，
为他舍命宗喀巴，（舍身命、法、财）
格鲁派前我赞扬。
一些对师怀恨肠，
护法威力施惩创，
如法护教宗喀巴，
格鲁派前我赞扬。
一些已净未净众，
念师实际或梦中，
前来慈视宗喀巴，
格鲁派前我赞扬。
北方霍、蒙、多康疆，
教化人与非人等，
能伏难伏宗喀巴，
格鲁派前我赞扬。
布教真实尽无余，
为除往昔诸罪障，
速修积忏宗喀巴，（积资忏净）
格鲁派前我赞扬。
虔诚皈师诸有情，
今后富足无虚妄，
如意满愿宗喀巴，
格鲁派前我赞扬。
师之著述法理中，
此间虽有作责难，
无畏建教宗喀巴，

格鲁派前我赞扬。
师示贤善若修行，
具足无等芳香风，
悦意调柔宗喀巴，
格鲁派前我赞扬。
如是由信礼赞详，
能作宏师教法众，
愿皆随入佛事业，
及师宗规我回向。”

此颂文系由居于杂日山洼，合掌当胸供养最上珍宝仙花处所的噶玛巴，别名噶玛巴·弥觉多杰以对宗喀巴大师坚定的信仰而撰出此赞颂。又说：

“此间雪域疆土中，
持戒仅存形象时，
由我罗桑扎巴师(宗喀巴名)
释迦戒法得住持。
主持僧伽戒律幢，
无数如昔舍利弗，(释迦大弟子之一)
遍满赡洲大地上，
不信大师信谁长。
我昔因嫉生恨肠，
长时追悔忏罪殃，
恶友抓着我未知，
愚痴作弄我懊丧，
多生摄受祈师长。”

又，这位噶玛巴回复色拉寺杰准巴的信中说：“你(杰准巴)的破斥，完全妥善地趣向释迦教义方面，萨迦派的善巧诸人，住于正直心时，是有发生明智的人。我对于宗喀巴大师的认识，不仅是在此世间的认识，而是有坚定的信仰之力，因此对如释迦教义的大师之宗，根本没有认为错误的想法。虽是如此，但对于我的徒众们，现在除仍用西藏前代的引导法外，没有按照宗喀巴大师之规，来作教抚。这一原因是：大师宗义，理极细微，后代诸人难于如理通晓。尤其是萨迦、嘎举这方面，由于宗派成见的动机，更不敢说(其他宗派的教义)。”

第九世噶玛巴·旺秋多杰也作有赞颂说：

“遍知释迦之教法。
师对离边中观义，
世俗有而胜义无，
开示此义师前礼。
新旧显密示悬记，(本尊对大师示悬记)
由悲按时视众生，
仅由法缘能获赐，
果位无伦师前礼。
制戒罪过毫未染，
守持戒律之大规，
调柔勤行四事业(息、增、怀、诛)
敬礼三德宗喀巴。”(善巧、戒严、贤善三德)

又第四代夏玛哇(红帽派活佛)却吉扎巴也开示徒众说，宗喀巴大师之正见是殊胜卓越的。并作有赞颂说：

“后期亲近噶、印、萨，(噶举、大手印、萨迦)
所有智成诸师中，
罗桑扎巴善巧师，
获得阐明显密教。”

传为那若巴化身的一切智主巴·弥滂白玛噶波也著有赞颂说：
“顶礼于大法王东方宗喀巴罗桑扎巴之无垢莲足下：

福善大海世间中，
善慧日光出现后，
大地暗消显尊胜，
名称之本师前礼。
师与诸佛之功德，
衡量之时无重轻，
堪作五百之顶严，(五百罗汉尊者)

一切智师前礼敬，
狮子座上狮吼声，
一切大象咸恐惊，（大象喻其他说法师）
无等师名狮吼称，（大师成佛名狮子吼）
教法明灯前礼敬。
增上戒学如檀香，
师恩德风遍此境，
轮回热苦消除尽，
堪赞徒等前礼敬。”

又说：

“无与伦比宗喀巴，
欲与比式智骄众，
难与相比唯师尊，
白莲赞说无比伦。”（莲花经中悬记赞大师无与伦比）

如是等许多善巧成就者赞颂大师的情况，是无量无边的。总的说来，如伊桑哲哇的著述中说：“那时，唯一是宗喀巴大师事业的纯洁白伞，遍盖着此间一切大地。”确如所说，由大师的悲心与事业，普遍于一切世间，因此凡成为大师的应化有情，及由虔信而作祷祝和散供赞颂之花者，是难以尽述的。在此不过是略述大概而已。

于此断句处，作中间赞颂说：

此世空前善知识，
大悲智藏妙吉祥，
僧衣美彩出现时，
知以红花覆全疆。
豆蔻花覆亦发芳，
遍布大地方隅上，
师之功德虽隐藏，
遍于世间谁能挡。
犹如泥中生莲根，
发育茂时利酿蜜，

蜜蜂自然来聚集，
无边徒众如云聚。
具足戒律复多闻，
说、辩、著等无畏生，
现证身力圆智成，
如空行星发光辉。
往昔释迦于世间，
三乘法灯炽燃时，
三次结集经情况，
仅时不同余尽同。
从彼力中于此疆，
由持金冠善妙宗，（金冠即黄帽）
顿遍众生得利乐，
成如圆劫时所行。
不分教派诸大师，
由师稀有史事力，
成为引生悦意钩，
普散赞花于师前。
而今虽至诤时末，
全圆无误教心要，
仍有缘份可享用，
除师恩外谁可骄。
以故对师三密德，（身语意三密）
应离偏私慧观时，
为求加持当启请，
愿众生受师摄持。

后记

（以回向和发清净愿而作结束）

如是文殊怙主法王宗喀巴大师的史迹，如虚空无边，如大海渊深，如大地尘土，难以计量，而且超越登地诸菩萨的行境。从如是的境界中，仅就适应此方见解而示现的概况，根据昔日诸大德所撰诸原稿，以搜集零散的方式合一而撰出之。此复如前文最初议论中所说，主要是以克珠杰格勒伯桑所著共通的《宗喀巴传记信岸》及(不共通的)《宗喀巴密传大宝穗》两种著述作为依据，而且想到出自两著的词句，大都是具有加持之法流，因此仍保留原文，全文录出。在此基础上，又把多敦·绛伯嘉措所著《宗喀巴传嘉言集》、洛追勒桑所著《宗喀巴传极密卓越史事之庆宴》，阿里释迦准·绛央尼玛敦比绛称所著《宗喀巴传具缘莲花盛开之日》、勒宁巴·衮嘎德勒所著《宗喀巴传记信岸》、嘉木样协巴所著《宗喀巴传一百五十三布绘造仪》、达昌仁波且·罗桑图丹旺秋所著《宗喀巴传一百零八稀有史事》、桑桑勒仁哇·奇麦饶杰所著宗喀巴大师讲、辩、著三者的《传记具信喜悦》和关于宗喀巴大师的善、戒、贤三德的《传记珍宝库》、关于大师的大弟子情况的《传记黄金塔》，还有《传记补遗黄金苗》等，喀纳译师及克珠仁波且·麦哲巴和阿旺罗桑嘉措(即五世达赖)三人合著赞颂宗喀巴的《西藏王臣记诠释杜鹃歌音》、人主绛央桑杰嘉措所著《甘丹教法史》内的宗喀巴传、乍阁饶江巴所著《宗喀巴大师传稀有悬记之音乐》、古汝·坚赞桑波所著《善愿篇释》、绒巴·阿旺却扎嘉措引据诗律理路而著出的《宗喀巴传妙花束》以及纳麦王的诵经近侍果莽巴·顿珠敦比坚赞所著摄宗喀巴传要义合编的《纯洁信海游戏之岸》、绛央协饶所著《吉祥三域篇》、大师在拉萨大愿法会上供养之次第、大师在嘎哇东授记及赐牙舍利的情况、大师与洛扎堪钦相会的情况、大明永乐皇帝致大师书函手抄本等昔日凡所见到的材料中，适宜引用的都完全录出之。此外，贾曹、克珠等一些首要弟子的史事，堪记载者，是附带录出的。总之，这些编著中，为了消除瑕疵和矛盾及解决疑团起见，尽量引据教理的论据作出适当的阐明，并作出中间摄义及于断句处作中间赞颂，这样的编纂是为了使诸智者能生起悦意，使诸大德欢喜，使具信者增长信解。除由这样的增上意乐而作编纂外，我(著者)决不是为了贪图智名、利养恭敬、美誉名声等。还须细说的是：应知文殊怙主宗喀巴大师这样的圣者，于此浊世中，对于完成佛的事业，他发大心和做出了卓越的成绩。对我们来说，应当认为比其他佛菩萨的悲心和恩德更大。但是愚昧诸人，对大师的功德不能真实知道。因此，不必说怀念大师之恩而生崇敬，反而由偏私怀恨的动机，说各种妄言，对法与人都加以毁谤。积下极为严重的罪业。对于这些人们，我心中难以忍受。而且日窝格鲁派的后学者中，也有一些矜骄者由于未能通晓教法的真实要义，误认为日窝格鲁派只是利养恭敬和美誉名声特大，而法之深要。还是他派为大。这正如经教中所说："不知是极大的痛苦。"因此，我(著者)想尽力使这些痛苦诸人，以后能进入正直的大道中。由这样的利他思想，以及为了我自己也能在以后生生世世，不离开文殊怙主宗喀巴大师的显密大宝教法，持有佛世尊所有的正法，并追踪大师德行史迹，成就自他二利。为创造如是等善净种子之故而编著此传。我知道如是的著作，能无灾障而完成，也是由文殊怙主宗喀巴大师的悲心摄受之力而来的。以此再作颂文，以赞词和发愿来作结束：

"师较诸佛菩萨发心之事业，
犹如行星中之金曜更朗明，
因此师受十方诸佛所称赞，
不断以诸风茄花鬘供频增。
是师隐秘文殊童子靛髻形，
示现善巧、戒严、贤善戏舞身，
师是浊世众生唯一皈依处，
三域之中无等美名宗喀称。
我师即佛亦菩萨，
已离生死示有相，(有相即受生世间相)

无学仍示从学起，
直至无边生死际。
此间等同轮回坑，
彼诸贪恋众有情，
为置彼于离贪地，
示应世人之色身。
昔有许多善巧成，
浊世住持佛教证，
唯师与佛相同等，
雪域难与师比伦。
色身如月出多麦，
事业卫藏耀光辉，
佛法精华遍大地，
甘露藏师更有谁。
由昔印度车轨师，
击碎邪说象头顶，
大乘狮吼赡洲惊，
美名遍传如鼓声。
如是雪域佛教法，
涤除无知邪知秽，
四要宗义如日辉，
显明完成大车轨。
说辩著与智戒成，
教法增长利众生，
事业若是有体形，
三千界难容毫分。
说修仅有总句文，
仅存僧相之现今，
所有显密教证法，
如法明师前礼敬。
特是离边中观见，

无上二次义密深，
如佛旨意阐明师，
第二龙树遍传称。
如是师之史事情，
若欲全说每一份，
虽经俱胝劫时间，
千身述说亦难尽。
因此我之所著述，
师史光遍虚空边，
以虒计量如海深，
我如指量实厚颜，
然而如我诸有情，
心中为入师加持，
所有昔德诸言论，
仅依辛勤合编成。
此非为显智名声，
亦非为求利恭敬，
是对大师三密德，(身，语、意三密)
信解而作表衷心。
但由邪慧误知力，
难免错误矛盾生，
尽于三宝上师等，
善成诸德前忏净。
愿以勤此诸福善，
如螺、秋月、睡莲净，
回向佛教与师教，
直至有际永长存。(有际即轮回边际，言永久之意)
并愿师教寿长春，
智、戒、贤与说、辩、著，
说修教法住持者，
与师同等遍地盈。

愿僧同心戒律净，
显密修如夏海增，
具戒僧光照大地，
如覆彩霞成美景。
愿诸世间如藏疆，
普遍十善之境象，
暂永安乐甘露味，
众生能得饱满尝。
我等从今至未成，（未成佛之间）
得师摄受暇满身，
愿值第二佛陀教，（即宗喀巴显密教）
闻思修学到究竟。
并愿三律罪不侵，
辨法慧眼观经义，
明理善见教诲力，
由共通道治此心，
继修生圆瑜伽行，
不久获得双运位，
愿成有情皈依境。
三世所有佛菩萨，
特是法王宗喀巴，
利教与众之发心，
如其愿望我祈成。
愿以三世所积善，
不为自利作资本，
回向众生成佛因，
能如所愿速得成。
愿由三宝佛海力，
法性缘起真实力，
以及增上意乐力，
所发诸愿易速成。

此名为《与遍主至尊导师能仁金刚持体性无别之文殊怙主法王宗喀巴大师传——佛教唯一美妙庄严稀有宝鬘》一书，系由文殊怙主宗喀巴的教法明灯——工布地区特钦岭寺(大乘寺)的珠旺喇嘛仁波且·意希尊追鉴于我们的导师宗喀巴的事业，量等虚空，宽广无边，然而昔日所有宗喀巴大师传记，有过于简略之嫌。因此为了补益后世应化有情的信仰，无论如何必须编著一本广略适合，尊卑易知的宗喀巴大师传。于是献来长洁哈达，命我(著者)作此编著的任务。此外特钦岭寺的离世专修者也共同劝请并献来曼遮、佛像、经、塔，哈达等，还有前藏大寺中的噶仁格西也大都再三劝请之下，遂由我(著者)色拉寺麦扎仓妥桑罗布林的僧人——达赖喇嘛的近侍达尔汗堪布活佛·罗桑称勒朗嘉(意为善慧事尊胜，即法王周加巷的名号)应众人请求而作编著。我俱生修习之功德?虽极薄弱，然而略得遍主热振赤钦金刚持等大德的许多言教甘露，渗透于心中，而且对于经典和明处等我也曾略作学习，因此，我厚颜冒昧地久有编著此书的想法，但因中间发生一些放逸的因素，而延缓下来。幸而应允之约未能松懈，于是我于第十四绕迥的水兔年(癸卯公元1843年清道光23年)，在短暂假期中，前往工布地区时，开始编著，继于木龙年(甲辰公元1844年)我到前藏，在身体发生疾病时，也未中断而尽力编著。时在木蛇年(乙巳公元1845年)四月上弦初七日，恰逢释迦牟尼诞生于兰毗尼园中的节日，会合轮流星曜吉祥鬼宿能生的吉利节日的大吉利，二者和合具足增盛，成为上善吉日中，于拉萨附近我的居室中，全书撰毕。愿由此善业，成就我等生生世世，获得文殊怙主法王宗喀巴大师欢喜摄受之力，究竟现证粗细二次第，不久迅速证得双运四身的果位。